L'Utilité

DE LA

Force

Collection Stratégies & Doctrines

General Sir Rupert Smith

L'Utilité de la Force

De la

Force

L'Art de la Guerre Aujourd'hui

Préface du Général d'Armée **Bruno CUCHE**

❦❦ **ECONOMICA**

49, rue Héricart, 75015 Paris

Cet ouvrage est une traduction du livre publié par Allen Lane, sous le titre, *The Utility of Force. The Art of War in the Modern World.*

Traduit de l'anglais par : Philippe Ricalens
Révision : Général Vincent Desportes

« À tous ceux qui m'ont suivi
ou ont pris le même chemin que moi
lorsque j'élaborais ces réflexions. »

SOMMAIRE

PRÉFACE
À L'ÉDITION FRANÇAISE

*L*orsque j'ai été sollicité par le Général Vincent Desportes pour préfacer la version française de l'ouvrage du Général d'Armée Sir Rupert Smith,* The Utility of Force. The Art of War in the Modern World, *je n'ai pas hésité. Même si nous ne nous sommes rencontrés qu'à une seule reprise, au Kosovo, nos carrières et nos expériences opérationnelles présentent de nombreuses similitudes qui nous rapprochent naturellement et expliquent l'intérêt particulier que je porte à cet ouvrage. Pour ma part, je pense assez bien connaître le monde militaire anglo-saxon pour avoir été stagiaire à l'école des blindés de Bovington en Grande-Bretagne et au* Canadian Command and Staff College *à Toronto. J'ai également côtoyé les militaires britanniques pendant les opérations en Bosnie et au Kosovo lorsque j'ai commandé la brigade Leclerc. À chaque fois, j'ai été marqué par la liberté d'esprit des officiers britanniques, leur culture et leur pragmatisme, et j'ai pu me rendre compte qu'il existait, sur de nombreux sujets, une véritable proximité entre nos deux armées. Comme eux, je me suis interrogé sur la difficulté de nos appareils militaires et politiques à parvenir aux objectifs stratégiques poursuivis. Or le Général Sir Rupert Smith est le premier militaire à répondre à ces interrogations, à expliquer sans ambages la réalité, c'est-à-dire les causes des difficultés des armées classiques à opérer au milieu des populations, donc des difficultés de la force à établir son efficacité dans les nouveaux contextes d'engagement. C'est pourquoi son ouvrage est fondamental pour éclairer nos réflexions prospectives sur nos modèles d'armée. Mais plus encore, il est véritablement révolutionnaire* *parce que l'auteur tire des conclusions précises qui vont souvent à l'encontre des idées reçues mais que j'estime, pour bon nombre d'entre elles, fort pertinentes. Quelle que soit l'appréciation donnée à sa thèse et à ses propositions d'adaptation, la réflexion est salutaire dès lors que l'argumentation est crédible.*

C'est donc naturellement que j'éprouve le besoin d'entrer dans ce jeu de la réflexion et de porter un regard critique sur l'ouvrage à l'aune des enjeux opérationnels pour nos armées. Un regard appréciateur, nécessairement différent cependant.

La thèse centrale repose sur un constat simple : la guerre telle que nous l'avons pensée, cette guerre n'existe plus. Pour le Général Sir Rupert Smith, le paradigme de la guerre a changé. La guerre industrielle interétatique a vécu ; la guerre, aujourd'hui et demain, se déroulera désormais essentiellement au milieu des populations, non plus au milieu des armées et face à d'autres armées comparables aux nôtres. C'est un constat osé parce qu'il remet en cause un fondement culturel commun aux armées européennes et américaines ainsi qu'aux décideurs politiques occidentaux.

Ce point est pour moi fondamental car il ne traduit pas simplement une modification interne des conditions de la guerre, qui n'intéresseraient alors que les spécialistes, mais une évolution aux conséquences multiples et profondes. C'est en effet sur la base des références de la guerre industrielle, expliquées dans l'ouvrage depuis Napoléon et Clausewitz jusqu'à la « guerre froide », que les Occidentaux ont conduit les opérations militaires dans les Balkans, en Afghanistan et en Irak sans obtenir le succès stratégique recherché, ou bien très partiellement. Car à la différence de la guerre industrielle dont le résultat stratégique dépend très étroitement de la victoire tactique sur le champ de bataille, la guerre au milieu de la population ne peut pas être gagnée par la force militaire seule. Celle-ci apparaît ne devoir plus être désormais qu'une composante, essentielle certes, d'une action d'ensemble. Cette guerre qui prend ses fondements dans la guerre révolutionnaire, ne vise plus, pour reprendre la distinction de Raymond Aron, à dicter la paix par l'écrasement total de l'autre mais à négocier les conditions de la paix, à établir les conditions permettant le rétablissement de cette dernière.

Or, cette distinction ainsi opérée entre la guerre industrielle et la guerre au milieu de la population permet de comprendre pourquoi le premier modèle, qui inspire encore très largement notre organisation, nos équipements et notre doctrine, n'a pas toujours le rendement attendu dans le contexte des guerres actuelles, pourquoi la force, à tort, semble « avoir perdu son utilité ». Le Général Sir Rupert Smith montre toutes les subtilités de l'imbrication entre les niveaux stratégiques et tactiques qui imposent de modifier les modes opératoires militaires mais aussi civils. L'usage illimité de la force au milieu des populations s'avère contre-productif parce qu'il aliène les populations autochtones et les opinions, faisant ainsi le jeu de l'adversaire usant, par principe, de la provocation. Les succès tactiques deviennent inutiles au plan stratégique si les conditions de bonne gouvernance ne sont pas, par ailleurs, rapidement réunies.

J'approuve plus particulièrement le Général Sir Rupert Smith quand il décrit le besoin nouveau d'implication politique dans ce type de guerre et la nécessité de renouveler les relations entre tous les acteurs. Nous l'avions un peu oublié, mais la guerre, beaucoup plus qu'un acte technique, est d'abord un acte social qui se déroule désormais au cœur des sociétés ; la guerre est bien, d'abord, un acte politique. La clé du succès repose non seulement sur une réévaluation de l'action militaire mais plus encore dans la réinsertion de ce dernier dans une démarche finalisée, dans une véritable approche stratégique globale intégrant d'emblée les problématiques civiles et militaires, les « fins de la guerre » ne devant jamais s'estomper derrière les fins techniques, les « fins dans la guerre », pour reprendre la lumineuse distinction de Clausewitz. Sur ce point, l'analyse de Rupert Smith est également éclairante : pour lui, à elle-seule, l'action militaire ne permet plus de parvenir au résultat stratégique. Elle permet seulement de le préparer, à la condition encore qu'elle soit dès l'amont et intelligemment combinée aux autres actions diplomatiques, économiques, humanitaires, etc.

Il est un autre point sur lequel nos appréciations sont très proches, c'est la place de l'homme dans les conflits modernes. Sans doute parce que nos deux armées restent fortement imprégnées par leur expérience des guerres de décolonisation et des opérations de stabilisation post guerre froide. Sans doute aussi parce que les phénomènes de guérilla et d'asymétrie – terme que l'auteur réfute comme symbole d'une réflexion biaisée parce que prenant comme référence le modèle de guerre industrielle – ont toujours existé et que la guerre révolutionnaire a même connu son apogée pendant la guerre froide.

La réflexion du Général Sir Rupert Smith replace donc opportunément le facteur humain au cœur des enjeux opérationnels, en

*lieu et place des facteurs matériels et technologiques pré-
dominants à l'heure de la guerre industrielle. Le succès de la
guerre est finalement une affaire de « contrôle » et celui-ci ne
peut se faire qu'au sol, au sein des sociétés humaines, au contact
des autres, le plus souvent dans la durée.*

*La nature de l'adversaire et de l'environnement dans lequel
nos forces évoluent désormais est décrite avec précision sur la
base de l'expérience opérationnelle de l'auteur en Afrique, en
Irlande du Nord et dans les Balkans. L'ennemi a changé.
L'ennemi réel est « polymorphe » ; il évolue délibérément au
milieu des populations pour les subvertir, se protéger et saper
notre légitimité. Il sait retourner la force militaire classique en
faiblesse politique, en nous poussant à la faute. Dans ce type de
guerre où s'affrontent les volontés dans le but de modifier les
intentions de l'autre, le ralliement des populations et de l'opinion
– sur le théâtre, mais aussi sur les écrans de télévision, en
métropole – est primordial. Il justifie l'attention particulière
portée aux médias et à la perception extérieure de l'action
conduite sur laquelle va se bâtir ultérieurement la légitimité de
toute l'opération. Il justifie l'effort pour développer les capacités
de renseignement permettant de deviner les intentions de l'ennemi et de le discriminer parmi la population. Or, dans ce domaine,
le Général Sir Rupert Smith montre une fois de plus les limites
des modèles militaires classiques qui fondent leur supériorité
opérationnelle sur les seuls moyens technologiques. Car la
technologie n'est pas « la » solution au problème crucial de
l'analyse des situations complexes qui relève d'abord de
l'intelligence humaine et de la culture. Il s'agit désormais davantage de comprendre que de savoir, de subjectif que d'objectif.*

*Que conclure à la lecture passionnante, passionnée, de cet
ouvrage ?*

*L'ouvrage du Général Sir Rupert Smith a pour vertu de
réhabiliter la notion de guerre et permet de rompre avec la
confusion entretenue pendant de trop longues années sur l'idée
de la fin de la guerre. Il permet de reconsidérer l'usage adapté
de la force que nous avions marginalisé et réservé à la guerre
industrielle. Il brise le mythe dévastateur de la « grande guerre »,
encore très présent chez certains d'entre nous, le mythe de la
guerre totale comme référence structurant nécessairement notre
organisation et notre pensée. La force est nécessaire, mais elle
doit être adaptée dans ses structures et dans son emploi.*

En revanche, je ne serai pas aussi catégorique que l'auteur sur l'idée d'éradication de la guerre industrielle. L'argumentation développée est forte. La guerre totale n'est plus vraisemblable parce que la dissuasion fait de ce type de guerre un événement décisif pratiquement impossible. Les pays occidentaux, États-Unis exclus (?), n'ont pas les moyens et peut-être plus la volonté de la faire. Mais j'observe que d'autres régions du monde, l'Asie notamment, n'ont pas nécessairement cette même approche.

En conséquence, je ne pense pas, comme semble le suggérer le Général Sir Rupert Smith, qu'il faille en déduire un modèle d'armée unique, optimisé exclusivement pour faire la guerre au milieu des populations.

À la guerre classique, industrielle, a succédé un émiettement et une diversification des formes de violences. La complexité si brillamment exposée, et l'incertitude, caractéristique fondamentale de la guerre et des relations internationales, m'incitent plutôt à œuvrer dans le sens de la diversité des capacités. Je crois que nous devons conserver des forces, interopérables avec nos alliés européens et américains, capables d'affronter un ennemi de type conventionnel. Je ne crois pas impossible le retour à la guerre industrielle mais à une guerre industrielle « limitée », prenant des formes nouvelles, mélangeant tous types d'acteurs – dont des forces conventionnelles – et conduite selon des modes opératoires iconoclastes. Il est en effet fort probable que les leçons de l'Irak seront retenues et que les armées occidentales n'auront plus à faire face à un ennemi « complaisant » et « suicidaire » évoluant en terrain ouvert. Notre adversaire de demain sera à la fois symétrique et asymétrique ; il impose à l'Armée de terre une double exigence, celle de la puissance et de la maîtrise de la force. Il nous faut donc relever un double défi : conserver des capacités de guerre conventionnelle à un niveau strictement suffisant et adapter notre outil de combat à l'autre guerre, la plus probable, celle qui se conduit au milieu des populations. Il s'agira de définir un nouvel équilibre capacitaire pour répondre à des défis opérationnels différents, tout en conservant le maximum de souplesse pour évoluer en fonction d'un environnement stratégique plus que jamais imprévisible, selon les principes fondamentaux de flexibilité et de réversibilité. À cet équilibre devra correspondre une doctrine, pour former les esprits à s'adapter aux circonstances changeantes et toujours incertaines des engagements sans avoir la tentation de plaquer des schémas préconçus pour une guerre d'hier dont le visage à désormais changé.

La thèse du Général Sir Rupert Smith a donc le mérite d'être audacieuse et de rappeler l'urgence des choix. Elle rejoint dans ses grandes lignes notre analyse sur une nécessaire réévaluation de notre modèle d'armée pour l'adapter aux engagements réels et les plus probables. Elle démontre également la grande proximité des expériences et des perceptions qui prévalent des deux côtés de la Manche. Elle démontre l'importance vitale de la capacité d'adaptation pour nos forces si elles veulent retrouver leur utilité, demain, dans les engagements les plus probables. Ce livre est incontestablement un service rendu aux responsables politiques et militaires de l'ensemble des nations européennes, parce qu'il fonde, sur l'expérience, des voies pertinentes de réflexion et d'action. Il contribue à nourrir un débat qui doit être poursuivi dans l'intérêt mutuel des armées françaises et britanniques, et pour le plus grand profit de la défense et des visions politiques européennes.

Bruno Cuche

Général d'Armée
Chef d'état-major de l'armée de terre

AVANT-PROPOS

J'AI *eu besoin de quarante années, puis de trois encore, pour écrire ce livre : quarante ans sous l'uniforme, puis un certain temps de réflexion.*

De la fin de la guerre du Golfe en 1991 jusqu'à ma retraite en 2002, on me demandait régulièrement si j'allais écrire un livre ; chaque fois, je répondais « non ». Parfois, je demandais à mes interlocuteurs quel devait en être le sujet ; leur réponse était toujours la même : « vous avez fait tellement de choses : il y a sûrement une histoire à raconter ». J'en déduisais qu'ils s'attendaient à quelque récit chronologique, avec des anecdotes sur des personnalités rencontrées et des événements vécus, en espérant une vision originale. Je n'avais pas gardé suffisamment de notes pour songer sérieusement à me lancer dans une telle aventure, même en m'inspirant de ma carrière militaire. Un jour, peu de temps avant de partir à la retraite, je devisais en compagnie, un verre à la main et un petit-four dans l'autre, profitant de l'hospitalité d'un institut savant avant de donner une conférence qui portait, si je me rappelle bien, sur « Les perspectives d'une identité européenne de défense », lorsque l'on me posa à nouveau la même question. Comme d'habitude, je répondis « non », automatiquement. Un grand historien, dont j'admirais l'œuvre et la sagesse, avait entendu la question et la réponse ; il me dit : « Ne dites pas "non" maintenant. Quand vous serez à la retraite, rédigez vos souvenirs pour vous-mêmes ; ensuite, vous saurez si vous avez quelque chose à écrire pour les autres. » Après cette conversation, j'ai réfléchi à cet avis. Sans avoir en fait rédigé ces souvenirs personnels, j'ai réfléchi longuement à ce qu'ils pourraient inclure.

Qu'avais-je à raconter ? Qu'ai-je à rapporter sur les temps et lieux où j'ai servi qui n'ait déjà été dit ? Après chaque événement, des rapports ont été écrits, par moi ou d'autres, sur les faits essentiels : les personnes concernées, la situation, les mesures prises, les équipements ou le manque d'équipement, etc. Pourquoi me répéter ? Avais-je occulté, délibérément ou inconsciemment, certains points ? Ces pensées, ou comme aurait dit un de mes camarades français, ces réflexions, se sont progressivement cristallisées sous forme de prolégomènes.

Chaque fois que j'ai été envoyé pour atteindre un objectif militaire au service d'un but politique, pour réussir, j'ai dû, avec mes collaborateurs, changer de méthode et d'organisation. Tant que ce n'était pas fait, nous ne pouvions pas utiliser efficacement nos forces. De par ma longue expérience, j'en suis venu à considérer cela comme normal, comme une partie inévitable de toute opération. Après quarante années de service, et surtout les douze dernières, je crois avoir atteint un bon degré de compréhension du phénomène inévitable des conflits et des guerres. Le besoin d'adaptation découle des décisions de l'adversaire, du choix des objectifs, de la façon ou de la méthode selon laquelle la force est appliquée ; il résulte aussi des forces et ressources disponibles, particulièrement en opération interalliée. Tout cela exige une bonne compréhension du contexte politique de l'opération et du rôle qu'y jouent les militaires. C'est seulement quand cette adaptation et cette compréhension sont achevées que la force peut être utilement mise en œuvre.

Je ne réitère pas ici le vieil adage selon lequel les armées se préparent pour la guerre précédente. En fait, les armées ne se préparent pas pour la dernière guerre ; elles se préparent souvent pour la mauvaise, ne serait-ce que parce que les gouvernements ne raisonnent habituellement qu'en termes de menace, et non en termes de risques, et que l'adversaire va généralement s'en prendre aux points faibles de son ennemi plutôt qu'à ses points forts. Par exemple, quand nous nous sommes déployés dans le Golfe en 1990, nous sommes partis dans des conditions très éloignées des paramètres qui régissaient la politique de défense britannique depuis les années 1960. En conséquence, seuls les plus vieux équipements étaient adaptés au combat en zone désertique. Les équipements les plus récents étaient destinés aux opérations en Europe du Nord-Ouest dans un concept de bataille associé à l'affrontement majeur de la guerre froide. Aucun véhicule n'avait de filtre à sable, nécessité pourtant vitale pour la guerre dans le désert. Dans le scénario grandiose de la guerre froide, les armées de terre occidentales devaient mener la défense de l'avant, tandis que les armées de l'air, dont la principale était celle des États-Unis, attaquaient les colonnes du Pacte de Varsovie et le cœur du monde soviétique, avec des armements dotés d'explosifs conventionnels, puis avec des armes nucléaires. Ce devait être la guerre totale et c'est pour elle que nous étions organisés, en particulier en matière de ravitaillements, de maintenance et de soutien médical. Mais en 1991, dans le Golfe, nos objectifs étaient plus limités ; la guerre n'était pas totale. Les forces britanniques ne constituaient qu'une minorité au sein d'une coalition dominée par les États-Unis, sans les mécanismes de contrôle politique mis au point par l'OTAN. Par ailleurs, les généraux iraquiens, ou Saddam Hussein lui-même, choisirent de combattre d'une façon et sur un terrain qui favorisaient nombre de points forts de l'art américain et otanien de la guerre, en particulier dans l'emploi de l'arme aérienne. Il fut nécessaire d'adapter notre méthode et notre organisation, en faisant effort sur la guerre terrestre et son soutien, tout en continuant à exploiter notre supériorité dans la guerre aérienne.

Changement ou adaptation sont aussi nécessaires quand l'objectif fixé à la force militaire est différent de celui pour lequel elle a été préparée. Ce ne fut pas le cas de la guerre du Golfe, car l'emploi de la force militaire avait un but très semblable à celui pour lequel elle s'était préparée en Europe : la destruction des groupes de manœuvre opérationnels soviétiques ressemblait beaucoup à la destruction de la Garde républicaine de Saddam. Aussi pouvait-on appliquer une grande partie de l'entraînement tactique utilisé pour le combat en Europe du Nord-Ouest. En revanche, quand la force militaire est employée pour atteindre un objectif différent de celui auquel elle est préparée, pour forcer par exemple le président Milosevic à remettre la province du Kosovo à une administration internationale, cela affecte la nature même de la bataille, nécessite d'adopter un nouveau mode opératoire, de changer commandement et organisation.

L'exemple le plus frappant de ce changement d'objectif est probablement l'emploi de l'armée britannique en Irlande du Nord, en appui des forces de police. Dans le jargon militaire britannique, ce type d'opération est qualifié d'assistance militaire aux autorités civiles. La longue histoire de telles opérations, conduite aux débuts de l'empire et très fréquemment à la fin de ce dernier, a imposé pour l'armée de terre britannique de nombreux changements de tactiques et d'organisations. Autrement dit, l'armée de terre britannique a pris l'habitude du changement et de l'adaptation sous la pression opérationnelle. Pourtant, pendant toute cette période, elle a gardé la même organisation en adaptant ses formations et ses unités à chaque opération spécifique. On s'est appuyé sur la doctrine pour justifier l'organisation initiale plutôt que de chercher à comprendre pourquoi les adaptations ont fonctionné.

Toutes les armées de terre font face aujourd'hui au besoin de transformation, en particulier celles de l'OTAN et de l'ex-Pacte de Varsovie. Mais, plutôt que de se demander comment ces forces devraient être engagées et dans quel but, on parle technologie, effectifs et organisation.

J'ai passé de nombreuses années à réfléchir, à m'entraîner et à utiliser la force. Ce dont je vais traiter concerne l'emploi de la force militaire et sa capacité à atteindre les objectifs fixés. J'écris à un moment où l'on se soucie beaucoup de sécurité, où la force militaire est effectivement employée dans un vaste éventail de scénarios, souvent avec nos alliés. Il suffit de quelques exemples pour illustrer la complexité de ces scénarios : terrorisme, prolifération d'armes de destruction massive, imposition et maintien de la paix, contrôle de vastes mouvements de foule, protection de l'environnement ou protection de nos approvisionnements en ressources rares, énergie, eau, nourriture. Il y a encore beaucoup d'autres exemples, sans doute moins évidents, mais le fait est là : la force militaire est considérée comme la solution, ou une partie de la solution, pour régler de nombreux problèmes pour lesquels elle n'avait pas été initialement destinée ou configurée.

Entré en service en 1962, je fus promu officier en 1964. Par conséquent, je suis en théorie un produit de la machine de guerre industrielle considérée comme nécessaire pour la guerre froide. Et pourtant, excepté peut-être mon expérience de la guerre du Golfe en 1991, toutes les opérations militaires auxquelles j'ai participé ou que j'ai commandées ne relevaient pas de la guerre industrielle. J'ai donc passé de nombreuses années à reconfigurer des forces pour trouver des solutions adaptées. Ce fut surtout le cas au cours de ces dix dernières années, lorsque j'occupais des commandements élevés sur certains théâtres majeurs : commandement de la division blindée britannique pendant la guerre du Golfe en 1991, puis de la FORPRONU en Bosnie en 1995, des forces britanniques en Irlande du Nord (1996-1998) et, à l'OTAN,

Adjoint au Commandant suprême des forces alliées en Europe (DSACEUR), de 1998 à 2001. À l'exception de mon séjour en Irlande du Nord, j'ai eu sous mon commandement des forces d'autres nations : dix-neuf à l'OTAN outre celles des pays du partenariat pour la paix ; dix-neuf à la FORPRONU, y compris des contingents du Bangladesh, de Malaisie, de Russie, d'Ukraine et d'Égypte. Et ces forces étaient elles-mêmes commandées par des officiers d'autres nations représentant soit leur propre nation, soit une organisation internationale. En outre, j'avais dans mes états-majors un nombre variable d'officiers venant du Pakistan, de Russie, d'Australie et de Nouvelle-Zélande. J'ai conduit ces forces aussi bien contre des acteurs étatiques que non étatiques, ces derniers étant devenus maintenant les plus importants dans nos opérations modernes. Parallèlement, le déroulement de ma carrière m'a permis d'acquérir une connaissance interne de nombreux outils militaires dans le monde, dont les plus fameux.

De 1992 à 1994, j'occupais les fonctions d'adjoint du CEMA britannique, et j'étais chargé à ce titre de surveiller toutes les opérations menées par le Royaume Uni. Comme dans toutes mes affectations depuis dix ans, je travaillais en étroite collaboration avec ceux qui se préoccupaient de l'utilisation la plus judicieuse de la force armée pour l'atteinte de l'objectif politique. Autrement dit, je travaillais avec des diplomates et des politiciens, des fonctionnaires, des responsables de l'ONU et d'autres organisations internationales, pour mettre en œuvre les mandats d'ordre surtout politique qui m'étaient confiés. Dans mes commandements ultérieurs, j'ai tiré parti de cette expérience du processus décisionnel civil, national et international, ce qui me permit de prendre conscience de l'ampleur du décalage entre l'organisation effective des forces et leur activité opérationnelle. Il devint clair pour moi que les théories militaires existantes et leur application étaient totalement coupées des réalités. Je ne faisais plus partie d'un monde où civils et militaires avaient des rôles différents à jouer. Les nouvelles situations étaient toujours une combinaison complexe d'évènements politiques et militaires, même si beaucoup ne comprenaient pas comment les deux mondes en arrivaient à s'entremêler et comment ils s'influençaient l'un l'autre constamment, à mesure que les évènements se déroulaient. Je me mis à analyser ce problème, d'abord et avant tout pour mes propres nécessités de commandement. C'est à travers ces réflexions que je me rendis compte que nous étions entrés dans une nouvelle ère conflictuelle, en fait une nouvelle norme, que je définis comme « la guerre au sein des popula- tions », une guerre où événements politiques et militaires sont étroitement mêlés. Comprendre cela m'a beaucoup aidé dans mon métier de soldat. Pendant la période de réflexion qui a suivi la fin de mon service actif, c'est cette théorie qui a structuré mon analyse. Finalement, théorie et compréhension se sont combinées pour aboutir à ce livre.

Exposé à la fois conceptuel et pratique, L'utilité de la force *est destiné à expliquer comment la force peut être utilisée au mieux. J'insiste sur le terme « pratique » : mes états de service reflètent une expérience pratique du commandement à tous les niveaux et dans un vaste éventail de circonstances. Ce point est essentiel parce que, au-delà de la théorie, il est nécessaire de comprendre les conditions pratiques d'usage de la force et la réalité des opérations et du combat. Je sais, en effet, que cette ignorance se combine souvent avec une absence de compréhension de ce qu'est un conflit. Le politique attend à juste titre du militaire qu'il réponde à ses besoins ; mais il le fait trop souvent en se basant sur des notions seulement conceptuelles et non sur des consi- dérations pratiques. Si la force doit continuer à être utilisée et servir à quelque chose, il faut que cette situation change.*

Ce livre suit un développement chronologique, mais c'est un exposé thématique plutôt qu'une œuvre historique. On peut lire ses trois grandes parties séparément, chacune comme un essai d'une certaine ampleur, ou bien lire l'ensemble comme une com- position offrant plusieurs points de vue. Je ne prétends pas être exhaustif dans mes récits. Il s'agit d'abord d'une réflexion per- sonnelle sur le monde dans lequel j'ai vécu de nombreuses années, sur les outils que l'on mit à ma disposition, les méthodes qu'on m'apprit pour les employer, sur les confrontations et conflits auxquels j'ai pris part et sur les différentes voies que j'ai empruntées. Je précise que je me suis attaché à faire référence, selon les cas, soit au domaine militaire en général, soit à une armée en particulier ; mais je suis conscient qu'il y a des endroits où j'emploie le terme « armée » dans un sens collectif, pour tou- tes les forces armées. Je prie la marine et l'armée de l'air de bien vouloir m'en excuser[1]. J'ai aussi utilisé le masculin en matière de simplification. Une remarque sur mes sources peut aussi être

---

1. Note du traducteur : en anglais britannique, le terme « *Army* » désigne normalement la seule armée de terre.

utile : ce n'est pas un travail de recherche définitif. Les faits, les chiffres et les récits du passé sont donnés seulement pour illustrer les analyses et les thèmes exposés ; leurs références spécifiques ne sont citées que lorsqu'il y a nécessité. Par ailleurs, afin de rendre mes idées accessibles à un plus vaste auditoire, j'ai essayé d'éviter le jargon militaire et les termes trop techniques. À ceux que ce sujet n'intéresse pas, j'offre l'excellent conseil de George Orwell à ses lecteurs lorsque, dans son livre Hommage à la Catalogne (« Homage to Catalonia »), il explique l'imbrication des concepts politiques et militaires : « Si les horreurs des partis politiques ne vous intéressent pas, s'il vous plaît, sautez ces chapitres ; c'est justement dans ce but que j'essaye de mettre à part les sujets politiques de ce récit. Mais en même temps, il serait totalement impossible de parler de la guerre d'Espagne d'un point de vue strictement militaire : c'était avant tout une guerre politique. »

Finalement, je veux souligner que ce travail est un travail d'interprétation plutôt qu'une monographie universitaire ; c'est dans cette optique que je recommande qu'on le lise.

Une partie de ma répugnance à écrire résulte de ma méfiance à l'égard de la mémoire. La mienne comme celle des autres. Je ne pense pas que nous mentions de façon délibérée, mais du moment qu'un événement s'est produit et que nous connaissons ses conséquences, nous sommes enclins à réordonner, à réinterpréter l'information et les décisions prises à la lumière de leurs conséquences ultérieures.

Cette caractéristique naturelle de l'être humain est évidente pour quiconque a rempli un constat d'assurance après un accident de voiture ; elle conduit au phénomène connu que « l'échec est orphelin et le succès a des milliers de pères ». Gardant cela à l'esprit, j'insiste sur le fait que j'ai fait appel à ma mémoire pour illustrer les arguments et non pour établir un rapport ; je sollicite l'indulgence de ceux qui étaient là, avec moi, s'ils conservent d'autres souvenirs.

Pendant ces années, j'ai rencontré des milliers de personnes. Ce fut un privilège de travailler avec ceux qui, consciemment ou inconsciemment, contribuèrent à ma compréhension de la force et des forces. Envers eux tous, j'ai une dette de gratitude. Je dédie ce livre à tous ceux qui ont servi sous mes ordres ou ont suivi mes directives lorsque nous nous efforcions d'imposer notre volonté par la force des armes. Je voudrais aussi exprimer ma *reconnaissance et mes remerciements aux instituts militaires, universités et assemblées savantes qui m'ont donné l'opportunité de présenter et développer mes idées.*

La réalisation de ce livre a bénéficié de l'aide et des encouragements de beaucoup. Wilfrid Holroyd, documentaliste de talent, m'a apporté une aide précieuse. Merci également à ces amis qui ont eu le courage de relire les premières épreuves et dont les avis et encouragements ont guidé les corrections, plus spécialement Dennis Staunton, John Xilson, Chris Riley et Laura Citron, qui, pendant ces deux derniers mois où la production du manuscrit entrait dans sa phase finale, contribua aussi à maintenir la maison en état. En revanche, je revendique toutes les erreurs et fautes de jugement. J'ai aussi une dette envers le professeur Nigel Howard dont l'explication de l'analyse conflictuelle et de la théorie des jeux lors d'une conférence en 1998, a excité mon intérêt. Nos discussions ultérieures m'ont aidé à ordonner mes réflexions et les enseignements que j'avais auparavant tirés en une structure cohérente avec le résultat que, pour la première fois, je fus capable de comprendre mes expériences dans le cadre d'un modèle théorique, ce qui me permit de les utiliser plus tard. Mon agent, Michael Sissons, a toujours eu foi en ce projet, même si cela a pris du temps pour qu'il devienne présentable. Aux éditions Allen Lane, Stuart Proffit, mon éditeur, m'a apporté un soutien chaleureux et sans faille, et des avis qui ont beaucoup apporté à la mise en forme du livre. Liz Friend-Smith facilita mes rapports avec Stuart et le monde de Penguin. Merci également à Trevor Horwood pour avoir aidé si efficacement à la forme finale du manuscrit et à John Noble pour l'index si exhaustif, une lecture fascinante en elle-même. Finalement, ce livre n'aurait pas été écrit s'il ne l'avait pas été pour Ilana Bet-El, collègue et auteur, historien et journaliste. Alors que mes efforts avaient échoué, ne serait-ce que pour convaincre mon agent, son enthousiasme pour le projet a remporté d'un seul coup un contrat d'édition ; elle nous a soutenus ensuite à travers tout le processus de production du manuscrit puis de sa difficile correction. Sa compétence, son savoir, sa profonde capacité analytique et sa contribution à nos débats apparaissent de façon évidente à chaque page.

Rupert Smith

LA NATURE DE LA FORCE

L A guerre n'existe plus. Bien sûr, des confrontations, des conflits, des combats marquent le monde, en Irak, en Afghanistan, en République Démocratique du Congo, dans les territoires palestiniens... Les États possèdent toujours des forces armées, symbole de leur puissance. Pourtant, la guerre telle qu'elle est intuitivement comprise par les civils, la guerre en tant que bataille entre des hommes et des machines, la guerre comme événement majeur et décisif d'un différend en matière de relations internationales, cette guerre n'existe plus.

Soyons réalistes : la dernière bataille de chars au monde, celle dans laquelle les formations blindées de deux armées ont manœuvré l'une contre l'autre avec l'appui de l'artillerie et de l'armée de l'air, celle où les chars en ordre de bataille ont été la force de décision, cette bataille a eu lieu lors de la guerre israélo-arabe de 1973 sur les hauteurs du Golan et dans le désert du Sinaï. Depuis lors, des milliers de chars ont encore été construits et achetés, en particulier par les nations de l'OTAN et de l'ex-Pacte de Varsovie ; en 1991, lorsque la guerre froide a pris fin, on estime que les alliés de l'OTAN en possédaient au total plus de 23 000 et les États du Pacte de Varsovie près de 52 000. Au cours des trente dernières années, des formations blindées ont continué à être engagées soit en masse, en complément de frappes aériennes ou de feux d'artillerie comme lors des guerres de 1991 et 2003 en Irak, ou en Tchétchénie en 2000, soit en détail, en petites unités, souvent pour fournir une protection efficace à l'infanterie lors d'opérations en zone urbaine. C'est le cas des opérations actuelles menées en Irak par les forces de la coalition, ou, par Israël, dans les territoires occupés. Cependant, depuis trente ans, le char n'a plus été utilisé en tant qu'engin de guerre déployé en formation pour livrer bataille et obtenir la victoire décisive. Une telle éventualité ne se présentera plus, car les guerres où les formations blindées devraient être l'acteur majeur ne sont plus envisageables.

Cette réalité est désormais reconnue par certains stratèges militaires qui se font les avocats de forces rapides et légères. Pourtant, si leur argumentation fait bien référence aux nouvelles conditions de la bataille, c'est toujours dans le cadre d'une conception dépassée de la guerre. Or, ce qu'il faut comprendre, c'est que c'est le concept même de guerre qui a changé : il répond maintenant à un nouveau paradigme.

Depuis les événements du 11 septembre 2001, on a beaucoup discuté de la théorie de Samuel Huntington sur le choc des civilisations. Ces discussions sont utiles pour comprendre les motifs des terroristes et l'horreur de leurs activités. Mais, pour percevoir ce que cela implique réellement dans le monde où nous vivons, pour comprendre en quoi les fondements de la guerre dans son acception la plus large ont changé, il semble plus utile d'appliquer les théories de Thomas Kuhn sur les révolutions scientifiques ; il note que toutes les communautés scientifiques et, dans le cas présent, les penseurs militaires agissent dans un cadre rigide d'idées reçues, au point de refuser toute innovation qui leur semblerait subversive. Un changement n'intervient que lorsqu'une anomalie vient bousculer les habitudes de leur pratique scientifique traditionnelle. C'est une révolution, appelée par Kuhn « changement de paradigme », qui nécessite à la fois de nouvelles présuppositions et la restructuration des anciennes, ce qui se heurte évidemment à de vives oppositions.

En ce qui concerne la guerre, le changement actuel de paradigme a commencé en 1945 avec l'introduction des armes nucléaires, pour atteindre son apogée en 1989-1991 avec la fin de la guerre froide. Ce terme même constitue d'ailleurs un contresens historique flagrant, puisque cette « guerre froide » n'a jamais été une « guerre », mais plutôt une longue période de confrontation[1]. L'apparition de la puissance nucléaire a rendu la guerre industrielle pratiquement impossible en tant qu'événement décisif, la guerre froide étant sous-tendue par le concept de destruction mutuelle assurée (MAD = « fou », selon le terme anglais). Malgré tout, les stratèges ont développé des forces selon le vieux paradigme de la guerre industrielle. En même temps, et souvent avec les mêmes forces, ils menaient d'autres combats comme au Vietnam ou en Algérie : toujours plus de guerres non industrielles contre des adversaires non étatiques. Autrement dit, le phénomène décrit par Kuhn s'était sans doute produit dès 1945. Alors que les

---

1. Par souci de clarté, je conserverai cependant cette appellation.

hautes autorités politiques et militaires en reconnaissaient la réalité, les planificateurs militaires se refusaient d'en admettre le véritable sens, ne serait-ce que parce qu'ils n'avaient pas le choix : la perspective cataclysmique d'une guerre totale faisait partie intégrante du concept de MAD. La fin de la guerre froide a révélé le nouveau paradigme, depuis longtemps occulté, sans qu'il soit cependant pris en compte. En effet, depuis quinze ans, les débats ont généralement porté sur des questions d'organisation, de génération de forces et de ressources dans le cadre de l'ancien paradigme.

Il est désormais temps de le reconnaître : il s'est produit un changement radical de paradigme en ce qui concerne la guerre. Auparavant, des armées de même type livraient bataille en rase campagne. Maintenant, il s'agit d'affrontements entre toutes sortes de combattants utilisant toutes sortes d'armements, souvent improvisés. Le vieux paradigme était celui de la guerre industrielle entre États. Le nouveau paradigme est celui de la guerre au sein des populations, et c'est la toile de fond de ce livre.

Je suis conscient que le terme « paradigme » a pris de nos jours un aspect accrocheur, utilisé comme synonyme de « modèle ». Je ne l'utilise pas dans ce sens, mais plutôt à la manière de Kuhn, « comme un concept scientifique universellement reconnu qui, pour un certain temps, donne à une communauté de professionnels des modélisations de problèmes et de solutions ». Le paradigme de la guerre industrielle entre États a été, en son temps, d'une grande utilité pour les politiques et les militaires mais, aujourd'hui, c'est le paradigme de la guerre au sein des populations qui doit être utilisé.

Ce terme de guerre au sein des populations est la description concrète des situations de guerre moderne, mais fournit également un cadre conceptuel. La dure réalité est que désormais les armées ne s'affrontent plus en champ clos, qu'il n'y a plus nécessairement d'armées, et, de toute façon, jamais des deux cotés. Mais ce n'est pas la guerre asymétrique ; je déteste ce terme qui a été inventé pour décrire des situations dans lesquelles les États conventionnels étaient menacés par des puissances non conventionnelles, mais où une certaine forme de puissance militaire conventionnelle pouvait à la fois dissuader la menace et la contrer. La guerre au sein des populations est d'une nature différente : c'est une réalité nouvelle dans laquelle la population, quelle qu'elle soit et où qu'elle vive, est devenue le champ de bataille. Les engagements militaires se déroulent désormais n'importe où : en présence de civils, contre des civils, pour défendre des civils. Les civils peuvent constituer des cibles, des objectifs à conquérir, des forces hostiles. Se contenter d'appeler ces guerres « asymétriques », c'est en fait refuser simplement d'admettre le changement de paradigme. De tous temps, l'« art » de la guerre a consisté à réaliser une asymétrie vis-à-vis de l'adversaire. Qualifier les guerres d'asymétriques est donc pour moi une hypocrisie : c'est refuser de reconnaître que mon adversaire n'est pas de mon niveau et que, pourtant, je ne peux pas le vaincre. C'est le modèle de guerre et non pas son appellation qui n'est plus adaptée : le paradigme a changé.

Les États-nations, les pays occidentaux et la Russie mais d'autres aussi, engagent sans succès leurs armées constituées de forces militaires conventionnelles pour faire la guerre sur ces champs de bataille. Depuis quinze ans, tant les Occidentaux que les Russes se sont lancés dans des campagnes qui, d'une façon ou d'une autre, ont échoué lamentablement sans parvenir aux résultats recherchés, sans produire cette victoire militaire décisive qui aurait à son tour apporté la solution au problème originel qui est habituellement politique. Cela résulte fondamentalement de la confusion entre « le déploiement de la force » et « l'emploi de la force ».

Souvent, des forces ont été déployées sans être, par la suite, employées. Ainsi des Nations Unies dans les Balkans : en 1995, des dizaines de milliers de Casques bleus étaient stationnés en Croatie et en Bosnie, mais les mêmes résolutions du Conseil de Sécurité qui les avaient fait mettre en place leur interdisaient l'emploi de la force militaire. En tant que commandant de la FORPRONU en Bosnie en 1995, j'ai passé beaucoup de temps à essayer d'expliquer précisément ce problème à de nombreuses hautes personnalités de l'ONU et dans diverses capitales : maintenir 20 000 soldats dotés d'armes légères au milieu des factions en guerre était stratégiquement insupportable et tactiquement inepte. Leur présence, par elle-même, ne servait à rien. Et comme je l'ai souvent expliqué à mes commanditaires internationaux, ces soldats devenaient vite des boucliers pour les uns et des otages pour les autres.

Dans d'autres cas, la force a été employée, mais avec des résultats très limités, comme pour l'interdiction des zones de survol, en Irak, avant la guerre de 2003 : loin des feux médiatiques, les avions de la coalition traitaient régulièrement des objectifs (ce que les pilotes appelaient, paraît-il, « bombardement de distraction »), mais sans grande conséquence sur les horreurs perpétuées par le régime de Saddam Hussein. Parfois, la force a été employée en masse, comme dans le cas de la guerre du Golfe de 1991 ou en Tchétchénie en 2000, et les résultats ont été rien moins que décisifs au plan stratégique : le succès des opérations militaires n'a pas résolu le problème stratégique. En d'autres occasions, la force a été appliquée de telle façon qu'il était difficile d'expliquer tant l'objectif que le procédé aux alliés comme à l'opinion publique. Tel fut le cas du Kosovo en 1999. La campagne aérienne, prévue pour durer une semaine et destinée à forcer les troupes de Milosevic à évacuer la province, s'est prolongée pendant soixante-huit jours, frappant finalement des infrastructures civiles en Serbie même, plutôt qu'au Kosovo. Une frappe atteignit même l'ambassade de Chine à Belgrade, ce qui me fut *personnellement* reproché par la presse de Pékin. Tel fut aussi le cas de la dernière guerre en Irak, cause des profonds désaccords parmi les alliés avant, pendant et après l'engagement ; la campagne militaire en elle-même fut brève mais ses suites, complexes, sur la vie civile en particulier, sont loin d'être achevées.

Dans tous ces cas, même lorsque la force militaire est parvenue à un succès militaire local, ce succès s'est rarement retrouvé au plan politique : le concept de victoire décisive n'existe pas. Autrement dit, pendant ces quinze dernières années, hommes d'État, politiciens, diplomates, amiraux, généraux de l'armée de terre et de l'armée de l'air se sont heurtés à la difficulté tant d'utiliser efficacement la force militaire que d'expliquer leurs intentions et leurs actions. En 2003-2004, les Israéliens rencontraient le même problème que les forces de la coalition en Irak. Ce problème endémique est le résultat du changement de paradigme de la guerre et du refus continuel de l'admettre : politiciens et soldats raisonnent toujours selon les termes du vieux paradigme et essayent d'utiliser en conséquence leurs forces conventionnelles, alors même que l'ennemi et la bataille ont changé. Inévitablement, leurs efforts restent pratiquement vains : la force peut être massive et impressionnante, mais elle n'aboutit pas aux résultats recherchés, pas plus qu'à aucun résultat en rapport avec ses capacités supposées. Comme pour l'incompréhension de la différence entre le déploiement et l'emploi de la force, ceci reflète un manque de compréhension de ce qu'est l'*utilité* de la force, ce qui est le point fondamental du débat et le sujet de ce livre.

Il est probablement utile de commencer cette étude par une réflexion sur la force militaire, puisque c'est une notion commune à tous les paradigmes de guerre et qu'elle est malheureusement souvent prise à contresens. La force est à la base de toute activité militaire, sur un théâtre d'opération ou dans une lutte entre deux soldats. C'est à la fois le moyen physique de destruction – la balle, la baïonnette – et le soldat qui le met en œuvre. Il en est ainsi depuis la nuit des temps. Car l'essence de la force et son usage militaire n'ont pas changé depuis la

Bible, *L'Art de la Guerre* de Sun Tsu, les mythes grecs et nordiques et tout ce qui a pu être écrit sur la bataille et la guerre.

Quand on emploie la force militaire, deux effets sont immédiats : on tue et on détruit. Que ces morts et destructions permettent d'aboutir au but suprême ou politique que la force était supposée atteindre dépend du choix des cibles et objectifs, au regard du contexte global de l'opération. C'est là la véritable mesure de son utilité. Appliquer la force utilement nécessite de comprendre le contexte dans lequel on agit, de définir clairement le résultat à obtenir, d'identifier le point ou l'objectif sur lequel la force doit être appliquée et, de manière tout aussi importante, de bien prendre conscience de la nature de la force à appliquer. Imaginez qu'il faille dégager un éboulement de rochers sur une route. L'objectif, c'est le tas de rochers ; le contexte est constitué des collines instables environnantes, avec des villages alentour et les circuits de distribution d'eau, de gaz, d'électricité. Le résultat à obtenir est le dégagement de la route dans les délais les plus brefs ; le tas de rochers est l'objectif sur lequel la force sera appliquée. Ici se pose la question de la nature de la force à utiliser : doit-on utiliser des pelleteuses mécaniques ou l'explosif ? Les deux sont possibles, mais dans des délais et à des prix différents. Les explosifs seraient plus rapides, mais pourraient déclencher de nouveaux éboulements ; les pelleteuses seraient plus sûres, mais plus lentes. Chaque option aboutirait à une route dégagée, mais leur utilité est différente.

La force militaire est mise en œuvre par des forces armées composées d'hommes, de matériels et de leur soutien logistique. L'efficacité de ces forces armées ne résulte jamais d'une simple juxtaposition de ces trois composantes ; elle est plutôt fonction de leur organisation. Elle dépend toujours des forces adverses, du moment choisi et de la spécificité de la bataille. Car, dans tout combat, l'ennemi n'est pas un élément inerte ou un simple objet de planification. L'ennemi est *toujours* une entité capable de réagir. Non seulement il n'entend pas se plier à votre planification, mais il va activement chercher à la tourner, tout en exécutant sa propre planification, naturellement opposée à la vôtre. L'ennemi est un adversaire qui s'oppose à vous, sûrement pas une cible fixe. Un plan d'attaque doit comporter des plans de ripostes et des « varientements » qui sont aussi importants que la partie principale. Celui qui ne prend pas cela en compte ne peut rien comprendre à la plupart des activités militaires, quel qu'en soit le niveau.

Personnellement, ayant été victime d'un attentat à la bombe en 1978, en Irlande du Nord, j'ai appris cela à mes dépends. Avec ma compagnie, je concentrais mes efforts sur les principales activités et menaces de l'IRA (avec quelque succès, semble-t-il). J'avais perdu de vue la nécessité de continuer à apprendre et je n'étais plus attentif aux possibles changements de mode d'action de l'adversaire. Je pensais qu'il s'efforcerait simplement d'améliorer ses capacités et continuerait comme avant. Or, un jour de marché, un engin explosif fut placé sur la place du marché de Crossmaglen, ce qui n'avait jamais été fait auparavant. La bombe radio-commandée était soigneusement conçue et disposée de façon à n'avoir que des effets très localisés. Alors que je pensais être en toute sécurité, je fus victime de l'explosion avec un autre officier. Je n'avais pas pris conscience que mon ennemi avait un esprit indépendant et créatif, qu'il ne pensait pas et n'avait pas l'intention de penser de la même manière que moi. Depuis cet événement, j'ai essayé de monter toutes mes opérations, en Irlande et ailleurs, de telle sorte que j'apprenne en permanence ce que mon ennemi avait l'intention de faire plutôt que de penser que nos connaissances sur lui étaient suffisantes.

Une force armée peut être constituée de forces soit régulières, soit irrégulières, ce qui est très différent. Une force régulière est employée dans un but politique décidé par un gouvernement légitime qui donne pour se faire aux militaires des instructions appropriées ; c'est une organisation officielle, responsable vis-à-vis de ce gouvernement. Une force irrégulière peut être tout aussi meurtrière et destructive, mais elle agit en dehors de l'organisation étatique, donc hors des lois de l'État. Cependant, cette irrégularité ne met pas, par elle-même, ses membres en dehors de la protection des lois internationales. Les forces irrégulières peuvent être de natures très différentes : mafia relevant du crime organisé, mouvement de résistance, organisations terroristes, forces de guérilla. Certaines peuvent même être structurées comme des armées, comme le Vietcong à la fin de la guerre du Vietnam.

Une force armée est essentielle pour toute entité géopolitique indépendante faisant partie du système international. Il faut cependant qu'elle finisse par devenir légale, par sa transformation en force militaire régulière. Pendant des siècles, empereurs, princes, rois et gouvernements démocratiques ont poursuivi le même but tout en faisant face au même problème : comment disposer d'une force armée apte à faire valoir ou défendre leurs intérêts, à un coût financier et politique acceptable, mais qui ne constitue pas une menace pour eux-mêmes. Selon les circonstances, des solutions différentes ont été adoptées ; elles ont cependant en commun quatre attributs qui découlent de leur appartenance à un État légitimement reconnu, ce qui les différencie des forces irrégulières :

- une organisation militaire ;
- une structure hiérarchique responsable devant le pouvoir établi ;
- un statut légalisant l'utilisation des armes et un règlement de discipline spécifique ;
- un financement centralisé pour l'acquisition du matériel de guerre.

Ces quatre attributs, reconnaissables dans les forces militaires du monde actuel, en sont le fondement. Dans leur ensemble, ils permettent à la force d'agir de façon cohérente et légale, mais d'être aussi nettement distincte de la société civile. Une force recrute ses membres dans la société et existe pour la servir, mais néanmoins, pour préserver son identité, elle fonctionne selon ses propres règles, en marge de la société. On a pu constater que, à terme, l'institution politique parvient à placer sous son contrôle les forces irrégulières, souvent avec difficulté, afin d'en faire des forces régulières.

La transformation de forces irrégulières en forces régulières est importante du point de vue de la société : nous tolérons cette organisation meurtrière au sein de notre société parce qu'elle est sous le contrôle de nos dirigeants élus et donc qu'elle agit dans le cadre de la loi. Dans les zones de conflit, des Balkans à la République démocratique du Congo et à l'Afghanistan, il est parfois difficile de percevoir le moment où une force régulière perd sa légitimité pour redevenir une force armée irrégulière, ou, à l'inverse celui où une force irrégulière acquiert sa légitimité en devenant une force régulière. On comprend facilement qu'un seigneur de la guerre vivant du trafic de la drogue est à la tête d'une force irrégulière ; mais qu'en est-il de l'OLP quand il opère à Gaza ou dans les territoires occupés : est-ce une force régulière ou irrégulière ? Lorsque, en 1991, des éléments de l'ancienne armée yougoslave, armée régulière connue comme la JNA, devint l'Armée des Serbes de Bosnie (BSA), cette formation devint-elle une force irrégulière ou bien était-elle une autre force régulière ? Cette difficulté à identifier le caractère régulier d'une force s'applique à tout mouvement armé d'indépendance et à la majeure partie de nos actuels conflits. C'est une de celle que la communauté internationale doit encore aborder de façon cohérente, comme nous le verrons dans la troisième partie de ce livre. En effet, la majorité de nos conflits met en cause la légitimité des parties et de leurs idéaux, y compris celle des forces militaires. En Bosnie par exemple, la communauté internationale ne reconnaissait pas les Serbes de Bosnie en tant qu'entité séparée ; il était donc difficile d'admettre la légitimité de leur armée.

Le monde occidental est marqué par un désintérêt croissant pour les affaires militaires. Bien que les horreurs du 11 septembre 2001 aient entraîné un regain d'intérêt pour les questions de sécurité, et, aux États-Unis, une augmentation considérable des dépenses de défense, depuis la fin de la guerre froide les discussions sur les questions militaires ont surtout porté sur les budgets de défense, sur la légalité et la moralité de l'emploi de la force, alors même qu'il n'y avait pas de véritable débat sur la signification réelle de la force, et sur son utilité. Les protestations internationales et les débats consécutifs au déclenchement de l'opération « Iraki Freedom », l'invasion de l'Irak par la coalition conduite par les États-Unis en mars 2003, ont montré que, souvent, c'est la position sur la moralité et la légalité de l'emploi de la force qui décidait de son utilité : si l'emploi de la force était moral et légal, alors elle était utile et efficace, sinon, c'était l'inverse. Pourtant, si l'emploi de la force pour des raisons immorales ou de façon illégale ne peut être toléré, la légalité et la moralité ne sont pas en elles-mêmes suffisantes pour expliquer la nécessité de la force : chaque peuple a en effet besoin d'une force capable d'assurer sa défense et sa sécurité, la protection de ses foyers et la sauvegarde de ses intérêts. Cette nécessité est incontournable, ce qui veut dire qu'en temps de paix, la force ne peut pas être totalement démobilisée, même si son entretien est coûteux. De même, se focaliser sur la moralité et la légalité de l'emploi de la force ne doit pas supplanter la toute première nécessité : celle de comprendre son utilité.

Depuis la fin de la guerre froide, la fonction meurtrière de la force militaire a été occultée et sa nature définie par les quatre attributs décrits ci-dessus a souvent été mal interprétée par les opinions publiques occidentales, en particulier depuis que les guerres sont devenues des événements bien éloignés des réalités de la vie courante. Aveuglement et mauvaise compréhension sont également le fait des politiciens qui cherchent à déployer et employer des forces militaires dans des buts humanitaires ou politiques pour lesquels elles n'ont été ni formées, ni entraînées. Cela ne veut pas dire que le caractère hiérarchique et discipliné de la force ne peut pas être adapté à un emploi plus large, ni que les armes ne doivent être employées que pour des activités strictement militaires. Il faut bien comprendre qu'aujourd'hui, le plus souvent, notre force n'aura pas d'efficacité en tant que *force militaire*. Les forces de la coalition en Irak en sont un exemple classique : leur efficacité en tant que force militaire s'est achevée en mai 2003, lorsque les combats avec l'armée irakienne ont cessé. Et bien qu'elles aient encore remporté des victoires limitées dans des escarmouches locales, leur efficacité est réduite sauf dans leur rôle de force d'occupation et de reconstruction, ce qui est maintenant leur rôle principal. Elles n'étaient initialement ni instruites, ni équipées pour cette mission et ne pouvaient donc pas la remplir. Pour employer le langage de ce livre, il n'y avait que peu d'utilité pour la force.

Il y a une certaine difficulté à conduire en même temps des missions de défense et de sécurité, car ces notions se réfèrent à des situations conflictuelles, réelles pour les unes, potentielles pour les autres. Les confrontations entre des individus ayant des intérêts et priorités divergents sont endémiques dans toute société. Quand ces sociétés, qu'on appelle États, s'affrontent l'une l'autre pour quelque différend, qu'on ne peut trouver une solution satisfaisante pour les deux parties, et que ces dernières cherchent à résoudre le problème par la force des armes, nous appelons le conflit résultant « guerre », même si, comme nous l'avons établi au début, ce terme est désormais inapproprié. L'objectif des deux parties est de parvenir à une paix conforme à leurs visées. Généralement, excepté le cas de légitime défense, l'emploi de la force militaire est ressenti comme l'acte de dernier ressort, celui auquel on a recours seulement lorsque toutes les mesures possibles pour parvenir à une solution ont été envisagées sans succès. Depuis un ou deux siècles, les États ont établi des lois et des protocoles pour gérer ces conflits et permettre aux militaires et aux gouvernements de les conduire ; ce sont les conventions de Genève. Une fois en guerre, les adversaires, tout en se pliant à ces conventions, n'ont pas à se soumettre aux mêmes règles du jeu. L'art du commandement consiste en effet à choisir son terrain, son style et les règles qui soient les plus favorables pour soi et les plus défavorables pour l'adversaire. En outre, et contrairement à toute autre activité socialement acceptable excepté certains sports, les guerres ne sont pas des compétitions : arriver second est synonyme de défaite.

Guerres et conflits se livrent à quatre niveaux : politique, stratégique, du théâtre et tactique. Chacun s'inscrit dans le contexte de l'autre, en ordre descendant depuis le politique. C'est ce qui donne leur contexte aux différentes actions visant les mêmes objectifs, ce qui assure leur cohérence mutuelle. Le premier niveau, le politique, est la source du pouvoir et de la décision. Ce niveau a toujours existé, car les armées ne se livrent pas bataille simplement parce que deux d'entre elles se trouvent à rôder sur un champ de bataille et décident de se trouver une occupation ; la guerre suppose qu'une querelle entre deux ou plusieurs entités politiques n'ait pu être résolue par d'autres voies et qu'on ait recours à des moyens militaires. Dans le passé, les pouvoirs politique et militaire d'un État ou d'une entité avaient tendance à se confondre, puisque c'était habituellement, au moins formellement, le prince ou le roi qui dirigeait la politique et commandait l'armée. Avec l'évolution des États-nations au cours du XIXe siècle, les pouvoirs politique et militaire se sont séparés dans les États démocratiques. Les positions de la Reine (en Grande-Bretagne) et du président des États-Unis, vis-à-vis de leurs forces armées nationales, bien que différentes du point de vue constitutionnel, restent le reflet de cette ancienne unicité historique des pouvoirs politique et militaire. Dans les conflits modernes, le pouvoir politique contrôle le militaire, et c'est à ce niveau qu'est décidée l'entrée en conflit. Cette décision est prise en fonction de la menace qui pèse sur ce qui est en jeu, territoire, souveraineté, commerce, ressources, honneur, justice, ou religion. Comme toute décision majeure, celle-ci ne doit être prise qu'après évaluation de la réalité de la menace et du risque encouru. Ainsi, confronté à l'ultimatum du 3 septembre 1939 lui donnant deux heures pour commencer à évacuer la Pologne ou se voir déclarer la guerre par la Grande-Bretagne, Hitler savait que la menace se concrétiserait, mais il ne l'estimait pas suffisante pour contrecarrer ses plans et ses actions. En revanche, Chamberlain et son gouvernement, ayant observé Hitler s'emparer d'abord des Sudètes puis pénétrer en Pologne, savaient que la menace se matérialisait sous leurs yeux, avec le danger évident qu'elle atteigne les îles britanniques ; le risque était donc connu. Plutôt que de négocier avec Hitler ou d'attendre l'attaque de ses forces, il n'y avait pas d'autre option que d'émettre l'ultimatum et d'entrer en guerre.

C'est dans cette phase d'évaluation des menaces et des risques que le rôle de la force militaire apparaît, avec les interrogations sur les missions qui peuvent lui être confiées et les voies pour y parvenir. Le puriste fera remarquer que cette décision devrait être prise très tôt, mais en pratique, elle n'intervient que lorsque la menace devient imminente. Généralement, le débat politique porte sur les menaces. On peut le comparer aux prises de décision en matière d'assurance : on sait qu'on en a besoin, mais pas au point de perturber la vie courante pour faire face à quelque lointaine éventualité qui ne se produira peut-être pas. Néanmoins, comme la politique est le nid de la stratégie, le stratège devrait toujours être impliqué dans l'élaboration de la première en temps de paix. Car c'est lui qui doit faire prendre en compte les réalités militaires et les résultats de son implication doit se retrouver dans la qualité, le moral, l'adaptabilité, l'équipement et la quantité des forces dont ses successeurs disposeront quand ils seront confrontés à un adversaire.

Une fois la décision d'entrer en conflit prise au niveau politique, l'action descend au niveau stratégique où cette décision du recours à la force, pour un emploi potentiel ou réel, se traduit en termes de moyens militaires et d'opérations. Cette traduction donne naissance à la force elle-même, puis à ses modalités de déploiement et d'emploi. Mais ce sont bien les considérations politiques qui donnent le contexte général de la stratégie. Par conséquent, des relations très étroites doivent exister entre les niveaux politique et stratégique, jusqu'à ce que s'instaure un processus de réévaluation et un débat permanent, qui ne s'achèvera que lorsque le but final sera atteint. Il est cependant clair que l'objectif politique et l'objectif stratégique ne sont pas identiques et ne le seront jamais : l'objectif militaire stratégique est atteint par la force militaire, tandis que l'objectif politique est, pour sa part, une conséquence ultérieure de ce succès.

C'est le rôle du commandant de niveau stratégique de comprendre parfaitement l'objet de ses efforts et de savoir de quelles forces et ressources il peut disposer, ce qui lui permet de se fixer un but. Le mot « but » recouvre plus qu'une mission ou un objectif : c'est à la fois la cible et la convergence des efforts sur cette cible, de telle sorte que la puissance ou la force se concentrent pour frapper cette cible avec les plus grandes précision et efficacité. Le but stratégique peut être difficile à définir et pourtant il est essentiel de le faire. Sans un but solidement ancré dans le dessein politique, il est difficile d'optimiser l'emploi de la force ; le commandant ne saurait pas en effet quel résultat ou effet doit être obtenu pour contribuer à la réalisation de la finalité politique d'ensemble.

Définir la stratégie oblige à des compromis. Il n'existe pas de parfaite stratégie, ni de plan parfait ; prétendre à la perfection serait refuser d'admettre que l'ennemi n'est pas inerte et qu'il dispose d'une part de libre créativité qui s'oppose directement à la nôtre. Il est donc nécessaire de rechercher une stratégie qui soit meilleure que la sienne en toutes circonstances. La stratégie ne doit pas prendre la forme d'un plan soigneusement réalisé, mais plutôt celle d'un scénario préférentiel. Comme je l'ai écrit dans une directive à mes grands subordonnés en novembre 1990, avant de partir dans le Golfe pour la guerre de 1991 contre l'Irak : « Le commandement de guerre n'est pas la mise en œuvre d'un plan pré-établi. L'ennemi, qui n'existe pas en temps de paix, fait tout ce qu'il peut pour détruire la cohérence de notre organisation et de nos plans. Ce sont la volonté et la méthode pour prendre l'ascendant sur l'ennemi qui décideront du résultat. »

Une stratégie est directement reliée au but, à l'objectif global, au contexte du conflit, ainsi qu'aux limitations imposées par le dessein politique et les circonstances. Elle devra décrire le processus y conduisant, le scénario souhaité, les forces et les ressources allouées. Elle désignera enfin les chefs adaptés et fixera leurs responsabilités et prérogatives. Les compromis essentiels s'établissent entre scénario souhaité d'une part, les forces et ressources dont on dispose d'autre part. La bonne stratégie atteindra ses buts en évitant la bataille. Sun Tsu le disait déjà : « Ce qui est de la plus grande importance à la guerre est de s'attaquer à la stratégie de l'ennemi ; le mieux ensuite est de provoquer la rupture de ses alliances ; et après seulement de s'attaquer à son armée. » Cependant l'application de ces principes par les deux adversaires permet rarement qu'une stratégie l'emporte sur l'autre.

L'attaque des forces relève du niveau tactique, avec ses batailles, ses engagements et ses combats, ses actions individuelles et collectives. Le spectre est large, des grandes batailles navales comme Trafalgar, ou aériennes comme la bataille d'Angleterre à la destruction d'un bateau par un sous-marin, comme le Belgrano lors de la guerre des Falklands, au combat tournoyant entre deux appareils au-dessus du Kent en 1940, ou, sur terre, de la bataille de la Somme aux escarmouches des ruelles de Belfast ou de Bassorah. Une bataille se forge en effet d'une série d'engagements d'importance variable, allant du niveau individuel au régiment.

Les batailles se produisent de façon toujours différente, selon les combinaisons d'armements, de terrain, de météorologie, en face d'un adversaire qui cherche activement à vous faire ce que vous voulez vous-même lui faire.

L'essence de la tactique est la combinaison du feu et du mouvement. Le problème essentiel est de trouver l'équilibre judicieux entre l'effort déployé pour frapper l'adversaire et celui destiné à se protéger. L'art de la tactique est assez voisin de celui de la boxe, deux activités que je considère comme de l'art, chacun des adversaires devant être entraîné et posséder un degré d'adresse et de courage certain pour faire face aux coups de l'autre. Chaque adversaire se garde et frappe, cherche à percer la défense de l'autre par un enchaînement efficace de coups jusqu'au coup ultime qui met hors de combat. Le boxeur s'entraîne longuement à ces enchaînements. Tout l'art réside à forcer l'adversaire à laisser un point vulnérable à découvert, et, saisissant d'emblée l'opportunité, à prendre sur lui l'avantage. C'est également vrai pour le combat, y compris l'entraînement répété à des combinaisons de coups. Mais on n'applique pas les règles du marquis de Queensberry, et la tactique ressemble plus à une lutte à mort dans le caniveau, sans règles ni arbitre, où la ruse associée au meilleur emploi de la force remporte la décision. J'emploie ces analogies pour souligner qu'en tactique, il ne s'agit pas seulement de manœuvre ; il s'agit d'appliquer la force sur l'adversaire, la force létale, tout en évitant ses tentatives pour en faire autant. Le résultat de la tactique est simple : tuer ou être tué. Pour l'emporter, le tacticien doit être plus leste que son adversaire et faire mouvement plus vite pour lui appliquer des volumes de feux décisifs. Pour cela, il peut aussi utiliser des obstacles, naturels ou artificiels, pour retarder l'ennemi ou neutraliser sa capacité à faire mouvement.

Entre les niveaux tactique et stratégique se situe le niveau opérationnel ou de théâtre. Je pense qu'aujourd'hui, l'appellation « théâtre » est la meilleure ; je l'emploierai désormais, le terme « opérationnel » étant très largement galvaudé aujourd'hui. Le niveau « opérationnel » est limité à un théâtre d'opérations, aire géographique incluant la totalité de l'objectif politique et militaire dont la réalisation permet d'acquérir l'avantage stratégique. Par exemple, le débarquement du 6 juin 1944 en Normandie était une opération qui a changé par elle-même la réalité stratégique, permettant la libération de l'Europe occidentale et la conquête de l'Allemagne. Une opération au niveau du théâtre n'est pas une simple succession d'engagements tactiques dans une aire géographique déterminée. Le commandant de théâtre doit concevoir la planification pour l'atteinte de l'objectif qui lui a été fixé par le commandant de niveau stratégique ; il doit coordonner les actions de ses subordonnés de telle sorte qu'ils atteignent des objectifs tactiques permettant à l'ensemble de sa grande unité de progresser de manière cohérente vers le but. Le commandant de théâtre doit comprendre le contexte politique du théâtre, les intérêts politiques en jeu dans la région, ceux de ses supérieurs du niveau politique et stratégique, et des composantes de sa force. C'est particulièrement vrai dans le cas, fréquent aujourd'hui, d'une force multinationale où les implications politiques et stratégiques se multiplient et s'imbriquent.

Les commandements que j'ai exercés au cours des années 1990 offrent un bon exemple des différents niveaux opérationnels. En 1990-1991, j'ai commandé dans le Golfe une division britannique subordonnée au VIIe Corps US ; j'assumais un commandement de niveau tactique, de même que le général Fred Franks qui commandait le corps d'armée. Le commandant de théâtre, le général Norman Schwarzkopf, a dû prendre en compte le contexte politique et stratégique du déploiement de ma division et en tenir compte pour son emploi. En 1995, comme commandant de la FORPRONU, j'étais, dans les faits, un commandant de théâtre. Le théâtre était soumis aux impératifs politiques du conflit en Bosnie et à ceux des nations contributrices dont les troupes étaient placées sous mes ordres. Le commandant de la force de l'ONU, dont certaines composantes se trouvaient également en Croatie et en Macédoine, était basé à Zagreb. L'ambiguïté régnait : il n'était ni commandant de niveau stratégique, ni à même de commander simultanément les trois théâtres. Cette situation provenait du fait que les Nations Unies ne disposent pas de structures militaires permanentes et ne possèdent donc pas la capacité de commandement stratégique. C'est d'ailleurs pour cette raison que le recours à cette organisation n'est jamais une option crédible pour l'emploi de la force militaire. De 1996 à 1998, en tant que général commandant en chef en Irlande du Nord, il était clair que j'étais commandant de théâtre, responsable devant le chef d'État-major général (le CEMA britannique) à Londres, mon supérieur direct du niveau stratégique. Quand en novembre 1998, je devins adjoint au Commandant suprême des forces alliées en Europe (DSACEUR), j'assumais un commandement de niveau stratégique dans l'alliance, même en tant qu'adjoint. En outre, en tant que commandant européen du plus haut grade à l'OTAN, ce qui est toujours le cas du DSACEUR, j'étais le commandant stratégique de la force européenne en gestation. En définitive, dans mes commandements et mes missions au sein de l'OTAN et de l'ONU, j'ai passé beaucoup de temps à agir en interaction avec les niveaux politiques, sur les théâtres d'opérations comme dans les capitales, ce que je ne faisais pas quand je commandais au niveau tactique. Cette répartition des tâches et de l'autorité, parfois mal comprise par ceux qui y sont impliqués, constitue la réalité du commandement d'aujourd'hui.

Je parlerai encore des niveaux de commandement dans ce livre puisqu'ils fournissent les cadres d'application de la force. Il est cependant déjà important de bien saisir deux points à la fois évidents et fondamentaux. Le premier est que c'est le niveau politique qui décide de l'entrée en guerre et c'est également lui qui en décide la fin ; le militaire met seulement ces décisions en œuvre. Le deuxième est que toute activité s'inscrit dans le contexte général d'une stratégie donnée ; quand les combats commencent, chaque engagement s'inclut dans l'engagement de plus grande échelle du niveau supérieur, le succès de chaque commandant contribuant, au moins en théorie, au succès de son supérieur. Comprendre le contexte général d'une opération particulière est aussi important que de comprendre l'intention de son supérieur, si l'on veut que soit assurée la cohérence des résultats des actions de chaque niveau, chacun apportant sa contribution à l'autre. Aujourd'hui, cependant, la plupart des combats ne sont pas de niveau stratégique : la guerre au sein des populations est surtout de niveau tactique, avec quelques rares implications au niveau du théâtre. Et pourtant, nous continuons à les considérer comme des guerres où des victoires décisives apporteraient les solutions : il faut donc comprendre d'où provient cette erreur de jugement.

Notre compréhension de l'emploi de la force militaire se fonde principalement sur l'ancien paradigme de la guerre industrielle entre États et ses concepts hérités des conflits interétatiques : manœuvre de forces en masse, soutien total de la population active et de ses industries aux dépends de tous les autres intérêts, dans le but d'une victoire totale. Dans le cas de la guerre industrielle, c'est la séquence « paix, crise, guerre, résolution du conflit », ce qui ramène à la paix, qui est la norme ; la guerre, l'action militaire, en est le facteur décisif. Par contre, le nouveau paradigme de la guerre au sein des populations se fonde sur le principe d'un perpétuel chevauchement de confrontations et de conflits, que ce soit entre États ou contre un acteur non étatique. Les situations de guerre ou de paix nettement différenciées cèdent la place à des séquences variables. La paix n'est forcément ni le point de départ, ni l'aboutissement de la crise : les conflits sont souvent résolus, par d'autres voies que la confrontation. La guerre de Corée s'est achevée en 1953, mais la confrontation avec la Corée du Nord perdure. Les bombardements et l'action militaire contre la Serbie, suite à ses exactions contre les Kosovars, ont cessé depuis 1999 ; mais il n'y a toujours pas de décision quant au futur statut du Kosovo et la confrontation entre la Serbie et la communauté internationale demeure latente.

La guerre au sein des populations possède six caractéristiques fondamentales :

- **Les buts pour lesquels nous nous battons ont changé** : ce ne sont plus les objectifs concrets et absolus de la guerre industrielle entre États, mais des objectifs plus insaisissables, relatifs à des individus et des sociétés qui ne sont pas des États.

- **Nous combattons au sein des populations**, au sens propre et au figuré, et les médias jouent un rôle majeur : nous combattons sur tous les écrans de télévision dans le monde entier autant que dans les rues et les campagnes de la zone de conflit.

- **Les conflits semblent désormais sans fin**, car nous cherchons à créer des conditions particulières qui doivent être ensuite maintenues jusqu'à ce qu'un accord intervienne sur le résultat final, ce qui peut prendre des dizaines d'années.

- **Nous combattons de façon à minimiser les pertes**, au lieu de combattre en usant de la force pour atteindre le but fixé, quel qu'en soit le prix.

- **Chaque fois, ce sont de nouveaux usages qui sont définis pour les armements anciens** : ceux-ci, conçus spécifiquement pour combattre contre des soldats et des matériels lourds, doivent être adaptés aux nouveaux conflits, les outils de la guerre industrielle convenant rarement à la guerre au sein des populations.

- **Les parties sont principalement non-étatiques** : nous intervenons, habituellement en multinational, dans des conflits et confrontations qui impliquent des entités qui ne sont pas des États.

Ces six caractéristiques reflètent la réalité de cette nouvelle forme de guerre : la solution politique n'est plus le résultat d'une seule action militaire décisive. Les rapports entre les facteurs politiques et militaires ont en effet beaucoup changé ; les quatre niveaux de guerre demeurent et c'est toujours le pouvoir politique qui décide de l'emploi de la force, mais les activités militaires et politiques s'entrecroisent constamment. Pour comprendre un conflit moderne, il faut donc examiner ces activités en parallèle puisqu'elles évoluent ensemble en s'influençant les unes les autres. L'emploi de la force n'est utile que si c'est de cette manière qu'il est analysé.

Les forces militaires n'ont pas d'autre utilité en soi que de tuer et de détruire. Chaque conflit a sa spécificité, non seulement du fait des lieux et des adversaires, mais aussi de par sa nature, spécialement à notre époque d'interventions humanitaires et d'opérations militaires au sein des populations, comme en Afghanistan en 2002 et en Irak en 2003. La force ne peut être avantageusement utilisée que si l'on comprend son utilité dans ces circonstances et si l'on en garde la maîtrise. À cet effet, il faut comprendre ce que sont les forces militaires puisqu'elles sont le moyen par lequel la force est appliquée. Il n'y a pas de force standard. La force peut être formée à partir de différents éléments : forces terrestres, marine, armée de l'air, forces spéciales, chasseurs et bombardiers, porte-avions et sous-marins, missiles et artillerie, chars et mitrailleuses, avec tout une variété de systèmes d'armes et de moyens techniques et informatiques. Ce ne sont que les composants de base, parmi lesquels le commandant doit choisir pour composer une force spécifique. Et chaque force est spécifique, selon le moment, l'État, la guerre, le théâtre d'opérations, la bataille à livrer. Même une force organique est spécifique par le moment et les conditions de sa création. La règle est qu'une bataille est un événement de circonstance, et donc que chaque élément de la force est le produit des circonstances dans lesquelles il a été créé ou employé. La bataille de Waterloo a été ce que l'on sait parce qu'elle a eu lieu en 1815 en Wallonie ; parce que Napoléon avait levé une armée d'un certain volume et que Wellington et Blücher avaient les armées qu'ils avaient ; parce que Napoléon a fait combattre ses forces d'une certaine façon, selon le plan qu'il avait conçu, tandis que ses adversaires ont établi des plans et fait combattre leurs forces d'une autre façon, et ainsi de suite. Si la bataille avait eu lieu un mois plus tard, il est possible que ces facteurs n'aient pas été les mêmes : la prise en compte et la compréhension des circonstances du moment sont le véritable cadre de toute activité militaire.

La création d'une force militaire exige de rassembler troupes et matériels ; mais cela ne suffit pas à créer une force utilisable. Il faut trouver hommes et matériels disponibles en quantité et qualité. Certaines nations s'en remettent à la conscription, d'autres à l'armée professionnelle ; certaines s'équipent des matériels les plus sophistiqués et apparemment les plus puissants, tandis que d'autres se contentent d'équipements plus anciens et plus rustiques. Comme l'ont montré de nombreux engagements récents, la possession d'équipements modernes et sophistiqués ne conduit pas nécessairement à la victoire. En effet, chaque force est spécifique à un but déterminé, à une politique de défense et de sécurité et à une doctrine militaire qui demandent troupes et matériels spécifiques se combinant en une force cohérente. Plus la force est cohérente, plus grandes sont ses chances de succès. Clairement, le manque de cohérence soit dans les objectifs, soit entre les objectifs et la force, est la principale raison des échecs.

Pourtant, l'argent a toujours été le facteur décisif pour la constitution d'une force. Même le volume de population et la disponibilité des recrues potentielles sont des facteurs secondaires comparés aux considérations financières : il sera toujours possible de trouver des troupes supplémentaires avec de l'argent. Dans l'histoire, pour la constitution de forces, l'investissement financier résulte habituellement d'un compromis entre les buts immédiats et ultérieurs de la force et le coût imposé à la société, immédiatement et dans la durée. Les coûts les plus évidents concernent les domaines financiers et humains ; ils doivent être estimés non seulement au regard des dépenses pour la constitution de la force, mais aussi dans leurs impacts à terme sur le bien-être de la population dans son ensemble. Ainsi la force ne doit pas ponctionner les personnes nécessaires à la bonne marche de l'économie, sinon tant la force que la société ne pourraient survivre : si tous les chevaux sont réquisitionnés, la récolte pourrit sur pied. Même dans une guerre totale, les usines ne peuvent pas produire que des armements, car il faut satisfaire aussi les besoins de base de la société pour qu'elle ne s'effondre pas. En bref, pour constituer une force, on doit définir un investissement réaliste et équilibré entre ressources disponibles et à venir. Si les soldats sont bon marché et les chevaux chers, l'infanterie prédominera ; si la population est peu nombreuse mais riche, la cavalerie et l'artillerie l'emporteront sans doute sur l'infanterie ; et si la main d'œuvre est chère, une force permanente sera moins bien armée à cause du prix élevé de production des armes.

Ces considérations sont toujours vraies aujourd'hui, bien que les armes soient produites en masse et théoriquement à la disposition de tous : une force doit toujours correspondre à une répartition adéquate des ressources disponibles et futures de l'État. Si les coûts de fabrication et d'acquisition d'armements sont tels qu'ils obèrent les capacités économiques du pays, au mieux sa prospérité sera mise en cause, au pire les dirigeants auront détruit cela même qu'ils voulaient défendre. Ce serait d'ailleurs la marque d'une société sous-développée ou anti-démocratique, car, à moins que leur survie soit en jeu, les peuples préféreront toujours la prospérité à la puissance militaire. Entretenir à grands frais une importante machine de guerre ne peut donc être le fait que de sociétés démocratiques très riches, comme les États-Unis, ou de sociétés où la population vit sous la menace, extérieure dans le cas de démocraties comme l'Inde et Israël, intérieure dans le cas de régimes despotiques comme la Corée du Nord ou l'Iran.

Fixer la répartition des investissements a toujours été le souci des rois, princes et gouvernants. Diverses mesures ont été essayées, avec plus ou moins de succès, pour résoudre ce dilemme. Les armements les plus techniques, comme l'artillerie ou les navires de guerre, restaient sous le contrôle direct du monarque en raison de leur prix élevé, et parce que, n'ayant aucune utilité commerciale, ils ne pouvaient être d'aucun rapport pour le secteur privé ; les monarques ne voulaient d'ailleurs pas que leurs armements puissants ou leurs vaisseaux tombent entre des mains malveillantes. L'équilibre des investissements doit refléter la structure de base de la société ; même si on peut se procurer toutes les catégories d'équipements, la logique de constitution d'une force reste basée sur le pays et sa population. Un pays sans façade maritime n'aura pas de flotte de guerre, un pays pauvre aura moins d'armes qu'un pays riche, un État très peuplé aura une plus grande armée qu'un État qui ne l'est pas.

En répartissant ces investissements, les gouvernements ont toujours fait soigneusement la différence entre défense et sécurité, qui sont, comme nous l'avons vu, les raisons d'être des forces. Par principe, le point d'équilibre est obtenu en considérant que c'est la paix qui coûte le moins cher ; il est défini en n'incluant dans la défense que les éléments absolument nécessaires à l'existence de l'État, un ensemble de mesures militaires, diplomatiques et économiques pourvoyant au reste. Ainsi, du XVIIe siècle à la deuxième guerre mondiale, la Grande-Bretagne a entretenu une puissante flotte de guerre pour défendre les îles britanniques et son commerce maritime. Son armée de terre, et plus tard son armée de l'air, étaient au contraire réduites au minimum nécessaire pour assurer la sécurité de l'Empire, étant admis qu'en cas de crise la marine pourrait défendre le royaume assez longtemps pour qu'une armée de terre suffisante puisse être mise sur pied. C'est pour cela que l'armée permanente britannique était, et demeure, traditionnellement d'un volume relativement réduit. La stratégie militaire était complétée par d'autres mesures : la diplomatie consistait à maintenir un équilibre entre les puissances continentales de telle sorte qu'aucun État ne puisse contrôler la totalité de la côte du nord-ouest de l'Europe, et qu'en cas de guerre, le Royaume-Uni se trouve toujours un allié sur le continent. Cette politique de défense et de sécurité, pour lui donner son nom actuel, a généralement porté ses fruits, à quelques exceptions près : lors de la guerre d'Indépendance, la Grande-Bretagne a perdu ses colonies d'Amérique en partie parce qu'elle avait dû donner priorité à la menace française quant à l'emploi de sa marine. Lors des guerres napoléoniennes, il a fallu près de dix ans pour éloigner définitivement la menace d'invasion grâce à la victoire de Trafalgar, et encore quinze autres années pour vaincre définitivement Napoléon ; pendant tout ce temps, la Grande-Bretagne ne put jamais mettre sur pied une armée de terre capable de remplir un rôle autre que secondaire. La guerre de Crimée et la guerre des Boers ont aussi montré les défauts de l'armée de terre, les victoires étant acquises au prix de campagnes marquées par des échecs spectaculaires avant que l'on en tire les leçons et que des réformes soient entreprises. La Grande-Bretagne mit trois ans, de 1914 à 1917, pour constituer une armée capable de gagner la première guerre mondiale. Mais ce n'est que l'exemple de la Grande-Bretagne. Maintenant que les certitudes de la menace monolithique du Pacte de Varsovie se sont évanouies, tous les États européens, y compris ceux de l'ex-Pacte de Varsovie, sont confrontés au même dilemme.

Nos livres d'histoire rapportent des similarités dans le développement de presque toutes les forces armées. Ainsi les armées sont, ou étaient, composées de combattants à pied, à cheval, et d'artillerie ; elles disposaient de « trains des équipages » et de « commissariats ». Les marines ont développé des bâtiments légers de reconnaissance et d'escorte, ainsi que des cuirassés de plus en plus puissants ; les armées de l'air ont des formations de chasseurs et de bombardiers. Marine et aviation dépendent de leurs équipements : elles s'organisent et évoluent en fonction des impératifs de leurs matériels et des exigences de la technologie. En revanche, l'organisation des armées de terre tend à refléter des régions et sociétés d'où elles sont issues. Ainsi la horde mongole et le commando boer ont constitué une infanterie montée d'une efficacité remarquable, parce que ces forces étaient issues de sociétés vivant en petits groupes isolés dans de grandes plaines dont la vie dépendait de leurs chevaux et de leur habileté au tir à l'arc pour les premiers, au fusil pour les seconds. Cela reste vrai aujourd'hui : les armées reflètent les forces et faiblesses des sociétés dont elles sont issues. Le niveau d'éducation supérieur des militaires d'Europe de l'Ouest, ce que les sociétés attendent concernant la façon dont leurs soldats sont traités et employés, tout cela influe sur la nature et le mode d'emploi des forces. Au risque d'une généralisation abusive, on peut dire que ces dernières souffrent d'une grande dépendance de la technologie, nécessitent des ressources considérables pour leur confort sur le terrain, et que leurs dirigeants politiques ne sont pas enclins à leur faire prendre des risques.

L'équilibre entre les diverses composantes d'une force et entre les trois armées, terre, mer et air, va imposer la façon de les employer, ou bien indiquera comment le commandant a décidé de combattre et l'organisation adoptée pour ce faire. Généralement, les armées permanentes ont été élaborées pour un type de défense et il s'agira donc d'employer au mieux la force existante. C'est vrai particulièrement aujourd'hui pour les armées occidentales et de l'ancien bloc soviétique qui sont toujours configurées selon le concept de défense, maintenant dépassé, de la guerre froide. Elles doivent donc être adaptées constamment en fonction des nouvelles menaces, comme le terrorisme, et pour participer aux nombreuses opérations de guerre au sein des populations dans lesquelles elles sont engagées.

C'est à la force permanente de l'État que le commandant stratégique aura le plus souvent recours pour constituer une force spécifique à une opération. La stratégie qui découle de la décision politique d'entrer en conflit doit indiquer le but à atteindre par la force, tandis que le commandant doit indiquer la façon de l'atteindre. Ces trois éléments, « fins, voies, moyens », sont des constantes dans l'emploi de la force ; s'ils ne sont pas clairement définis, si leur équilibre mutuel n'est pas bon, une opération militaire a peu de chance de succès. Cette indispensable condition reviendra dans mon livre comme un leitmotiv.

Lorsqu'on met en œuvre une force au niveau stratégique ou opérationnel, que ce soit pour la défense ou la sécurité, qu'elle soit importante ou réduite, qu'elle utilise des catapultes ou des missiles de haute technologie, il y a cinq facteurs essentiels à considérer.

- **La génération de force**. C'est la création physique de la force, le regroupement de personnels et de matériels en une structure cohérente. Même avec des forces organiques, spécialement en multinational, la force doit être générée en vue du but spécifique de l'opération. Outre ma mission permanente vis-à-vis des opérations de l'OTAN dans les Balkans, en 1998, sur décision politique à Saint-Malo, je fus, le premier DSACEUR désigné spécifiquement pour le commandement de la force naissante de l'Union Européenne (UE). Je devais donc travailler avec le Haut Représentant de l'UE, Javier Solana, l'OTAN et chacune des nations pour aboutir à une capacité européenne viable, par l'engagement de chaque CEMA européen à fournir des hommes et du matériel.

- **Le déploiement**. Les mouvements et la répartition de la force vers le théâtre, prête à entrer en action.

- **Le commandement**. Élément fondamental qui englobe tous les autres, c'est la capacité à connaître et à décider de tous les aspects du combat, c'est-à-dire celle d'être capable d'employer la force pour atteindre le résultat politique et militaire. On peut citer l'ONU comme exemple *a contrario*. L'ONU peut remplir certaines des fonctions, mais elle n'est pas en mesure de commander une force, quel que soit son niveau, ce qui rend cette organisation impropre par elle-même à tout engagement militaire.

- **Le soutien**. Lors de nombreuses conférences à l'école d'état-major, j'ai affirmé : « Ne commencez pas une bataille si vous ne pouvez pas être ravitaillés. » Pendant la guerre civile américaine, les Confédérés s'attaquèrent au Nord sans avoir une base industrielle suffisante pour soutenir leurs combats. Quand le Nord s'aperçut qu'il produisait beaucoup plus de biens industriels que le Sud, il entreprit ce qui devait devenir la première guerre industrielle. La marche de Sherman était une attaque dans la profondeur visant la destruction de la capacité du Sud à soutenir ses forces.

– **La récupération**. Il y a un vieil adage qui dit : « N'envoyez pas une force que vous ne pourriez récupérer. » La capacité de faire revenir une force fait partie intégrante de son succès ; il faut souligner sur ce point que la décision de retirer la force relève du niveau politique même si tous les objectifs militaires ont été atteints. Bien que ce soit l'opposé de la génération et de l'emploi d'une force, sa récupération n'est pas moins importante ; cela implique en effet d'avoir achevé la mission et donc, soit d'être parvenu à une conclusion heureuse, soit de passer la main à une force de relève.

C'est précisément le problème qu'ont rencontré Américains et Britanniques en 2003, bien qu'ils aient déclaré être victorieux. Leur départ aurait eu des conséquences dramatiques et il n'y avait pas de relève possible. La force se retrouva donc dans l'incapacité de se retirer. Cette situation rappelle les Croisés, partis délivrer la Terre sainte et qui finirent par l'occuper, ou bien encore Israël en 1967, qui, voulant réduire la pression subie de la part de la Jordanie et de l'Égypte en s'emparant de la rive occidentale du Jourdain et la bande de Gaza, a fini par occuper ces territoires peuplés de Palestiniens.

C'est dans le cadre des cinq facteurs évoqués que toute opération va se dérouler, l'action visible se déroulant essentiellement aux deux niveaux au-dessous du politique et du stratégique, le niveau du théâtre et le niveau tactique. De fait, ces cinq facteurs existent dans le cas de la création de toute force militaire, quelle que soit sa taille, taille qui effectivement ne doit pas être confondue avec le volume d'effectifs disponibles pour l'engagement. Une force peut compter 20 000 hommes, ce qui ne veut pas dire qu'ils puissent être engagés en bloc. La multinationalité porte ce problème à son paroxysme : chaque contingent national, dans une plus ou moins grande mesure, aura ses propres organismes de soutien, qui feront souvent double emploi avec ceux d'autres contingents, rendant ainsi le rapport combattants/soutiens moins efficace que dans le cas d'une force purement nationale. De plus, chaque contingent ne peut conduire que des engagements tactiques de son niveau, ce qui signifie que le commandant de la force est obligé de manœuvrer individuellement chaque petit groupement national et non l'ensemble de sa force. Par exemple, si les contingents sont du volume du bataillon et qu'ils sont fournis par trois nations différentes, le commandant de la force devra concevoir et mener sa manœuvre comme si ses trois bataillons étaient autonomes et non pas comme un combat du niveau de la brigade, ce qui serait le cas s'ils provenaient tous de la même nation. Ceci est important pour des raisons organisationnelles, mais surtout parce que cela limite les objectifs qui peuvent être fixés à la force. Pour être clair, le commandant de force ne peut se permettre d'attaquer que des objectifs de niveau bataillon, alors que le commandant d'une force nationale pourrait choisir des objectifs de niveau brigade.

Depuis la fin de la guerre froide, on a souvent utilisé la force sans parvenir au résultat cherché, soit qu'elle ait été mal utilisée, soit qu'elle n'ait pas véritablement été employée parce que son utilité était mal comprise. Les responsables politiques ont souvent recherché une violence décisive apte à résoudre leur problème, le plus souvent de nature politique. Au moment où j'écris ces lignes, nous menons une soi-disant « guerre contre la terreur », destinée, selon ceux qui l'ont déclarée, à remporter une victoire décisive sur le terrorisme ; mais à la fin de ce livre, j'aurai montré, je l'espère, que cette proposition n'a pas de signification réelle, du moins pour décrire la manière d'aborder cette confrontation. Les terroristes montrent, pour servir leurs desseins politiques, une meilleure appréhension de l'utilité de la force que leurs adversaires, qu'ils soient dirigeants politiques ou chefs militaires. Cette situation est identique à celle d'autres interventions des quinze dernières années, comme celle des Américains en Somalie en 1993, ou des Nations Unies dans les Balkans de 1991 à 1995. Il va sans dire qu'il faut absolument éviter de telles situations, mais j'estime qu'il est cependant tout à fait possible aujourd'hui d'appliquer la force pour de beaucoup plus grands desseins que nous ne le faisons actuellement ; c'est l'objectif de cette étude détaillée sur l'utilité de la force.

Les combats sont brutaux parce que la force est appliquée par des militaires dotés d'armements meurtriers. Ils tuent et détruisent. C'est ce pour quoi ils sont entraînés et c'est en fait ce que la société civile attend d'eux, un contrat tacite, limité au cadre strict de la guerre et de la paix, même si une certaine évolution a eu lieu, spécialement ces deux cents dernières années. Mais le fait que ce cadre ne corresponde plus au monde actuel ne nous empêche pas de modifier la réalité pour qu'elle parvienne à entrer dans le cadre qui nous est familier.

Les paradigmes de la guerre sont très importants : ils constituent en effet le cadre conceptuel pour l'application de la force, les armées constituant les moyens d'application de la force. Aujourd'hui, il est dangereux de concevoir et de constituer des forces selon le paradigme de la guerre industrielle entre États alors que les conflits correspondent au paradigme de la guerre au sein des populations. Cet ouvrage expose ces deux conceptions, en tirant du passé des explications pour le présent et le futur. Initiant l'analyse à l'époque napoléonienne, cet ouvrage évoque l'évolution du paradigme de la guerre industrielle entre États, le changement progressif intervenu entre 1945 et 1989, l'apparition du paradigme de la guerre au sein des populations en 1991, et propose finalement des perspectives pour l'avenir.

Ce sont les principaux conflits des deux cents dernières années qui servent de cadre à cette réflexion sur l'utilité de la force. Mais, comme je le disais dès le début, la force et son emploi sont des éléments éternels. Le conflit armé est inhérent à la nature humaine, et je ne doute pas qu'on continuera à le réinventer de génération en génération ; il est très improbable qu'il puisse disparaître totalement.

En conséquence, pour mieux nous défendre et nous protéger, nous devons améliorer l'utilité de notre force.

PREMIÈRE PARTIE

LA GUERRE INDUSTRIELLE INTERÉTATIQUE

CHAPITRE 1

LES FONDAMENTAUX :
DE NAPOLÉON À CLAUSEWITZ

NOTRE compréhension des forces militaires et de leur emploi remonte au XIXe siècle, lorsque le paradigme de la guerre industrielle entre États s'est forgé. Les guerres napoléoniennes en furent le point de départ. Ce paradigme a continué à évoluer, à mesure que deux éléments fondamentaux prenaient corps : les États-nations et le monde industriel. La guerre civile américaine, les guerres d'unification de l'Allemagne et enfin, au XXe siècle, les deux guerres mondiales ont toutes contribué chacune à leur manière au développement de ce paradigme. D'autres événements y ont également contribué.

Je ne fais pas profession d'historien mais j'étudie l'histoire ; je me suis souvent penché sur les écrits du passé ou qui évoquent le passé non pas tellement pour comprendre la façon dont on avait traité certaines questions dans le passé, mais pour confronter la solution choisie à mes propres idées sur la façon de faire face aux situations que je rencontrais dans le cadre de responsabilités auxquelles j'avais à faire face dans mon commandement sur le terrain. L'étude de l'histoire indique les origines de votre situation actuelle comme celle de votre adversaire ; elle décrit en termes politiques généraux le contexte dans lequel les décisions qui engagent le futur ont été prises. La chronologie des événements permet de saisir leur déroulement et d'identifier les causes et les effets. Une fois imprégné de ces faits, on peut comprendre les décisions prises par les différents acteurs, non pour les juger mais pour mieux appréhender leurs raisons. On peut ainsi commencer à comprendre l'histoire, ou plutôt « son histoire », celle que chaque individu ou groupe social garde en mémoire, pour servir de contexte aux décisions.

Notre sujet est l'histoire de la force en commençant par ce qui est le plus élémentaire : les structures militaires qui appliquent la force. Cela commence à la fin du XVIIIᵉ siècle. La France post-révolutionnaire était passée d'une situation de violence anarchique à la constitution, toujours dans la violence, d'un État citoyen. C'est surtout sous l'impulsion d'un homme, Napoléon, que cette évolution a donné naissance aux forces militaires que l'on peut qualifier de modernes. Nos armées de terre, marines de guerre et armées de l'air gardent encore globalement les structures et organisations dont Napoléon a doté les armées françaises en vue de conquérir l'Europe (les armées de l'air sont en effet issues, d'une manière ou d'une autre, des deux autres armées).

Son flair et son audace, s'opposant aux points de vue conventionnels, étaient remarquables. À une époque où la rigidité contraignait la pensée et les actes, Napoléon renouvela en effet l'emploi de la force : la souplesse de son organisation, la mobilité de ses opérations, la combinaison de la fluidité avec l'emploi en masse et l'usage des armements lourds établirent sa gloire. C'est grâce à la façon dont il a constitué ses armées et au nouveau modèle stratégique selon lequel il les a engagées qu'il a remporté ses principales victoires : il avait une parfaite compréhension de ce qu'est l'utilité de la force.

Pour comprendre les innovations napoléoniennes et les raisons pour lesquelles elles sont toujours pertinentes, il faut partir de la naissance de l'armée citoyenne qui lui a fourni à la fois les quantités de personnels nécessaires à sa stratégie, et leur nouveau modèle : le soldat-citoyen. Il ne s'agissait plus de serfs en uniforme se battant pour le roi, mais de patriotes français combattant pour la gloire de la France. Napoléon n'est pas à l'origine de cette innovation car on retrouve le concept du service militaire universel et obligatoire, la conscription, jusqu'en ancienne Égypte. Mais le fait que le citoyen ait le devoir de servir l'État comme soldat est une idée découlant des principes de « *liberté, égalité, fraternité* » fondant la Révolution française. Tous les citoyens français étaient rassemblés pour leur propre défense et pour la gloire de la France. Au plan militaire, cela a permis la « levée en masse », qui correspond en fait à la conscription, les nouveaux citoyens français ayant le devoir de défendre l'État. La première « levée » de 300 000 hommes eut lieu en 1793 pour faire face à une invasion étrangère. C'est l'année où Napoléon fut nommé général. Pendant les guerres révolutionnaires, les « levées » étaient variables en fonction des circonstances et des besoins, mais venaient en soutien du recrutement de volontaires. Ainsi, lorsque Napoléon entreprit la campagne d'Italie, ce dernier procédé montra ses limites. En conséquence, le Directoire vota la loi Jourdan-

Delbrel du 5 septembre 1798, qui imposait le service militaire à tout Français âgé de vingt à vingt-cinq ans. La loi se basait sur l'Article 5 de la Constitution de 1795, sur les devoirs du citoyen, qui stipulait que chaque citoyen était au service de la patrie et de la défense de la liberté, de l'égalité et de la propriété. Ce fut la naissance officielle de l'armée des citoyens.

Napoléon réalisa quel était l'immense potentiel représenté par les « levées » en tant que ressource stable en effectifs. Il réglementa le système qui devint alors partie intégrante de la vie nationale. Le 29 décembre 1804, devenu Empereur de France, il prit un décret décrivant le processus de la conscription dans les départements français. Désormais, le nombre de conscrits appelés serait fixé par décret sénatorial ; les autorités civiles et militaires des 130 départements devenaient responsables de l'établissement des listes et de l'appel du nombre imposé de conscrits, pour une durée déterminée. Ce système assura à l'armée une ressource constante en effectifs. À travers ses nombreux changements, ce système est resté à la base de la conscription qui a fait partie de la vie en France pendant près de deux siècles[1], jusqu'à ce que le président Chirac la suspende officiellement en 2001. Le système de la conscription était à l'époque une véritable révolution.

Il permettait de constituer et de maintenir une armée permanente non mercenaire, ne résultant ni d'un devoir dû au seigneur, ni de l'exécution d'une peine, ni de qualifications professionnelles : elle était basée sur un service universel imposé à tous les citoyens de sexe masculin. Les « levées » annuelles ont fourni l'épine dorsale de la Grande Armée. Entre 1800 et 1814, on estime à deux millions le nombre de recrues ayant servi sous le drapeau français. C'était un nombre colossal, une force sans précédent dans l'histoire ; il ne reflétait cependant pas la totalité des ressources disponibles : on estime en effet que ce total impressionnant ne représentait que 36 % de la classe d'âge concernée et 7 % de la population totale. C'était en fait le banc d'essai du nouveau paradigme de guerre. Cent ans plus tard, en 1914-1918, pendant la première guerre mondiale, le paradigme ayant atteint son sommet, la France a mobilisé huit millions d'hommes, soit 20 % de sa population. Cette comparaison introduit une nouvelle notion : la notion de masse. Les chiffres ci-dessus représentent la masse dans l'absolu, c'est-à-dire un très grand nombre. Mais ce terme est aussi employé par les militaires pour signifier une concentration de forces face à un adversaire. On

---

1. Avec une interruption au XIXe siècle (NDT).

dirait ainsi d'un commandant : il a massé ses vingt pièces d'artillerie sur sa direction d'attaque principale, pour réaliser un barrage puissant en appui de son attaque initiale. Napoléon lui-même utilisait le terme de masse dans ces deux acceptions. Il a été le premier à créer une armée de masse, et, dans ses batailles, il massait ses forces de diverses façons pour remporter la victoire. Comme la guerre industrielle évoluait et se généralisait, cette dualité augmenta : des armées de masse avaient la capacité de rassembler leurs forces en masse. Il faut comprendre les deux sens du mot « masse », si l'on veut comprendre l'application et l'utilité de la force dans la guerre industrielle.

Bien que Napoléon ait mis l'accent sur la masse, il serait faux de dire que, dans ses campagnes, il ne s'intéressait qu'au nombre de ses soldats. Il savait que cette quantité d'effectifs devait aussi être motivée, que le soutien populaire à son combat était crucial ; c'est pourquoi il prenait grand soin d'entretenir l'idée et l'image de la guerre patriotique par ses discours enflammés et ses manifestations de compassion et de sollicitude. Selon ses termes, un empereur doit compter sur les soldats de la nation, pas sur des mercenaires. Beaucoup de grands chefs militaires, avant lui, avaient eu grand soin de leurs soldats et partagé leur sort, mais Napoléon a sans doute été le premier à leur présenter sa vision de l'histoire comme une entreprise nationale commune où, en tant que citoyens, ils avaient tous une part égale. Il avait du respect pour ses hommes, soldats ou officiers ; il partageait avec eux ses plans et ses visions avant de les leur imposer. Par exemple, en 1805, à la veille de la bataille d'Austerlitz, Napoléon parcourut près de cinquante kilomètres au milieu de son armée, fatiguant chevaux et officiers d'état-major, pour informer ses troupes de son plan de bataille. Cette manifestation de commandement direct, cette démonstration que le rôle de chaque homme avait la même valeur que le sien, cette marque de confiance, galvanisèrent le moral de la troupe et contribuèrent certainement au succès de la bataille.

De nombreuses années allaient être nécessaires pour que la conscription se généralise en Europe, comme expression d'un devoir patriotique et d'allégeance à l'État ; de telles mesures supposaient en effet un État-citoyen, notion qui ne se développera sur le continent qu'à la suite des guerres napoléoniennes. Du côté français, les « levées » permirent pendant près de vingt ans à Napoléon de mobiliser de vastes armées, si bien qu'au cours d'une seule action stratégique décisive il pouvait prendre le risque de perdre une armée, ou du moins un nombre important de soldats, sans pour autant être acculé à la capitulation. Ses adversaires représentant l'Ancien Régime n'avaient pas cet avantage :

leurs armées étaient constituées d'hommes que le Duc de Wellington décrivait ainsi : « Ces gens disent s'être engagés par idéal militaire, ou ce genre de chose, alors qu'il n'en est rien. Certains s'engagent parce qu'ils ont fait des enfants illégitimes, d'autres pour des fautes mineures, beaucoup plus encore par ivrognerie. » Sans la conscription, la ressource en hommes n'était pas constante et l'on ne pouvait pas compenser rapidement les pertes. En conséquence, pour les ennemis de Napoléon, perdre une armée c'était perdre la guerre. Cette gestion des effectifs donnait à Napoléon un avantage stratégique certain. Il en avait un autre : la puissance de feu. Artilleur de formation, Napoléon connaissait l'importance des feux d'artillerie (on lui doit, paraît-il, l'adage : « Dieu est du côté des plus gros canons »). Autant que son infrastructure industrielle et scientifique le permettait, il développa une artillerie impressionnante. Selon la chronique contemporaine, du fait de leur supériorité numérique aussi bien que technologique, ces pièces inspiraient le respect, voire la terreur. Habituellement, il massait ses canons en « grande batterie », sur son principal axe d'attaque et, grâce à la puissance de ses feux, il s'ouvrait un passage dans les défenses ennemies pour permettre à ses colonnes d'infanterie de passer à l'assaut. En plus de l'effet dévastateur de ces feux, leurs effets psychologiques mettaient à rude épreuve le moral et la discipline du commandement adverse, puisqu'il n'était pas possible de riposter à cette punition mortelle. On peut estimer le respect que les Britanniques avaient pour l'artillerie française au fait que Wellington déployait son infanterie, autant que possible, sur la contre-pente, donc hors de vue, ou la faisait se coucher à terre, comme ce fut le cas des Gardes à Waterloo.

Napoléon n'a jamais mis par écrit de façon précise la vision stratégique qu'il avait de la guerre ou des opérations militaires ; il a cependant laissé ses *Maximes* qui comportent des idées devenues classiques, telles que : « Le passage de la défensive à l'offensive est une des opérations de guerre les plus délicates » ou : « Marchez dispersés ; combattez rassemblés ». Son génie militaire était plus pragmatique que théorique ; il se concentrait sur un principe de base, la destruction définitive de la force adverse. Grâce à la masse de ses effectifs et la puissance de ses feux obtenus par la récente industrialisation, Napoléon appliqua ce précepte de manière novatrice : attaquer directement les gros de l'ennemi, s'en approcher et les détruire en rase campagne. Auparavant, les guerres n'avaient pas une telle nature destructrice, ne serait-ce que parce que les forces en présence étaient sensiblement équivalentes et que, comme nous l'avons déjà dit, les parties en cause ne voulaient pas les perdre en totalité : il leur aurait fallu des années et des fortunes pour les reconstituer. On appelait cela des « guerres de manœuvres » au cours desquelles les chefs d'armée cherchaient à trouver des positions avantageuses, avec des forces et une logistique limitées, pour pouvoir mieux négocier. Napoléon changea complètement cette approche de la guerre. Comme il l'écrit dans ses *Maximes*, son but était de placer l'ennemi en déséquilibre en « combinant soigneusement moyens et résultats, efforts et obstacles ». Son objectif décisif était l'anéantissement de l'armée adverse en campagne, et il estimait que ce serait suffisant pour briser la volonté de résistance de l'ennemi ; le reste était secondaire.

Les victoires de l'armée de Napoléon résultent de ce changement de concept ; c'est cette nouveauté extraordinaire qui lui a permis, pendant des années, de remporter rapidement la victoire. Rapidité et souplesse étaient au cœur de ses campagnes. Mais de façon plus significative, Napoléon planifiait ses campagnes comme un ensemble où planification, mouvements et combats formaient un tout. Pour lui, l'approche de l'ennemi était partie intégrante de la bataille, et non pas, comme il était précédemment admis, une activité nécessaire mais accessoire qui précédait l'engagement. Le terme « approche » doit être compris à la fois comme le mouvement des troupes vers le champ de bataille et comme la mise en place du contexte de la bataille ; cela inclut les activités de reconnaissance, mais aussi des mesures diplomatiques, politiques et économiques. La période d'« approche » durait souvent plusieurs mois, pendant lesquels il évaluait toutes les possibilités pour être en situation idéale pour livrer bataille. Elle se terminait par les mouvements effectifs vers le champ de bataille. Pour réaliser la globalité de cette approche, ses troupes devaient être organisées de telle sorte qu'elles fassent mouvement rapidement et sans qu'on puisse déceler leurs intentions. C'est un des grands succès de Napoléon, que j'ai appelé « mobilité par l'organisation ». Elle a été obtenue par l'introduction d'une autre nouveauté significative : le *corps d'armée*, une armée toutes armes en réduction, qui pouvait agir indépendamment des autres corps et ne les rejoindre que pour livrer bataille. Comme la Grande Armée était suffisamment nombreuse pour se battre simultanément sur plusieurs théâtres d'opérations, Napoléon répartissait ses forces entre les théâtres selon sa stratégie ; c'était l'armée sur chaque théâtre qui se subdivisait alors en corps, divisions et brigades.

Puisque le *corps d'armée* et l'emploi qu'en a fait Napoléon ont été des notions cruciales pour le succès de ses armées, il est important de les expliciter. Les armées du XVIIe et du XVIIIe siècles comprenaient de l'infanterie, de la cavalerie et de l'artillerie, troupes à pied, troupes à cheval et canons, comme on disait à l'époque. Ces troupes étaient organisées en régiments ou bataillons, eux-mêmes regroupés en divisions ou brigades. La force faisait mouvement et combattait comme une entité unique. Les commandants subordonnés avaient peu ou pas d'initiative. Napoléon prit cette entité dans sa globalité et, comme on dit aujourd'hui, procéda à son articulation : chaque corps comportait des troupes à pied, à cheval, et des canons, soit une ou plusieurs divisions d'infanterie, de la cavalerie, de l'artillerie, des unités du train des équipages, des ambulances, et tous autres éléments nécessaires à une force militaire. Un corps d'armée était constitué grâce à une répartition de moyens adaptés à la mission assignée, et en quantité suffisante pour soutenir un engagement jusqu'à l'arrivée d'un autre corps en renfort. C'est pourquoi les corps d'armée n'étaient jamais à plus d'une journée de marche les uns des autres. Dans une lettre à son gendre, le général Eugène de Beauharnais, Napoléon résuma le rôle d'un corps d'armée de vingt-cinq à trente mille homme, expliquant qu'il pouvait se trouver isolé :

> « Commandé par un bon officier, il peut choisir d'engager le combat ou de l'éviter, et il peut manœuvrer selon les circonstances pour éviter d'être en danger, car on ne peut jamais le forcer à combattre et il peut donc opérer en autonome pendant un temps considérable. Pour être bien commandé, le corps d'armée doit toujours être averti de l'approche de l'ennemi et ne jamais accepter de livrer bataille à une armée qui lui soit supérieure. Le commandant de corps d'armée doit toujours être à l'avant-garde de sa grande unité pour conduire son engagement, et il ne doit jamais déléguer ses responsabilités. Il est le seul qui connaisse les intentions du commandant en chef, la position des autres corps d'armée et le soutien qu'il peut attendre de chacun d'eux, le moment où l'armée aura la possibilité de se regrouper pour livrer bataille. »

C'est une description des plus intéressantes : un *corps d'armée* est donc une formation d'une importance certaine. Sur la simple base des effectifs, l'armée de terre britannique actuelle pourrait en compter trois. Il faut aussi remarquer l'importance que donne Napoléon à son chef et à la place qui lui convient d'occuper pour prendre ses décisions, dont la plus importante qui est de combattre ou non.

Le corps d'armée napoléonien progressait sur plusieurs itinéraires ce qui accélérait ses mouvements, comme si l'on augmentait le nombre d'autoroutes et de déviations vers la même destination. C'était le contraire des agissements traditionnels que ses adversaires appliquaient, qui consistaient à conserver l'armée groupée, en faisant mouvement sur un seul axe. En « marchant séparés », en envoyant ses corps d'armée sur différentes directions, Napoléon accroissait leur capacité à se suffire à eux-mêmes en vivant sur le pays, moins de monde ayant à fourrager sur chaque axe ; cela permettait à chaque corps d'avoir une logistique réduite. En fait, pour Napoléon, nécessité faisait loi : étant donnée l'importance de ses armées et des distances à parcourir, de trop longs convois de ravitaillements auraient été à la fois trop dispendieux et peu pratiques. En revanche, ses ennemis subissaient ce handicap. Structurés de telle sorte que seul l'ensemble de leur force avait la pleine capacité pour combattre, ils ne pouvaient pas faire mouvement sur des itinéraires séparés sans s'exposer à l'attaque d'un corps d'armée de Napoléon dont chacun disposait de la totalité de la capacité de combat. De plus, comme ces armées avaient des effectifs relativement importants, elles ne pouvaient pas se contenter de vivre sur le pays ; leurs unités logistiques devaient transporter de grandes quantités de ravitaillements sur de longues distances. En comparaison, les itinéraires logistiques des armées de Napoléon n'étaient utilisés que pour les munitions et les besoins personnels d'officiers de haut rang. Ces armées, par ailleurs, emportaient relativement peu de vivres : ainsi l'armée qui s'est déployée sur le Danube en 1809 n'était partie qu'avec huit jours de vivres. Grâce à la combinaison de ces diverses mesures d'organisation, Napoléon surclassait ses adversaires en matière de rapidité, ce qui est la marque de la mobilité résultant de l'organisation.

Le choix des itinéraires par lesquels les corps napoléoniens marchaient au combat était soigneusement étudié, les déplacements étant coordonnés en cours d'exécution ; l'intention était de leurrer l'ennemi quant à la destination ou à l'objectif réels, pour le forcer à se dévoiler et saisir ainsi l'occasion si elle se présentait. Le corps en mouvement donnait une impression de désordre ; mais, en réalité, l'armée tout entière était soigneusement dispersée à hauteur d'une ligne d'opération unique, dans une formation choisie parmi un nombre de formations bien définies. La plus courante était le « bataillon carré » capable de concentrations rapides (un ou deux jours), une fois que l'emplacement souhaité pour le combat était sur le point d'être atteint. Une ligne d'opération décrit la direction et le point d'application de l'effort collectif d'une force, vers son objectif opérationnel ; pour une seule ligne d'opération, un certain nombre d'itinéraires peuvent être affectés à une formation. Le meilleur exemple de ce système concerne la défaite de l'armée prussienne à Iéna en 1806. Saisissant l'occasion d'atteindre son objectif opérationnel et ayant défini sa ligne d'opérations, Napoléon fit faire mouvement à son armée sur plusieurs itinéraires et se concentra deux fois plus vite que les Prussiens ne s'y attendaient ; il les força à la bataille un jour plus tôt qu'ils ne prévoyaient. Ce fut une défaite totale, exemple frappant de son exploitation de la rapidité en opération et donc de sa maxime : « Marchez dispersés ; combattez rassemblés ».

Le concept même de corps d'armée permit à Napoléon de bénéficier de la mobilité d'organisation qu'il définit dans sa maxime, car ces formations autonomes et pratiquement autosuffisantes lui donnaient une souplesse opérationnelle à un niveau jusqu'alors inégalé. L'illustration en est donnée par les changements de front et de profondeur de déploiement. Au début d'une campagne, le front était constitué d'un long cordon de troupes, apparemment discontinu. En septembre 1805, face à la troisième coalition, la Grande Armée occupait un front de 200 kilomètres, de Strasbourg à Wurtzbourg. En 1812, forte de 600 000 hommes, elle s'étendait sur plus de 400 kilomètres le long de la Vistule. Dès le début des mouvements, les opérations étaient protégées et camouflées derrière un rideau de cavalerie légère. Comme la campagne progressait, le déploiement se resserrait ou s'élargissait pour franchir les obstacles naturels et pour tromper l'ennemi. En même temps, la composition des principales formations était ajustée, soit pour répondre à des besoins immédiats, soit pour une opération de déception. Ainsi, le commandant de théâtre pouvait créer une nouvelle brigade, ajouter ou retirer une division, ou même créer un nouveau corps d'armée. Comme le renseignement autrichien en fit l'expérience à Austerlitz en 1805, ces changements de structures de dernière minute se sont révélés très difficiles à suivre, les informations collectées chaque jour se trouvant démenties le jour suivant en raison de changements soudains.

Plus le corps d'armée se rapprochait de son adversaire, plus rapidement il se concentrait. Les marches étaient alors des actions cruciales et parties intégrantes du concept de guerre napoléonien. Comme il l'écrit en 1809 : « C'est presque uniquement grâce aux marches que j'ai détruit l'ennemi ». Il y a beaucoup d'exemples de marches épiques : en 1805, en tête du troisième corps, le général Davout et sa division parcoururent les 140 kilomètres qui séparent Vienne d'Austerlitz en deux jours. Hormis quelques heures de sommeil, ses hommes et ses chevaux, lourdement chargés, marchèrent à quatre ou cinq kilomètres par heure pendant deux jours. Dix ans plus tôt, lors de la première campagne d'Italie, en 1796, le général Augereau et ses unités avaient parcouru quatre-vingt kilomètres en trente-six heures pour atteindre le champ de bataille de Castiglione et participer à la défaite des troupes autrichiennes de Wurmser. À Iéna en 1806, Napoléon fit rejoindre ses troupes à marche forcée en une seule nuit, depuis une distance estimée à deux jours de marche ; il prit ainsi un avantage décisif et remporta la victoire.

Toutes ces prouesses montrent combien Napoléon tenait à la souplesse et à la mobilité en organisation ; c'est la raison pour laquelle il favorisait des armées dispersées plus légères, de telle sorte qu'elles puissent se déplacer et se regrouper plus rapidement. Cela montre aussi le degré de confiance qu'il accordait à ses maréchaux et à ses commandants subordonnés. Comme lui, la plupart étaient issus du peuple et non de l'aristocratie, et choisis en fonction de leur mérite. Napoléon créa une armée au moral d'acier, fière de son professionnalisme et de ses prouesses, ayant confiance en elle-même et dans ses chefs, organisée et entraînée pour combattre comme il le voulait. Il participait personnellement à l'élaboration du plan de campagne, souvent jusque dans ses plus petits détails. Pour l'application, il laissait une grande initiative à ses subordonnés pour qu'ils puissent tirer tous les avantages des nouvelles structures. En même temps, il gardait la direction générale des opérations, renseigné sur les actions en cours par des officiers de liaison, de telle sorte qu'il puisse basculer ses priorités, forces et ressources en tant que de besoin. Comme pendant les quinze premières années de campagnes, ses adversaires s'en tenaient toujours aux organisations et structures conventionnelles rigides, dont le strict contrôle hiérarchique qui remontait jusqu'au niveau du prince ou du duc, le *modus operandi* de Napoléon était littéralement étourdissant.

Le génie de Napoléon réside en grande partie dans ce qu'il faisait la distinction entre l'emploi de la force et l'utilité de la force, et qu'il était capable de mettre l'emploi au service de l'utilité. Les changements structurels et conceptuels qu'il introduisit dans l'emploi de la force, en réunissant dans une seule opération l'approche, la marche, la manœuvre et la bataille grâce à la souplesse d'emploi du corps d'armée, donnèrent aussi à ses forces une nouvelle utilité dans le cadre de son but stratégique final : atteindre son objectif politique au moyen d'une seule action militaire décisive. C'est peut-être évident aujourd'hui, mais ça ne l'était pas il y a deux cents ans : les guerres n'étaient alors qu'un aspect d'une action diplomatique continue et n'avaient pas à obtenir des résultats décisifs. Considérées dans le contexte plus large de l'équilibre entre puissances, les guerres étaient conduites en respectant l'exigence stratégique de préserver la puissance de chacun, à un niveau ou à un autre. Les gouvernants et les États demeuraient intacts même si des provinces devaient être cédées. Napoléon refusa complètement ces règles. Son objectif stratégico-politique était justement de changer les gouvernants et les États, pour les incorporer à son empire. Son génie réside dans sa capacité à jumeler les moyens militaires qu'il avait créés et les modes d'emploi qu'il avait définis pour atteindre ce but : la défaite décisive de la force ennemie. Cela entraînait habituellement la défaite stratégique souhaitée, même si le souverain restait en place, comme ce fut le cas de la Prusse après Iéna, où le roi resta en fonction, mais en tant que souverain d'un État vassal. En revanche, la défaite décisive des Russes à Friedland en 1807 aboutit au traité de Tilsit par lequel les deux pays devinrent alliés. Cela rétablit l'équilibre sur le front Est, mais cela ne suffit pas à Napoléon : la Russie constituait toujours une menace et il estima nécessaire de rechercher une décision stratégique en 1812.

La stratégie de Napoléon fut un succès pendant près de vingt ans, jusqu'à ce qu'il soit à son tour anéanti militairement et politiquement. Par ses actes, il a donné une nouvelle définition au but stratégique de la guerre. Il est le premier à avoir décrété que le rôle essentiel du stratège est de déterminer le but de la force militaire afin qu'il permette l'atteinte de l'objectif politique. Napoléon utilisait pleinement cette règle, en profitant en particulier du fait que les ressources provenant de la conscription lui permettaient de subir de lourdes pertes, une division, un ou même plusieurs corps d'armée, et de survivre malgré tout. Mais la conscription ne valait pas qu'en termes d'effectifs. Ses ennemis pouvaient techniquement rassembler des armées supérieures en nombre ; à mesure que les guerres se succédaient, c'est ce qu'ils firent. L'utilisation du corps d'armée « en masse » ne fut plus en elle-même suffisante. En fait, c'était la nature même de la conscription, l'appel à la citoyenneté et au patriotisme, qui établissait une différence décisive en montrant que toute la machinerie étatique était mobilisée. Napoléon pouvait alors attaquer directement les forces vives de l'adversaire avec une haute probabilité de succès ; en détruisant rapidement la totalité de sa capacité de résistance, il brisait sa volonté. C'est ce qu'il fit le plus souvent ; les exceptions sont ses échecs, lorsque ses adversaires ne se conformèrent pas à sa vision de l'emploi stratégique de la force.

Les armées de Napoléon échouèrent en Espagne parce que la volonté de résistance des Espagnols ne fut pas brisée et qu'elle se transforma en guérilla. Cette longue lutte fut d'ailleurs le point de départ de ce que j'appellerais l'« antithèse » de la guerre industrielle entre États, un modèle qui sera étudié dans la deuxième partie. Les Anglais saisirent cette opportunité pour ouvrir un nouveau théâtre sur le continent en fournissant des renforts à leurs alliés portugais et espagnols. Pendant toute la campagne sur la péninsule ibérique, Wellington ménagea ses armées anglaises et portugaises en échangeant du terrain et des territoires contre du temps. Il refusait la bataille, sauf de son propre fait ou si ça lui convenait, afin de ne pas être attiré dans la bataille décisive à laquelle les forces de Napoléon voulaient le forcer. De même, les

Russes refusèrent la bataille décisive en 1812, préférant abandonner Moscou pour préserver leur armée qui put ensuite harceler les forces de Napoléon en retraite, transformant celle-ci en une défaite catastrophique. Pendant toutes les guerres napoléoniennes, l'Angleterre resta à l'abri derrière son bouclier maritime. Elle n'aurait pu être entraînée dans une bataille décisive que si Napoléon avait obtenu la supériorité maritime, mais la victoire anglaise à Trafalgar l'en empêcha définitivement. Chacun de ces exemples montre que les guerres napoléoniennes, et par conséquent les guerres de type industriel, reposent sur une disponibilité constante de toutes les ressources de l'État, et deviennent de plus en plus difficiles à conduire à mesure que ces ressources s'amenuisent. Après Trafalgar, le Blocus continental affaiblit la capacité de la France à faire la guerre faute de ravitaillement. Cette situation, associée à la guerre d'Espagne, que Napoléon finit par appeler « une plaie ouverte », car elle saignait son armée à blanc, continua à se dégrader jusqu'à son terme marqué par la défaite de 1812. À l'issue de la retraite de Russie, Napoléon ne put reconstituer ses effectifs par la conscription, car le volume disponible des « levées » n'était plus suffisant. Par manque de ressources, il fut donc repoussé à l'ouest du Rhin et forcé à conclure la paix.

La mer et la steppe ont fourni l'espace stratégique nécessaire pour refuser la bataille voulue par Napoléon au niveau opérationnel. De même, le terrain difficile du théâtre ibérique permit aux guérillas et à Wellington, chacun à sa façon, de manœuvrer au niveau tactique de façon à prendre l'ascendant sur les forces napoléoniennes. Ces échecs ont deux raisons principales. Premièrement, Napoléon était à la fois le chef politique et le commandant stratégique de ses armées ; il était aussi habituellement le commandant de théâtre et souvent, pour les batailles importantes, le commandant supérieur du niveau tactique. Mais il ne pouvait pas tenir ces rôles partout à la fois, particulièrement en Espagne et à la mer ; or, ceux qui commandaient à sa place n'avaient pas sa carrure. Deuxièmement, ces échecs ont aussi des raisons opérationnelles. L'emploi de la force par Napoléon n'avait pas une même efficacité à tous les niveaux ; il avait une armée de masse, mais, même répartie en corps d'armée, sa tactique n'était pas toujours efficace. Il ne faut pas confondre la façon dont une armée se bat, sa tactique, sa puissance de feu, avec son organisation. Même s'ils sont étroitement liés, ce sont des domaines séparés. Idéalement, l'organisation doit être faite en fonction de la tactique, ou au contraire, la tactique conduite en fonction de l'organisation. Des facteurs tels que les communications, le ravitaillement, les chefs compétents et, à un plus haut niveau, les forces multinationales, comme les coalitions qui se sont formées contre Napoléon, exigent souvent que la tactique s'adapte à l'organisation. La tactique et la puissance de feu sont très proches tout en restant distinctes : la puissance de feu est une capacité de la force qui est mesurable, en termes d'effets de destruction, de quantité, de rapidité de cadence de tir, de portée et de trajectoire. La tactique est l'application par le chef de la puissance de feu au moyen de procédures et de manœuvres qui obligent l'adversaire à baisser sa garde et le conduisent à sa destruction sur le champ de bataille. L'engagement tactique est le cœur de la bataille. Étant donné le nombre de ses victoires, Napoléon était aussi bon tacticien qu'il était bon stratège. Néanmoins, dans cette étude générale sur l'emploi qu'il fit de la force, il faut également comprendre ses défaillances. Les innovations introduites par Napoléon lui ont donné l'avantage au niveau opérationnel. Mais les Anglais ont pu le battre au niveau tactique : là où Napoléon entendait masse, les Anglais entendaient puissance de feu.

Avec le mousquet, on avait tendance à croire que le nombre d'hommes correspondait à la puissance de feu : la masse de soldats était égale à la masse de feux. Cependant, pour que les tirs de cette masse d'hommes soient efficaces, il fallait décider, au milieu de la bataille, quand tirer, sur quoi et avec combien d'armes. C'est parce que toutes les décisions sont prises et exécutées sous le feu qu'il faut que la force ait subi l'entraînement et dispose de procédures appropriées, une nécessité toujours vraie aujourd'hui, quel que soit le nombre de soldats. Sans ces exercices et ces procédures, les chefs ne peuvent déplacer leurs unités suffisamment vite par rapport à l'ennemi de telle sorte que leurs feux portent efficacement et qu'ils gardent l'initiative, ou, en d'autres termes, que ce soient eux qui imposent l'événement. C'est un fondamental de l'action au niveau tactique. Quand on assiste (NDT : en Grande-Bretagne) à une prise d'armes, comme celle de « *Trooping of the Color* », on assiste à la répétition d'un exercice de combat de l'armée de Wellington. À travers le défilé des imposantes unités en ordre serré et les manœuvres impressionnantes qu'elles accomplissent, on comprend la facilité avec laquelle de grands nombres de soldats pouvaient changer de formation. En imaginant que les soldats utilisent leur arme de dotation (les mousquets, pas les fusils automatiques d'aujourd'hui), on comprend l'efficacité des salves de tir d'infanterie. En l'absence d'armes automatiques, pour obtenir le feu continu le plus important possible, la troupe se déploie en ligne sur deux rangs, chaque rang tirant à son tour : au commandement, le premier met un genou en terre et approvisionne, tandis que le second rang tire ; puis c'est le

second rang qui approvisionne tandis que le premier tire au commandement, et ainsi de suite. C'est un barrage continu où chaque projectile
individuel contribue à la masse d'une imposante puissance de feu. Cette
tactique est bien reproduite dans le film *Zoulou* des années 1960, reproduisant l'attaque d'un avant-poste de l'armée coloniale, en Afrique,
dans les années 1890. Les vagues successives de Zoulous sont fauchées
par le feu roulant des fantassins déployés sur deux rangs. Leur poste est
sauvé pour cette victoire tactique.

Si les innovations de Napoléon lui ont donné l'avantage au niveau
du théâtre ou de la campagne, ses armées se sont montrées moins efficaces au niveau tactique du fait qu'il ne pouvait pas toujours traduire sa
masse humaine en masse de feu. En effet, dans la plupart des rencontres, les forces anglaises ont pris le dessus : l'entraînement mené par
Wellington était indubitablement supérieur. Aboutir à ce résultat prit du
temps, et l'Angleterre n'eut jamais une armée suffisamment nombreuse
pour l'emporter seule contre les Français. Cependant, lors de la guerre
d'Espagne et à Waterloo, l'armée anglaise et ses alliés, sous commandement britannique, ont remporté la victoire tactique parce que leur
organisation leur donnait la supériorité en terme de mobilité tactique.
Pour parfaitement saisir l'importance de cette supériorité au niveau
tactique, il faut comprendre deux nouveaux concepts : front/profondeur
et dispersion/regroupement. Un chef peut déployer sa troupe de deux
façons : de front ou en profondeur. On dit aussi, parfois, en ligne ou en
colonne. De front, il a la meilleure vue de l'ennemi et peut battre de ses
feux la plus grande zone. Il a en outre un maximum de possibilités pour
attaquer l'ennemi. Par contre, sa ligne est plus facile à pénétrer, le
contrôle est plus difficile ainsi que l'exploitation d'un éventuel succès.
Avec la formation en profondeur, il a les contraires de ces avantages et
inconvénients. Une force regroupée est forte au point où elle est
regroupée, elle est facile à commander et à ravitailler. Par contre, elle
est difficile à déplacer, c'est un objectif facile et on ne peut pas voir ce
qui se passe ailleurs. De plus, il est difficile pour le chef de choisir là où
il doit se regrouper. À nouveau, pour la dispersion, c'est le contraire.
Toutefois, ce n'est pas la façon dont la force se déploie qui compte,
mais les effets de ses tirs. Si les hommes sont dotés d'armes à tir tendu
de courte portée, comme des mousquets ou des fusils, leur déploiement
est représentatif de leurs feux. Mais avec des armes à plus grande
portée et pouvant tirer au-delà d'obstacles importants, telles que
l'artillerie, c'est la zone souhaitée des effets qui doit être considérée
pour le déploiement des pièces. L'artillerie et les armements similaires
peuvent, rapidement et sans avoir à changer la position des pièces,

reporter l'efficacité de leurs feux du front à la profondeur, les concentrer en masse sur un objectif unique ou les répartir entre plusieurs objectifs. C'est le grand avantage de cette arme pour le tacticien. L'arme aérienne a un avantage similaire aujourd'hui pour le commandant de théâtre. Heureusement pour ses ennemis, au temps de Napoléon l'artillerie commençait seulement à acquérir ces caractéristiques modernes et on ne rêvait même pas d'arme aérienne. L'art de la tactique est donc d'être capable de changer rapidement de formation, du front à la profondeur, et de se disperser ou de se regrouper selon les besoins. On peut maintenant comprendre la supériorité tactique des Anglais sur les forces de Napoléon : elles étaient organisées et entraînées pour se déplacer sur le champ de bataille en groupes relativement réduits par rapport aux Français. Elles pouvaient donc rapidement passer d'une formation en ligne ou rangs successifs, où elles avaient tiré efficacement et très rapidement un maximum de salves, à une formation en colonnes pour exploiter leur succès ou se retirer. Elles pouvaient se rassembler en carrés et délivrer une haute densité de feux, ou bien se déplacer par petits détachements. Et cette souplesse était renforcée par le fait que cette petite armée anglaise était très bien entraînée, ce que ne pouvait pas faire Napoléon avec son armée de nombreux conscrits ou de volontaires. La tactique préférée de Wellington était de forcer les Français à l'attaquer. Comme nous l'avons vu plus haut, il utilisait le terrain pour protéger ses troupes des effets de l'artillerie. Il s'adaptait ainsi à l'engagement en masse des Français. Quand ceux-ci estimaient que l'artillerie avait suffisamment affaibli les troupes en défensive, les importantes colonnes d'infanterie s'avançaient ; elles étaient alors accueillies par les salves de l'infanterie britannique. Dans cette situation, les feux en masse l'emportent sur la masse des effectifs.

Ces mouvements sur les champs de bataille napoléoniens peuvent sembler simples et aisés ; en fait, ils étaient confus, complexes et mortels. Un contemporain, le général Chambray, décrit bien cette réalité :

« Les Français chargeaient, le fusil à l'épaule (c'est-à-dire sans tirer), selon leur habitude. Quand ils arrivèrent à courte distance des lignes anglaises, qui restaient toujours immobiles, une certaine hésitation devint perceptible. Les officiers et sous-officiers criaient "En avant ! ne tirez pas". Certains même criaient "Ils se rendent". Le mouvement en avant reprit alors, et ce ne fut qu'à très courte portée que les lignes britanniques, sur deux rangs, commencèrent à ouvrir le feu. Faisant un carnage dans les rangs français, ils brisèrent leur élan et les désorganisèrent quelque peu. Tandis que les officiers criaient encore "En avant ! Ne tirez pas" (malgré tout, les tirs commencèrent), les Anglais s'arrêtèrent soudain de tirer et se mirent à charger à la baïonnette. Tout était en leur faveur : leur alignement, leur impétuosité, et leur volonté de se battre à la baïonnette. Chez les Français, par contre, il n'y avait plus aucune impétuosité, mais le désordre et la surprise causés par la détermination inattendue de leur ennemi : la fuite était inévitable. »

Les défaites de Napoléon sont importantes pour comprendre l'emploi de la force. Mais ses victoires, pendant quinze ans, étaient beaucoup plus significatives et beaucoup plus stupéfiantes. En outre, même après que Napoléon eut été vaincu, sa vision militaire a perduré. Ses ennemis ont réorganisé leurs armées, consciemment ou inconsciemment, selon les paramètres qu'il avait établis. C'était nécessaire, car ces armées qui s'étaient opposées aux Français avaient des problèmes avec leurs officiers comme avec leurs hommes du rang. Les Prussiens en sont un exemple très intéressant puisque leur réorganisation selon le modèle napoléonien améliora leur armée et donna naissance à une autre innovation : leur état-major général.

Comme nombre d'armées qui s'opposaient aux Français, l'armée prussienne était composée d'hommes obligés à servir sous les armes et y demeurant par la force d'une discipline sévère symbolisée par un fréquent usage du fouet. Les conscrits de l'armée française étaient aussi soumis à une stricte discipline, mais non basée sur la terreur. La plupart des recrues de l'armée prussienne étaient des étrangers, la population locale étant considérée comme plus utile lorsqu'elle cultivait les champs, travaillait et payait des impôts pour permettre aux princes de lever de telles armées. En 1742, Frédéric le Grand décida que deux-tiers des effectifs des bataillons d'infanterie seraient composés d'étrangers pour un tiers seulement de Prussiens. Ainsi la plupart des bataillons comprenaient de nombreux déserteurs d'autres armées, des prisonniers de guerre, des criminels et des vagabonds recrutés par tromperie, violence ou appât du gain. Seule une discipline inflexible pouvait empêcher de s'enfuir une masse de soldats aussi hétérogène. Les désertions constituaient le principal souci des chefs militaires, à ce point que Frédéric II commençait ses *Principes généraux sur la conduite de la guerre,* livre écrit entre 1748 et 1756, par quatorze règles destinées à empêcher les désertions. Les considérations tactiques et stratégiques étaient souvent subordonnées à la nécessité de les empêcher. En conséquence, les formations en rangs serrés étaient la règle, on envoyait rarement des patrouilles de reconnaissance poursuivre une armée ennemie en déroute. Il fallait éviter de faire des marches de nuit, sauf en vue d'une attaque, et d'installer le camp près d'une forêt. Chaque soldat devait surveiller ses camarades pour le cas où ils déserteraient, en temps de paix comme en temps de guerre. Même les civils s'exposaient à de lourdes condamnations s'ils n'arrêtaient pas les déserteurs pour les livrer à l'armée. Le contraste est frappant avec les troupes de Napoléon constituées en effectifs fournis en permanence par application de la loi, de soldats volontaires pour se battre, et par conséquent en qui on pouvait avoir confiance lors des déplacements ou des manœuvres. La différence était grande et s'appliquait aussi aux officiers. Contrairement aux nouveaux officiers de carrière de Napoléon, les Prussiens étaient principalement commandés par des hommes désignés par leur classe sociale plus que pour leurs compétences. Quelques-uns étaient des étrangers, mais la plupart étaient des aristocrates issus de la classe des Junkers prussiens. Dans ses livres, Frédéric II écrit que les hommes du peuple ne doivent pas être promus officiers car ils sont motivés par l'argent et non par l'honneur. Pourtant, même les familles de sang noble étaient réticentes à envoyer leurs fils à l'armée : même si une carrière militaire pouvait parfois se révéler source de gloire et de profit, le niveau de l'instruction dispensée par la plupart des écoles militaires ne dépassait pas celui de l'école primaire. L'officier prussien jouissait aussi rarement d'une bonne formation, ce qui se ressentait dans le commandement.

Les défauts de l'armée prussienne étaient déjà apparus vers 1792-1795, lorsque, faisant partie de la première coalition, elle avait été battue par l'armée révolutionnaire française pré-napoléonienne, composée en majorité de volontaires sans entraînement. Ces défaites initiales conduisirent à la création d'une école de guerre, la *Kriegsakademie*, où l'on enseignait la théorie et la pratique de l'art militaire. Cette école fut commandée par un des plus éminents réformateurs de l'armée prussienne, le général Gerd von Scharnhorst. Soldat expérimenté, ce dernier était fasciné par ces soldats de basse extraction, issus de la conscription et très mal entraînés, ainsi que par leurs officiers, inconnus et souvent aussi d'origine populaire, qui se battaient si bien et réussissaient à vaincre les armées professionnelles des autres États européens. Comme d'autres réformateurs militaires prussiens, il comprit assez rapidement la souplesse opérationnelle que représentait le concept de corps d'armée. Mais le problème dépassait celui de la seule organisation des unités. Scharnhorst sentit que, d'une certaine façon, il faudrait s'accommoder de ce nouvel état issu de la Révolution, que c'était un problème politique, et que cela réclamait beaucoup plus de réflexion et d'intelligence que n'en possédait la plupart des officiers. Afin de régler ce sujet difficile, Scharnhorst introduisit des matières académiques dans le programme de la *Kriegsakademie*. C'était une mesure en elle-même importante, mais qui n'était pas suffisante pour réformer l'armée.

L'armée prussienne était trop nombreuse et trop lourde ; ses colonnes, comme celles des armées autrichiennes et russes, ne parcouraient que quelques kilomètres chaque jour ; leur existence dépendait de milliers de chariots de ravitaillement. Sa tactique était également dépassée : les recrues étaient entraînées à des automatismes rigides, à cadence lente ; les soldats se préparaient à se déployer sur un champ de bataille, en lignes rigides et immuables pour tirer des salves de mousquets contre un ennemi disposé de même et tirant des salves semblables. C'est cette armée qui fut vaincue à Iéna, en 1806, par l'armée napoléonienne dont les soldats motivés et au moral d'acier appliquaient une tactique plus souple et se déplaçaient rapidement, en exécution de la stratégie de la bataille décisive. Démonstration impressionnante de la stratégie napoléonienne, cette bataille, contrairement à celle de Waterloo par exemple, est pourtant mal connue ; c'est d'autant plus ironique que ce fut l'expérience déterminante pour une génération d'officiers prussiens et en particulier, comme nous le verrons plus loin, pour un certain Carl von Clausewitz.

En 1806, alarmée par les victoires éclatantes de la France sur l'Autriche et la Russie l'année précédente, la Prusse mobilise, sans doute un peu trop confiante en ses capacités : aussi bien la nation que l'armée étaient psychologiquement mal préparées. La réponse de Napoléon fut rapide ; sa Grande Armée, forte en l'occurrence de 200 000 hommes, organisée en corps d'armée et déployée en carrés sur des itinéraires convergents, commença à faire mouvement début octobre. Il voulait remporter une victoire décisive sur le roi de Prusse Frédéric Guillaume. Dès le début de la campagne, les Prussiens éprouvèrent des difficultés. Les corps d'armée des maréchaux Murat et Bernadotte franchirent rapidement la Saale et obligèrent la division du général Tauenzien à se replier sur l'armée du général prince de Hohenlohe. Pendant ce temps, à Saalfeld, le maréchal Lannes remportait une victoire remarquable bien que limitée sur le corps d'armée du prince Louis Ferdinand, tué au combat ; les Français firent plus de 10 000 prisonniers. Le moral des Prussiens déjà vacillant, le 10 octobre, l'armée sous le commandement de Napoléon rencontra l'arrière-garde d'Hohenlohe sur le plateau de Landgrafenberg qui domine la ville d'Iéna. Napoléon décide de déployer le corps d'armée du maréchal Lannes et la Garde Impériale sur le plateau pour attaquer le centre de l'ennemi. Le maréchal Augereau est envoyé par la droite et Ney par la gauche pour prendre les Prussiens en tenaille sur leurs deux flancs. Quant au corps d'armée de Davout, il est envoyé au nord, vers Apolda, pour compléter l'encerclement. Napoléon lui-même passe la nuit à surveiller la construction d'une route de montagne pour permettre aux troupes et aux canons de parvenir au sommet du plateau. À l'aube, l'armée française est déployée sur un front de deux kilomètres. Au milieu de la matinée, avec la levée du brouillard, Hohenlohe qui croyait combattre une flanc-garde se rend compte de son erreur. De leurs positions abritées, les Français commencent à bombarder ses forces massées à découvert et dans l'attente de renforcements. Au début de l'après-midi, Napoléon ordonne d'avancer et engage sa réserve forte de 40 000 hommes. Confrontées à la progression de cette masse imposante de 90 000 fantassins et cavaliers appuyés par l'artillerie, les troupes d'Hohenlohe se débandent. À 16 h, la bataille est terminée. La moitié des Français n'a même pas tiré un seul coup de fusil.

Napoléon était persuadé d'avoir remporté la victoire décisive sur les Prussiens. En réalité, Frédéric Guillaume était parti la veille pour la forteresse de Magdebourg avec 70 000 hommes. Le véritable choc intervint quand cette armée rencontra Davout et son corps d'armée isolé près d'Auerstaedt. Ce corps d'armée comptait 36 000 hommes, dont seulement 1 500 cavaliers, et quarante-quatre pièces d'artillerie. La première rencontre avec les Prussiens eut lieu avec les six cents cavaliers de Blücher, le même qu'à Waterloo, qui sortaient du brouillard au galop. Les Prussiens lancèrent alors quatre charges successives de cavalerie, chacune de 2 500 hommes. Les Français, en carré de bataillon, résistèrent à toutes les attaques. Les Prussiens engagèrent alors leurs divisions l'une après l'autre et Davout fut obligé d'engager son unique régiment de réserve. Napoléon avait estimé correctement l'organisation et les effectifs du corps d'armée de Davout. À midi, Frédéric Guillaume décida de se replier pour faire sa jonction avec l'armée d'Hohenlohe et pouvoir reprendre le combat le lendemain. À sa grande surprise, au lieu d'une armée, il rencontra une horde de fugitifs fuyant le champ de bataille ; il n'eut d'autre choix que de partir avec eux. Il laissait derrière lui 10 000 morts et 3 000 prisonniers, dont Clausewitz. Davout avait tenu en respect une force trois fois supérieure à la sienne, ce dont Napoléon le félicita ; mais, légende impériale oblige, il ordonna que, pour la postérité, les deux batailles soient confondues sous un seul nom : la bataille d'Iéna.

Dans cette campagne, les Prussiens ont été totalement vaincus parce que Napoléon réussit à mener sa marche d'approche de telle sorte qu'ils ne puissent en déduire ses intentions à temps pour réagir. Napoléon fit mouvement plus vite que les Prussiens ne le pensaient, et à partir de directions auxquelles ils ne s'attendaient pas. Ainsi, lorsqu'ils réagirent, ce fut selon des hypothèses erronées. En outre, du fait de leurs procédures de commandement lourdes et centralisées, conjuguées à l'obligation d'exécution littérale des ordres, ceux qui étaient au plus près des Français, et donc pouvaient voir ce qui se passait réellement, n'eurent jamais l'autorisation ni la possibilité de réagir correctement. Cette leçon est toujours valable aujourd'hui. Lors de la guerre du Golfe de 1991, cela faisait dix-huit heures que ma division blindée avait pénétré en Irak, quand mes reconnaissances rendirent compte qu'une force blindée irakienne approchait. Un peu plus tard, étant parvenues à portée de canon, ces unités blindées furent détruites. Nos prisonniers nous dirent qu'ils contre-attaquaient pour combler la brèche faite la veille dans les profonds champs de mines couvrant la frontière irakienne, quelque cent kilomètres en arrière. Ainsi leur commandement réagissait à un événement qui s'était passé vingt-quatre à trente-six heures auparavant et à cent kilomètres de distance.

Le traité de paix a finalement été signé le 25 juin 1807, à Tilsit (Prusse orientale), entre Napoléon et le Tsar, allié des Prussiens vaincus, sur un radeau construit spécialement et mouillé exactement au milieu du fleuve Niemen. Par cet accord, la Prusse perdait la moitié de son territoire et de sa population et devenait, en fait, un État satellite de la France. De plus, les forces prussiennes était réduites à 42 000 hommes, avec des contingents fixés par arme et armée. Ces limitations constituaient une gifle supplémentaire portée à l'armée de terre, encore sous le coup de ses défaites humiliantes d'Iéna et Auerstaedt. Pourtant, c'est dans le cadre de ces restrictions que la réforme put être réalisée. Les effets en furent durables : au fil des ans, une armée totalement différente vit le jour, avec ses nouveaux « soldats intelligents », le concept d'état-major général et les théorie exposées dans *De la guerre*. Ces trois éléments ont fondé la rigueur doctrinale et l'énergie nécessaire pour l'appliquer qui ont permis à la Prusse, puis à l'Allemagne, pendant les cent années qui ont suivi, de mener à bien son évolution et de créer le système de commandement dont le modèle a été ultérieurement copié par les armées des principales nations du monde. S'est ainsi établie une nouvelle conception de l'organisation et de l'application de la force, concept qui a prévalu sur les champs de bataille lors des deux guerres mondiales, et sans doute encore aujourd'hui : son origine se trouve dans les douloureuses réformes consécutives à Iéna.

Le général Scharnhorst dirigea cette œuvre, secondé par une équipe impressionnante et bien soudée de généraux qui adhéraient à ce besoin de réforme totale : celle de l'armée, de ses officiers et des opérations. Au niveau des structures, les réformateurs prussiens créèrent six corps, sur le modèle du corps d'armée français. Chacun incluait les trois types de forces (infanterie, cavalerie et artillerie) et était subdivisé en brigades de six à sept mille hommes. Fut ensuite traité le problème des soldats et de l'armement. Pour pouvoir augmenter rapidement les effectifs sans contrevenir de façon trop flagrante aux termes du traité de 1807, les effectifs autorisés de recrues étaient appelés, entraînés de façon rigoureuse pendant quelques mois, puis libérés ; ils devaient pouvoir être rappelés en cas de besoin. Un autre contingent était appelé et instruit, et ainsi de suite. L'inspiration venait du système français, dont la conscription faisait appel à tous les hommes physiquement aptes. Il y avait cependant une différence notoire : ce n'était ni la conscription universelle, ni l'appel à des patriotes volontaires d'un État de citoyens, puisque la Prusse n'était pas un tel État. C'était plutôt une conscription sélective pour un service de courte durée. De cette façon, les Prussiens ont re-défini l'objet de la conscription : Napoléon faisait appel à des levées de citoyens pour compléter ses armées en temps de guerre, pour compenser les pertes. Les Prussiens utilisaient la conscription pour créer une armée qui devait rester réduite en temps de paix ; c'était aussi une machine à instruire des soldats qu'on renvoyait à la vie civile en attendant la guerre, ce qui permettait d'augmenter les effectifs en tant que de besoin. Un changement final intervint dans les structures militaires par la suppression du principe de promotion à l'ancienneté et son remplacement par la promotion au mérite. La compétence et le professionnalisme devinrent les critères de choix.

À Iéna, les pertes en armement avaient été considérables. Des ateliers de réparation furent donc créés. À Berlin, les principales manufactures d'armes s'agrandirent jusqu'à produire 1 000 fusils par mois ; une nouvelle usine fut établie à Neisse et des armes achetées en Autriche. Au bout de trois ans, l'armée disposait de plus de 150 000 armes à feu. En ce qui concerne les pièces d'artillerie, les huit forteresses restant à la Prusse après Tilsit fournirent le matériel pour les fabriquer ; des usines furent réorganisées pour les produire. Au bout de trois ans, la Prusse disposait d'une artillerie capable d'appuyer une armée de 120 000 hommes. En 1809, l'armée prussienne avait été complètement réorganisée, y compris ses règlements, ses doctrines et ses structures. En 1812, la Prusse était capable, à partir d'une armée officielle de 42 000 hommes, de déployer une force de près de 150 000 combattants. Cette nouvelle armée de conscription se battit victorieusement contre Napoléon lors des campagnes de 1813-1815. Ses structures ont servi de modèles aux armées prussiennes, et ensuite allemandes, au cours des décennies suivantes.

La nouvelle armée prussienne était une organisation beaucoup plus souple et efficace que la précédente. Néanmoins, la réforme intervenait dans le cadre de l'État prussien tel qu'il était : une monarchie traditionnelle. Les réformateurs étaient donc confrontés à un dilemme : comment combattre une armée de masse motivée par une idéologie nationale révolutionnaire, si ce n'est avec une autre armée de masse également motivée par une autre idéologie nationale révolutionnaire ? Pour constituer une telle armée, il était nécessaire de motiver le peuple pour l'appeler aux armes, ou comme les réformateurs disaient : « de faire appel aux forces éternelles qui sommeillent au sein de la nation, mais qui n'ont été encore ni développées ni utilisées[1] ». Cependant, une telle mesure risquait de conduire à la démocratisation de l'État et à la chute de la monarchie par la révolution. Les officiers qui réorganisaient l'armée étaient des réformateurs, pas des révolutionnaires, et voulaient éviter à tout prix ces conséquences. Ce problème resta inhérent à l'organisation militaire prussienne jusqu'à ce que la loi instaurant la conscription universelle soit promulguée dans les années 1860. Cela annonçait et préparait les guerres d'unification de l'Allemagne qui aboutirent à un grand État, animé par le concept de nationalité, et un sentiment nationaliste développé : le service militaire devenait une obligation patriotique. Entre-temps, et surtout dans la période de réformes qui suivit Iéna, la solution adoptée par les réformateurs était de combiner la légitimité dynastique traditionnelle du roi de Prusse, qui servait de motivation à l'ancienne armée, avec une idée de « légitimité nationale » ou d'orgueil national, sur laquelle ils insistaient. Cette idée trouvait d'abord son fondement dans leur haine collective à l'égard de la France et de Napoléon, consécutive aux humiliantes défaites subies ; elle fut renforcée par la victoire prussienne de Leipzig en 1813. Cet orgueil national était une idée qui pouvait avoir les faveurs de la population, acceptant alors de servir dans l'armée. C'est ainsi qu'il fut possible d'introduire la conscription, bien que ce ne fût toujours pas un État citoyen. En même temps, il était possible de maintenir les structures sociales traditionnelles par lesquelles les princes et ducs, responsables devant le roi, commandaient les armées en campagne (contrairement aux Français qui avaient remplacé les derniers aristocrates par des soldats plus professionnels) ; la classe des Junkers fournissait toujours les officiers.

Les réformateurs prussiens s'attaquèrent également aux questions cruciales du commandement. Les changements qui avaient été entrepris

---

1. Cité par David Thompson, dans *L'Europe depuis Napoléon,* p. 120, Pelicans Books, 2ᵉ édition, 1983.

avec la création de la *Kriegsakademie* s'accéléraient et s'approfon-
dissaient. Les officiers étaient recrutés en fonction de leur compétence,
apprenaient des matières aussi bien académiques que militaires, étaient
promus au mérite et non plus sur des critères de classe sociale, de
famille ou de clientélisme. C'était le début de la professionnalisation
militaire de la Prusse. Les nouvelles brigades et leurs unités subordonnées étaient sous le commandement de chefs jeunes et compétents.
On trouvait là aussi un nouveau modèle de chefs et de soldats : c'était
des soldats intelligents, attachés à l'esprit d'un ordre plutôt qu'à sa
lettre, capables de comprendre le déroulement de la bataille et de réagir
en conséquence. Une des explications du désastre d'Iéna était effectivement que les officiers avaient scrupuleusement appliqué les ordres
plutôt que de prendre les initiatives nécessaires dans leur champ de
responsabilité ; les hommes du rang, quant à eux, appliquaient strictement ce qu'on leur avait appris à l'entraînement. Le « soldat intel-
ligent » n'était pas un concept propre à la Prusse ; il avait déjà été
activement mis en œuvre par les Britanniques. En 1756, l'amiral John
Byng de la Royal Navy passa en jugement et fut exécuté pour y avoir
manqué : il avait préféré suivre ses ordres à la lettre plutôt que dans leur
esprit, laissant ainsi échapper la flotte française. L'événement fut
d'importance et commenté ainsi par Voltaire : « Dans ce pays, il est
bon de tuer de temps en temps un amiral, pour donner du courage aux
autres. » Dans cet esprit, l'exécution de Byng avait galvanisé le corps
des officiers britanniques, tant il est vrai que le grade n'avait pas
d'importance dès lors qu'un officier refusait le combat. On peut faire
beaucoup d'erreurs en attaquant l'ennemi, mais la seule erreur qui soit
fatale est de ne pas l'attaquer du tout. Les réformes introduites par le
Général Moore dans l'entraînement de la Division Légère en 1799-
1801, consistaient aussi à encourager l'implication active des fusiliers
sur le champ de bataille, en tant que « soldats intelligents ». Selon ses
dires, le but était « de former le jugement des officiers de telle sorte
que, livrés à eux-mêmes, ils fassent le bon choix. Ils ne devaient avoir
aucune hésitation à assumer leurs responsabilités ». Ce qui rendit
remarquable l'application de ce concept par les Prussiens, ainsi que
celui du soldat apte à prendre des initiatives, fut qu'il venait avec
l'autre innovation post-Iéna : l'état-major général. Ce dernier était
destiné à corriger ce qui avait été perçu, au cours de toutes les campagnes napoléoniennes, comme le défaut majeur ayant conduit les Prussiens au désastre. Il s'agissait en l'occurrence de l'absence d'une
structure centrale pouvant assurer la coordination non seulement entre
les différentes grandes unités, mais aussi entre les niveaux de décision
politique et militaire. Dans la description de la bataille d'Iéna, on aura

remarqué que les forces françaises étaient commandées par des maréchaux tandis que les Prussiens l'étaient par des princes et des ducs, disposant de leurs propres forces et responsables seulement devant le roi. L'exigence de cohérence et de professionnalisme était primordiale si l'armée prussienne voulait être victorieuse à l'avenir.

Un état-major a toujours été partie intégrante d'une grande unité, chaque commandant ayant besoin d'adjoints. Dans l'armée prussienne par exemple, chaque prince ou duc avait un état-major. Jusqu'aux guerres napoléoniennes, ces états-majors avaient surtout des rôles administratifs et d'organisation des activités des maisons militaires, à combiner avec des tâches plus spécifiquement opérationnelles comme les ravitaillements, les affaires légales, l'organisation des unités ; pendant la bataille, ils portaient également les messages. Les officiers d'état-major ne recevaient aucune formation particulière ; ils étaient rarement appelés à donner des avis à leur supérieur hiérarchique. Comme dans d'autres domaines, Napoléon introduisit le changement, surtout avec le nouveau concept de corps d'armée. Avec un système aussi décentralisé, il devint nécessaire d'avoir un organisme central jouant le même rôle que le système nerveux et reliant tous les corps d'armée. Sa nouvelle organisation d'état-major général n'était cependant pas pleinement satisfaisante. Comme pour la conscription, il exploita un arrangement fortuit intervenu sous la Révolution, qui lui plut et qu'il institutionnalisa. Ces nouvelles armées de masse avec leur tout nouveaux commandants avaient besoin d'hommes capables de mettre de l'ordre dans ces formations, certes bien intentionnées mais totalement désorganisées. Louis Berthier, militaire de carrière de l'armée impériale, fut le plus remarquable d'entre eux. Affecté à l'armée d'Italie en 1795, il déploya des qualités exceptionnelles d'organisateur et de centralisateur, ce que Napoléon perçut quand il en prit le commandement. Berthier devint le chef de l'état-major de planification de Napoléon, responsable des effectifs et des ravitaillements. Mais son génie résidait dans son aptitude à traduire les nombreux ordres de Napoléon en messages clairs et facilement compréhensibles par les subordonnés. Son état-major devint l'organisme central qui mettait en forme, aidait à rédiger et transmettait les directives à toutes les composantes de la Grande Armée. La planification n'était cependant qu'une partie des tâches de l'état-major de Napoléon qui traitait également celles de sa propre maison militaire et de l'administration impériale. C'était là le principal défaut du système. L'Empereur étant à la source de toute décision, l'efficacité de cet état-major diminua à mesure que l'ampleur de la guerre et les dimensions de l'empire s'accrurent.

Le modèle prussien d'état-major général était fondamentalement différent du français : par sa taille et son implication, il devait permettre une planification et un commandement professionnels. Pour cela, Scharnhorst l'avait conçu selon les mêmes idées que la *Kriegsakademie*. Tout naturellement, quand il fut établi en 1808, Scharnhorst assuma les fonctions de chef d'état-major. En tant que tel, il s'attacha à intégrer dans cet organisme central les officiers issus de la nouvelle école de guerre, officiers de grades moyens, bien instruits dans leur formation commune. La Loi de Défense de 1814, qui créait des états-majors permanents aux niveaux division et corps d'armée, renforça encore les rôles complémentaires de la *Kriegsakademie* et de l'état-major général. En reliant l'administration centrale avec les unités de combat, un système nerveux mis en œuvre par des officiers ayant une formation commune commença à fonctionner. Cela permit de résoudre le problème de la préservation de l'autorité d'un souverain faisant la guerre avec des soldats-citoyens : en adjoignant aux personnels de commandement désignés par le monarque un état-major général professionnel qui traitait du niveau stratégique au niveau tactique, on mettait en parallèle l'autorité royale et la compétence professionnelle. Plus tard, on insistera encore plus sur cette éthique commune pour obtenir des commandants formés selon le même moule, en pensées et en capacités, rompus à travailler les détails de chaque plan et à envisager toute éventualité. Cependant, les tâches de routine de l'état-major et le point de départ de la plupart des carrières de ces professionnels consistaient à réaliser des cartes, acquérir le renseignement et préparer des plans de mobilisation. L'objectif principal de l'état-major général était en effet de préparer la guerre essentiellement au niveau tactique. C'était manifestement l'objectif des réformateurs qui avaient fondé l'état-major général ; mais ce n'était pas forcément aussi clair pour l'ensemble de la communauté militaire prussienne, et en particulier pour la vieille garde des commandants supérieurs. À la suite du décès prématuré de Scharnhorst en 1813 et de la fin des campagnes militaires importantes marquée par la défaite de Napoléon en 1815, la réforme de l'outil militaire ne suscita plus autant d'intérêt. Pendant quelques dizaines d'années, l'état-major général perdit de son importance au sein du monde militaire allemand. La charge de réflexion plus fondamentale revint alors à la *Kriegsakademie* où s'élabora le corpus d'idées formulées par un de ses principaux lauréats et futur directeur, Carl von Clausewitz.

La combinaison de la vision stratégique extraordinaire de Napoléon et des réformes fondamentales de l'armée prussienne est très importante pour notre compréhension de l'emploi de la force. Napoléon a été à l'origine de notre concept moderne de Guerre, avec un G majuscule, celles que l'on évoque dans la presse et dont beaucoup pensent que l'on continue à les faire, celles qui recherchent un résultat politique définitif par la force des armes. Les réformes introduites par les Prussiens, pour leur part, ont forgé la remarquable machine militaire qui est devenue un modèle pour de nombreuses armées modernes. Il semble cependant qu'un seul homme ait véritablement saisi la signification de Napoléon et le sens des réformes entreprises : Carl von Clauzewitz. C'est lui qui a compris que Napoléon n'avait pas simplement imaginé une force plus importante et plus puissante, mais bien une force complètement diffé-rente, qui se battait pour des objectifs stratégiques également différents. C'est lui qui a traduit cette évolution dans l'ouvrage monumental *De la Guerre*, codifiant ainsi les actes de Napoléon en une structure théo-rique, y décrivant de ce fait également les réformes prussiennes. Il est aussi l'auteur des textes de philosophie militaire les plus importants et les plus permanents.

Carl Philippe Gottlieb von Clausewitz acheva sa carrière militaire avec le grade de général de division ; il servit deux fois comme chef d'état-major de grandes unités mais n'assuma jamais de hauts com-mandements opérationnels. Officier très expérimenté, il reçut le bap-tême du feu à treize ans, en 1793, alors qu'il faisait partie de forces de la première coalition combattant les armées révolutionnaires françaises. Il participa ensuite à toutes les guerres napoléoniennes. Blessé à Iéna, en 1806, il fut fait prisonnier. Outre une haine tenace de tout ce qui était français, son année de captivité et sa convalescence le mirent à l'écart de la première vague de réformateurs militaires qui entreprirent de transformer l'armée prussienne après l'humiliation d'Iéna. Le fait qu'il ait servi un an dans l'armée russe, pendant la campane de 1812, après avoir démissionné de l'armée prussienne avec trente autres officiers, en protestation de l'alliance franco-prussienne signée cette même année, accrut encore cette exclusion. Il réintégra l'état-major général prussien en 1815, mais en raison de ce qui apparaissait comme un manque de loyauté, il ne reçut ni commandement, ni affectation de niveau stratégi-que. Il fut en revanche nommé directeur de l'école de guerre prus-sienne, la *Kriegsakademie*, où il se consacra à l'enseignement et à l'écriture. En 1830, il fut nommé chef d'état-major de l'armée prus-sienne, alors que l'on préparait la guerre pour faire face aux insurrec-tions en France et en Pologne. À peine ce danger fut-il écarté que le choléra balaya le pays d'est en ouest : Clausewitz fut chargé d'établir un cordon sanitaire pour surveiller sa progression mais cette mission ne fut pas un succès et lui-même succomba à la maladie en 1830, à cinquante et un ans.

Toute sa vie, comme il l'écrivit à sa femme, Clausewitz désira ardemment assumer un haut commandement. Mais du fait, d'une part de sa relativement modeste extraction (il n'appartenait pas à une famille de Junkers) et d'autre part de sa brève défection en 1812, il ne l'obtint jamais. De toute façon, il était jugé inapte au commandement de grandes unités en campagne. Le général Brandt, un contemporain, dit de lui après sa mort : « En tant que stratège, il se serait amplement distingué…[mais] il lui manquait l'art d'enlever les troupes [1]. » L'aptitude au commandement est un problème complexe, sur lequel je reviens dans le chapitre suivant. Je veux simplement ici insister sur le fait que Clausewitz est tout à fait unique. De nombreux officiers ont contribué à des avancées théoriques significatives, mais partielles ; seul Clausewitz a écrit *De la Guerre,* un ouvrage monumental en huit tomes. S'il n'a pas commandé de grandes armées sur le champ de bataille, il en avait une perception et une analyse parfaites. Certaines parties de l'œuvre de Clausewitz ne concernent naturellement que les armées de son époque : on doit se rappeler que l'on ne connaissait encore ni le fusil se chargeant par la culasse, ni l'avion, ni le char, ni la radio. Une partie très substantielle de son œuvre demeure cependant d'actualité, ce qui montre qu'il avait compris l'essence véritable de la guerre.

Clausewitz a largement subi l'influence du premier réformateur militaire prussien, le général Gerd von Scharnhost, qu'il rencontra en 1801, à 21 ans, lorsqu'il suivait les cours de la *Kriegsakademie*. Il en devint rapidement disciple ; c'était un des meilleurs stagiaires (il sortit major de sa promotion en 1803) et partageait l'engouement de son maître pour Napoléon et ses innovations. Ainsi, Clausewitz comprit très jeune qu'il était impératif d'entreprendre l'étude des nouvelles armées françaises et de leurs campagnes. Même au combat, il s'immergeait dans l'étude détaillée de ces armées. Pendant les douze années où il fut directeur de l'école de guerre, il rédigea des études originales sur toutes les campagnes napoléoniennes et continua jusqu'à sa mort. C'est de ces recherches détaillées et de ses réflexions qu'est issu *De la Guerre*. L'ouvrage fut publié en 1832, à titre posthume, par sa femme qui était en admiration devant lui ; elle précisa dans sa préface originale qu'il avait travaillé à l'élaboration de ce livre depuis 1816. En fait, Clausewitz mourut avant d'avoir pu revoir la totalité des huit volumes ; il notait en 1827 et en 1830, que les premiers tomes devaient être révi-

---

1. J.J. Graham (col.), « Bref mémoire sur le Général Clausewitz », dans Carl von Clausewitz, *De la Guerre,* p. 96, Penguin, 1985.

sés à la lumière des derniers. En particulier, il faisait remarquer qu'il existait d'autres formes de guerres que celles entre nations et/ou États et que, bien que l'on soit appelé à user d'une violence absolue à la guerre, il pouvait y avoir des raisons dépendantes de l'objectif politique pour modérer cette violence. Ces questions seront examinées dans la troisième partie de ce livre.

Dans sa théorie de la guerre, Clausewitz expose de nombreux concepts, mais comme ils occupent huit volumes, je ne traiterai ici que des seuls trois concepts que j'estime concerner mon sujet. Je donne la primauté à sa « remarquable trinité » : l'État, l'armée, le peuple, ce qui pour moi signifie : le gouvernement, les forces armées (dans leur totalité) et la population. Clausewitz arriva à cette synthèse en considérant que la forme de guerre menée par Napoléon, l'événement militaire de masse débouchant sur un résultat décisif, devait désormais devenir la règle. Comme il l'écrit :

> « En adviendra-t-il toujours ainsi dans le futur ? Désormais, chaque guerre livrée en Europe le sera-t-elle avec toutes les ressources de l'État et donc ne devront-elles être engagées que pour des raisons majeures engageant la vie du peuple ? Ou bien verrons-nous à nouveau une séparation progressive entre le gouvernement et le peuple ? Il est difficile de répondre à ces questions, mais nous allons essayer. Le lecteur sera d'accord avec nous, quand nous disons qu'une fois les barrières détruites, les barrières étant l'ignorance du possible, il est difficile de les rétablir. Au moins quand des intérêts majeurs seront en jeu, les hostilités prendront la même forme qu'elles ont aujourd'hui [1]. »

Se basant sur cette intuition, il établit une relation triangulaire dans laquelle les trois côtés sont également importants, et où ils doivent s'équilibrer pour que la guerre soit un succès. Comme nous le verrons plus loin, cette théorie de la « trinité » est fondamentale, encore aujourd'hui, dans toutes les formes de guerre. Pour ma part, je ne suis pas d'accord avec ceux qui contestent la pertinence de Clausewitz et de sa trinité : selon mon expérience dans des opérations nationales et internationales, il est impossible de conduire une opération militaire avec un succès durable sans les trois éléments de la trinité : l'État, les militaires et le peuple. Cela résulte du deuxième concept de Clausewitz auquel celui de la trinité est lié : la primauté du politique. « *La guerre trouve son origine dans un but politique ; ce motif initial qui l'a provoquée doit faire l'objet de la plus haute attention pendant toute sa*

---

1. Carl von Clausewitz, *De la Guerre,* éd. et trad. Michael Howard et Peter Paret, Princeton University Press, 1976, p. 593.

conduite[1]. » Malheureusement, on a oublié et même contredit cette idée lumineuse du fait de la popularité du titre du chapitre suivant : « La guerre n'est que la continuation de la politique par d'autres moyens ». Cela a conduit à deux malentendus. Le premier est de croire qu'à un certain moment, la politique et la diplomatie perdent leurs droits et que la guerre commence, alors que Clausewitz démontre clairement que ces activités se déroulent en parallèle. Le second malentendu est de penser que les objectifs politiques et militaires sont identiques, alors que Clausewitz insiste sur le fait qu'ils sont absolument distincts, même si ils sont étroitement liés. Cependant, je pense qu'il faut prendre le mot « politique » dans son acception large, non limitée à la notion de gouvernement. Il s'agit de l'interaction des différents aspects de l'entité politique, formel et informel. Aujourd'hui, un seigneur de la guerre angolais, tirant sa puissance du trafic des diamants, disposant de sa propre force armée, a un but politique, bien qu'informel, qui sous-tend ses actions. Il emploie la force pour affirmer son existence au plan politique, et continue de l'employer tout en menant des négociations politiques ou économiques : ces activités se déroulent en même temps.

Le troisième principe de *De la Guerre* auquel j'ai trouvé un grand intérêt pratique, est la description de la guerre comme étant une « épreuve de force » et un « affrontement des volontés » :

> « Si nous désirons vaincre l'ennemi, nous devons déployer nos efforts en proportion de sa capacité de résistance. Ceci s'exprime par le produit de deux facteurs qui ne peuvent pas être séparés : *la somme des moyens disponibles* et *la force de volonté*[2]. »

C'est une explication découlant manifestement de l'expérience de Clausewitz en son temps, quand Napoléon réalisa ce qu'il pouvait accomplir en concentrant toute la puissance de l'État. Les « guerres de mouvement » du XVIIIe siècle, qui s'entremêlaient avec la diplomatie, étaient plutôt des chocs de volontés. Mais, en écrasant le gros des forces ennemies dans une bataille d'extermination, Napoléon gagnait l'épreuve de force, et consécutivement, la volonté de l'État s'effondrait. Ce concept fonde le paradigme de la guerre industrielle entre États, et demeure à ce jour un grand principe de la pensée militaire. Cependant, comme nous le verrons dans la troisième partie, c'est aujourd'hui la volonté de la population qui est l'objectif à atteindre ; il y a toujours pourtant une tendance à employer la force militaire de manière écrasante dans l'espoir qu'en gagnant l'épreuve de force, on affaiblira la volonté de l'adversaire. Mais Clausewitz insiste de manière égale sur

---

1. Section 23, Ch. I, Livre 1, éditions Penguin, p. 119.
2. Section 5, Ch. 1, Livre I, éditions Penguin, p. 104 ; les mots en italiques le sont dans l'original.

les deux facteurs, sans les hiérarchiser, indiquant qu'il faut bien examiner chaque cas pour décider de la relation à établir entre eux.

La combinaison de la vision napoléonienne, de la réforme de l'armée prussienne et des intuitions conceptuelles de Clausewitz ont permis d'élaborer un nouveau cadre, à la fois pour ces forces d'un nouveau type, et pour l'application de la force. Ce triptyque jetait les bases du paradigme de la guerre industrielle entre États, qui se combinait avec l'élément politique : avec la Révolution française, le peuple est devenu une force politique, et la force militaire est devenue un moyen d'atteindre directement un but politique. Napoléon était persuadé que c'était *le* moyen, et, comme Clausewitz l'avait prédit, sa manière de faire la guerre s'imposa. En effet, ayant, pendant vingt ans, remporté la victoire dans toutes ses rencontres avec les autres armées, il finit par les influencer. Un tel changement reflète une vérité qui ne s'applique pas seulement à Napoléon : la guerre est une activité qui implique l'imitation et la réciprocité. Dans une guerre de longue durée, pour vaincre son adversaire, on finit plus ou moins par lui ressembler ; à la fin, chaque partie influence l'autre. La forme de cette imitation dépend des particularités de la société et des buts qu'elle poursuit dans une guerre spécifique ; elle copie cependant dans une large mesure les idées de base. Ainsi, à la fin des années 1820, la plupart des armées ayant combattu Napoléon présentaient les caractéristiques de base des forces napoléoniennes :

- l'émergence d'armées de conscription, constituées de grandes quantités de citoyens, et bénéficiant des avancées technologiques ;
- la destruction du gros des forces ennemies en tant qu'objectif stratégique ;
- une organisation hiérarchique des armées permettant un meilleur contrôle et une plus grande rapidité de déplacement ;
- la compétence et le mérite, comme conditions premières pour l'accès au commandement ;
- un entraînement professionnel dans le cadre d'une doctrine de guerre.

Les trois qualités de la force – être décisive, totale et incluse dans la « trinité », gouvernement, peuple, communauté militaire – ont évolué en permanence au cours du XIXe siècle, jusqu'à définir ainsi clairement le paradigme. Elles ont finalement atteint leur paroxysme au cours des deux guerres mondiales du vingtième siècle. La nécessité d'aboutir à un résultat décisif obligeait à faire la guerre à travers la « trinité », dans laquelle les trois éléments étaient bien entendu étroitement liés. Il n'aurait pas été possible de faire la guerre sans le soutien et la participation de la population, des soldats de l'armée de masse aux ouvriers qui fournissaient les moyens de faire la guerre. Mais la guerre ne pouvait être déclarée que par le gouvernement pour des motifs politiques, ce gouvernement qui devint progressivement celui du peuple. La guerre devait enfin être conduite professionnellement par des militaires qui avaient besoin de l'armée de masse pour appliquer cette nouvelle façon de faire la guerre. Comme chacun de ces éléments avait une importance cruciale, la guerre devint totale. On ne peut pas associer la qualification de « guerre totale » aux seules deux guerres mondiales. C'est un terme qui tire son origine de l'interprétation par Clausewitz de la stratégie napoléonienne et de la façon dont il l'appliquait. Lors de chaque guerre, dans chaque État, l'importance relative des trois éléments de la trinité était différente, mais la logique qui les reliait était la même. À mesure que le siècle s'avançait, elle devenait plus forte : à travers toute l'Europe, les États-nations évoluaient, les citoyens revendiquaient des droits, les gouvernements étaient élus. Le patriotisme et le nationalisme sont devenus des sentiments largement partagés qui suscitaient la compétition entre les nations. Les fondements politiques de la guerre totale étaient posés.

À partir de 1815, ces structures de base ont produit des institutions pour les soutenir. Pour les instaurer, les gouvernements ont suivi un raisonnement itératif : pour défendre l'État et faire prévaloir ses intérêts, les forces armées étaient nécessaires. Pour vaincre, selon les leçons de Napoléon, il fallait se battre avec toutes les ressources disponibles. Pour cela, il fallait être capable de mobiliser une armée de masse disposant d'importantes réserves. Pour mobiliser utilement, il était nécessaire d'établir un plan stratégique pour déterminer les besoins, leurs proportions et leurs finalités. Pour définir une stratégie, il fallait un ennemi. Le plus logique était de choisir le cas le plus défavorable et donc de se préparer au pire : la défense contre son voisin le plus fort. Cette logique institutionnelle, qui vaut toujours aujourd'hui, entraîna le développement dans toute l'Europe continentale de forces militaires ayant les caractéristiques suivantes :

• *Conscription.* Pour avoir un réservoir d'effectifs instruits et disponibles et pour accroître le volume de forces en temps de guerre, la population mâle était astreinte au service militaire en temps de paix comme en temps de guerre. Au milieu du XIXe siècle, la France et la Prusse disposaient d'une importante proportion de réservistes rendus à la vie civile. La plupart des nations européennes auront fait de même à la fin du siècle. La durée du service variait selon l'époque et les États.

Mais les appelés, qui devenaient ensuite des réservistes, et les unités qu'ils constituaient, étaient toujours instruits et organisés pour un type de guerre, celui du cas le plus défavorable, l'anéantissement de la menace représentée par le pays voisin le plus puissant. Comme chaque pays constituait la même armée de conscription que son voisin, il ne pouvait en résulter qu'une guerre totale, État contre État.

• *Mobilisation*. Du fait de l'évolution de l'État-nation et de l'élection des dirigeants par le peuple, les gouvernements retardaient l'ouverture des hostilités ; ils étaient en effet préoccupés par leurs conséquences économiques et la cessation de toute activité normale au profit de l'effort de guerre. Cela conduisit à la réalisation de plans complexes de mobilisation destinés à amalgamer les recrues accomplissant leur service et les réservistes instruits. La mobilisation devant s'effectuer dans les délais les plus brefs, cela devait théoriquement permettre de déterminer en toute sécurité le tout dernier moment où les hostilités devaient être déclenchées, et donner ainsi à la machine gouvernementale les ultimes délais pour prendre sa décision. Si l'économie et la population travaillaient pour la guerre, il fallait une autorité centrale pour organiser cet effort. De plus, afin d'être sûr que ce soit vraiment le « dernier moment » avant de bouleverser l'économie et la vie de la population, qui était d'ailleurs devenue l'électorat, les agences de renseignement militaire se développèrent comme jamais auparavant : leur mission était de rassembler un maximum d'informations aussi précises que possible sur les ressources de l'ennemi en personnels et matériels, ses plans de mobilisation et les éventuels mouvements de troupes vers la frontière.

• *Professionnalisme*. Pour que la conscription fonctionne et produise à la chaîne des effectifs instruits et bien organisés, il fallait un corps d'officiers de carrière pour diriger et conduire ces efforts. La formation professionnelle de ces officiers était consacrée à leur apprendre à engager, au combat, ces forces importantes à base de soldats du contingent, et à exécuter des plans pré-établis. Par ailleurs, dans la capitale, les officiers de grade élevé se trouvèrent associés aux décisions gouvernementales, non pour conduire les opérations, mais pour préparer la nation à la guerre totale. Pour cela, les armées devaient avoir leur part de gâteau de l'économie nationale, dès le temps de paix.

• *Développement technique*. Au-delà de la mobilisation des hommes, on s'aperçut que les industries faisaient partie intégrante de l'effort de guerre. Chaque nation rechercha des technologies qui pouvaient surpasser celles de ses adversaires. Les forces navales en donnent un exemple flagrant. Au cours du XIXe siècle, les marines de guerre se lancèrent dans une course portant sur le nombre de bâtiments et leur puissance de feu, en prélude à l'engagement naval décisif, équivalent de l'engagement terrestre décisif napoléonien. De plus, toutes les forces militaires profitaient des avantages apportés par la révolution industrielle en matière de communication, comme le chemin de fer et le télégraphe.

Ces caractéristiques des forces militaires et de leurs organismes associés s'établirent de façon rigoureuse au cours du XIXe siècle, et sont toujours présentes dans la plupart des sociétés modernes, que l'État ait maintenu une armée de conscription ou ait adopté l'armée profes- sionnelle. Et tout cela remonte à Napoléon.

Napoléon a trouvé son maître à Waterloo. Jusqu'au bout ses forces ont combattu superbement et son emploi de la force a été magistral. Mais il échoua dans sa dernière campagne. Cette épreuve de force fut gagnée par l'armée alliée de Wellington renforcée par les forces prussiennes de Blücher. Cette défaite militaire décisive brisa la volonté des Français et servit un dessein politico-stratégique : la restauration de l'Ancien Régime. Ses adversaires ont vaincu Napoléon selon ses propres méthodes : c'était la fin.

CHAPITRE 2

DÉVELOPPEMENT :
ACIER, VAPEUR ET MASSE

L A bataille est affaire de circonstances quels que soient la planification, les exercices ou l'entraînement qui la précèdent. La probabilité de victoire croît indubitablement avec une préparation adaptée mais, à la fin, les adversaires se rencontrent lors d'une bataille *sui generis* : un autre jour, au même endroit, avec exactement les mêmes forces, ils s'affronteraient pour une autre bataille dans des conditions différentes. Les décisions prises par le chef dépendent donc des circonstances du moment. Napoléon avait compris ce fait. Il savait que son organisation – la répartition de l'autorité et des responsabilités, celle des forces et des ressources et la distribution des tâches – était directement reliée à son adaptation aux circonstances et que, face à un adversaire, elle n'était pas fixe. Son dispositif de bataille devait donc toujours s'adapter. En comprenant que l'approche participait de la bataille, il préparait les conditions les plus favorables pour l'engagement et grâce à sa « mobilité organisationnelle », il y parvenait à chaque fois ; c'est pour cette raison qu'il était non seulement un visionnaire mais encore un grand général.

Le commandement est essentiel dans l'utilisation de la force armée puisque c'est le commandant qui décide à la fois de l'agencement des forces et de leur utilisation. S'il le fait bien et s'il saisit convenablement le rôle de la force armée dans le contexte des objectifs de la stratégie politique, sa propre force armée acquérra une réelle autorité. Le commandant personnifie le dispositif militaire qu'il dirige. Son aptitude pour la guerre et son caractère, son moral et sa volonté de gagner constituent des données essentielles pour nourrir et aiguiser sa détermination à vaincre. Ce chef est à l'origine de la logique de la conduite des opérations et de l'emploi de cette logique pour aboutir au but recherché. C'est lui qui prend les décisions opérationnelles et qui devrait amener toutes les autorités concernées à s'y conformer. Par suite, il est responsable du résultat, victoire ou défaite. Les niveaux d'exigence du commandement s'ajustent aux différents niveaux d'affrontement. Le commandant est aussi inévitablement dépendant des actions et décisions de ceux qui se trouvent au sein de la hiérarchie au-dessus et en dessous de lui. Il est donc fondamental pour le succès de la force armée que les commandants à chaque échelon partagent la même doctrine, c'est-à-dire la même façon de réfléchir les problèmes, de sorte qu'il y ait cohérence de point de vue, d'interprétation et d'approche depuis le niveau stratégique jusqu'aux niveaux tactiques.

Dans un conflit armé, le commandement s'exerce face à un adversaire et dans un environnement chargé de difficultés. C'est aussi le cas de l'autorité la plus élevée, le dirigeant. La différence entre les deux c'est que cette dernière dit : « viens par ici », alors que le chef dit : « vas par là ». Tant que les subordonnés ont confiance en la compétence du dirigeant pour décider, pour définir l'objectif et pour prendre soin d'eux, ils le suivent. Le chef militaire est face à une tâche plus difficile. Les gens qu'il commande doivent être persuadés qu'ils sont compétents, qu'ils pourront reconnaître l'objectif et qu'ils seront capables de conduire l'action ; mais il faut également qu'ils soient assurés qu'ils seront soutenus et que le but en vaut la peine. Le choix des responsables et l'obtention des niveaux de confiance nécessaires constituent les premières obligations du commandant. C'est le dirigeant qui décide d'utiliser la force sur le champ de bataille ; c'est le commandant qui la déploie et la dirige. Tous ceux qui se trouvent sous son commandement doivent croire que son intelligence de l'usage des moyens leur permettra de gagner.

L'impératif suivant pour le commandant consiste à discerner les nécessités du conflit lorsqu'elles apparaissent. Pour y réussir, il doit posséder le sujet non en expert, mais en généraliste. Il disposera d'experts dans son état-major et parmi ses subordonnés qui l'aideront à mettre ses plans en forme. Toute planification résulte de compromis. Un plan parfait n'existe pas, mais un bon plan n'est que le meilleur compromis entre des priorités concurrentes en fonctions des circonstances, lesquelles incluent l'ennemi qui déploie toutes sortes d'efforts pour contrarier vos tentatives. Le chef sait également concéder et accepte des compromis dans son commandement : ses officiers et ses hommes ne sont pas tous parfaits, il doit l'accepter et y accorder ses plans. Au-dessus d'un certain niveau hiérarchique, un officier très compétent peut effectuer un travail que les autres ne peuvent pas faire. Il compense par son savoir-faire l'inefficacité des autres, surtout en s'impliquant fortement sur les points de faiblesse de son dispositif. Il est ordinairement promu en conséquence. Mais il arrive que l'on se trouve devant des déficiences importantes. Alors le commandant doit apprendre à tolérer, dans un sens technique, l'inefficacité. Ce n'est pas quelque chose auquel il a été préparé et certains y échouent effectivement. Un exemple cité par Arthur Rudolph, un scientifique qui travaillait sur la fusée *Saturn 5*, illustre la nécessité d'accepter l'inefficacité : « Vous avez besoin d'une valve qui ne fuie pas et vous essayez tout ce qui est possible pour en construire une. Mais le monde existant ne vous offre que des valves qui fuient ; vous devez déterminer alors quelle fuite vous pouvez tolérer. » Pour obtenir une utilité maximale, le chef doit accepter la réalité de ses subordonnés et concevoir ses plans en fonction de son appréciation de leur capacités. Si quelqu'un est bon à 80 %, ce serait folie de lui confier une tâche qui réclame 90 % de qualités. Il échouera et ce sera la faute de son chef qui exigeait plus que ce que son subordonné pouvait donner. Moltke senior, le général des Prussiens puis le chef d'état-major allemand, l'exprime sans doute au mieux en disant : « Un ordre doit contenir tout ce que le commandant ne peut pas faire lui-même, mais rien d'autre. » Il revient au chef de savoir ce dont ses subordonnés sont capables lorsqu'il donne un ordre.

Le chef doit connaître parfaitement les éléments sous ses ordres : les hommes, les structures, les aptitudes. S'il dispose d'éléments issus d'autres organismes, il doit se familiariser avec leurs structures et leur organisation, évaluer leurs forces et leurs faiblesses et prévoir de profiter de celles-là tout en se préservant de celles-ci. Pour complètement assimiler la portée de ces questions, le commandant doit posséder une bonne compréhension de la logistique – la science des mouvements et du stockage – car les déplacements de masses et le succès d'une campagne sont presque entièrement une question de logistique.

S'il ne maîtrise pas les questions logistiques, un commandant peut se retrouver face à une bataille qu'il ne peut pas engager – ou, comme il arriva avec les forces de l'OTAN au Kosovo en 1999 – à demander des avions supplémentaires à déployer sans disposer des terrains pour les accueillir, erreur qui fut rapidement réparée grâce à la générosité d'un nouvel allié de l'alliance, la Hongrie. Une bataille effective peut être le résultat de circonstances, mais toutes les circonstances ne sont pas forcément réunies au bon moment. Le niveau et la nature du risque lors d'une opération peuvent être réduits par des calculs logistiques.

Par-dessus tout, le commandant constitue l'origine première du moral de la force subordonnée. Je définis le moral comme cet esprit qui triomphe dans l'adversité. Il est engendré par le commandement, la discipline, la camaraderie, la confiance en soi, en son chef et en son état-major. Sans un moral élevé parmi ses subordonnés, surtout en temps de guerre, un commandant dispose de peu de chances de succès. De même, un chef doit maintenir élevé son propre moral – car c'est ce qui l'aidera à supporter l'isolement dans la décision avec ces nuits et ces jours usants pendant lesquels il assume risques et incertitudes. C'est ce qui le rend capable de supporter la charge de se savoir responsable des vies sous son autorité – et s'il veut réaliser ses objectifs, il ne peut être certain de les épargner. Car la seule certitude dans les plans d'un chef, c'est qu'il y aura des pertes. L'essentiel de ces considérations est restée présente dans l'esprit des chefs à travers tous les temps. À son époque, sans aucun doute, Napoléon en était pénétré, en particulier dans son aptitude à manier son état-major et ses forces, mais par-dessus tout en ce qu'il a créé un nouveau type d'armée et qu'il fut longtemps victorieux. La dimension de Napoléon comme dirigeant et comme chef s'est notoirement révélée lorsque, échappé de son exil à l'île d'Elbe, ayant débarqué en France, nombre de ses généraux et beaucoup de corps constitués se rallièrent à lui en dépit de leurs expériences passées débouchant sur des défaites. En ce qui me concerne, je trouve cela remarquable.

Napoléon et Clausewitz furent les deux plus importants bâtisseurs du paradigme de la guerre entre États industriels grâce à une nouvelle conception de l'usage de la force. Ils constituent un exemple unique d'appariement d'un chef et d'un théoricien, qui, au demeurant, ne travaillaient pas ensemble puisqu'ils étaient dans des camps opposés. Il y eut ensuite une combinaison de généraux et de dirigeants politiques qui fit beaucoup pour fixer le paradigme au XIXe siècle : le président Abraham Lincoln et le général Ulysses S. Grant aux États-Unis, le prince Otto von Bismarck et le général Helmuth von Moltke (l'ancien) dans ce qui était la Prusse puis l'Allemagne. Lincoln et Bismarck, tous deux, ont manifesté une profonde compréhension instinctive de la capacité d'une force armée à parvenir à un but politique grâce à une victoire militaire. Grant et Moltke, tous deux, avaient la capacité d'organiser et d'utiliser la force armée pour procurer la victoire décisive. Par-dessus tout, tous ces quatre avaient la détermination inébranlable de persister dans leur action, cependant longue et ardue, jusqu'à la victoire, même face à la méfiance du public et des politiques – parce que, pour chacun d'entre eux, l'enjeu était un objectif national de premier ordre.

C'est cette fusion politico-militaire couplée aux grandes innovations industrielles du XIXe siècle qui fit beaucoup pour faire évoluer l'utilité de la force vers la forme que nous connaissons aujourd'hui.

Les innovations napoléoniennes et les vues théoriques pénétrantes de Clausewitz se mesurent au fait que tous deux dépassèrent leur époque préindustrielle. Néanmoins, ce qui est étonnant, c'est que leurs contributions étaient fondées sur des éléments qui s'avérèrent obsolètes en quelques années du fait de la technologie. Les guerres napoléoniennes furent pratiquement les dernières à utiliser le mousquet qui avait été en usage pendant des siècles, à utiliser des lignes d'approvisionnement et de communication avec des attelages de chevaux, ou des transmissions fondées sur des estafettes, moyens en usage pendant des millénaires. En quelques décennies, le fusil chargé par la culasse et la cartouche en cuivre révolutionnèrent la tactique, la force de la vapeur et les chemins de fer s'imposèrent, étendant la guerre en toutes directions tandis que les transmissions étaient fondamentalement transformées par l'invention du télégraphe. Ces changements dans l'armement, les transports et les transmissions, trois composantes de base de l'action militaire, modifièrent matériellement la façon dont la force armée fut utilisée au XIXe siècle.

La vapeur et son emploi sur les bateaux et les véhicules fut une véritable innovation dans les transports qui aboutit à révolutionner la stratégie, la logistique et plus généralement la façon dont étaient menées les guerres. D'abord, bien que souvent omise, vint l'utilisation de la machine à vapeur dans les transports océaniques. Elle permit aux États européens, à leurs extensions en Amérique du Nord et ultérieurement au Japon, de projeter leur puissance militaire vers des régions jusqu'alors inaccessibles. Ceci est particulièrement vrai pour la Grande-Bretagne qui possédait la plus grande flotte marchande au monde, et la marine de guerre la plus puissante. L'avènement de la vapeur augmenta cette puissance et confirma la Grande-Bretagne dans son idée qu'elle était une puissance maritime avant d'être une puissance terrestre. Ceci explique également la nécessité d'inclure dans l'empire des bases commodes : la vapeur exigeait du charbon et des ports d'approvisionnement furent organisés, comme à Aden, sur la route stratégique des Indes. L'avantage engendré par la marine à vapeur pour la puissance maritime occidentale fut illustrée par la guerre de l'Opium (1840-1842) lorsqu'une flotte de douze navires anglais armés de canons infligea une défaite écrasante au dernier grand empire partisan de la voile : la

Chine. Une décennie plus tard, l'expédition au Japon du commodore américain Perry reste un exemple classique de la diplomatie de la canonnière. Sans tirer un seul coup de canon, la supériorité militaire occidentale parvint à ouvrir les ports du Japon de Tokugawa, obstinément isolationniste. En d'autres termes, la vapeur permettait une projection de puissance rapide et décisive très loin de ses bases – tandis que, pour la cible, elle augmentait la menace armée en la transportant plus près et, par là, en la rendant plus réelle et plus crédible.

La seconde innovation fut, bien sûr, l'utilisation de la machine à vapeur pour le transport terrestre ; les réseaux de chemins de fer modifièrent fondamentalement la façon de faire la guerre. De 1825 à 1900, la longueur des voies ferrées en Europe passa de presque rien à 300 000 km, traversant toutes les barrières naturelles du continent, dont le Rhin, le Danube, les Alpes et les Pyrénées. Avec une succession continuelle de prouesses techniques, les tunnels étaient creusés et les ponts construits afin de permettre ces réalisations. En Grande-Bretagne, rapidement imitée par la Belgique, la phase initiale d'expansion des chemins de fer se concentra sur les liaisons entre les usines et les ports. La France et la Prusse suivirent et le réseau s'étendit vers l'est au point d'enserrer les zones à prédominance agricole d'Autriche-Hongrie et de Russie dans un système économique unique. Au tournant du siècle, les villes capitales dans le cœur industriel de l'Europe continentale étaient à moins de 24 heures les unes des autres – ce qui signifiait que les champs de bataille potentiels étaient caractérisés par une certaine proximité.

Le temps et la distance, deux des facteurs de la planification militaire, s'étaient bien raccourcis par rapport à l'époque où les armées se déplaçaient à pied. Napoléon, comme nous l'avons vu, pour surprendre l'ennemi, imposait des marches forcées rapides qui se comptaient en jours plutôt qu'en semaines ; avec les nouveaux modes de transport, ces durées devinrent la norme. La masse des armées de conscription pouvait alors être envoyée sur la ligne du front rapidement et, ce qui est lourd de conséquences, approvisionnée en nourriture et munitions.

Le développement de la locomotive agrandit le monde, le rendant plus accessible pour les individus comme pour les États. Des pays comme les États-Unis ou l'empire de Russie exercèrent un contrôle effectif, politique, économique et militaire sur les immenses espaces dont ils réclamaient la possession. Les conditions du développement d'empires et les guerres coloniales furent également transformées (ceux-ci furent parfois rendus possibles par la construction des chemins de fer) puisqu'elles permirent aux nations de l'Europe occidentale, à la

Grande-Bretagne et à la France en particulier, de contrôler l'intérieur du continent africain en utilisant leurs comptoirs préexistants comme bases de départ. Avant l'existence du chemin de fer, toutes les expéditions coloniales importantes reposaient sur la voie d'eau ou sur des postes d'approvisionnement avancés : hommes et animaux ne pouvaient porter qu'une charge limitée et après une courte période, huit jours pour un bœuf, par exemple, ils avaient consommé la totalité de leur charge pour leur propre entretien. Les chemins de fer changèrent l'équation ; le chemin de fer s'allongeait pour rester en contact avec la force ou bien la force restait au contact des trains et pouvait recevoir autant d'approvisionnement qu'il y en avait pour elle dans le pays d'origine.

Ces innovations en matière de transport furent accompagnées par l'invention du télégraphe qui ouvrit la possibilité de transmettre les instructions et les demandes d'informations depuis et vers les postes éloignés de l'empire. Dans les armées, les états-majors généraux et les commandements outre-mer acquièrent la capacité de rester en communication constante. Cette révolution dans la technologie des transmissions autorisa un degré de centralisation de la décision inconnu lorsque les envoyés ou les commandements militaires sur le terrain devaient prendre eux-mêmes des décisions dont pouvaient résulter l'issue d'une campagne ou même la naissance d'un conflit. Comme nous l'avons vu, Napoléon ne pouvait pas contrôler ce qui se passait sur un champ de bataille éloigné. Sur le théâtre où il opérait, il pouvait déléguer la décision au commandant de corps dans le cadre du plan général et avec son système d'aides de camp et d'estafettes conserver le contrôle, mais le système était trop lent et trop complexe pour être étendu à d'autres théâtres. Le télégraphe annonça la venue d'une ère de direction vraiment centralisée : dorénavant existera un dispositif de collecte de l'information et d'acheminement des ordres, les chemins de fer pouvant transporter hommes et matériels sur plusieurs fronts, les priorités entre les fronts pouvant être modifiées, et les forces et les ressources redistribuées en conséquence. Cela permit la naissance du niveau opérationnel, ou de théâtre, dans la guerre.

Dans chaque grand pays d'Europe, les états-majors généraux furent prompts à se rendre compte que les règles du jeu avaient changé. Si les trains étrangers de voyageurs ne pouvaient pas atteindre leurs capitales en un jour, les trains transportant des troupes le pouvaient. L'armée allemande créa son propre bureau chargé du transport ferroviaire pour en tirer tout le potentiel en temps de guerre. Comme les autres pays l'imitèrent, les frontières de la France, de l'Autriche, de la Russie et de l'empire allemand furent équipées des infrastructures nécessaires pour recevoir de grandes quantités de troupes depuis le reste du pays en cas de besoin. À la frontière allemande, des quais d'un kilomètre et demi qui pouvaient accueillir plusieurs trains militaires à la fois jaillirent dans des petites gares rurales. Canons, armements et munitions étaient transportés en grandes quantités de la même manière.

Les conséquences de ces nouveaux rapports avec les distances eurent une portée stratégique et apparurent clairement pendant les opérations militaires menées au tournant du siècle. La locomotive et le navire à vapeur rendirent les armées plus massives et plus mobiles. Finies les longues marches et transports aventureux par mer qui altéraient l'ardeur au combat des hommes longtemps avant qu'ils n'atteignent le champ de bataille.

La guerre des Boers illustra cette nouvelle réalité. Entre 1899 et 1902 lors d'une projection de forces militaires sans précédent à travers l'océan, la Grande-Bretagne transporta et entretint 250 000 hommes à 10 000 kilomètres sur l'extrémité sud du continent africain pour soumettre l'armée de la république des Boers. En 1904, bien qu'avec moins de succès pour elle-même, la Russie transporta sur rail une armée de dimension comparable sur 6 500 kilomètres à travers les espaces perdus et infranchissables de Sibérie afin de rencontrer les armées japonaises de Mandchourie. De tels faits en matière de transport stratégique effacèrent les traditionnelles barrières de l'espace et du temps qui isolaient les grands espaces les uns des autres. La planète entière, au début du XXe siècle, était devenue une seule entité maillée par les réseaux de transports et de transmissions, des chemins de fer, des navires à vapeur et des télégraphes. Et à l'intérieur de cette entité, les structures civiles et militaires de chaque nation sont devenues étroitement interconnectées. En cas de guerre, les chemins de fer seraient réquisitionnés et les hommes mobilisés – d'ailleurs sans eux, la vie économique cesserait ou serait mise au service des militaires. Les nations étaient mûres pour les guerres mondiales.

Après des décennies de préparation, lorsque la guerre éclata en 1914, les principaux belligérants furent confrontés à un défi logistique. Soixante-deux divisions françaises d'infanterie – chacune comprenant à peu près 15 000 hommes –, plus de 87 allemandes, 49 autrichiennes et 144 russes furent concentrées en un mois sur leurs frontières respectives. Plusieurs millions de chevaux accompagnèrent ce déploiement sans précédent. L'Allemagne, à elle seule, transporta près d'un million et demi d'hommes avec leurs équipements à la frontière franco-belge entre le 1er et le 17 août. Les pays de l'entente cordiale réalisèrent presque le même exploit de l'autre côté du front. À l'est, les Russes réagirent rapidement et furent capables – du moins au début – de surprendre l'état-major allemand en lançant en août une offensive à la fois en Prusse orientale et en Galicie. Mais les changements radicaux engendrés par les innovations en matière de transport ne dépassèrent pas les gares d'arrivée. Bien que la machine à vapeur et le télégraphe aient facilité les mouvements stratégiques, leurs conséquences tactiques furent limitées. Une fois déployés à partir des têtes de ligne, les soldats redevenaient comme jadis, marchant, de lourdes charges sur le dos, avec leurs approvisionnements sur des charrettes. Ainsi en fut-il lors de la guerre de Sécession, ainsi se présenta encore la première guerre mondiale.

Les chemins de fer permirent le transport de masse des hommes, mais ce furent les nouvelles formes de production de masse dans l'armement qui transformèrent l'aspect de la bataille. Car, si les trains amenaient les armées sur le front, ce fut l'énergie cinétique issue de leurs armements qui remporta la victoire décisive recherchée. Mais, au contraire de la croissance rapide des chemins de fer, le développement de l'armement s'avéra relativement lent. La relativement longue période de paix continentale qui suivit le congrès de Vienne en 1815 donna aux armées le temps nécessaire pour se reconstituer et se réformer, mais eut aussi un effet néfaste dans l'application des nouveautés techniques aux affaires militaires : comme la perspective d'une guerre européenne sur une grande échelle semblait s'éloigner, les crédits publics s'asséchèrent. En conséquence, la majorité des inventions et innovations qui auraient pu être transposées à l'armement resta cantonnée à des applications civiles, tandis que les autorités militaires prêtèrent peu d'attention à ces novations jusqu'au milieu du siècle.

Jusqu'au XIXᵉ siècle, le principal inconvénient des armes à feu était qu'elles étaient d'une utilisation lente et facilement affectées par la pluie. Au cœur de la bataille, alors qu'ils étaient particulièrement vulnérables à une attaque, les soldats devaient consacrer aux mousquets, chargés par la bouche, un temps important à verser la poudre et enfoncer les balles, tandis que les dispositifs de mise à feu rendaient difficiles le tir par temps humide et laissait donc l'ensemble à la merci d'un changement de temps. L'avantage du canon rayé, – doté de rainures en spirale à l'intérieur du tube – était bien connu, mais pour que cela fonctionne, il fallait que la balle soit bien ajustée. La force nécessaire pour charger ce type de canon étant plus grande que pour un mousquet, elle imposait un temps de chargement plus long et une cadence de tir plus faible. En outre, l'impact sur les finances publiques de l'équipement des soldats étant toujours important, il importe de savoir que le coût des armes à canon rayé était beaucoup plus élevé que celui des mousquets.

La première amélioration vint en 1799 avec la découverte par Edward C. Howard d'un produit de type fulminate qui pouvait exploser ou prendre feu sous un choc. Quelques années plus tard, le révérend Alexander Forsyth, un amateur très adroit, développa la percussion verrouillée, la breveta en 1807 et la compléta avec l'amorce par percussion en 1814. Celle-ci conduisit à la conception des cartouches toutes prêtes et ces dernières à leur tour amenèrent l'invention de l'arme chargée par la base du canon. La première arme d'amateur chargée par la base du canon de façon pratique fut confectionnée en 1812 à Paris par un armurier suisse, Samuel Pauly. Avec son canon s'ouvrant devant la culasse et tirant une cartouche toute prête, Pauly avait inventé une arme qui fonctionnait comme un fusil de chasse moderne – mais cela prit presque 50 ans pour trouver des clients militaires aux armes chargées par la culasse.

Dans l'intervalle, on effectua des progrès dans la conception du projectile. Un Français, le capitaine Minie, conçut une balle allongée qui s'ajustait en étant propulsée en force dans le canon par l'explosif. Cela autorisait le canon rayé et supposait un projectile peu ajusté lorsqu'il était introduit car il pouvait ensuite prendre appui sur les rainures pendant le tir. Pour le même coup, on bénéficiait d'une plus grande précision et les balles avaient une portée supérieure. Le résultat en était une augmentation de la puissance de l'infanterie en complément de celle de l'artillerie qui pouvait être disposée plus en arrière pour diminuer ses pertes, tandis que la cavalerie recevait plus de coups plus précis lorsqu'elle se rapprochait avec des lances et des sabres.

Mais une fois que les armes purent se charger par la culasse, les canons rayés et les cartouches métalliques devinrent la norme avec une amélioration de la précision et de la portée. Le fusil à aiguille fut inventé par Johann Nikolaus von Dreyse et adopté par l'armée prussienne en 1848. Il fut le père de tous les fusils rayés à ouverture par la culasse. Le nom de ce fusil vient de la longue aiguille qui traverse le papier de la cartouche pour heurter l'amorce de fulminate à la base du projectile. La culasse pouvait être poussée vers l'avant et vers l'arrière par le soldat pour ouvrir et fermer la chambre et charger rapidement. Les Français, en réaction, développèrent leur propre fusil à culasse mobile, le chassepot. Ces deux armes, utilisées en 1870 pendant la guerre franco-prussienne, furent les premières à équiper des armées entières.

La mise à feu par percussion conduisit également à la conception du revolver moderne. En 1818, un revolver à barillet tourné à la main était breveté aux États-Unis. La rotation mécanique du cylindre grâce à un ressort représenta une innovation clé comme le fut l'usage d'un autre ressort pour forcer le contact entre le canon et le barillet et éviter une fuite de gaz. En 1836, Samuel Colt se présenta avec un *étonnant* projet qui utilisait ces caractéristiques issues de ces récentes découvertes. Plus important, son projet permettait de produire des pièces standardisées. Jusqu'à ce moment, chaque arme avait été fabriquée par un artisan qualifié, chaque pièce usinée pour s'adapter à une arme particulière. En standardisant les pièces, Colt permit la fabrication en série et la réparation sur le terrain par l'utilisation de pièces interchangeables. Les outils de la guerre commencèrent à être produits industriellement. Lorsque les États-Unis déclarèrent la guerre au Mexique en 1846, l'efficacité de cette arme fut bientôt démontrée. Une décennie plus tard, en 1857, Smith et Wesson produisirent un revolver à cartouche *rimfire* avec une structure ouverte et un barillet tournant simple et robuste. Des armes dérivées des précédentes furent bientôt adoptées par les principales armées au monde.

À la suite de l'invention de l'amorce à percussion et du chargement par la culasse, le besoin d'améliorer la cadence de tir engendra deux sortes d'approches. La première impliquait de développer un magasin pour contenir des cartouches supplémentaires, introduites une à une dans la culasse en manœuvrant manuellement le *bloc culasse* ou *bolt* par un levier ou un mouvement rotatif. Le second cherchait à multiplier le nombre de canons sur l'arme. La guerre de Sécession aiguillonna l'innovation et, en 1862, Richard Jordan Gatling prit un brevet sur le fusil qu'il inventa ; il fut adopté par l'armée américaine en 1865 et vendu dans le monde entier. L'arme de Gatling présentait six canons qui étaient fixés sur une structure tournant autour d'un axe central. Le système de chargement et de tir se trouvait derrière ces canons tournants. Manœuvré par une *manivelle à main*, il était entièrement mécanisé. En Europe, l'armée française s'équipa en 1869 avec la mitrailleuse belge qui comprenait 25 canons rayés insérés autour d'un cylindre. Le bloc culasse reculait pour permettre à une platine de 25 cartouches de s'insérer dans l'arme qui était aussi mise en œuvre par une manivelle à main. Une décennie après, en 1879, les Britanniques choisirent la mitrailleuse Gardner, une arme à deux canons manœuvrée par une manivelle qui pouvait tirer 10 000 coups en 27 minutes − l'équivalent d'environ cent hommes tirant rapidement avec les fusils rayés chargés par la culasse de l'époque.

En 1870, les Français avaient la mitrailleuse dans leur arsenal lorsqu'ils combattirent contre les Prussiens. Il est intéressant de noter combien ils ont peu tiré avantage de cette arme, surtout lorsque l'on rappelle la nécessité pour les troupes de se déplacer en ordre rapproché afin de rester sous le contrôle du chef dans un temps où la radio n'était pas connue, constituant ainsi une cible excellente. Les Français assimilèrent cette arme à une sorte d'artillerie, peut-être parce qu'elle ressemblait à une sorte de petit canon et que l'artillerie avait le savoir technique pour entretenir une telle mécanique, aussi faillirent-ils à en utiliser les atouts : un fort taux de concentration des tirs dirigés depuis une position située au mieux sur les flancs des attaquants. Il n'est pas opportun d'acquérir une technique si ce n'est pas pour en utiliser les avantages, ce qui peut imposer d'adapter l'organisation et les tactiques en conséquence. À l'inverse, s'il y a de bonnes raisons de ne rien modifier, il faut se demander s'il est nécessaire de se charger de la nouvelle technique. La plupart des armées, y compris britannique, ont un jour ou l'autre oublié cet enseignement – en particulier dans le domaine des nouvelles communications.

Les nouvelles mitrailleuses à manivelle furent suivies de près par des prototypes où la puissance de l'explosion dans la cartouche procurait celle nécessaire à l'arme pour se recharger automatiquement. Ceci fut rendu possible avec l'amélioration de l'explosif utilisé. La poudre sans fumée à base de nitrocellulose était meilleure que celle utilisée antérieurement. Outre le fait de ne pas brouiller la cible pour le tireur ni d'indiquer sa position, elle avait un effet plus stable et plus puissant. Au bout de quatre-vingts années de perfectionnement du système de percussion de Forsyth, Hiram Maxim conçut la mitrailleuse automatique, progrès extraordinaire si on le compare à la très lente évolution dans le domaine des armes à feu des 4 siècles précédents. Maxim eut l'idée de profiter de l'énergie libérée lorsque la cartouche était mise à feu. Il mit au point le dispositif et présenta un prototype qui utilisait le recul de l'arme pour extraire la cartouche d'une bande et la charger. Quelques années plus tard, aux États-Unis, la société Colt équipa l'armée avec une mitrailleuse qui utilisait le gaz de propulsion de la balle comme énergie de fonctionnement. Pendant ce temps, en Europe, la société Skoda mit au point le premier mécanisme de *bloc culasse reculant,* un dispositif par lequel la pression du gaz soufflant l'étui de la cartouche hors de la chambre, était utilisé pour repousser le bloc culasse contre un puissant ressort. Ces trois systèmes, recul, gaz et bloc culasse, ont depuis dominé la fabrication des mitrailleuses et comme les explosifs devinrent plus stables, la précision s'accrut.

Pendant cette période, on fit également de rapides progrès dans le domaine de l'artillerie. Sous l'aiguillon de la guerre de Crimée (1854-1856), le développement de la fiabilité du chargement par la culasse jointe aux canons rayés conduisit à la production du canon Armstrong aux États-Unis et au canon anglais à section hexagonale Whitworth. En Allemagne, Krupp conçut un canon de 1 000 livres pour l'exposition de Paris en 1867 qui revint pour bombarder la ville en 1870.

L'apparition de navires de guerre recouverts de plaques de fer et armés de canons lourds imposa de gros investissements pour la défense des ports et bases navales. La réalité de ces dépenses peut être perçue en de nombreux endroits de la côte britannique du sud, en particulier avec les forts de Plymouth et Portsmouth, construits dans les années 1860 dans l'éventualité d'une nouvelle guerre avec la France et connus sous le nom de *Palmerston Follies* puisqu'on n'en eut jamais besoin. Des fortifications analogues ont été construites sur la côte orientale américaine dans l'hypothèse d'une attaque britannique ou française. En outre, des canons, des mines sous-marines et de nouveaux types de torpilles devinrent d'importants moyens de défense ; c'est seulement plus tard que se révélèrent les capacités offensives et le plein potentiel de ces derniers armements. Le développement d'une artillerie navale à cadence de feu rapide fut une réaction au besoin d'améliorer les mitrailleuses comme défenses anti torpilleurs rapides. Comme ces bâtiments devinrent plus gros et plus rapides, des armes de gros calibre à fortes cadences de tir s'imposèrent pour les contrer. Celles-ci ne pouvaient pas fonctionner exactement de la même manière que les mitrailleuses de moindre calibre en raison du poids supplémentaire des mécanismes et des munitions, mais l'idée d'utiliser l'énergie de l'explosion fut adaptée pour obtenir une grande cadence de tir. Dans les années 1880, Hotchkiss en France et Nordenfelt en Suède fabriquèrent des canons de 47 mm et de 57 mm qui tiraient respectivement trente et vingt-cinq coups à la minute.

Le système fut ensuite perfectionné et adapté au canon de campagne. Le plus fameux fut le 75 mm français qui sortit en 1897 et utilisait l'hydraulique pour maîtriser le recul du canon. Comme l'affût du canon était plus stable, la précision s'était améliorée. Cependant, l'artillerie était encore placée assez près du champ de bataille, ses chefs pouvaient voir leur cible et diriger le feu. Les servants étaient exposés au feu de l'infanterie, mais la stabilité des affûts rendit possible le montage de masques en guise de protections. Au tournant du siècle, les caractéristiques courantes des pièces d'artillerie étaient fixées : chargement par la culasse, dispositif de recul et protection des servants.

À la fin du XIXe siècle, cet éventail d'armement était disponible dans tous les pays industriels : navires de guerre à vapeur avec de très puissants canons à longue portée ; fortifications, dans les ports et aux frontières, utilisant les perfectionnements de l'artillerie navale ; fusils capables d'un tir précis à une distance efficace supérieure à 800 mètres ; mitrailleuses susceptibles de produire, avec une seule arme, la puissance de feu d'un groupe d'hommes important ; enfin des canons de campagne au tir précis et rapide. Les conceptions et principes selon lesquels fonctionnaient ces armes restent à peu près inchangés aujourd'hui, leurs formes visibles se sont peu modifiées et restent celles selon lesquelles nous nous représentons encore un champ de bataille : elles sont devenues emblématiques. Or, dans bien des cas, ni les armes ni le champ de bataille n'existent encore. Prenons l'exemple des armes personnelles. Le soldat a toujours eu une arme personnelle ; son identité de soldat provenait de ce caractère qu'il soit archer, lancier, grenadier ou fusilier. L'artillerie, et plus tard les blindés, soutenaient des armes d'infanterie ou de cavalerie dont l'usage dominait le champ de bataille. Cependant, avec l'industrialisation et l'amélioration des transmissions, ces armes de soutien tendent aujourd'hui à l'emporter sur le champ de bataille, mais aussi dans la perception que nous en avons aujourd'hui : nous évaluons les armées non par le nombre de fusils, mais plutôt par le nombre d'hommes sous les armes ou par la capacité de combat, soit le volume d'équipements et de systèmes pour faire la guerre. Pour beaucoup, ce sont là les outils d'une guerre véritable. Toutefois, l'AK47 et la machette continuent à tuer des gens par millions : ce sont les outils de la guerre civile. Mais ce ne sont pas des systèmes d'armes. Ils peuvent causer la mort, mais ne font pas partie des images emblématiques de la compréhension de la guerre entre nations industrialisées.

Car il y a les munitions et, par-dessus tout, les obus qui tuent. La compétence, évidemment, est essentielle pour envoyer utilement cet obus, mais c'est quand même l'obus lui-même qui tue – ou le missile ou la bombe. À des niveaux de commandement tactiques plus faibles, on agit avec l'idée que les obus sont en approvisionnement continu, mais chacun est conscient que c'est seulement une hypothèse. Un fusilier peut tirer tout ce qu'il peut porter en seulement quelques minutes et son chef doit alors soit le remplacer soit le réapprovisionner. Il appartient donc au commandant soit de définir strictement, soit de limiter la tâche du soldat en fonction des munitions qu'il peut porter ou autrement de s'assurer qu'il peut régulièrement être remplacé ou réapprovisionné. Lorsque vous vous élevez dans la hiérarchie, vous êtes de plus en plus concernés par les obus plutôt que par les fusils et les autres armes, puisque c'est la puissance qui peut être projetée et adaptée à l'ennemi. Par exemple, au Zimbabwe en 1980, en tant que partie de l'équipe britannique de conseil et d'entraînement auprès du président Mugabe, nous étions en train de former en bataillons les deux armées de guérilleros fondées sur les ethnies qui avaient eu un rôle dans la création du nouvel État. Ce projet était réalisé à partir de l'infrastructure de l'ancienne armée rhodésienne. J'avais insisté pour que les ex-Rhodésiens équipent ces bataillons avec leurs fusils qui utilisaient des munitions OTAN standard qu'ils possédaient seuls plutôt qu'en leur laissant les AK47 acquises dans le maquis et dont les munitions abondaient. Les Rhodésiens ne pouvaient pas concevoir de laisser les Terrs (abréviation de terroristes) posséder nos armes. À la fin, lorsque sept de ces bataillons se mutinèrent et commencèrent à s'entretuer, nous eûmes la plus grande difficulté à faire retomber la violence, approvisionnée qu'elle était par toutes les munitions à disposition.

Un point significatif de la guerre industrielle, et l'un des rares pertinents à ce jour, concerne l'industrie elle-même. Il est cependant souvent ignoré. Pourtant, l'industrie est le cœur de la guerre industrielle, non seulement parce que c'est la révolution industrielle qui a rendu celle-ci possible, mais aussi parce que l'existence même de l'industrie s'analyse comme une aventure économique. Les guerres ont toujours, d'une manière ou d'une autre, fait affluer de l'argent, habituellement à travers les activités qui lui étaient rattachées : les prêteurs et les banquiers finançant les guerres des monarques, les commerçants vendant des denrées aux armées en campagne, les forgerons ferrant les chevaux de la cavalerie et les fabricants d'armes fournissant leur production. D'ailleurs, nous savons que Goliath plutôt que de la fabriquer lui-même, avait acheté son armure à la société « Armement philistin inc. », et ceci est à noter : dans les temps anciens, les entreprises fournissaient la guerre mais n'y participaient pas, alors que la guerre industrielle n'est pas envisageable sans industrie, à la fois pour sa production et pour ses ventes et fournitures. À la fin du XIXe siècle, la concurrence industrielle souffla sur le feu des conflits tandis que l'industrie d'armement les rendait possibles. Il est certain que le rôle du profit peut être éliminé lorsque l'industrie est possédée par l'État ; les régimes totalitaires l'ont montré et la plupart des démocraties en temps de guerre aussi, par exemple lorsque l'État crée sa propre industrie de défense pour équiper ses armées. Cependant, l'argument de l'emploi de main d'œuvre ne peut être ignoré dans aucune sorte de régime : les industries de défense procurent du travail qui irrigue l'économie et fournit en temps de paix les moyens de conserver les emplois correspondants en temps de guerre. Or, avec la guerre industrielle, les économies luttent les unes contre les autres autant que les armées.

Il y a une véritable symbiose entre la guerre industrielle et l'industrie. Effectivement, certaines des plus importantes firmes participant à la guerre industrielle renvoient aux origines du paradigme. Eliphalet Remington réalisa son premier canon dans les forges de son père en 1816 et s'implanta dans les affaires d'armes à feu. La société se transforma et grandit au rythme des conflits, en particulier avec la guerre de Sécession et les deux guerres mondiales ; il reste un fabricant notable de canons et de munitions, fournisseur des armées américaines. La société Mauser était, à l'origine, en 1811, un petit industriel de la Forêt Noire qui grandit avec l'expansion militaire allemande et ses différentes guerres. Elle existe encore à ce jour comme une filiale de Rheinmetall, fabriquant encore des armes comme le canon Mauser BK-27 qui équipe l'avion Eurofighter. Krupp, le premier des fabricants d'armes allemands, date lui aussi de 1811, à l'époque des guerres napoléoniennes, lorsque Friedrich Krupp fonda sa fabrique d'acier à Essen. À sa mort, en 1826, son fils Alfred, à l'âge de 14 ans, prit l'entière responsabilité de l'affaire un peu chancelante. Il fit rapidement fortune en fournissant l'acier des rails de chemin de fer et en fabriquant des canons. Les performances remarquables des canons Krupp pendant la guerre franco-prussienne de 1870 permirent à la firme de devenir le principal fournisseur du IIᵉ Reich tout en vendant ses armes à diverses armées à travers le monde. La génération suivante des Krupp sous la direction de Friedrich Alfred Krupp s'enrichit encore plus par la croissance de la marine allemande et ses besoins en blindages. Lorsque la fille aînée de Friedrich Alfred, Bertha, hérita en 1902 de la direction de la firme, celle-ci employait 40 000 personnes. Son mari, Gustave von Bohlen, joignit à son nom celui de Krupp et, bientôt, prit en charge la gestion de la société ; à la déclaration de guerre, il avait acquis le contrôle du secteur des fabrications d'armements en Allemagne. Ses usines construisirent des sous-marins aussi bien que *La grosse Bertha*, obusier de gros calibre qui fut utilisé pour bombarder la forteresse de Liège en Belgique. Sa société construisit également « le canon de Paris », canon à long tube qui pouvait tirer à 120 kilomètres.

Les termes du traité de Versailles obligèrent Krupp à recentrer son activité autour des machines agricoles ce qu'il fit dans les années 1920. En mai 1933, Hitler désigna Krupp comme président du fonds, « Adolf Hitler Spende », un fonds d'industrialisation, dirigé par Martin Bormann. La même année, Krupp commença à produire des chars d'assaut dans lesquels il y avait officiellement une partie du schéma d'un tracteur agricole. Bientôt, il construisait des sous-marins en Hollande, tandis que de nouvelles armes étaient développées et évaluées en Suède. En quelques années, la firme s'était transformée, représentait la plus grosse partie de la machine de guerre allemande et équipait les armées du Reich à partir des usines allemandes. Après le déclenchement de la deuxième guerre mondiale, Krupp construisit des usines dans les divers pays occupés et utilisa la main d'œuvre forcée provenant des camps de concentration : parmi elles, une fabrique de fusées à Auschwitz même et une fonderie de canon en Silésie. En 1943, Gustave fut remplacé par son fils Alfred qui fut plus tard convaincu de crimes de guerre à Nuremberg. Une décision des alliés de vente par morceau de la société traîna en longueur faute d'acheteurs et Alfred travailla à restaurer les destinées de la famille bien que la dynastie Krupp dût s'éteindre avec lui en 1967. À présent, Krupp a fusionné avec Thyssen, une autre dynastie de premier rang dans le commerce du fer et de l'acier qui avait grandi au cours du XIXe siècle, qui avait approvisionné les fabricants d'armement mais n'avait pas elle-même effectué ce type de fabrication.

Vickers, au Royaume-Uni, constitue aussi un excellent exemple de la symbiose entre guerre et industrie. Fondée en 1867 bien que les origines de la société puissent être retrouvées en 1828, elle était initialement implantée à Sheffield où son siège social avait été situé pour le travail de l'acier sur la rivière Don. La société ne disposait pas d'une adresse à Londres jusqu'à l'acquisition de la « Maxim Nordenfelt Guns and ammunition CO Ltd » en 1897. En 1911, on ressentit le besoin de renforcer sa présence près de Whitehall qui était devenu le premier client de la société dont le siège social se déplaça de Sheffield à Westminster. Dans ses premières années, Vickers se concentra sur la production de pièces de fonderie d'acier de haute qualité. Au début du XXe siècle, néanmoins, elle produisait un large éventail d'équipements militaires. Vickers s'agrandit dans d'autres domaines, acquerrant la « Wolseley Tool and Motor Car Company » et construisant le premier sous-marin britannique en 1901. En 1910, cinquante-six navires de ce type avaient été construits. Vickers conçut également la mitrailleuse Vickers 303 qui servit dans l'armée britannique de 1912 à 1968. Pendant la première guerre mondiale, l'artillerie britannique sur rail fut presque entièrement fabriquée par les usines d'Armstrong et de Vickers. Les armées avaient fixé les spécifications d'un canon lourd et les deux firmes avaient utilisé des tubes de canon de marine en surplus. Vickers développa un obusier de 12 pouces monté sur rail avec châssis sur roues pour répondre au défi de Krupp sur le continent. Durant ces années, la société conçut et construisit une large gamme d'avions militaires, fabriquant l'un des premiers destiné à recevoir une mitrailleuse, le Vickers FB-5 Gunbus. Ce fut un Vickers Vimy qui réussit le premier vol sans escale à travers l'Atlantique en 1919. En 1927, Vickers fusionna avec la plus grande partie de la compagnie Armstrong-Whitworth of Newcastle pour former la Vickers-Armstrong. La société Armstrong s'était développée de façon analogue à Vickers, produisant une gamme de différents canons avant de s'occuper de navires, de voitures et de camions. Dans la course vers la seconde guerre mondiale, Vickers-Armstrong joua un rôle majeur dans le réarmement britannique. Un des modèles les plus fameux de la firme fut le char d'infanterie Valentine qui, parmi les chars britanniques, fut celui produit en plus grand nombre. Après la guerre, Vickers fut maître d'œuvre de la construction du premier sous-marin nucléaire et du premier bombardier à ailes en V britanniques. En 1999, Vickers fusionna avec Rolls-Royce, là encore, une société qui prospéra par les fabrications militaires, car bien que surtout connue pour ses voitures de luxe, elle gagna des fortunes en construisant des moteurs pour avions militaires pendant les deux guerres mondiales. Les moteurs d'avions de guerre constituent encore une part significative de son activité.

Ce ne sont que quelques exemples en Occident. Cependant, alors que l'industrialisation s'étend sur la planète, les industries de défense naissent un peu partout, devenant les plus grands responsables de la guerre industrielle. L'industrialisation suscite la guerre industrielle qui à son tour cherche des solutions industrielles, solutions qui sont fournies par l'industrie – qui a besoin de la guerre industrielle pour survivre. À la vérité, ainsi qu'il a été indiqué plus haut, Krupp produisit pour le monde entier et vendit à toutes les nations, non pas seulement à l'Allemagne, et cette caractéristique persiste aujourd'hui pour toutes les industries de défense : ce sont des entreprises commerciales fondées sur la guerre mais financièrement responsables devant des actionnaires. Elles sont présentes dans maints États, mais sont parfois empêchées de vendre leurs armes à des États qui pourraient les retourner contre leur pays de production ou contre des populations civiles – mais ces règles ne sont pas toujours réellement appliquées. En outre, de telles armes et systèmes d'armes sont souvent commercialisés parmi les pays par des industries de premier plan ; elles ne sont plus détenues par les États et, en tant qu'entreprises commerciales, elles doivent apporter des bénéfices aux actionnaires. Ainsi, la relation symbiotique est déjà en fonction : les entreprises commerciales alimentent les volontés politiques pour préparer la guerre et l'aptitude à faire la guerre dépend de la production de l'industrie. Cependant, la volonté politique est souvent évanescente tandis que les industries restent pour leur part des enjeux économiques importants, pourvoyeurs d'emplois et de profits. Pour survivre, elles doivent continuer à préparer la guerre. Au-delà des États-Unis qui financent largement les industries de défense, on perçoit alors une relation claire entre crises et industries militaires.

La guerre de Sécession qui éclata en 1861 constitua le premier conflit majeur recourant aux nouvelles techniques de transports, de transmission et d'armement et la première à être complètement menée selon le nouveau paradigme : elle fut entreprise pour affirmer une vision politique par la force et s'acheva par une défaite brutale et décisive de l'ennemi. Ce fut un affrontement de volontés résolu par une énorme confrontation de puissance : le Nord, en détruisant la capacité du Sud de mener la guerre comme il l'avait décidé, brisa sa volonté de poursuivre. Ce fut la première guerre industrielle et tandis que les deux parties appartenaient à la même nation, elles se constituèrent en entités séparées sur le terrain politique et militaire, chacune présentant la trinité essentielle : peuple, État, armée. Cette guerre représente une importante pierre milliaire dans l'évolution de la guerre industrielle, non seulement par son influence ultérieure sur la façon américaine de faire la guerre mais à cause des nombreux Européens ayant traversé l'Atlantique comme observateurs. Les conclusions qu'ils rapportèrent à partir de la force de leurs impressions issues des champs de bataille peuvent ne pas toujours avoir été pertinentes mais, quoiqu'il en soit, elles ont exercé une énorme influence sur l'évolution de la guerre totale en Europe.

Pour le Nord et spécialement pour le président Lincoln, l'objectif politique de la guerre était clair : maintenir l'Union et le pouvoir sur l'ensemble des États du gouvernement élu. Il n'y avait aucune solution de compromis. L'objectif de l'action militaire était de détruire, en général, toute capacité des Confédérés à agir de façon indépendante et, en particulier, le gouvernement de Richmond.

Le Sud ayant déclaré et réalisé l'indépendance de la Confédération devait la conserver pour parfaire ses objectifs politiques. Sa stratégie militaire visait donc à contenir les armées de l'Union hors de son territoire. L'histoire de la guerre montre que la Confédération y réussit initialement en remportant des victoires tactiques successives. Mais malheureusement pour elle, Lincoln comprit la nature de la guerre totale. Utilisant la supériorité logistique et industrielle du Nord au service de sa cause, son réseau étendu de chemins de fer, sa production industrielle et la conscription, il recherche les victoires décisives suffisantes pour briser la volonté de résistance du Sud. À cette fin, il trouva, à la fin, un excellent correspondant en la personne du général Ulysses S. Grant qui adapta à la force militaire cette acception de la puissance politique.

Dès le début, le Nord contrôla toutes les grandes villes. Il était plus de deux fois plus peuplé que le Sud. À l'exception de la Nouvelle-Orléans, toutes les villes de plus de 100 000 habitants se trouvaient dans les États loyalistes. Le Nord disposait d'une industrie puissante et dynamique qui représentait plus de dix fois celle du Sud ; il possédait aussi d'importantes réserves financières. Il contrôlait également la plus grande partie de la marine et il développa rapidement une capacité à contrer la menace constituée par le navire cuirassé *CSS Virginia* en construisant un bateau semi submersible quoique cuirassé, l'*USS Monitor*, un précurseur des sous-marins modernes. En conséquence, sa suprématie maritime resta incontestée. L'industrie du Sud était à un stade embryonnaire ; en 1861, son réseau de chemin de fer représentait moins de la moitié de celui du Nord et son nombre de canons et d'armes à feu dans les armées moins du tiers de ceux possédés par son adversaire. D'un autre côté, au début de la guerre, les confédérés étaient beaucoup plus avertis des questions idéologiques et militaires. Beaucoup des officiers de haut rang et des soldats d'expérience choisirent de combattre dans les armées du Sud et le désir de conserver leur mode de vie s'imposa aux gens en une sorte de ferveur patriotique qui conduisit des volontaires à s'enrôler par milliers. Ce ne fut pas le cas dans le Nord où la guerre était impopulaire ; en 1862, pour la première fois, l'armée américaine dut recourir à la conscription. La Confédération bénéficia également d'un soutien diplomatique discret de la Grande-Bretagne et de la France, soucieuses de conserver leurs approvisionnements de coton, bien que ceux-ci aient paru bien compromis en l'absence de supériorité maritime.

Les hostilités se déclenchèrent lorsque les forces confédérées s'emparèrent de Fort Sumter en avril 1861, une île fortifiée défendant l'entrée du port de Charleston en Caroline du Sud. Les deux parties s'attendaient alors à un conflit bref, mais ce ne fut pas le cas. Les armées du Sud se montrèrent difficiles à battre. Pendant trois longues années, le Nord se débattit pour trouver des chefs convenables, pour former une armée de qualité et découvrir les moyens de vaincre, tout en empêchant le Sud de l'emporter. Il devint vite clair que le Nord disposait d'un avantage stratégique certain ; ils pouvaient empêcher Lee d'exploiter ses victoires tactiques et, par un processus d'attrition progressive, épuiser le Sud au point de le défaire finalement sur le champ de bataille. Ceci cependant menaçait de traîner en longueur et l'impopularité de la guerre poussa Lincoln et ses généraux à chercher des solutions qui pourraient hâter la fin du Sud. L'une de ces solutions consistait à détruire ses capacités industrielles : une sorte de guerre totale fut conduite dans le domaine civil en détruisant les infrastructures, les lieux de travail, l'agriculture et tout ce qui pouvait soutenir l'effort de guerre ennemi.

En mars 1864, Ulysses S. Grant fut promu lieutenant-général, à cette époque la fonction la plus élevée dans l'armée américaine. Le président Abraham Lincoln le nomma commandant en chef de l'armée américaine. Très vite, Grant mit au point un plan destiné à battre de manière décisive la Confédération grâce à une offensive qui ferait pression simultanément sur le plus grand nombre de fronts possibles. Quatre opérations simultanées furent préparées afin d'empêcher les sudistes en situation d'infériorité numérique de concentrer leurs forces sur un seul front. L'idée était d'imposer aux forces sudistes le combat sur les quatre fronts et de les détruire en même temps ou au moins de les amoindrir matériellement. Le major général William T. Sherman dirigea une cinquième opération en attaquant profondément dans le Sud avec l'objectif de détruire sa capacité à continuer la guerre. Initialement, il voulut battre l'armée du Tennessee, commandée par le général Joseph E Johnston autour de Dalton. Il réalisa rapidement que, même si il disposait de deux fois plus de troupes que son adversaire, celui-ci, grâce à la puissance de ses retranchements, pouvait longtemps tenir en respect les armées du Nord. Aussi, au lieu d'attaquer Dalton, tout en marquant étroitement (en termes de football) les positions sudistes, il concentra ses forces autour d'Atlanta en isolant la ville par la rupture des voies de chemin de fer et donc de ses lignes d'approvisionnement. Peu après que la dernière ligne soit démolie, les forces confédérées commencèrent à évacuer la ville, détruisant ce qu'elles ne pouvaient pas emporter. Le reste de l'armée, sous le général Hood, s'échappa.

Au lieu de perdre du temps à poursuivre l'ennemi, Sherman décida de lui couper la route vers la côte à travers la Géorgie où il pouvait escompter un appui naval et des approvisionnements. Sur son chemin, il décida de détruire toutes les ressources de l'État et donc la détermination du peuple à se battre. Grant et lui-même estimaient que déplacer une armée à travers la campagne du Sud loin des voies ferrées et des lignes d'approvisionnement, était non seulement possible mais contribuerait à casser l'effort de guerre. Une armée de 60 000 hommes, en excellente condition et aguerrie, quitta Atlanta en feu en novembre

1864 tandis que le reste de l'armée de Sherman regagnait le nord. Avec derrière elle les ruines rougeoyantes d'Atlanta et des réserves d'un petit millier d'hommes, une milice et un petit détachement de cavalerie entre eux et l'océan, l'armée de Sherman traversa la Géorgie divisée en deux ailes et protégée sur ses flancs par sa cavalerie. À l'instar des corps d'armée de Napoléon, ces deux corps suivirent des cheminements séparés selon quatre progressions parallèles qui couvraient une largeur variant de vingt à cinquante milles terrestres (32 à 80 km). Cette disposition permit à ces troupes à la fois de se déplacer sur un large front et de le faire plus vite. L'armée de Sherman dévasta la Géorgie centrale, détruisant les voies ferrées, les fermes, les usines et tout ce qui pouvait servir à l'effort de guerre de la confédération ; elle brûla les plantations, les magasins et les récoltes. Une bande d'une largeur de 96 km de ruines s'allongea derrière l'armée sur une distance de 460 km jusqu'à la mer. Après avoir pris contact avec la marine, Sherman dévasta la ville de Savannah sur la côte. Dans un célèbre compte-rendu, il offrit à Lincoln, avec la ville et son armement, des milliers de balles de coton.

La progression de Sherman vers la mer fut un des évènements majeurs de la guerre de Sécession et joua un rôle significatif dans la victoire finale de Union. Ce qu'il organisa ne fut pas exactement un nouveau front par lequel il attaquait des forces opposées, ce ne fut pas non plus un raid ; ce fut plutôt une action très délibérée à partir d'une décision stratégique de détruire le fondement matériel de la résistance du Sud. Cette campagne annonçait l'orientation future de la guerre industrielle, à la fois en ciblant les infrastructures industrielles et économiques de l'ennemi et en développant la base industrielle amie. Bien que même jusqu'aux tous derniers jours du conflit, les armées sudistes parvinssent à infliger des défaites aux troupes nordistes – paradoxalement la dernière bataille fut une victoire isolée du Sud au Texas – l'inadéquation de leurs bases industrielles condamnaient les troupes confédérées. Cette inadéquation était soulignée par leur infériorité ferroviaire dans une guerre qui fut, sous différents aspects, déterminée et gagnée par le chemin de fer. Au début de la guerre, en 1860, le réseau américain, s'étendant sur 30 000 milles de voies, était déjà plus long que l'ensemble mis bout à bout des autres réseaux mondiaux. Dès le commencement, les armées du Nord contrôlaient un réseau de dimensions plus de deux fois supérieures à celui de la Confédération. Ceci leur permit de faire usage de leurs ressources à travers tout le territoire, transportant les armements, les munitions et même la viande de bœuf depuis les abattoirs de Chicago jusque sur le front. Le Sud avait un handicap logistique et le haut commandement de l'Union en déduisit correctement qu'un axe essentiel de sa stratégie devait être dirigé vers la destruction des communications du Sud. Les soldats nordistes furent instruits pour arracher, chaque fois qu'ils les traversaient, les rails placés sur le territoire de la confédération ; en 1863, le brigadier général Herman Haupt, le responsable en charge de l'organisation militaire des chemins de fer, rédigea un manuel détaillé d'instructions pour apprendre aux cavaliers fédéraux comment saboter les voies ennemies derrière leurs lignes, rapidement, complètement et scientifiquement. L'impact sur le réseau du Sud fut accru par son incapacité industrielle à remplacer les voies. Des commandos sudistes réussirent également à causer des destructions de voies ferrées, mais elles furent rapidement réparées par l'industrie du rail du Nord en pleine expansion. Le réseau du Nord s'accrut même pendant la durée de la guerre.

Le phénomène industriel influença tous les aspects de cette guerre. La guerre accéléra les améliorations de l'armement ; le chargement des fusils par culasse devint la morne, les obus d'artillerie furent améliorés, des chaînes de production de fusils rayés et de munitions furent développées, des bâtiments de guerre furent blindés. Des trains blindés remorquant des wagons blindés contenant des canons légers et de l'infanterie furent mis en service. Le Sud, manquant de ces nouvelles armes, essaya de défendre ses ports et ses estuaires avec des mines et des torpilles mises au point par l'industrie locale. La guerre de Sécession montra le caractère indispensable du télégraphe, pour l'administration des armées comme pour la direction et le contrôle des opérations. Outre le réseau commercial en fonction au début des opérations, plus de 15 000 miles de lignes furent construites à des fins militaires. Le président Lincoln se rendait presque tous les jours au bureau du télégraphe du ministère de la guerre. Cependant comme les chemins de fer, le télégraphe restait encore un outil stratégique et opérationnel : il n'eut pas d'influence au niveau tactique. Les chefs tactiques dépendaient encore des communications à la voix, par coureurs ou cavaliers ou par pavillons, par trompette ou clairon. Une fois que les troupes avaient quitté le train, elles se déplaçaient à la vitesse d'un homme chargé et pour communiquer, donc pour être dirigés, les hommes devaient rester proches les uns des autres. Tactiquement, ces conditions favorisaient la défense ; bientôt les tranchées et les murs de terre caractérisèrent le champ de bataille.

La guerre de Sécession influença fortement l'art de la guerre et son utilité, puisqu'elle mit en avant un nouvel usage de la force armée, hors du champ de bataille. L'industrie apporta de nouvelles sortes d'armes et de nouveaux modes de transport qui jouèrent un rôle essentiel ; mais ce fut la stratégie de Lincoln et de Grant d'utiliser ces novations contre le potentiel du Sud plutôt que contre les soldats ennemis qui donna la victoire. La force armée trouvait un nouvel usage. Mais il y avait plus. Si nous nous référons à la trinité de Clausewitz et l'appliquons à la guerre de Sécession, nous comprenons que le Sud a perdu parce que le Nord, avec sa supériorité industrielle, réduisit la puissance relative de l'armée sudiste et, avec la campagne de Sherman, amoindrit l'aptitude de la population et de sa base industrielle à continuer la guerre. Cette combinaison affaiblit la détermination de la Confédération et conduisit celle-ci à réclamer la paix. Le Nord, par ailleurs, sous la direction de Lincoln et par sa résolution, avait réservé les liens de la population avec son armée, à travers l'industrie et la conscription. Cette trinité avait fourni les fondements de la victoire qui elle-même fonda un concept de base pour la guerre industrielle entre États. Car il fallait établir une forte organisation nationale susceptible de mobiliser la société tout entière. À la fin de la guerre, le Nord avait une organisation qui s'était implantée avec la guerre selon un processus initié avec la conception d'une stratégie militaire fondée sur un dessein politique ; avait dressé les plans de mobilisation qui en étaient issus ; avait maintenu la stratégie et les plans tout en les ajustant avec le temps, en coordonnant l'action des différents ministères, notamment celui des Finances, indispensables à toute stratégie. Après la guerre, les autres nations, nanties de leurs propres capacités, en vinrent à réaliser qu'un processus victorieux analogue à celui construit par le Nord, ne pouvait être envisagé qu'avec la création d'un système bureaucratique pour le mettre en œuvre, en temps de paix comme en temps de guerre, et marqué par une inter-relation entre autorités civiles et militaires. Ce système se mit en place rapidement ; de nouvelles structures grandirent au sein des ministères, aptes à mettre en œuvre la stratégie, dans le long terme comme dans l'urgence, en vue du passage à l'économie de la guerre totale. Ces structures évoluèrent avec le temps pour devenir un ministère de la Défense. Plus récemment, ces structures ont été sollicitées pour s'adapter à des systèmes internationaux avec des organisations comme l'OTAN, qui s'essaient à mettre en place un processus mais ne parviennent qu'à une efficacité inférieure aux modèles originaux, parce qu'elle n'arrivent pas à déterminer un ennemi à l'égard duquel établir une stratégie ; or, sans stratégie, il n'est pas possible de planifier l'usage de la force armée. Dans ces organisations, le processus est en panne.

La guerre de Sécession fixa aussi la façon américaine de faire la guerre : l'idée claire que la capacité industrielle décide de l'issue de la guerre, à défaut de celui d'une bataille, devint partie intégrante de la conception américaine de la guerre comme l'est devenue l'idée qu'obtenir la défaite décisive de l'ennemi en détruisant son potentiel de guerre équivaut à une victoire décisive sur un champ de bataille. Car, pour finir, ce fut le Sud, comprenant que son effort ne pouvait être poursuivi, qui demanda la paix. Ainsi la guerre industrielle, en particulier comme elle fut pratiquée pendant la guerre de Sécession, s'apparente moins à un art qu'à la recherche d'une solution technique et à un processus, ce qui correspond à la façon américaine de combattre.

La compréhension de ces données, et notamment celles concernant la stratégie yankee, me fut d'une singulière utilité pour m'adapter à mes alliés américains ces dernières années. Pour s'entendre avec un allié, il vaut mieux s'appuyer sur une compréhension générale que sur un accord particulier. Un bon exemple est celui de mon affectation comme adjoint OTAN (DSACEUR) avec un commandant en chef (SACEUR), le général Wesley Clark. Je pris mon commandement à peu près trois mois avant le début des bombardements sur le Kosovo pour rééditer sur le Kosovo le scénario qui conduisit aux accords de Dayton, dans des circonstances complètement différentes. Les États-Unis menant l'action diplomatique, la puissance aérienne de l'OTAN (surtout celle des États-Unis) était utilisée comme une menace pour étayer la diplomatie ; l'accord écrit que devait signer le président Milosevic présentait une ressemblance étroite avec l'annexe militaire des accords de Dayton. Ayant commandé les forces des Nations Unies en 1955 en Bosnie, le scénario m'était tout à fait familier, comme m'en étaient les moyens militaires : la force aérienne. Cependant je réalisai aussitôt qu'il était à présent compris par les Américains comme un processus institutionnel, poursuivi jusqu'au succès, même s'il n'était pas tout à fait adapté aux circonstances. C'était la façon américaine de faire la guerre. Au fond, je conçus mon rôle de DSACEUR, représentant l'alliance et en particulier les Européens, comme étant de discerner quelles hypothèses propres au scénario de 1995 n'étaient plus valides quatre années plus tard dans un autre environnement et de les signaler à mes collègues américains tout en proposant des solutions convenables. Wesley Clark mena admirablement la tâche difficile d'adapter le scénario à la réalité nouvelle sous sa propre responsabilité. Pour ma part, j'ai essayé d'harmoniser les actions de soutien, en Macédoine et en Albanie, la mise sur pied des forces pour entrer au Kosovo et mes conseils comme adjoint pour accorder les différents points de vue alliés en fonction des écarts entre la réalité et le scénario. En effet, mon objectif était d'apaiser certains alliés quant à la lenteur des progrès ; en Bosnie, le bombardement et la menace constante de l'emploi de la force œuvrèrent en quelques jours ; au Kosovo, les soixante dix-huit jours de combat entamèrent la résolution des alliés. C'était une remise en cause de la méthode américaine de mener la guerre et de la pertinence de son déroulement. Dans ce contexte, je me rappelle avoir écrit : « Quelle que soit l'éventualité, la situation centrale des forces américaines est évidente et la position du commandement américain est assurée. Nous devons soutenir la position des commandants américains, seuls les États-Unis peuvent les remettre en cause ; se plaindre dans les couloirs affaiblirait le commandement tel un cancer. »

Comme le firent leurs homologues américains, les nombreux observateurs européens qui suivaient les batailles de la guerre de Sécession s'imprégnèrent des nombreuses leçons élémentaires de la guerre industrielle. Ils revinrent avec la conviction que si, au niveau tactique, le talent militaire restait indubitablement un élément majeur, la puissance industrielle s'avérait une composante nécessaire du succès stratégique. Ils perçurent l'intérêt des armes chargées par la base du canon et des autres améliorations techniques, en particulier les Français et les Allemands, qui étaient déjà en train de développer leurs propres versions de ces armes et qui de ce fait profitèrent de l'occasion de voir en œuvre ces nouvelles techniques. Ils furent aussi fortement impressionnés par la fructueuse « stratégie du chemin de fer » qui aida fortement au succès final du Nord. Les gouvernements européens, attentifs aux leçons de l'exemple américain, se trouvèrent de plus en plus prisonniers du processus et du système permettant la guerre totale et soulignèrent de plus en plus l'importance de la « stratégie du chemin de fer ». En 1860, en Prusse, la moitié des voies appartenait à l'État. Vingt années plus tard, ce secteur était à ce point considéré comme une partie essentielle de la défense nationale que l'empire allemand s'appropria la totalité des voies ferrées. Ce n'était ni par lubie, ni par hasard. Les guerres de l'unification allemande démontrèrent la supériorité du rail sur la route pour mener des campagnes militaires à grande échelle. Il avait suffi de douze trains et d'une semaine pour déployer les divisions de la garde prussienne basées à Berlin sur le front autrichien en 1866. Cela permit aux Prussiens de concentrer rapidement sur le front une force supérieure et de surpasser l'ennemi en puissance. La défaite française en 1870, partiellement causée par une infériorité logistique, souligna ce point et indiqua que dorénavant, tout État qui ne combinait pas ses procédures de mobilisation avec sa politique de transport devenait vulnérable à l'invasion de qui l'avait combiné.

L'importance des guerres d'unification de l'Allemagne de 1864 à 1871 apporta des enseignements bien au-delà de l'utilisation croissante et complexe du chemin de fer : elle fit progresser la compréhension à la fois politique et militaire de l'usage de la force, en développant l'idée de la guerre en tant qu'action décisive pour réaliser un objectif politique et en tant qu'activité dépendant de la trinité population, État, armée. Comme déjà remarqué, la relation entre les trois n'est jamais la même et, dans le cas de l'Allemagne, l'armée était l'élément dominant. Elle utilisait la population pour édifier l'État, car la conscription s'avérait autant un outil pour construire la nation qu'une manière de pourvoir l'armée en hommes. À la vérité, l'idée selon laquelle tous les citoyens doivent servir l'État a été détournée de son acception originale : pendant la Révolution française, des citoyens libres s'étaient portés volontaires et donc avaient été enrôlés pour servir leur État, tandis qu'à la fin du XIXe siècle, l'Allemagne en incorporant les individus dans les armées aidait à construire l'État dont ils devenaient citoyens. En outre, le devoir de citoyen perdurait pour le conscrit, une fois la période de service achevée par le maintien dans la réserve dans laquelle il devait être prêt à tout moment à reprendre du service. Il devenait donc possible, à tout instant, d'augmenter ses forces armées.

La prépondérance militaire dans le processus d'édification de la nation allemande fut le résultat d'une décision politique claire d'utiliser l'armée et la compétence du pouvoir militaire, spécialement par une extension des compétences de l'état-major général. Ceci fut rendu possible grâce à deux hommes qui possédaient une appréhension claire de la force armée et de son utilité : Otto von Bismarck et le général Helmuth von Moltke (l'ancien). Tous deux étaient des conservateurs convaincus qui se battaient pour la grandeur de la Prusse ; tous deux étaient des stratèges visionnaires dans leur propre domaine. Comme tous les grands stratèges, tous deux accordaient leur vision à leur capacité de la mettre en pratique. Par-dessus tout, les deux ne faisaient qu'un pour employer la force et obtenir la victoire décisive bien que, comme nous le verrons, leur opposition fut vive quant au rôle respectif des directions militaire et politique en temps de guerre. Tandis que Bismarck créait les conditions politiques de l'épreuve de force en s'arrangeant pour déclencher les trois guerres d'unification, en conservant le leadership et la stabilité des pouvoirs publics pendant ce processus, Moltke quant à lui, configura ses forces et conduisit les armées et remportait trois victoires totales et décisives.

Bismarck, un junker, propriétaire terrien par la naissance et l'éducation, commença sa carrière politique avec une foi profonde en la Sainte Alliance de l'Autriche, de la Prusse et de la Russie et la prépondérance de l'Autriche dans les affaires allemandes. C'est sur ce programme qu'il fut élu en 1851 à la diète de Francfort, dominée par l'Autriche, pour décider, après seulement deux semaines de présence et d'expérimentation de la prédominance autrichienne, que la seule voie possible était l'indépendance allemande sous domination de la Prusse. En outre, il était convaincu de la nécessité d'une solution militaire pour obtenir la suprématie de l'Allemagne, puisque, dans son esprit, la Prusse ne pourrait obtenir cette suprématie que par un nouveau découpage de la carte politique de l'Europe. En d'autres termes, afin que la Prusse soit grande, il fallait amoindrir l'Autriche et la France comme puissances dominantes. Bismarck comptait peu aux yeux du roi de Prusse, Frédéric Guillaume IV, mais lorsque le frère de celui-ci, Guillaume Ier, monta sur le trône, Bismarck devint Premier ministre. Ceci advint en 1862, à la faveur d'une grave crise entre le monarque et la diète à propos de la réforme des armées : les tensions durables entre réformateurs et conservateurs et entre partisans d'une prééminence des militaires et ceux de la suprématie des civils qui avaient leurs racines dans les réformes d'après guerre évoquées dans le chapitre précédent avaient atteint un sommet. La diète, dominée par les libéraux, refusait de voter un budget destiné à réformer les structures militaires et à augmenter les effectifs de l'armée à un niveau qui impliquait effec-tivement un service militaire universel en Prusse au lieu d'un service court et tournant conforme aux réformes d'après guerre. Bismarck trouva une issue en se dispensant du consentement parlementaire et en expliquant que si aucune des chambres n'était d'accord, l'État devait continuer à fonctionner indépendamment de celles-ci. En agissant ainsi, il pariait sur la fidélité de l'administration prussienne et gagna. Le 30 septembre 1862, la conscription universelle prit force de loi, mais avec un but clair dans l'esprit de Bismarck, ainsi que son adresse à la chambre des députés, la chambre haute de la diète, le manifestait : « Les grandes questions d'aujourd'hui ne peuvent pas être résolues par des discours et des votes à la majorité… mais par le sang et l'acier. » Il ne pouvait y avoir aucun doute que le nouveau Premier ministre prussien voyait la force comme le meilleur chemin pour les décisions politiques.

Avec cette proposition transformée en loi, Bismarck commençait à redessiner la carte de l'Allemagne et de l'Europe. Il avait besoin d'un homologue militaire comprenant de la même façon que lui-même l'utilité de la force armée et le trouva en la personne du chef de l'état-major général, le feld maréchal Helmuth von Moltke (l'ancien ; le jeune, son neveu, tenait le même emploi lorsque éclata la Grande Guerre en 1914). De nombreux titres élogieux furent décernés à Moltke et la plupart d'entre eux sont mérités ; essentiellement, il fut le plus grand organisateur militaire du XIXe siècle après Napoléon. Il était le produit des réformes militaires prussiennes d'après Iéna et fut diplômé de la Kriegsakademie, alors sous la férule de Clausewitz, et l'un des meilleurs. Vraiment, à la fin de sa vie, Moltke attribua ses magnifiques victoires dans les guerres d'unification de l'Allemagne aux enseignements qu'il reçut de *De la guerre* ; il n'y a aucun doute que sa pratique militaire et ses commentaires explicites de la théorie militaire montrent un esprit complètement façonné par les idées et des écrits de Clausewitz. Ses préoccupations étaient cependant plus centrées sur les questions d'organisation pratique que sur les principes de stratégie abstraite : Moltke devint en effet chef de l'état-major général en 1857 et assuma le commandement de l'état-major qui se révéla rapidement inadapté. Ainsi qu'il a été mentionné dans le précédent chapitre, après l'explosion initiale d'enthousiasme quand il fut créé par les réformateurs, l'état-major général s'endormit en termes de pertinence et d'organisation et fut rejeté par la vieille garde de l'armée. Ce fut le travail de Moltke à la fois de revivifier et de rendre pertinent cet état-major central car il réalisa que, sans lui, l'armée prussienne manquerait des connaissances intellectuelles et professionnelles adaptées à l'ambition de Bismarck de créer par la force l'Allemagne et l'armée allemande qui en serait issue.

Son approche de ce projet était soutenue par un dicton élémentaire : « Dans la guerre comme dans l'art, il n'existe pas de règles générales ; le talent ne peut y être remplacé par des principes. » Ainsi, il trouva des hommes qui, outre toutes les caractéristiques de bons officiers d'état-major, possédaient les qualités intellectuelles pour s'élever au-dessus du particulier et de l'étroit pour comprendre le tout. Dans ce groupe hautement entraîné, il trouva les chefs et les nomma pour agir dans un seul but et comme le commandant en chef le souhaitait, même si celui-ci n'était pas présent en personne. Le changement fondamental forgé par cette approche apporte le succès jusqu'à ce jour et se retrouve dans les organisations militaires victorieuses du monde entier. Le fondement de ce succès est d'être sûr que les commandants à tous niveaux travaillent avec la même doctrine et que l'état-major, considéré comme un tout, fonctionne avec les mêmes méthodes et procédures.

Il y a deux méthodes pour parvenir à ce résultat. La première méthode est que l'état-major se contente de mettre en œuvre les orientations du chef. Ceci suppose que le commandant prenne sa décision rapidement et que les commandants subordonnés soient instruits du résultat souhaité (l'unité doit avoir traversé la rivière à l'aube) plutôt que de ce qu'il faut faire (construire un pont à X vers minuit), puisque cette dernière instruction demande un travail plus détaillé à l'état-major supérieur. Avec cette méthode, l'équipe de commandement tend à être réduite et l'officier responsable négocie directement avec son commandant. La seconde méthode consiste à conduire progressivement le commandant vers sa décision. Après avoir obtenu les instructions du commandant, les options seront développées afin qu'il choisisse. Dans cette hypothèse, les états-majors doivent être plus nombreux et il y a plus de bureaux puisqu'il y a plus de travail à faire ; ce travail est dirigé et supervisé par un chef d'état-major qui s'interpose entre le commandant et l'état-major. Le premier système tend à être plus informel et le second penche vers le formalisme. Plus la partie centrale d'une armée opère avec une seule doctrine appréhendée au niveau le plus bas, plus on peut recourir aux procédures informelles car les responsabilités peuvent être déléguées pour être mises en œuvre en toute confiance.

En pratique, les états-majors reflètent la personnalité du commandant pour qui ils travaillent et le genre d'activité dont ils sont chargés. Néanmoins, ils seront inspirés par l'un ou l'autre modèle. Par exemple, le système de l'armée britannique est fondé sur le premier et celui de l'armée américaine et de l'OTAN sur le second. J'ai commandé en utilisant l'une ou l'autre méthode en maintes occasions et j'ai été commandé par des états-majors recourant aussi à l'une ou l'autre méthode. En tant que commandant, il est important de comprendre de quelle méthode l'état-major est imprégné et d'agir en accord, ou au moins de bien connaître les conséquences de cette position. De mon point de vue, le premier système, le moins formel, est mieux adapté au niveau tactique : il est moins encombrant, plus souple et engendre des résultats plus rapides pourvu que le commandant aille de l'avant et sache décider. L'autre système, plus formaliste, est meilleur sur un théâtre d'opérations et au niveau stratégique : il est plus méticuleux, peut maîtriser un large éventail de questions en même temps et, avec un bon chef d'état-major, peut anticiper et planifier les opérations ultérieures. Pendant la guerre du Golfe de 1990-1991, le commandement de ma division blindée était organisé selon le modèle britannique et s'avérait sensiblement plus réduit que celui des divisions américaines. Cela dépendait d'une philosophie et d'une préférence nationales. Cela nous prit quelque temps à comprendre que les nombreux plans issus de l'état-major supérieur du corps d'armée américain placé à côté des états-majors divisionnaires américains n'étaient que des hypothèses de travail ; les Américains se référaient souvent à eux en tant que jeux comme dans le football américain puisque ce n'étaient ni « le plan », ni des ordres réels. J'avais dans mon équipe un officier pour s'occuper de tous ces papiers là où chez nos homologues américains, il y avait un bureau de cinq officiers. Il y avait d'autres différences entre les deux organisations : les décisions étaient prises dans divers domaines à différents niveaux mais, en règle générale, l'autorité et la responsabilité se situaient à un niveau moins élevé dans les états-majors britanniques. Un capitaine anglais détient souvent la responsabilité d'un colonel américain. Le jargon était aussi différent. Mon aide de camp, un officier de rang subalterne, l'utilisa occasionnellement à son avantage quand il découvrit que son homologue aide de camp était un adjoint du général de division du grade de brigadier général, autorisé à disposer de son propre hélicoptère, ce que mon aide de camp n'était pas. Cela ne l'empêcha pas de téléphoner au commandement américain pour en demander un et l'obtenir ! En réalité toutes ces différences restent superficielles et doivent être considérées comme telles. En général, j'imagine cette question par analogie avec l'équipement électrique : nous avons différentes sortes de prises et des voltages distincts mais tous nos équipements sont faits pour fonctionner ensemble. Au moment où nous fûmes complètement déployés, je disposais de quelques soixante-dix officiers et personnels pour les communications néces-saires, en tant que « transformateurs » ou « adaptateurs » en relation avec les pôles variés du commandement américain, depuis les états-majors latéraux jusqu'au commandement logistique à Al Jubayal. Cela facilita l'opération, mais le coût fut bien réel pour le reste de l'armée britannique : tous ces hommes avaient été prélevés sur d'autres unités en Grande-Bretagne ou en Allemagne qui devaient continuer à fonc-tionner sans ce personnel et sans ce matériel. Sans la conscription ou autre moyen d'alimenter régulièrement en main-d'œuvre, soutenir des opérations consiste autant à savoir voler Pierre pour payer Paul qu'à savoir commander.

Moltke, en recréant l'état-major général prussien, s'orientait vers le premier modèle avec des méthodes d'organisation moins forma-listes. Cet état-major devait conduire les opérations et s'assurer de la cohérence tactique. Mais en premier, il fallait créer l'équipe. À cette fin, il se tourna vers la Kriegsakademie et s'arrangea pour que, chaque année, soient sélectionnés par concours 120 officiers dans toute l'armée prussienne pour y être admis. Seuls 40 d'entre eux suivaient habituellement la totalité du cours ; Moltke en choisissait 12 pour servir à l'état-major après un entraînement supplémentaire. Celui-ci comprenait un enseignement le plus pratique possible, avec la planification de batailles hypothétiques et l'analyse de campagnes passées. Ces deux exercices sont à présent standards dans toutes les académies militaires du monde mais, à l'époque, ce fut une grande innovation. Après ces études théoriques, les officiers choisis passaient quelques années auprès de Moltke à l'état-major et dans des exercices de terrain avec les troupes puis accomplissaient des périodes de services dans des régiments. Ainsi était complété l'entraînement des officiers supérieurs qui, ensuite, poursuivaient leur carrière en alternant affectations à l'état-major général et service dans les régiments.

Entre deux campagnes, l'état-major passait son temps en exercices et en établissant des plans, souvent minutieusement détaillés, pour la guerre suivante. Chaque catégorie de l'activité militaire était passée sous examen, chaque plan et chaque hypothèse étaient constamment analysés et révisés, toute les unités et formations étaient configurées et standardisées jusqu'à leur dernier élément. Ainsi, un soldat entraîné, et en particulier un officier entraîné, pouvait être nommé d'une unité à une autre sans difficulté. Par ce programme de formation intensif, Moltke créa un corps d'officiers d'état-major et de chefs qui, par la pensée et la compréhension, en vinrent à être presque identiques à lui même et à leurs collègues et aptes ainsi, lorsque dispersés dans les régiments et les batailles, à garantir une grande cohérence ; c'était un système nerveux, qui rendait le corps militaire prussien capable d'agir comme un tout sans nécessiter des ordres détaillés des échelons supérieurs. De la même manière, les commandants supérieurs pouvaient assigner des missions à leurs commandants subordonnés et tout en les laissant définir les détails, sachant qu'ils le feraient conformément à l'esprit commun. Avec le temps, les résultats de ces activités menèrent ensemble à une autre invention de Moltke : une doctrine militaire cohérente, rendue au mieux en 1869 par ses « instructions aux commandants de grandes unités », un document qui, au moins dans son esprit, a inspiré la plupart des manuels d'opérations des armées occidentales jusqu'à ce jour.

Sur plusieurs directions, Moltke poussa plus loin les idées de Napoléon sur la mobilité organisationnelle et la flexibilité opérationnelle, et donc l'appréhension et l'utilisation de la force armée. Car l'idée centrale derrière sa restructuration de l'état-major général, consistait à inventer un système nerveux fondé sur un jumelage entre centralisation et décentralisation : décentralisation de la structure de commandement afin d'obtenir la rapidité de décision et d'engendrer les meilleures décisions adaptées aux circonstances, complétée par une centralisation de la direction et de la doctrine. Nous avons déjà vu dans le cas de Napoléon, comment, une fois engagé, prendre et appliquer une décision plus vite que son adversaire conduisait ce dernier à réagir sur de fausses informations et donc de manière inappropriée. La meilleure façon d'obtenir vitesse et adéquation est de s'assurer que l'information et les ordres parcourent la distance la plus faible, à la fois physiquement et hiérarchiquement, puisque l'information a le plus de chances d'être correcte si celui qui prend la décision est proche de la matière à traiter. En d'autres termes, le chef sur le terrain plutôt que celui à l'échelon central, ce qui signifie une décentralisation des décisions. Mais pour obtenir le succès et concentrer les efforts d'une armée, toutes les prises de décisions doivent, comme indiqué précédemment, s'apparenter à une même doctrine et en direction du même objectif. Napoléon responsabilisait ses principaux subordonnés et leur conférait une autorité considérable mais néanmoins restait le seul dirigeant et la seule source de doctrine. Dans le système de Moltke, la doctrine était au cœur et le concept de commandement décentralisé englobait chaque phase, de la mobilisation à la bataille, renforcé par les capacités de planification centrale concentrées et méticuleuses de l'état-major. Effectivement, surtout en matière de mobilisation, Moltke conçut un système qui pouvait mener des masses d'hommes à se porter sur des points de jonction majeurs en quelques semaines. Cela correspondait à une méthode bien plus rapide qu'autrefois. Chaque commandant de corps d'armée prussien recevait la charge de mobiliser son propre corps, avec l'aide des autorités civiles de sa région. La décentralisation de l'exécution répondait à l'organisation centralisée de l'objectif. En cas de guerre, le premier pas était de mobiliser les hommes et les chevaux pour le front. En même temps, général adjoint au major général de l'armée de terre et chef de la cellule « pilotage » les dépôts de troupes avaient commencé à se remplir : chaque régiment d'infanterie ou d'artillerie formait un bataillon de dépôt, chaque régiment de cavalerie un escadron de dépôt, soit en d'autres mots encore plus de décentralisation. La mobilisation des troupes de réserve ou de garnison prenait place immédiatement après celle des armées en campagne. Avec la loi de conscription universelle, un plan général de mobilisation pouvait être dressé et amélioré annuellement par l'état-major en intégrant l'utilisation systématique du télégraphe et des chemins de fer pour déplacer les troupes et les approvisionnements vers les théâtres d'opérations projetées. Comme déjà indiqué, les militaires influencèrent grandement le développement des chemins de fer, stipulant par exemple, le besoins de voies est-ouest à grand débit et la longueur des quais nécessaires à un rapide embarquement ou débarquement de troupes. Avec une telle méthode de commandement adaptée à une organisation appropriée et appliquée au niveau stratégique, Moltke obtint la capacité à faire passer son pays de l'état de paix à l'état de guerre plus vite que ses adversaires, ce qui est une autre forme de mobilité organisationnelle.

À partir du concept originel issu des réformes d'après Iéna, Moltke fit de l'état-major général prussien une réalité. Ce fut cette machinerie sophistiquée, assortie d'une doctrine de rapidité de décision à la fois aux niveaux tactique et stratégique et de concentration des forces en vue d'un combat décisif, qu'il apporta en soutien de la stratégie de Bismarck, axée sur la suprématie de la Prusse et l'unification de l'Allemagne par l'utilisation de la force armée. Ces visions concertées se déroulèrent en une séquence en trois phases à partir de 1864, lorsque la Prusse et l'Autriche déclarèrent ensemble la guerre au Danemark dans l'idée de partager le duché du Schleswig Holstein entre les deux puissances attaquantes. Pour Bismarck, outre la réalisation de cet objectif, son projet était de consolider sa position intérieure et de démontrer que ses plans d'expansion pour la nation et son chemin de sang et de fer était le seul possible pour la Prusse. Moltke imagina un plan fondé sur sa doctrine d'une planification centralisée assortie d'un commandement décentralisé qui effectivement apporta la victoire décisive. Cependant, tandis qu'il était regardé presque comme un demi-dieu par son propre état-major, certains politiciens, nombreux parmi ceux de la vieille garde de l'armée prussienne, le rejetaient et tournaient l'état-major en dérision, le présentant comme une fantaisie d'intellectuels. Nombreuses parmi ses directives étaient celles qui étaient modifiées ou même ignorées par ses grands subordonnés ; mais néanmoins il obtint une victoire décisive. Par le traité de Gastein imposé au Danemark en août 1865, l'Autriche prit le contrôle du Holstein tandis que la Prusse s'emparait du Schleswig et du duché de Lauenburg. L'étape suivante fut dirigée contre l'Autriche qui avait contré avec succès les tentatives de la Prusse d'unifier l'Allemagne sous son emprise dans les années 1850. Bismarck estima la guerre nécessaire pour écarter sa rivale de la scène et en diminuer la stature. En 1866, il parvint en instrumentalisant une querelle diplomatique à provoquer une déclaration de guerre de l'Autriche à la Prusse. Après la précédente victoire, Moltke avait bien plus d'autorité sur ses subordonnés puisqu'il planifiait et dirigeait lui-même l'action. La Prusse mobilisa à grande vitesse contre l'Autriche et ses alliés allemands du sud ; elle entra en Autriche sur trois larges colonnes et sur un vaste front. Ainsi les Prussiens purent concentrer rapidement une force supérieure et surpasser l'ennemi dont les efforts pour mobiliser furent bien plus lents. Comme déjà signalé, il fallut seulement une semaine et 12 trains pour déployer en Autriche le corps de la garde prussienne cantonnée à Berlin. À Königgratz (Sadowa) en Bohème, les troupes prussiennes remportèrent une victoire décisive. Une organisation supérieure, l'utilisation du fusil à aiguille et (comme souvent dans les guerres) un brin de chance donnèrent la victoire à la Prusse. Le résultat de cette guerre austro-prussienne fut un triomphe pour Bismarck et l'état-major général de Moltke.

Le premier des objectifs de Bismarck était ainsi rempli : l'Autriche était définitivement éliminée de la direction des affaires allemandes. Seules l'Allemagne du Sud et les provinces disputées d'Alsace et de Lorraine restaient hors du royaume de Prusse. En 1870, Bismarck organisa une nouvelle guerre contre la France – cherchant à unifier le peuple allemand contre l'ennemi traditionnel. Le destin de l'Alsace et de la Lorraine qui avaient appartenu au Saint Empire Romain Germanique jusqu'au XVIIe siècle fut utilisé pour éveiller un sentiment nationaliste. Les pays d'Allemagne du Sud saisirent l'appât et rejoignirent Bismarck dans sa croisade contre les Français qui furent adroitement manipulés pour déclarer la guerre à la Prusse.

Ayant assis son autorité par ses deux victoires, le statut de Moltke était inattaquable et personne n'aurait osé mettre en cause son plan de campagne. Cette fois il fit le contraire de ce qui lui avait réussi en Autriche et attaqua la France en concentrant ses troupes sur un front étroit, manifestant ainsi toutes les fortes capacités de son état-major. Par l'étude du système ferroviaire de l'est de la France, il était arrivé à la conclusion que les Français ne pouvaient concentrer leurs troupes qu'en deux endroits, Metz et Strasbourg. La meilleure option pour la Prusse était donc d'attaquer avec toutes ses forces chacune des concentrations françaises à son tour, estimant de cette façon que l'ennemi resterait divisé et que les deux parties seraient incapables de se porter mutuellement secours. L'état-major monta alors un plan méticuleux pour mettre en œuvre cette manœuvre qui se déroula à partir du 16 juillet, trois jours avant la déclaration de guerre, lorsque fut décrétée la mobilisation. Le neuvième jour, le 24 juillet, 500 000 hommes environ avaient déjà été mobilisés, doublant presque, ainsi, les effectifs de l'armée prussienne de temps de paix, soit 300 000 hommes. La concentration de l'armée commença le même jour près de la frontière. Le dix-neuvième jour, le 3 août, l'armée au complet, soit 430 000 hommes, était concentrée avec son matériel. Dans ce processus neuf voies ferrées étaient complètement dévolues aux mouvements des armées, trois pour les armées du sud et six pour celles du nord. Le transit moyen durant cette phase fut d'environ 400 kilomètres.

Comme Moltke et son état-major général l'avaient prévu, les Français ne purent concurrencer les Prussiens dans leur vitesse de mobilisation et les opérations commencèrent avant que les réserves et l'équipement complet aient pu rejoindre l'armée d'active. La mobilisation française ne fut jamais achevée. Les premières forces françaises furent reconnues autour de Metz et engagées en deux grandes batailles, Vionville-Mars-la Tour le 16 août, et Gravelotte-Saint-Privat le 18 août, dont les Prussiens sortirent victorieux. À ce moment, littéralement, la force de Moltke éclata. À la fin de la bataille, à soixante-dix ans, ayant passé la journée à cheval et ayant deux fois dégainé son épée face à l'ennemi – un geste extrême pour un commandant en chef, manifestant un danger imminent – il donna l'ordre de séparer en deux son armée ; l'une étant envoyée dans le nord-ouest vers le fort frontalier de Sedan pour attaquer l'armée française commandée par Napoléon III lui-même. L'autre était envoyée directement vers Paris à grande vitesse pour exploiter les victoires des jours précédents, tout en continuant à contenir les forces concentrées autour de Strasbourg à l'est. Les Français à Sedan, coupés de tout renfort par l'avancée allemande vers leur capitale, se battirent extrêmement bien mais furent néanmoins défaits. La victoire prussienne était totale. L'empereur français abdiqua et s'enfuit en Angleterre tandis que la France était déchirée par des conflits entre factions politiques et sociales, ce qui dégénéra en guerre civile focalisée par la rébellion à Paris des communards. Dans les États allemands, la victoire suscita un courant patriotique au point d'effacer les ressentiments passés contre la Prusse ; les États allemands du sud choisirent d'entrer volontairement dans le nouvel État allemand dirigé par la Prusse. En mai 1871, l'empire allemand, le IIe Reich, était constitué et Guillaume Ier en était couronné empereur dans la galerie des glaces de Louis XIV à Versailles. L'objectif politique de l'unification allemande était atteint exactement comme Bismarck, à présent chancelier de l'empire, l'avait prévu et voulu, par la force des armes.

En termes militaires, ce fut Moltke, sa stratégie et sa campagne ainsi que son état-major général qui véritablement l'obtinrent à travers chacune de ces trois guerres. La rapide concentration des forces mobilisées permirent au commandant prussien de théâtre de prendre et de garder l'initiative et de décider des évènements, forçant ses adversaires à réagir dans le cadre de son plan. Ceci aboutit à des victoires précoces et décisives qui débouchaient directement sur la réalisation des buts politiques : l'intégration des territoires et des populations parlant allemand sous la souveraineté du monarque prussien. Cet aboutissement fut rendu possible par le processus de l'approche industrielle de la guerre, à partir d'effectifs en masse fournis par la conscription universelle, par la mobilisation et l'accumulation d'hommes et de matériels sur le champ de bataille. En outre, l'état-major général, les diplômés de la Kriegsakademie avec l'entraînement méticuleux de Moltke démontrèrent leur maîtrise du processus industriel de la mobilisation, des déplacements et de l'approvisionnement de masses d'hommes et de matériels sur le champ de bataille et de la coordination du maniement tactique des forces allemandes. Les officiers généraux, tous entraînés dans la même école et assistés par le même état-major, prenaient leurs décisions plus vite que les Français, décisions qui étaient orientées vers un seul objectif et dans le cadre d'une doctrine commune. Leurs adversaires étaient aussi bons et parfois meilleurs que les soldats prussiens et leurs commandants au niveau tactique et, souvent, aussi bien et même mieux armés ; mais c'était insuffisant pour contrer la méthode opérationnelle supérieure que les Prussiens employaient pour commander et coordonner leur armée.

Les batailles des trois guerres reflétaient à la fois le vieux et le neuf. Elles conservaient de nombreux traits napoléoniens, en particulier la manœuvre de grandes formations d'hommes en ordre serré. L'absence de communications sur le champ de bataille persista puisque le télégraphe était fixe et que, ainsi, s'imposait le besoin de formations en ordre serré pour en permettre le contrôle et concentrer la puissance de feu. D'un autre côté, les batailles s'avérèrent également plus évoluées par l'évidence d'armes nouvelles et l'utilisation plus large du télégraphe : ceci permettait des transmissions rapides entre les niveaux politiques et stratégiques entre Berlin et les commandants opérationnels. Mais alors que le tempo entre les évènements politiques et stratégiques s'était accéléré, sur les champs de bataille il resta lié à la vitesse de la marche d'un homme chargé, et ses approvisionnements à celle d'un chariot tiré par un cheval. En d'autres termes, les chemins de fer déversaient les masses armées et les armes sur le champ de bataille, mais une fois loin de la tête de ligne, ces masses se retrouvaient avec les modes de transport précédents. La cavalerie restait sur le champ de bataille mais elle manquait de puissance de feu ; confrontée à des taux croissants de tir direct au but venant des nouveaux fusils rayés chargés par la culasse, elle devenait de plus en plus une force de reconnaissance et de moins en moins de choc et de décision comme elle l'avait été du temps de Napoléon. Il s'agissait vraiment de champs de bataille de transition.

Les victoires décisives des armées prussiennes reflètent la valeur militaire et la supériorité de l'état-major général, spécialement dans la mobilisation les forces et la conception de leur emploi. Dans les années qui suivirent, la plupart des armées continentales adoptèrent ce modèle d'un état-major planifiant s'appuyant sur une conscription universelle. Dans le nouvel empire allemand, le prestige de l'état-major général et l'admiration pour l'armée devinrent extrêmes, réglant de fait la dispute entre Moltke et Bismarck au sujet du leadership en temps de guerre. Moltke traça une limite distincte entre la politique et la stratégie, demandant que, la diplomatie l'emportant jusqu'à l'ouverture des hostilités, la nécessité militaire s'impose ensuite. Ses généraux et lui subissaient désagréablement les interférences de Bismarck, dans les opérations militaires, le trouvaient fondamentalement raide et insensible et tournaient en dérision ses conseils. Par ailleurs, Bismarck, dans sa perception de la guerre comme un moyen d'aboutir à une fin politique par la force, voulait que la volonté du gouvernement l'emporte en toutes circonstances. Il pensait que les chefs militaires étaient étroitement professionnels, imperméables (ou non intéressés) à la diplomatie comme à la politique. Il y eut des heurts rudes à propos de cette question pendant les trois guerres, mais avec le temps, en réalité après les deux guerres mondiales, il fut clair que Bismarck avait raison. Après Moltke, l'état-major général évolua lentement vers un organe qui se concentrait sur les questions tactiques et opérationnelles aux dépens des matières stratégiques et politiques. L'admiration dans lequel le tint plus tard l'empereur Guillaume II aboutit à ce qu'il soit, *de facto*, le centre où s'élaborait la politique allemande, mais sans les aptitudes fondamentales pour réussir. La Grande Guerre se révéla un désastre pour l'Allemagne et pour l'Europe. Et la valeur de la contribution de l'état-major général à ce désastre fut soulignée par le traité de Versailles qui spécifia son démembrement et interdit sa renaissance, sans doute le seul traité de paix qui se soit jamais focalisé sur la menace d'un état-major.

À la fin de la guerre franco-allemande, le paradigme de la guerre industrielle interétatique avait trouvé sa formulation à peu près définitive. Avec les années et les guerres ultérieures, il fut amélioré tandis que l'industrie et la technologie lui adjoignaient des armes toujours plus destructrices. Mais les structures fondamentales existaient déjà toutes ; en soixante-quinze ans, une période très brève au regard de l'histoire, spécialement en matière d'art de la guerre, de nombreux aspects des conflits avaient été complètement transformés. Les surprenantes innovations de Napoléon dans la nature de la guerre avaient été généralement acceptées de son vivant ; la création de l'état-major général prussien dès 1808 en réponse à ses victoires décisives, refléta ce changement fondamental. Pendant vingt nouvelles années, Clausewitz codifia ces innovations en une nouvelle théorie de la guerre. Trente années plus tard, les protagonistes de la guerre de Sécession mettaient en œuvre ces changements dans un contexte de conflit de plus en plus industrialisé, de même que Moltke le fit dans l'organisation militaire. La mise en œuvre ultérieure par Moltke de son organisation et de ses méthodes lors des guerres d'unification allemande porta la conduite de la guerre et des armées à un niveau d'extrême efficacité et devint un modèle encore pérenne. Or, pendant toute cette évolution, la force armée développa sa puissance et sa capacité destructrice, tout en s'appliquant à des objectifs différents. Principalement, la guerre industrielle interétatique, était un outil pour créer et préserver des nations, ce pourquoi des victoires décisives pouvaient être recherchées par son truchement. Il ne pouvait exister d'objectif ou de besoin plus fondamentaux et dans ce contexte, l'utilité de la force apparaissait absolument clair. Les guerres allemandes d'unification en étaient un exemple.

L'Allemagne unifiée représentait une nouvelle réalité : une grosse armée avec une expérience militaire partagée et une capacité de réserves. C'était une nouvelle problématique : l'Allemagne se retrouvait positionnée entre la France, à l'ouest, voulant prendre sa revanche et récupérer son territoire et la Russie, à l'est, voulant s'intégrer à toute alliance et qui s'opposerait, dans son expansion vers l'est, à l'alliance germano austro-hongroise. Dans toute guerre future, elle serait exposée à se battre sur deux fronts en même temps. Comme nous le verrons dans le prochain chapitre, ce dilemme stratégique orienta les esprits de l'état-major allemand, au niveau du théâtre ou des opérations et donc leur dicta de vaincre rapidement et de façon décisive sur un des théâtres avant de retourner rapidement leurs moyens vers l'autre. Ils savaient qu'il ne leur était pas possible de se mesurer en même temps avec leurs deux ennemis. Le dilemme stratégique fut une conséquence directe de la naissance de l'Allemagne. Il apporte une réflexion sur le point où la force mène au-delà de son utilité. Comme nous l'avons vu, Bismarck et Moltke, chacun à sa manière et avec son objectif, comprenait excellemment l'utilité de la force armée pour réaliser un but politique. Dans ce contexte, les guerres avec le Danemark et l'Autriche furent effectivement de simples annexions de petits territoires, bien acceptées dans le contexte politique, avec des résultats presque déjà admis avant que les combats ne commencent. La guerre franco-prussienne de 1870 fut d'une autre nature. Le but politique en était l'unification de l'Allemagne sous la férule prussienne. La défaite de l'armée française devait conduire par elle-même à l'annexion de l'Alsace et de la Lorraine et à l'unification. Mais en allant à Paris, en induisant l'effondrement du Second Empire, puis, humiliation finale et acte pleinement politique, en couronnant l'empereur dans la galerie des glaces à Versailles, l'objet politique de la guerre se trouvait nettement dépassé.

Bismarck et Moltke ne vécurent pas assez pour voir les conséquences de l'humiliation française – le dépassement de l'utilité de la force armée – mais paradoxalement, à la fin de leur vie, tous deux en vinrent à reconnaître les limites de la force et du pouvoir militaire et à essayer d'en prévenir les conséquences. À la suite de sa dernière rencontre avec l'empereur Guillaume II venu lui rendre visite en 1896 alors qu'il était déjà malade, Bismarck dit à l'entourage de ce dernier : « Si le pays est bien gouverné, la prochaine guerre pourra être évitée ; s'il est mal gouverné, cette guerre pourra être une guerre de Sept Ans ! » En 1890, Moltke, ayant finalement quitté la fonction de chef d'état-major général en 1888, avertit le Reichstag dont il était membre, que les généraux entourant le Kaiser s'agitaient pour la guerre mais que, quand celle-ci éclaterait, sa durée serait inimaginable ... ce qui était un grand souci pour lui qui pourtant le premier, mit le feu en Europe.

La guerre qui éclata en 1914 prouva que tous deux avaient raison.

CHAPITRE 3

LE SOMMET :
LES GUERRES MONDIALES

À LA fin du XIXe siècle le paradigme de la guerre industrielle inter-étatique était parachevé : ses éléments centraux : masse, industrie et force armée étaient en place comme l'étaient les concepts essentiels du processus et de l'organisation. Grâce à Napoléon et Moltke, il existait une plus large compréhension de l'utilisation de la force armée. En outre, la guerre industrielle avait apporté la preuve de son utilité : elle avait accouché de nations et transformé la carte de l'Europe. Or, comme les grandes puissances de la nouvelle Europe luttaient pour la suprématie, il devint évident qu'une nouvelle guerre industrielle allait se déclencher. Les généraux et les états-majors de toutes les nations commençaient à établir leurs plans, largement fondés sur les idées col-lectées dans les précédents conflits, en particulier dans les guerres d'unification de l'Allemagne. Mais lorsque la guerre arriva, elle s'avéra plus étendue et déchaîna plus de puissance qu'on avait pu l'imaginer. Elle n'intervint plus seulement entre quelques États mais concerna l'ensemble du monde. Lors des guerres mondiales, le paradigme fut pleinement appliqué, à son point culminant.

Le point de départ est 1871, car après la guerre franco-prussienne et, encore plus, après le début de la course aux armements entre les grandes puissances dans les années 1890, il devint clair qu'il y aurait bientôt une guerre : une revanche de la France sur l'Allemagne qui pourrait se muer en action défensive de l'Allemagne ; une action tendant à l'hégémonie de la part de n'importe laquelle des grandes puis-sances ; ou une provocation de la part d'une des grandes puissances ou d'un acteur extérieur qui rendrait inévitable un conflit armé entre eux tous. Comme augmentait le risque de la guerre, se multiplièrent des réseaux d'alliances et de contre alliances entre nations qui devinrent de plus en plus étroits et de plus en plus complexes, tandis que la défiance mutuelle entre les puissances et leurs acteurs, politiciens, généraux, monarques et diplomates, devenait toujours plus forte, au point que tous les raisonnements en faveur de la guerre l'emportaient sur les autres. Le concept de la guerre très généralement admis, au moins sur le continent européen, envisageait un événement de masses dans lequel d'immenses armées se déverseraient dans la bataille avec une énorme puissance pour obtenir la victoire décisive. Or, malgré les phrases prémonitoires de Moltke et de quelques autres sages, on croyait aussi généralement, à l'instar des guerres d'unification de l'Allemagne, que cette guerre serait brève : les armées de masse, les hommes et le matériel des États se confronteraient à la fin sur un champ de bataille dans un gigantesque face à face qui déciderait en une seule fois de la justesse d'une voie et de la fausseté de l'autre. Ce serait la guerre qui finirait toutes les guerres puisque, après elle, un État (ou peut-être une union d'États) et sa capacité industrielle seraient supérieurs à l'autre. Le paradigme de la guerre industrielle interétatique aurait parfaitement joué.

La logique d'une guerre pour terminer toutes les guerres était simple : depuis qu'elle avait redessiné avec succès la carte de l'Europe grâce à ses caractéristiques industrielles, la guerre pouvait aussi conférer un pouvoir absolu et dominateur. Malheureusement, cette simplicité avait aussi une faille majeure puisque la possibilité qu'une guerre industrielle puisse mener à une destruction systématique sur l'étendue de l'Europe ne semblait pas envisageable pour beaucoup, en particulier lorsque la prospérité se développait partout. Car alors que les siècles succédaient aux siècles, le miracle industriel européen qui nourrirait la guerre à venir continuait à se développer, grandement alimenté par son propre charbon et son agriculture, fabriquant des marchandises avec les ressources de ses territoires et de ses empires, lesquelles étaient vendues sur les marchés nationaux et coloniaux. La population croissait avec la santé et la richesse, notamment dans les États-nations dominants comme dans les autres nations aspirant à devenir des États, en particulier au sein de l'empire austro-hongrois. Avec les populations, grandirent les idées et sentiments patriotiques qui souvent aboutissaient au nationalisme. La trinité clausewitzienne du peuple, de l'État et de l'armée apparaissait à présent proche de l'équilibre : ce n'était plus le modèle napoléonien de l'État où les idéaux ou l'empereur menaient les deux autres, ni le modèle prussien dominé par l'armée : alors que la guerre devenait toujours plus proche, les trois entités tiraient de concert dans de nombreuses parties de l'Europe. Dans un mélange de fierté nationale et d'enthousiasme militaire, l'idée que la guerre était le couronnement glorieux et logique de la période se répandait parmi les politiciens comme parmi les civils et les militaires : fierté des aptitudes industrielles de la nation qui étaient aussi la preuve de ses capacités militaires, que ce soient en navires, en canons ou en projectiles ; croissance de la population qui était aussi la preuve de l'aptitude industrielle à envoyer des hommes au combat, comme l'étaient la dimension et la rapidité des chemins de fer et des flottes. La claire prospérité de cette époque était la preuve de sa préparation à la guerre. Il s'agissait d'un acte logique, issu du fragile équilibre maintenu par « l'équilibre des puissances ». En 1914, l'équilibre fut rompu et l'Europe entra en guerre.

Le drame et l'horreur englobant la première guerre mondiale ont marqué la fin d'un âge de l'humanité. Ce fait fut discerné assez rapidement, à la vérité, pendant la première année de guerre, lorsque toutes les notions de rapidité pour caractériser la guerre furent profondément enterrées dans la boue des tranchées des Flandres, en même temps que le premier contingent de la jeunesse européenne. Toute la mobilité et toute la flexibilité opérationnelles s'étaient arrêtées dans les tranchées avec les armées de conscription de masse mobilisées en 1914. Sans victoire rapide et décisive, le recours à une armée de masse n'avait plus d'utilité. Après que les lignes du front se furent figées, la totalité des économies et des populations des États fut mobilisée au service du monstre : la guerre industrielle interétatique s'était transformée en guerre totale pour les nations belligérantes : elle engendra la production industrielle massive de deux blocs économiques, les conditions d'écrasement des combattants dans une guerre de tranchées sur le front occidental et le développement de presque tous les équipements aujourd'hui à la disposition des commandements. Je ne suis pas en train de réécrire l'histoire ni même l'histoire militaire de ce cataclysme dont existent ailleurs d'excellents comptes rendus. Je voudrais toutefois aborder et à la fois expliquer l'évolution de la force armée et son utilité réelle avec en arrière-plan les grandes tendances que nous avons exposées. Le point de départ de cette explication est le plan Schlieffen et son contexte.

À la suite de l'unification de l'Allemagne par la Prusse, Bismarck chercha à convaincre les autres responsables européens que cette nouvelle grande puissance était dans des dispositions pacifiques. Familier de la menace stratégique, sa plus grande crainte était l'isolement stratégique de l'Allemagne avec une guerre sur deux fronts et, pour éviter cette éventualité, il appliqua deux règles cardinales : éviter les conflits entre puissances de l'Europe centrale et mettre en place ce qui ressemblait à une « semi hégémonie » pour assurer la sécurité de l'empire.

Afin de réaliser ces objectifs, il établit un système d'alliances stratégiques. Comme la France allait inévitablement chercher une revanche après l'annexion de l'Alsace-Lorraine, il entreprit d'autres voisins, concluant des alliances avec l'Autriche-Hongrie, en 1879 et l'Italie en 1882. Le plus grand succès de la diplomatie bismarckienne fut cependant l'accord secret signé avec la Russie en 1887, le traité de réassurrance dont les termes violaient l'esprit de l'alliance austro-hongroise, mais qui lui permettait, dans le cadre de sa politique de sécurité, d'éviter une guerre sur deux fronts.

La chute de Bismarck en 1890 annonça la fin de cette ère d'une diplomatie allemande prudente. Une attitude plus agressive vis-à-vis des autres grandes puissances s'installa bientôt, s'appuyant sur des investissements considérables en matière d'armements terrestres et navals. La première victime en fut le fragile traité de réassurance signé avec la Russie. En 1893, en partie pour des raisons économiques, la Russie refusa de renégocier le traité, choisissant au contraire de se tourner vers la France pour une aide financière et pour assurer sa sécurité. Comme la course aux armements militaires concernait aussi les armements navals, la Grande-Bretagne fut de plus en plus préoccupée par la croissance de la marine de l'empereur Guillaume. Déjà tendues, les relations anglo-allemandes se détériorèrent en 1898 après le vote par le Reichstag de la première loi de construction navale qui prévoyait sept navires de premier rang, deux croiseurs lourds et sept croiseurs légers, programme qui fut ensuite doublé par l'Acte Complémentaire de 1900 alors que l'Allemagne revendiquait le Maroc. En 1904, la Grande-Bretagne et la France signèrent un accord qui ne les liait pas fortement, l'Entente Cordiale qui résolvait différents litiges territoriaux mais marquait une évolution de la politique britannique en faveur de la France. Celle-ci fut amplifiée en 1907 lorsque la Grande-Bretagne rejoignit l'alliance franco-russe : la Triple Entente que Bismarck avait cherché à éviter à tout prix.

Encerclée par une alliance de puissances hostiles, l'Allemagne devait dorénavant envisager une guerre non seulement sur deux fronts mais aussi sur mer, un nouveau défi stratégique pour l'état-major général ; la supériorité démographique globale de l'entente était évidente du fait des immenses réserves en population de l'empire russe, tandis que la Grande-Bretagne et la France pouvaient compter sur leurs colonies tant que la Grande-Bretagne contrôlait les mers. Cependant, pour l'état-major général, la faiblesse de la Russie résidait dans sa masse même. Le simple fait de la dimension de l'empire du tsar engendrait probablement un long processus de mobilisation, en particulier parce que le réseau de chemins de fer n'y était pas aussi développé que celui de l'Europe du Centre et de l'Ouest. D'un autre côté, les armées prussiennes et allemandes avaient deux fois prouvé leur capacité à mobiliser rapidement et à combattre immédiatement après la réalisation de la concentration. Avec l'aide des chemins de fer, elles pensaient qu'elles pourraient essayer de détruire un adversaire de façon rapide et décisive avant de concentrer leurs forces face à l'autre. Le comte Alfred von Schlieffen, chef de l'état-major général allemand de 1896 à 1906 imagina, peu après qu'il eut pris son commandement, une stratégie offensive rapide qui pouvait répondre à cet objectif. Il pensait que les mobilisations françaises et allemandes pouvaient se réaliser en quinze jours, mais que celle de la Russie nécessiterait six semaines en raison de l'étendue de ce pays et de l'insuffisance de son réseau ferré. Ceci laissait très peu de temps aux Allemands pour battre la France avant de se retourner en direction du front Est. Le problème que rencontrait Schlieffen résidait dans la ligne de fortification édifiée par la France après 1870 sur sa nouvelle frontière face à l'Alsace-Lorraine qui ralentirait ou stopperait l'offensive. Il tourna cette question en décidant d'attaquer la France en passant par la Belgique, pays neutre depuis 1839, ce qui permettait à son aile septentrionale d'éviter les défenses françaises. Réalisant ce plan, il devait déplacer une grande quantité de troupes à travers des obstacles fluviaux du « plat pays » et enlever les défenses belges suffisamment rapidement et en assez grand nombre pour obtenir la concentration de forces nécessaires sur la frontière française. Ces forces devaient réaliser un grand mouvement tournant à travers le nord de la France et autour de Paris pour aboutir à une grande défaite des armées françaises dans la profondeur de leur propre territoire. Selon ce plan, pendant les premières six semaines, 85 % des forces engagées devaient être destinées au théâtre occidental, tandis que les 15 % restant devaient attendre sur le front oriental l'arrivée des armées russes.

Lorsque la guerre éclata, le 4 août 1914, le plan Schlieffen, avec quelques modifications, fut mis en œuvre mais, à la fin, il échoua dans l'exécution. La réalité (avec la concentration d'énormes quantités d'hommes et de matériels en un espace relativement restreint, ce qui est une caractéristique de base de la guerre industrielle) échappa au plan. Même avant le déclenchement officiel des hostilités, les grandes puissances européennes avaient entamé le plus grand effort de mobilisation que le monde avait jamais connu. Les précédentes décennies avaient été mises à profit pour dresser des plans destinés à préparer les populations à une organisation de guerre dans la plupart des domaines de l'activité civile, notamment en Allemagne et en France. Le processus mis en place pendant la guerre de Sécession, au cœur de la guerre industrielle, entra en action. Les chemins de fer, sous le contrôle direct ou indirect de l'État, commencèrent à convoyer les hommes, les chevaux et le matériel vers le front. Le 17 août, les 800 000 hommes de l'armée allemande du temps de paix avaient été multipliés par six par la mobilisation des réservistes. Quelque 1 485 000 hommes avaient déjà été transportés sur le front franco-belge, prêts à engager le combat. Les nations par ailleurs s'adaptaient à cet objectif. Le plan de transport français s'avéra extrêmement performant ; la mobilisation autrichienne suivit le même schéma d'efficacité et même les Russes surprirent les Allemands par la vitesse de concentration de leurs première et deuxième armées en Pologne.

D'énormes armées se trouvèrent ainsi en campagne en quelques semaines : à la fin d'août, l'armée française comprenait soixante-deux divisions d'infanterie, fortes chacune de 15 000 hommes. L'empire allemand affichait quatre-vingt sept divisions, tandis que son allié Habsbourg en comptait quarante neuf. Pendant ce temps, à l'est, les Russes levaient le chiffre impressionnant de cent quatorze divisions. Ceux-ci, ensemble, avec des millions de chevaux et de tonnes d'équipements se déversèrent rapidement sur les fronts en bien plus grands nombres et bien plus rapidement que ne l'avait prévu Schlieffen et son état-major lorsqu'ils élaborèrent leur plan. Les armées de tout côté avaient saisi l'importance d'une mobilisation rapide, au moins jusqu'à comprendre que réunir les armées n'était pas suffisant. Afin de les utiliser pertinemment, elles devaient se trouver au bon endroit dans la formation adéquate.

Le plan Schlieffen échoua tout simplement parce que les Français contrèrent victorieusement l'attaque allemande. Là est la difficulté avec un plan : l'ennemi, en règle générale, ne se conforme pas aux hypothèses sur lesquelles le plan est fondé. La difficulté est encore plus grande du fait d'événements contingents survenant quelques temps avant l'exécution des plans préalablement dressés (Schlieffen arrêta son travail huit années avant que la guerre n'éclate). Le plan sera alors exécuté par d'autres qui n'ont pas pris part à son élaboration et ne sont pas nécessairement au courant des hypothèses qui le fondent. Ce fut la situation en Allemagne. En 1906, Schlieffen fut remplacé comme chef d'état-major général par Helmut von Moltke junior, le neveu du grand génie militaire du XIXe siècle. À la différence de son prédécesseur et de son oncle, « le neveu », ainsi qu'il fut connu, avait une nature peu aventureuse qui s'avéra peu propice aux intérêts allemands. Un plan risqué requiert que le chef qui l'exécute assume le risque dans l'exécution sans en atténuer le caractère pendant son déroulement. Lorsque la perspective de la guerre devint de plus en plus évidente, il réduisit le nombre des forces de l'aile Nord pour les envoyer sur le front Est, où elles se trouvèrent cependant en nombre insuffisant car les Russes mobilisèrent à une vitesse plus grande que prévue. Sur le front Ouest, les Belges, les Britanniques et les Français manifestèrent une résistance plus ferme que prévu tandis que la logistique allemande ne put déplacer les masses d'hommes et de matériels requises aussi vite que planifié ; en effet, après leurs premières attaques, les forces allemandes allèrent plus vite que leurs transports et notamment que leur artillerie lourde utilisée dans les premières batailles pour écraser l'adversaire. Ensuite, Joffre et l'état-major français profitèrent de l'étirement de la logistique allemande pour reprendre l'initiative opérationnelle. Ce fut sans doute un des principaux rétablissements nécessaires mais non effectués depuis le temps de Schlieffen. Les Français ne manifestaient plus de faiblesse et s'étaient remis de la défaite de 1870. Ils s'étaient réformés en une machine de guerre puissante et efficace. Sous l'autorité générale et excellente du maréchal Joffre, ils avaient gardé la tête froide, avec le général Foch menant la contre-attaque sur la Marne et sa fameuse apostrophe : « mon centre recule, ma droite est enfoncée. Excellente situation : j'attaque ». Il le fit et obtint le succès. Les Allemands, d'un autre côté, se trouvèrent temporairement en situation de faiblesse. Moltke dont le style de commandement avait été comparé à celui d'un chef d'orchestre dont les exécutants ne regardaient pas la baguette, n'avait plus prise sur ses commandants d'armées. Il perdit également son commandement et fut remplacé comme chef d'état-major général par le général Erich von Falkenhayn le 14 septembre 1914. Aucune victoire décisive n'avait été remportée par un camp pendant la rapide ouverture des hostilités. À la place, intervint une situation d'équilibre entre forces opposées. Les deux camps étaient préparés à une épreuve de forces et déterminés à vaincre dans l'affrontement des volontés. Or, il devint évident que la fin de la guerre, pourtant bien commencée, se montrerait sous un autre jour. Une victoire décisive ne serait pas rapide, ni probablement définitive à la manière des guerres d'unification de l'Allemagne, puisqu'elle impliquerait plus de destructions que celle des armées du champ de bataille. Ce ne serait plus seulement une épreuve de forces entre militaires, mais une confrontation beaucoup plus large impliquant de chaque côté toute l'économie et la population.

Fin octobre 1914, le front occidental était plus ou moins stabilisé sur une ligne qui courait de la mer du Nord à la Suisse, avec l'Allemagne qui occupait la plus grande partie de la Belgique et 20 % de la France, 20 % qui comprenait à peu près 80 % de sa puissance industrielle. Cette ligne restera plus ou moins la même pendant les quatre années qui suivirent, avec des batailles massives qui n'entraînaient que d'infimes variations. Ceci donne une des raisons essentielles pour laquelle on continua la guerre, contrairement à diverses opinions selon lesquelles « on la laissait traîner » inutilement ou « elle se muait en une série de batailles sans objet » : la France et la Belgique étaient occupées. À moins de capituler face aux puissances centrales, il n'y avait pas d'autre choix que de continuer le combat. Les batailles n'étaient donc ni inutiles ni sans objet, mais indécises pour de bonnes raisons techniques.

Sous de nombreux aspects, des deux côtés, le problème stratégique et celui du théâtre revêtaient les mêmes apparences que le problème tactique du siège d'un château au Moyen Âge bien qu'à une tout autre échelle. L'assiégeant creusait des tranchées pour se protéger du tir ennemi puis creusait des tranchées et des tunnels en direction des défenses afin de permettre à ses forces de mener l'assaut, protégées aussi près que possible des défenseurs. Pendant ce temps, il essayait de réduire ou d'abattre les obstacles défensifs par le feu, les mines ou l'artillerie. Lorsque le chef s'avérait confiant en sa capacité d'abattre ou de pénétrer les défenses adverses et aussi confiant en sa capacité de réunir une force d'assaut suffisante assez près de la brèche sans être retardé ou interrompu par les tirs ennemis, il tentait d'emporter le fort. On voit là un exemple de l'emploi offensif des tranchées, mais celles-ci sont aussi utilisées dans un but défensif. Au XIXe siècle, l'efficacité et la portée des fusils rayés chargés par la culasse imposèrent à l'infanterie de recourir aux tranchées et aux boucliers tandis que la difficulté des communications sur le champ de bataille imposait de relier les tranchées entre elles. Au contraire d'un bouclier, une tranchée se révèle évidemment statique et son occupant devient un défenseur dans son trou. Plus grands sont la zone creusée de tranchées et l'endroit à défendre, plus vaste devient le système de tranchées. Dans la plupart des situations militaires tout comme dans celle d'un château fort, on peut déborder la position, l'encercler et la réduire. Mais, dans le cas du château, il y avait une différence, les défenseurs avaient peu de chances de disposer d'approvisionnements ou de défenses multipliées afin de tenir face à une force d'assaut supérieure, déterminée et soutenue par l'artillerie. Pendant la première guerre mondiale, les deux adversaires s'enterrèrent : d'abord les Allemands dans un système défensif (les assiégés du château) et les alliés d'abord dans un esprit offensif, les assiégeants. En outre, la dimension des armées et les capacités industrielles des puissances centrales comme celles des alliés étaient telles que les adversaires occupaient tout l'espace au long du front avec des hommes et pouvaient approvisionner ceux-ci. Ils en étaient capables, avec assez d'hommes et sur une profondeur suffisante (ou avec une telle densité) qu'il n'y avait pas d'ailes à tourner, les extrémités de la ligne étant fermement ancrées respectivement à la mer du Nord et à la frontière suisse. Faute d'ailes à tourner, les attaquants devaient trouver le moyen de briser ou de pénétrer les défenses. Au printemps 1918, les Allemands sous le général Ludendorff prirent l'offensive et enfoncèrent les défenses alliées, mais ne purent exploiter leur succès. En réalité, ce furent les alliés qui y parvinrent et obtinrent la fin de la guerre. Mais il fallut plus de trois ans d'expérience durement acquise pour faire évoluer les armées, leurs tactiques et leur équipement pour utiliser avec succès la force des armes et emporter les lignes défensives allemandes.

Lorsque le front se fixa en 1914, la façon de combattre et d'utiliser la force évolua rapidement. Les raisons en furent une fois encore une conséquence directe du caractère massif de la guerre industrielle totale, avec le développement contemporain des transports et des transmissions. Car l'histoire du front occidental qui devint l'illustration emblématique de la guerre dans son entier, était une fois encore la conséquence de la vitesse des déplacements stratégiques et de théâtres par chemin de fer opposée à celle d'un fantassin dès que les armées s'éloignaient de la tête de ligne et des transmissions obtenues par le télégraphe ou le téléphone par opposition au dispositif de coureurs et d'estafettes sur le champ de bataille. Le problème au niveau opérationnel était de trouver le moyen d'opérer une trouée dans les lignes ennemies suffisamment large pour permettre une attaque dans la profondeur du dispositif ennemi. Or la voie ferrée, au-delà de l'attaque, aggrava la difficulté puisque le défenseur, s'appuyant sur la tête de ligne ferroviaire pouvait toujours masser des troupes de renfort plus rapidement que les assaillants s'éloignant à pied de leurs propres voies ferrées. En conséquences de ces réalités industrielles, la guerre sur le front occidental prit un caractère de guerre d'usure par attrition. Il y avait du mouvement mais aucun espace où manœuvrer. Selon la nature industrielle de la guerre, hommes et matériels se déplaçaient sur rail jusqu'à la limite où ils se retrouvaient face à une autre masse armée. De grandes concentrations de forces étaient organisées là où l'une des parties entendait attaquer, les attaquants essayant toujours de rompre les défenses sur une largeur permettant leur écoulement derrière les défenseurs afin de les détruire. Pendant des semaines, attaques et contre-attaques entraîneront flux et reflux de la ligne dans un affrontement d'usure, nourri par le processus industriel qui devait être programmé car les transmissions disponibles ne permettaient pas autre chose. Il en résulta qu'une attaque rapide d'une armée par une autre afin d'obtenir vite une victoire décisive, l'objectif de toute guerre industrielle interétatique, devint impossible. La confrontation par attrition sur des lignes de tranchées devenait presque inévitable dans ce type de conditions.

Les attaques pour gagner du terrain de tranchées en tranchées étaient soutenues par des bombardements massifs d'artillerie. La première guerre mondiale fut d'abord une guerre d'artillerie et les milliers de canons déployés de chaque côté se révélèrent la première origine des pertes. La technologie s'adapta très vite à ces nouvelles conditions : des obus à shrapnell plus efficaces dans une bataille de troupes qui manœuvrent furent vite remplacés par des obus à forte puissance explosive qui étaient plus efficaces contre les tranchées et les ouvrages en terre. Les bombardements d'artillerie s'attachèrent à rompre la cohérence des lignes défensives en privilégiant certaines cibles. Les premières étaient constituées des défenseurs eux-mêmes ; même s'ils n'étaient pas tués, l'effet de choc sapait leur volonté. Les secondes étaient représentées par l'environnement des défenseurs : détruire le dispositif de tranchées, couper les lignes téléphoniques, ouvrir les obstacles barbelés et combler les tranchées elles mêmes. La troisième sorte de cible, c'étaient les pièces d'artillerie ennemies. Pendant l'assaut par l'infanterie, on demandait à l'artillerie, tandis que les vagues d'attaquants se rapprochaient de leurs objectifs, de faire baisser la tête aux opposants et de pilonner les réserves des défenseurs lorsque celles-ci commençaient leur tir ou lançaient leur contre attaque. En de telles occasions, les barrages d'artillerie s'avéraient si intenses, tels ceux mis en œuvre dans la bataille de la Somme, que les Allemands désignaient ce phénomène comme des batailles de matériels (*die Materialslacht*). Cette guerre de tranchées suscita une demande incessante d'hommes, de munitions et d'approvisionnements sans gains ni victoire apparente. Les attaques d'infanterie devinrent des opérations extrêmement coûteuses et aboutirent à des pertes énormes pour les attaquants comme pour les défenseurs. En 1916, par exemple, le premier jour de la bataille de la Somme, les pertes britanniques furent à peu près de 60 000 hommes dont 20 000 tués. Lors de la bataille suivante de Verdun la même année, la plus longue de la guerre, les Français perdirent approximativement 550 000 hommes et les Allemands 434 000. La guerre industrielle totale ayant failli dans sa promesse d'une prompte victoire décisive, engendrait à la place des pertes humaines à un taux industriel. Il est peut-être évident que plus longtemps les hommes sont engagés, plus il y a de pertes et que plus il y a d'hommes, plus il y a de pertes aussi. En règle générale, donc, on doit essayer de tenir le maximum d'une force le plus longtemps possible hors du contact avec l'ennemi et programmer de nombreux petits combats très brefs. De cette façon, même si le conflit dure très longtemps, il n'en est pas de même pour les batailles. Cependant, dans cette hypothèse, on a besoin de temps et d'espace, mais ni l'un ni l'autre n'étaient à portée sur le front occidental : il n'y avait pas place pour la flexibilité opérationnelle.

Parallèlement à l'organisation d'une machine de guerre industrielle telle que ses voisins continentaux l'avaient élaborée au siècle précédent, la Grande-Bretagne en vint à tenir un rôle particulier dans la guerre. Elle avait toujours conservé la Royal Navy pour défendre ses côtes et son commerce mais aussi pour projeter sa puissance et son influence ; à la fin du XIXᵉ siècle, la dimension de celle-ci traduisait un principe selon lequel elle devait être plus grosse que les deux autres principales marines étrangères combinées. La crainte pour sa suprématie navale avait précipité la Grande-Bretagne dans la course aux armements avec l'Allemagne dans les années 1880, mais son armée était restée une petite force de volontaires dont le rôle pouvait au mieux être résumé comme une gendarmerie impériale. Cette armée possédait une expérience considérable de « petites guerres », pour lever, diriger des forces locales indigènes et coopérer avec ces dernières. Elle avait connu quelques défaites considérables comme à Islandwana en 1879 mais les Britanniques, comme le poète Hilaire Belloc le remarqua, « avaient construit le canon Maxim et ne l'avaient pas » ; en d'autres termes, ils possédaient un avantage industriel et technologique et gagnaient leurs guerres. De cette façon, pendant le XIXᵉ siècle, au contraire des puissances continentales qui se concentrèrent sur la construction d'armées industrielles de conscription, ils employèrent leur force industrielle à développer une flotte capable de combattre, comme à Trafalgar, de grandes flottes et destinée à défendre le royaume et l'empire ; ils n'équipèrent qu'une petite armée pour conquérir et contrôler ce dernier.

En 1899, les armées des républiques Boer ne leur enseignèrent « pas la fin d'une leçon » comme l'écrivit Kipling dans *La Leçon* ; mais, bien que les Britanniques fussent finalement victorieux, l'expérience de leurs fautes initiales mena ensuite au rapport Haldane en 1908 et à de grandes réformes militaires. En 1914, l'armée s'avérait très professionnelle, mais reposait encore néanmoins sur le volontariat pour le recrutement. Elle restait donc petite, un peu moins de 250 000 hommes avec des réserves minimales, la plupart d'entre elles appartenant à l'armée territoriale de taille équivalente. C'est en raison de cette petite taille en comparaison des armées française et allemande que l'armée britannique n'était pas vraiment prise en compte dans le plan Schlieffen. Par son nombre, elle n'était pas considérée comme une menace. Lorsque éclatèrent les hostilités en 1914, l'empereur Guillaume, de façon notoire, en parla comme d'« une méprisable petite armée ». Néanmoins, l'état-major général allemand évalua le risque avec précaution, considérant la menace potentielle britannique comme minime en comparaison de l'avantage possible d'une victoire rapide contre les Français. D'un point de vue strictement militaire, ils étaient probablement dans le vrai au moment où le plan fut conçu, à la fin du XIXe siècle, mais il est moins clair que le calcul eût été encore correct en 1914, non parce que les Britanniques avaient significativement accru leur armée, mais parce que les Allemands n'évaluaient pas forcément la situation sur les mêmes bases qu'auparavant. Lorsque la guerre éclata, il est tout à fait possible que, au lieu de soumettre leurs objectifs militaires à des finalités politiques, leurs calculs politiques pour établir leur hégémonie en Europe aient été déterminés par la réalisation de leurs objectifs militaires et stratégiques soit de vaincre l'armée française avant de s'en prendre à l'armée russe. Toutefois, les buts politiques et militaires pouvaient se révéler identiques dans la mesure où l'institution militaire, à Berlin, était réellement devenue le prescripteur de la politique à suivre, comme l'affirmait la propagande britannique de l'époque. Car véritablement, les prémisses du plan Schlieffen, en ignorant la menace militaire constituée par la Belgique et la Grande-Bretagne au risque, avec les deux, de se créer de nouveaux ennemis manifeste la priorité des considérations militaires sur les considérations politiques. Le point est intéressant car, même si je n'essaie pas de suggérer que la Grande-Bretagne n'aurait pas dû entrer en guerre avec la Triple Entente, la décision allemande créait une situation nouvelle dans laquelle la neutralité belge était violée. En tant que garante de cette neutralité, la Grande-Bretagne, se devait d'intervenir, ajoutant ainsi à la rectitude morale de sa position et renforçant la volonté politique de la nation d'une implication croissante dans la guerre.

Car, au départ, tandis que l'armée était professionnalisée et malgré la signature de l'alliance de l'Entente, la stratégie politico militaire de la Grande-Bretagne, dans les années précédant la guerre, consistait à soutenir ses alliés de sa puissance navale et par des moyens économiques, en imposant un blocus aux puissances centrales et en fournissant du matériel à ses alliés. La Grande-Bretagne n'ayant participé à aucune guerre continentale depuis celle de Crimée au milieu du XIXe siècle qui, à l'instar des guerres coloniales, n'impliquait pas largement la population, le choc de se trouver confrontée avec une guerre totale fut immense, non seulement en ce qui concerne la conscience nationale mais aussi au niveau économique. Comme l'auteur pour enfants, Noël Streitfeild, né en 1895 l'exprima à la déclaration de guerre en 1914 :

« L'Anglais ou l'Anglaise moyen ne connaissait rien de la guerre. Ce qui serait vite oublié serait la première réaction. En aucun cas, il n'était envisagé que cela affecterait la vie du citoyen moyen. Les guerres étaient menées par des soldats et des marins qu'on voyait en permission et qui y prêtaient une attention exagérée. »

Les revenants de la petite armée méprisable, mutilés dans les batailles de 1914, apportèrent les bases sur lesquelles l'armée victorieuse fut constituée, avec plus de 5 millions d'hommes, la plus grosse armée que la Grande-Bretagne ait jamais mise en campagne. Et elle vainquit dans les engagements ultérieurs contre la principale force ennemie.

Ce ne fut qu'en 1917 que le pays atteignit sa pleine capacité pour la guerre industrielle, avec la mise en place de la stratégie et des institutions nécessaires au fonctionnement du « processus » de façon continue. La base industrielle nationale fut transformée pour soutenir l'effort de guerre, la conscription fut instaurée en janvier 1916 et la technologie sollicitée pour s'adapter aux tactiques. La première guerre mondiale laissa à tous les belligérants une structure pour une forme de guerre qui reposait beaucoup sur la technologie et impliquait les non combattants par la mobilisation intensive et sans précédent de la société et des capacités de production pour l'effort de guerre. Les soldats se battirent sur le continent tandis que les civils (y compris pour la première fois de nombreuses femmes), l'industrie et les capitaux participèrent au plus grand effort national, finançant, développant et travaillant pour les systèmes de production qui fournissaient les armées. L'effort civil pour la guerre fut tellement total qu'il fut défini comme le front domestique, un symbole clair pour indiquer qu'il s'agissait d'un conflit non seulement entre armées mais entre les nations et leurs économies. La population, selon la trinité clausewitzienne avait été nettement intégrée dans la guerre.

La production industrielle massive intervint aussi sur le front puisque le niveau élevé de technologie, l'industrie et les communications étaient issues des seules sources nationales pour soutenir les forces armées. Ceci marquait le niveau intermédiaire de la guerre, le théâtre ou le niveau opérationnel comme prééminent dans la conduite de la guerre. Le front italien, ceux du Moyen-Orient et de l'Est étaient tous dans une certaine mesure indépendants, chacun avec un mélange de forces et d'armes, dirigé par un commandant de théâtre qui était un général chevronné et avec le commandement stratégique situé dans les états-majors généraux de Grande-Bretagne, de France d'Italie et de Russie. Toutefois le front occidental, pendant les trois premières années de guerre devait être considéré comme un double théâtre d'opérations puisque la France et la Grande-Bretagne envisageaient une partie de celui-ci comme leur propre théâtre. Ce fut seulement lorsque le maréchal Foch fut nommé commandant en chef de toutes les forces alliées en 1918, sur le front occidental, qu'il exista une direction centralisée et qu'ainsi apparut un théâtre unique. En conséquence, il devint un théâtre de guerre avec deux fronts opérationnels au lieu de théâtres nationaux d'opérations, bien qu'une troisième catégorie d'opérations, celle de l'armée américaine de Pershing se développpât rapidement à l'intérieur du même théâtre d'opérations. La construction d'une organisation multinationale fut importante pour diriger une force militaire sur une échelle industrielle et, pendant la seconde guerre mondiale, une fois que les États-Unis s'y impliquèrent, les alliés purent immédiatement créer une structure de commandement commune à partir de cette expérience.

La nature de la guerre industrielle et, en particulier, les développements techniques conçus sur une base industrielle, suscitèrent les caractéristiques du front occidental. Que ces caractéristiques aient perduré sur une si longue période est dû, en particulier, au nombre sans précédent de projectiles et d'obus que les armées de masse dévoraient en quantités toujours croissantes. Alors que, en 1870 à Sedan (le point de comparaison des planificateurs militaires pendant les quatre décennies qui suivirent), l'armée prussienne avait tiré 33 134 projectiles, dans la semaine qui précéda la bataille de la Somme en 1916, l'artillerie britannique en tira un million. La contrainte d'approvisionnement des armées avec de telles masses de munitions provoqua une pénurie temporaire chez les alliés en 1915 mais un programme d'industrialisation d'urgence et des conversions industrielles rapides en Grande-Bretagne complétés par des productions extérieures d'usines travaillant en sous capacité à l'étranger, résolurent la question. Les Français qui avaient prévu d'utiliser environ 10 000 munitions de 75 par jour avant la guerre (une guerre supposée durer de 3 à 4 mois) en produisaient 200 000 par jour en 1915. En 1917-1918 les Français fournirent le corps expéditionnaire américain avec 10 millions d'obus pour leur artillerie de construction française comme plus des deux tiers de leur flotte aérienne de combat. Les puissances centrales, quant à elles, s'arrangèrent pour augmenter leur production de munitions malgré le blocus auquel elles étaient soumises par la flotte britannique. Les Allemands recoururent à leur industrie chimique très novatrice pour obtenir des produits de substitution, solution également très utilisée par le IIIe Reich, deux décennies plus tard. De cette manière, ils accrurent leur production d'explosifs de 1 000 tonnes par mois en 1914 à 6 000 tonnes en 1915.

Les capacités industrielles se développèrent également pour accélérer la construction de nouvelles armes : le mortier de tranchée et la grenade qui furent redécouverts apportèrent de nouveaux niveaux de pertes tandis que le canon sur rails rencontra le plein épanouissement de sa courte existence. Bien que les chiffres montrent qu'ils étaient moins mortels qu'ils ne le sont supposés ordinairement, les gaz toxiques firent une entrée remarquée sur le champ de bataille pendant la seconde bataille d'Ypres en avril 1915 lorsque les Allemands utilisèrent du gaz chloré contre les unités françaises et leur aile britannique. La célébrité des gaz peut être expliquée par leurs effets physiologiques et par l'impact psychologique sur les autres soldats qui, depuis lors, vécurent dans la crainte de leurs effets peu familiers, d'abord sans les masques puis avec des protections rapidement produites lesquelles limitaient à la fois le volume d'air qu'ils pouvaient respirer et celui ingéré de gaz toxique. Avec le temps, l'usage des gaz devint une routine. La mitrailleuse, l'aéronef et le char devinrent des traits caractéristiques du conflit comme nous le verrons. Ceux-ci à leur tour entraînèrent le développement du fusil et du canon antichar et rapidement du canon antiaérien.

La masse d'obus et d'armements était à la fois le résultat logique de la guerre industrielle de masse et la façon de s'en préserver. Les inventions originales et les productions ainsi engendrées devaient assurer la victoire. La recherche britannique pour une solution technique apporta la réponse du char qui fit sa première apparition sur le champ de bataille en 1916. Ce véhicule blindé était censé soutenir l'infanterie en avançant avec elle et en écrasant les obstacles défensifs tout en lui apportant un appui feu avec ses mitrailleuses. Ces engins n'étaient pas fiables mécaniquement et il fallut attendre 1917 pour qu'ils soient produits et soutenus en nombre suffisant pour être utilisés de manière efficace. À la fin de 1917, les Britanniques avaient mis au point la manière de les utiliser et produit des variantes portant des mortiers, de l'infanterie et des charges comme des munitions ou des blessés.

Des deux côtés, on chercha les moyens militaires d'attaquer l'aptitude de l'autre à soutenir l'effort de guerre et la détermination politique à la continuer. Les navires alliés imposèrent le blocus mais avec l'Allemagne et ses alliés extrayant du cœur de l'Europe et de l'empire ottoman ses matières premières, il fallut du temps avant d'obtenir des résultats. Les Allemands attaquèrent les Britanniques depuis la mer et depuis les airs. La Royal Navy symbolisait par sa dimension, ses navires et globalement, la façon d'atteindre la puissance industrielle et les intérêts économiques de la Grande-Bretagne impériale. Elle défendait le royaume et les communications avec l'empire. Elle était là pour détruire les flottes adverses comme elle l'avait fait dans l'histoire. En 1914, la marine anglaise était déployée comme prévu pour couvrir les sorties de la marine allemande de la Baltique et des ports de la mer du Nord. En mai 1916, la flotte allemande appareilla : la bataille du Jutland qui s'en suivit fut la seule opération majeure de la guerre pour la flotte. Elle ne fut pas décisive. Les Allemands regagnèrent leur côte et ne firent plus d'autres sorties en escadre. Néanmoins ils possédaient des sous-marins : le modèle d'alors faisait habituellement surface pour attaquer au canon ses cibles, car les torpilles n'étaient qu'à un stade élémentaire de développement, et s'avérait donc plus adapté à l'attaque des vaisseaux marchands qu'à celle des navires de guerre. Les Allemands envisagèrent de l'utiliser pour répondre au blocus des alliés et de la Grande-Bretagne en particulier. En 1917, ils eurent tant de succès que la Grande-Bretagne commença à souffrir d'une sérieuse pénurie alimentaire. Les mesures anti-sous-marines, telles que les convois furent mises en œuvre et petit à petit la menace se réduisit à un niveau tolérable. La « Royal Navy » avait aussi des sous-marins comme indiqué ci-dessus, Vickers en avait construit cinquante-six avant le début de la guerre, mais étant donné son objectif principal de détruire la flotte ennemie, elle ne les avait pas beaucoup employés comme force offensive à ce stade élémentaire de leur évolution. Or, alors qu'il y avait grand besoin d'imposer le blocus à l'Allemagne, celle-ci dépendait plutôt d'approvisionnement par terre que par mer, aussi les sous-marins britanniques avaient-ils peu de navires de commerce à attaquer.

Une autre approche technologique et tactique nouvelle sur le front ouest fut mise en œuvre dans le domaine aérien. Des deux côtés, le moral de la population représentait un objectif lié à la détermination politique de continuer la guerre. Avant 1914, l'aviation était presque restreinte à un rôle de reconnaissance. À la déclaration de guerre, très peu d'avions avaient été construits dans un but militaire et en réalité, ils n'étaient même pas armés : les Français et les Allemands, par exemple, se reposaient en 1914 sur des commandes d'avions civils. Dès le début des hostilités, le British Royal Naval Air Service (RNAS) lança des opérations contre les terrains d'aviation allemands. Pendant ce temps les Allemands bombardèrent avec des Zeppelin les forts autour de Liège. Le premier bombardement sur une grande ville intervint lorsque des avions allemands volèrent de la Marne vers Paris et laissèrent tomber quelques grenades à main. À leur tour les Français commencèrent des raids de bombardement sur des objectifs derrière les lignes allemandes. Et les Allemands répondirent en armant de mitrailleuses des avions de reconnaissance. Avec l'amélioration de la conception des aéronefs, le chasseur naquit et, mi 1915, survint le premier combat aérien. Des deux côtés, les armées réclamaient plus de vols de reconnaissance afin de localiser les troupes et l'artillerie ennemies tandis que l'adversaire réagissait en faisant décoller de plus en plus de chasseurs pour s'y opposer. Les inventions techniques tel « l'arbre interrupteur » permirent bientôt aux mitrailleuses d'être installées par les Allemands dans l'axe de l'avion pour tirer à travers le champ circulaire de l'hélice. Le chasseur monoplace était né. En 1916, on disposa les avions en formation afin d'améliorer leur protection mutuelle et pour rassembler une puissance de feu suffisante sur la zone cible ou contre les formations aériennes ennemies. Les belligérants créèrent des forces aériennes qui étaient considérées comme des soutiens aux combattants sur terre et en mer, les avions étant utilisés en reconnaissance, pour diriger l'artillerie et attaquer les communications. Chez les Britanniques, il y avait concurremment le RNAS et le Royal Flying Corps (RFC). À la fin de 1917, les alliés disposaient à la fois d'un nombre suffisant d'avions adaptés et de tactiques mises au point pour bénéficier de la domination de l'espace aérien au dessus du front, avec la supériorité aérienne, dans la plupart des cas.

Initialement, seuls les Allemands avaient la capacité de mener des opérations de bombardement à longue distance avec leurs dirigeables « Zeppelin ». Ils étaient en situation de s'en prendre à Londres, en grande partie grâce à leur occupation de la Belgique qui leur conférait un atout géographique en les mettant plus près de la capitale de leur ennemi que les Britanniques ne l'étaient de Berlin. Ces attaques avaient un effet psychologique immédiat plutôt que matériel puisqu'elles se révélaient sporadiques, imprécises et d'un poids minime en bombes. Or les chasseurs et les projectiles incendiaires constituaient un danger pour ces ballons en forme de torpille et remplis d'hydrogène. Aussi, les bombardements furent bientôt effectués par des avions. En mai et juin 1917, les Allemands se mirent à lancer des raids contre le sol anglais avec de petites formations de bombardiers Gotha qui pouvaient chacun emporter 400 kilos de bombes. Les Britanniques étaient dans l'incapacité de répondre en l'espèce. Tandis que l'aéronavale et l'armée de terre cherchaient une contre-attaque, il n'y avait aucun commandement en charge du front domestique et donc du moral de la population. L'armée était engagée en Europe et ailleurs dans le but de défaire les forces principales ennemies et la marine l'était pour exercer le blocus et détruire les navires ennemis. À la suite d'une enquête présidée par Jan

Smuts, l'ancien chef de commando boer, il fut décidé de créer une nouvelle force stratégique : la Royal Air Force, la première de son espèce. Au milieu de la guerre, les deux structures d'aviation pré-existantes furent regroupées pour former un nouvel organisme avec son propre chef d'état-major et son propre ministre pour se tenir à égale distance de l'amirauté et du ministère de la Guerre. La RAF devait défendre le royaume contre les attaques aériennes, mener les siennes propres contre l'ennemi, et soutenir les autres armées dans leurs opérations. En bref, les escadrons quittèrent la France et la défense du sud-est de l'Angleterre fut organisée de façon cohérente. En même temps, les usines d'avions se développèrent extrêmement rapidement, notamment en comparaison de l'Allemagne. Plus de 13 000 avions furent produits : c'est ce qui donna aux Britanniques et aux alliés la pré-éminence aérienne et ce qu'un commentateur indiqua récemment :

> « La RAF ne défit point les forces aériennes allemandes, elle les domina, saturant les cieux de ses avions, n'accordant aucun répit à ses adversaires pour des réparations ou des regroupements tactiques… [À la fin de la guerre], avec horreur et désespoir, l'armée de l'air allemande découvrit que les normes de fabrication avaient été autorisées à se relâcher : en conséquence leurs meilleurs et nouveaux modèles avaient été gravement dégradés par l'usage de matériaux médiocres et par une fabrication peu soignée. Ce fut le succès final de la nouvelle industrie aéronautique britannique, non seulement d'avoir mis hors course la plus grande nation manufacturière d'Europe, mais encore de l'avoir démoralisée de sorte qu'elle ne pouvait plus avoir confiance en ce qu'elle produisait. »

Grâce à cette réorganisation profonde couplée avec les capacités françaises et l'aide américaine, les alliés entrèrent pendant toute la dernière année de guerre dans une phase de bombardements à grand rayon d'action et lancèrent régulièrement des raids en profondeur sur l'Allemagne. Les limites traditionnelles du champ de bataille s'étaient singulièrement éloignées.

La guerre se termina en 1918 mieux qu'elle ne commença : avec une attaque allemande massive et innovante qui, à la fin, dépassa ses capacités logistiques et qui fut contrée par une attaque alliée. Au contraire des Britanniques, dans leur recherche des moyens de faire une brèche dans les défenses ennemies, les Allemands ne prirent pas la voie de la technologie mais plutôt cherchèrent une solution dans un changement de tactique, laquelle fut intitulée « mobilité dans la guerre ». À cette fin ils sélectionnèrent et entraînèrent une infanterie d'élite, les « *Sturmtruppen* », des soldats spécialisés dans l'infiltration et menant des attaques rapides et brutales avant de se retourner sur une autre cible. Ils devaient effectuer des assauts surprises après un bref bombardement en

ouragan et alors pénétrer le plus rapidement possible en territoire ennemi. Équipés des dernières armes sorties comme des fusil rayés automatiques, de mitrailleuses légères et de lance-flamme, ils détenaient la
puissance de feu nécessaire pour enlever rapidement une position
défensive. Les chefs de ces formations bénéficiaient d'une liberté
d'action considérable. Ils devaient passer à côté des points de résistance
et pénétrer profondément dans les positions britanniques en cherchant à
détruire la cohérence de la défense et à répandre la frayeur dans les
zones de l'arrière. D'autres unités, un second échelon, devaient suivre
et compléter l'élimination des défenseurs. Il s'agissait d'un exemple
limpide de « mobilité organisationnelle » : la répartition de l'autorité et
des responsabilités, l'assemblage des forces et des ressources et l'allocation des tâches étaient bouleversées pour rendre compte du concept
tactique de « mobilité dans la guerre » et le mettre en pratique ; ainsi
cette mobilité aboutissait à des façons différentes d'utiliser la force. Il
avait fallu trois ans et elle s'imposait au niveau tactique plutôt qu'à
celui du théâtre ou de la stratégie, mais la novation était réussie.

En mars 1918, le général Erich von Ludendorff décida d'appliquer
la tactique de la « mobilité dans la guerre » sur une grande échelle en
lançant une offensive majeure sur le front occidental. Son cousin, le
général Oskar von Hutier avait développé et démontré l'efficacité des
infiltrations tactiques de l'armée allemande à la faveur de la capture de
Riga en septembre 1917. Hutier reçut le commandement de la dix-
huitième armée, nouvellement créée, qui devait servir de fer de lance de
l'offensive allemande. Cette armée commença l'offensive le 21 mars.
Une courte mais massive préparation d'artillerie fut suivie d'une attaque par des unités « tempête ». À la fin du premier jour, 21 000 soldats
britanniques avaient été faits prisonniers et les Allemands avaient réalisé une avance importante au sein de la cinquième armée britannique.
Après ces gains initiaux spectaculaires, la poussée continua en direction
d'Amiens, les Britanniques battant en retraite dans un certain désordre.
Cependant, bien que l'offensive de Ludendorff ait obtenu la plus grande
avance sur le front occidental en trois ans, les Allemands furent
confrontés au même problème que n'importe qui d'autre : il y avait
toujours une autre tranchée à prendre et plus ils avançaient, plus il
devenait difficile d'exploiter les succès des unités « tempête ». Les
Britanniques avaient été repoussés jusqu'à leurs têtes de ligne ferro-
viaires alors que les Allemands s'éloignaient de plus en plus des leurs.
Après quelques jours, la dix-huitième armée allemande s'aperçut
qu'elle se coupait de ses approvisionnements alors qu'elle avançait. La
vitesse de l'avance avait placé ses lignes d'approvisionnement sous

forte contrainte. Les unités qui en étaient chargées n'arrivaient pas à rester en liaison avec les unités « tempête ». Comme celles-ci marchaient sur Amiens, la situation se détériora : on tua des chevaux pour les manger et la mobilité de la dix-huitième armée se trouva par là singulièrement réduite. Lorsqu'elle atteignit la ville de Albert la discipline se rompit et les soldats se ruèrent pour piller les boutiques et manger. La progression s'arrêta et l'attaque d'Amiens échoua. L'avance s'épuisa faute d'être nourrie et fut mise en échec par une défense rapidement mise en place.

Les alliés rallièrent et en mai 1918, ils lancèrent une contre-offensive dont le centre était britannique. En 1917, les Anglais avaient mis au point des tactiques pour utiliser les chars et les avions du RFC. Ils avaient appris qu'il valait mieux, au plus haut niveau tactique, ne pas exploiter une brèche en profondeur chez l'ennemi en une seule attaque. Ils trouvèrent à la place qu'il était préférable d'écraser les défenses adverses en une série de morsures maintenues, lançant toute nouvelle attaque dans une direction différente de la précédente juste quand les réserves ennemies était en train de se mouvoir vers la précédente attaque. Ceci aboutit à ce que chaque attaque puisse être pleinement soutenue à son tour et que les défenseurs se trouvent en infériorité lorsque l'attaque suivante était engagée. Mais, aussi important, en attaquant sur un large front plutôt que sur un front étroit toutes les routes vers l'avant pouvaient être utilisées pour le soutien de l'attaque. D'un point de vue opérationnel, les Britanniques trouvèrent le moyen de repousser le front en arrière plutôt que de le percer et ils y parvinrent.

Cette contre-attaque conduisit directement à la défaite de l'armée allemande et à la fin de la guerre. La onzième heure du onzième jour du onzième mois, l'armistice fut signé.

L'Allemagne et ses forces armées avaient été un ennemi terriblement difficile à battre. Même lorsque l'armée allemande retraitait vers sa patrie, elle estimait que les révolutionnaires de tendance socialiste et défaitiste les avaient poignardés, chez eux, dans le dos. De même que la guerre commença avec les militaires semblant dicter les décisions politiques, de même, elle se termina avec les militaires rendant responsable de la défaite le manque de soutien politique populaire. La guerre avait été une épreuve de force massive, une épreuve que les alliés initiaux avaient finalement remportée, partiellement aidés par les armées américaines qui avaient commencé à apparaître en nombre croissant sur le front occidental en engageant plus d'argent, plus d'hommes et plus de matériel. Mais l'affrontement de volontés avait été perdu au sein du pays même, non par une agression directe, mais par l'effet corrosif d'années de pertes, de privations et de difficultés de vie. Le blocus naval imposé par la Grande-Bretagne en 1914 avait conduit à la malnutrition et à l'instabilité politique en Allemagne, érodant la confiance de la population dans la vision de l'avenir de ses dirigeants. La population avait été rassemblée et mise sous les drapeaux par millions et avait compté les morts par millions. La victoire rapide décisive n'avait pas été obtenue et les Allemands avaient été attaqués et affamés chez eux. L'élément population de la trinité clausewitzienne s'était séparé des autres, aussi le gouvernement et les militaires ne purent-ils plus la continuer et durent demander la paix. Les alliés remportèrent la victoire décisive mais sous de nombreux aspects elle était amère : eux aussi avaient été affamés et bombardés chez eux, eux aussi avaient perdu des millions d'êtres aimés. Tandis que leur population restait confiante au sein de la trinité, il apparut clairement aux responsables politiques comme aux chef militaires qu'il ne serait pas facile de l'entraîner dans une nouvelle guerre. Pour tous les participants, la guerre industrielle totale avait apporté un carnage humain et une dévastation industrielle. Entre tous les belligérants plus de 65 millions d'homme avaient été mobilisés : 42 188 810 chez les alliés, 22 850 000 pour les puissances centrales, 15 millions avaient perdu la vie, plus de 8,5 millions de soldats et environ 6,5 millions de civils ; plus de 21 millions de soldats avaient été blessés et 7,5 millions faits prisonniers ou déclarés disparus. Ces nombres étaient trop grands pour qu'un individu en perçoive la réalité, ce qui est important : les hommes acceptèrent la guerre, soit par persuasion, soit par la mobilisation soit par le travail en usine mais tous, même ceux dans le camp gagnant, furent pris dans un filet et réellement éprouvés par la dimension et la puissance du conflit.

Durant les quatre années du conflit, des quantités massives de forces armées avaient été découplées avec des puissances massives, telles que le monde n'en avait jamais vues auparavant. À la fin de la guerre, le sens de « la victoire décisive s'était transformé de rapide et triomphale en lente et desséchante. Entrant en campagne avec des concepts opérationnels et stratégiques pour beaucoup dérivés des guerres de l'unification allemande, il fallut aux chefs de guerre des deux camps beaucoup de temps pour s'adapter et en concevoir de nouveaux. La Grande-Bretagne recourut aux chars et à la technologie, tandis que les Allemands faisaient leur percée novatrice avec la « mobilité dans la guerre ». Les deux autorisaient une flexibilité opérationnelle qui s'était engluée dans la guerre de tranchées. La puissance aérienne avait été

intégrée au champ de bataille et était aussi devenue une force stratégique par elle-même. À l'exception des armes et des systèmes qui
dépendent des ondes électromagnétiques, toutes les armes de l'arsenal
actuel firent leur apparition pendant la Grande Guerre, au moins sous
leur forme générique, y compris les armes de destruction massive comme les gaz. Les commandants d'unités de 1918, avec un peu de temps
pour se familiariser avec les systèmes de communication, auraient su
comment employer efficacement les unités militaires d'aujourd'hui.
Les structures capables à la fois de créer de la puissance et d'utiliser la
puissance militaire s'étaient étendues à la totalité des capacités des
États et étaient devenues des institutions à la fois dans les domaines
militaire et civil. Elles furent largement démontées après la guerre dans
tous les pays mais néanmoins restaient susceptibles de ressusciter assez
rapidement en temps de crise. Au niveau stratégique on avait expérimenté que la délivrance sur le front de masses de puissance industrielle apportaient à la fin la victoire, mais à un coût extrêmement élevé
et avec des conséquences profondes sur la société, à la fois du fait des
attaques directes et des grands bouleversements sociaux. La force
armée avait montré son utilité mais son coût laissait au peuple une certaine réticence à s'engager à nouveau dans une telle guerre. Les militaires allemands avaient appris que si une force énorme pouvait
posséder une utilité, la prochaine fois, elle devrait parvenir à ses fins
rapidement, dans le cadre de la doctrine de Moltke l'ancien, au
XIXe siècle. Pour eux, une guerre lente était insoutenable. Mais tandis
que les chefs allemands vaincus ne pensaient pas nécessairement à une
guerre future en quittant les champs de bataille, un médiocre caporal
autrichien se mettait doucement à rassembler ses idées sur cette question. Le paradigme de la guerre industrielle interétatique était en train
d'évoluer vers sa forme ultime et son sommet.

Après le traité de Versailles en 1919, l'Europe ne semblait pas
s'acheminer vers une nouvelle guerre, en tous cas pas immédiatement :
les pays étaient exsangues et les gouvernements étaient occupés par des
problèmes intérieurs. Révolutions et crises sociales étaient dans l'air et
toutes les économies des ex-belligérants s'avéraient bien fragiles. Mais
le traité qui imputait toute la responsabilité de la guerre et une énorme
charge financière à l'Allemagne portait les germes d'un autre conflit :
après l'abdication de l'empereur et sa fuite aux Pays-Bas en novembre
1918, la honte et l'amertume de la défaite restaient à fleur de peau dans
la république de Weimar qui succédait à l'empire. Ce fut précisément
sur ces sentiments que joua Hitler dans les années 1920 alors que les
espaces de liberté offerts par la nouvelle république avaient ouvert la

voie au chaos, au chômage et à l'hyper inflation. Promettant d'aboutir à la suprématie allemande et de l'obtenir par la guerre, il devint rapidement clair que le futur dictateur détenait ce qui peut être défini comme une foi napoléonienne dans l'utilité de la force pour réaliser un objectif politique. La guerre qu'il envisageait n'aboutissait pas à une hégémonie comme au XIXe siècle, à des conflits coloniaux ni même à une revanche. Comme l'empereur français, il se penchait sur un redécoupage de la carte de l'Europe et du monde par l'usage de la force. Une fois au pouvoir, en 1933, lui et ses chefs militaires préparèrent un nouvel épisode de la guerre industrielle. À cette fin, ils avaient déjà préparé des plans mis en forme par l'état-major général secret qui travaillait depuis 1919. En effet, en plus d'avoir réduit substantiellement la dimension des forces armées allemande, le traité interdisait en particulier l'existence ou la recréation d'un état-major général, sans doute le seul traité au monde à inclure une telle clause, rendant cependant un hommage à la force et à la capacité d'un tel organisme. En dépit de cette clause, le corps des officiers allemands avait planifié secrètement comment mener la prochaine guerre avec un état-major général camouflé dans le « *Truppenamt* » qui était officiellement le service des ressources humaines militaires. En 1933 ils avaient dressé un plan qu'Hitler et ses troupes pouvaient appliquer à la fois pour reconstruire une machine militaire et pour l'utiliser au combat.

Les Allemands avaient profondément compris la leçon que, dans une guerre, une situation équilibrée avec une parité tactique bénéficiait au camp qui disposait de la production industrielle la plus importante et la plus durable. Par-dessus tout, ils savaient que les coûteuses guerres d'attrition non seulement mettaient l'économie domestique à genoux mais aussi détruisaient les équilibres sociaux et politiques comme l'armistice de 1918 et les bouleversements qui s'en suivirent se chargeaient de rappeler amèrement. Dans leur analyse, ils reconnaissaient l'intérêt de leurs innovations tactiques, en attaque et en défense, qui accordaient une grande initiative à de petits groupes. Nous avons déjà évoqué les tactiques d'infiltration des unités « tempête » et leur équivalent dans la défense, soit la défense élastique qui permettait une mobilité tactique dans une bataille de défense essentiellement tactique. Les Allemands instruisaient leurs commandants pour tenir une zone plutôt qu'une seule ligne de front. Ils pouvaient se retirer du front vers n'importe quelle position intermédiaire de leur zone face à une attaque, en particulier lorsqu'ils étaient soumis à un bombardement intense. De cette façon était évitée une exposition constante aux coups et des pertes non nécessaires avec l'idée que leur devoir était de contre attaquer à la première occasion pour rétablir la ligne précédente. Il s'agissait d'une défense flexible se déplaçant constamment selon les circonstances, vers l'avant ou vers l'arrière et de là pour rebondir, d'où le nom de défense élastique. En effet, les responsables allemands, plutôt que de tenir obstinément une position, cherchaient à se retirer pour attaquer ensuite et détruire leurs attaquants afin de défendre le terrain tout en évitant les barrages d'artillerie. Pour mettre en œuvre ces tactiques offensives et défensives, les Allemands avaient organisé leurs forces de façon adaptée, donnant à de relativement jeunes officiers autorité pour agir dans ces conditions. Par exemple, le commandant tenant un front en défense élastique avait autorité, y compris sur les commandants d'unités envoyées en renfort, même s'ils étaient d'un grade plus élevé, pour manœuvrer ses forces à l'intérieur de sa zone. Cette idée manifestait l'opinion que les circonstances constituaient une donnée essentielle de la bataille. Elle démentait également le mythe de la rigidité allemande puisque cette organisation et ces tactiques leur conféraient une mobilité organisationnelle pour résister aux attaques, subir moins de pertes qu'auparavant et pour réaliser et exploiter les succès tactiques de l'offensive de Ludendorff. Par la suite, les survivants des unités « tempête » de la première guerre fournirent le cœur des professionnels expérimentés avec lesquels développer ces tactiques. Parmi eux, certains estimaient pertinemment que le char et l'avion pourraient être utilisés avantageusement dans le cadre du concept.

Les Allemands ne furent pas les seuls à reconnaître les potentialités du char et de la tactique des unités « tempête ». Pendant les années 1920, impressionnés par ce qui était appelé alors la tactique Hutier, des penseurs militaires tels que sir Basil Liddell Hart en Grande-Bretagne ou, plus significativement, les théoriciens de l'Armée Rouge, cherchèrent à développer encore le concept de mobilité dans la guerre. Bien qu'ils fussent encore lents et affligés de problèmes techniques, les chars avaient clairement prouvé leurs potentialités pendant la première guerre mondiale. Lorsque ceux-ci devinrent plus fiables, des théoriciens commencèrent à expliquer que ces véhicules pouvaient devenir l'arme centrale dans une nouvelle façon de combattre. Si elles avaient pu se mouvoir suffisamment rapidement, des concentrations de chars auraient pu enfoncer les lignes ennemies et ensuite les couper de leurs arrières, détruisant alors les approvisionnements et les positions d'artillerie, tout en affaiblissant leur volonté de résister. Ils pensaient que le char ou d'autres véhicules blindés semblables étaient susceptibles d'être utilisés, non pas tellement pour soutenir l'infanterie, pour l'aider à faire une brèche dans les défenses ennemies et la couvrir par son feu dans les combats rapprochés, mais plutôt pour manœuvrer par eux-mêmes et conduire la bataille à la vitesse d'un véhicule et non plus à celle d'un piéton. La différence avec d'autres armées, c'est que les Allemands avaient déjà expérimenté les concepts d'organisation et de commandement qui favorisaient l'utilisation des nouvelles techniques ; d'autres tendaient à les envisager comme un renforcement de leur système de commandement préexistant, lequel avait évolué pour contrôler de grands nombres d'hommes à pied. Prenant une voie différente, les Allemands considérèrent les chars comme un armement pour mieux profiter de la mobilité tactique de Hutier, tandis que les autres le voyaient plutôt comme une flotte de navires terrestres.

L'étape suivante consista à chercher comment synchroniser l'action des chars avec celle de l'infanterie, de l'artillerie et de l'aviation, question désormais soluble grâce à la radio. Les Allemands comprirent qu'il fallait en premier soutenir les unités de chars et pour cela rendre possible aux autres armes de se déplacer à la même vitesse. Ainsi naquirent les Panzer Grenadiers, infanterie blindée et les autres armes comme l'artillerie, furent équipées bientôt pour se déplacer en soutien direct des chars. La Luftwaffe était considérée comme devant jouer un rôle important dans cette bataille rapide. Attaquer, préparer la voie des blindés, les soutenir directement et avec des forces aéroportées, enfin saisir des positions. Les Allemands, avec le soutien enthousiaste de Hitler dont l'imagination avait été stimulée par l'idée des forces blindées, telle que résumée dans l'ouvrage de Guderian intitulé *Achtung Panzer*, organisèrent leurs chars avec leurs soutiens au sein de divisions blindées autonomes.

Malgré ces innovations, le gros des forces allemandes pendant la seconde guerre mondiale était encore constitué d'hommes à pied, de chevaux et de chemins de fer. Ce n'était pas par hasard puisqu'ils avaient commencé la guerre avec une production insuffisante. Au début de 1933 lorsque les Nazis prirent le pouvoir, l'état-major général avertit Hitler que les armées allemandes ne seraient pas complètement modernisées et prêtes avant 1944 ou 1945, avertissement qu'il refusa. En conséquence, au début des hostilités en 1939, la plupart des pièces d'artillerie étaient hippomobiles et les véhicules blindés furent produits en nombre insuffisant pendant tout le conflit ; ainsi, l'infanterie et l'artillerie restèrent la composante majoritaire de l'armée allemande. En outre, l'industrie d'armement allemande ne put pas fournir d'armes légères en quantités suffisantes, imposant à l'armée de se reposer sur des armes vieillies, prises de guerre ou adaptation d'équipements anciens fabriqués dans les pays conquis; Celles-ci n'étaient ni standardisées ni interchangeables ce qui signifiait qu'il en fallait plus et que les parcs de rechanges ou de réserve étaient rares. Les alliés ne démarrèrent leur machine de guerre que bien plus tard, mais standardisèrent leurs productions bien plus tôt ; leur production industrielle eut donc une plus grande utilité au combat.

La Wehrmacht s'était considérablement renforcée pendant cette ère d'innovations techniques et d'organisation. Il a été indiqué dans l'introduction que la plupart des forces sous les armes existaient dans l'éventualité d'un besoin de défense de la patrie. Aussi, en cas de crise qui ne consiste pas en une attaque contre le pays, mais requiert une réaction militaire, on s'interroge sur la manière d'utiliser au mieux cette force pour l'objectif envisagé. Cependant, s'il est dans l'intention des politiques, depuis le début, d'utiliser l'armée de manière offensive, soit de déclencher la guerre ou au moins d'agir préventivement, alors on peut concevoir cette force en fonction de ce premier objectif dès le début de la crise. Ce fut le principe selon lequel la Wehrmacht se renforça dès la prise du pouvoir par Hitler avec les conséquences déjà décrites sur les blindés et la Luftwaffe. Or, une fois qu'elles avaient atteint la taille critique, il devenait nécessaire de tester dans la réalité ces nouvelles formations avec leurs nouvelles structures. L'occasion s'en présenta avec la nécessité de soutenir le camp fasciste de Franco pendant la guerre civile d'Espagne de 1936 à 1938 : l'évaluation tactique sur le terrain des nouveaux concepts fut considérée par les Allemands comme positive.

À l'examen de ces activités de plus en plus menaçantes, la Grande-Bretagne et la France commencèrent à mettre sur pied leurs propres systèmes industriels militaires. Mais sans une détermination marquée. Elles cherchaient toujours à éviter la guerre, ou, dans le cas de Chamberlain, par exemple, à la refuser activement, tout au moins pour gagner du temps. Mais planificateurs militaires et civils en Europe commencèrent à réaliser qu'une autre guerre était inévitable et estimaient que la plupart des caractéristiques industrielles de la Grande Guerre qui vinrent à être connues très vite après sa fin, se retrouveraient dans le prochain conflit. Le processus de la guerre industrielle avait été assimilé par les nations et, rapidement, il reparut, faisant renaître les institutions correspondantes. Même pendant la période immédiate de leur remise sur pied, il apparaissait que ces organisations, créées pour la guerre totale, pour industrialiser l'effort de guerre et le mener en fonction du seul impératif de la victoire, étaient réellement mieux adaptées compte tenu de l'expérience de 1914-1918. Les États avaient

pris ou obtenu des niveaux d'emprise jusque-là inconnus sur les
citoyens, ordinairement au nom de leur défense, et ce phénomène
opérait aussi bien dans les démocraties que dans les pays communistes
ou fascistes. Il fallait diriger et contrôler la population, la production,
les approvisionnements et l'information. C'était le « dernier moment
sans danger » pour mettre la population et l'économie en morceaux
ainsi qu'il a été indiqué au chapitre 2 comme une caractéristique
spécifique de la guerre industrielle mais réalisé sur une échelle exceptionnellement large : lorsque arrive ce moment, il apporte un complet
bouleversement, car chaque aspect de la vie quotidienne est profondément modifié et l'État prend sous son contrôle total la plus grande
partie de cette vie. Un aspect de cette nouvelle aptitude à organiser et
contrôler fut très visible en Grande-Bretagne dès le début de la guerre :
Pendant le week-end précédant la déclaration de guerre, plus de trois
millions de personnes, essentiellement des femmes et des enfants,
furent déplacés des villes, surtout de Londres, à la campagne. Les trains
étaient à leur dimension maximale et les gares bourdonnaient de
monde, or cette masse avait été sélectionnée, déplacée, relogée en
72 heures, un résultat qui aurait pris des mois pendant la première
guerre mondiale.

Alors vint la guerre. Dans les pays de l'Axe, la trinité de la
population, de l'armée et de l'État, apparut une fois encore en équilibre,
au moins parce que les deux derniers se rapprochèrent étroitement du
premier. Pour la population, Hitler avait apporté l'ordre, la prospérité et
une vision de grandeur. Les Allemands étaient tous, bien sûr, sérieusement mis en condition et assumèrent un énorme coût humain, moral,
politique et à la fin militaire. Le peuple, comme l'armée et l'État, permit le déchaînement d'une épouvantable guerre totale qui devait gagner
le monde entier et mener les peuples conquis à la marge de l'humanité
et de la vie normale, enfin pousser le paradigme de la guerre industrielle interétatique à son explosion finale. Dans les pays alliés on
apercevait aussi un équilibre de la trinité : la population, l'armée et
l'État doucement et calmement se rassemblaient, craignant les batailles
à venir, sachant au fond d'eux-mêmes que cette guerre comme la
précédente serait longue et dure mais inévitable. Lorsque la guerre fut
enclenchée, ce fut simplement et précisément résumé par le roi Georges
VI au début de son journal du 3 septembre 1939 :

> « À la déclaration de guerre, à minuit, entre le 4 et le 5 août 1914,
> j'étais midship, prenant mon quart sur la passerelle du HMS Collingwood à
> la mer, quelque part en mer du Nord. J'avais 18 ans.

Dans la *Grand Fleet*, chacun était heureux parce qu'elle était enfin déclarée. Nous avions été instruits dans l'idée que la guerre entre l'Allemagne et le pays devait venir un jour et, lorsqu'elle arriva, nous pensions y être préparés. Nous ne l'étions pas pour ce que nous découvrîmes être une guerre moderne et ceux d'entre nous qui traversèrent la Grande Guerre n'en voulions plus d'autre.

Aujourd'hui nous sommes en guerre à nouveau et je ne suis plus midship dans la Royal Navy. »

Le IIIe Reich s'imposait à l'Europe par la force : la Pologne, puis le Danemark, la Norvège, les Pays-Bas et finalement la France. L'armée britannique était battue sur le continent. En moins d'un an et à un relativement faible coût, les Allemands réussirent ce que des années de guerre de tranchées épuisantes n'avaient pu obtenir. Leurs préparatifs fondés sur leurs formations blindées et leur aviation avaient été fructueux : ils semblaient avoir trouvé la manière d'utiliser la force armée avec une grande efficacité. Lorsque l'Allemagne envahit la Pologne en septembre 1939, sa force mécanisée, travaillant avec l'étroit soutien de la Luftwaffe, fut capable de percer les lignes de défense polonaises et de pénétrer très profondément derrière elles ; en mai 1940, lors de l'attaque de la Norvège et pendant les invasions des Pays-Bas et de la France, les Allemands réutilisèrent encore la même tactique, y ajoutant le lâcher de parachutistes pour frapper loin dans les arrières et désorganiser la défense. Cette tactique fut appelée Blitzkrieg ou guerre éclair ; il s'agissait de petits groupes bien armés, se déplaçant très rapidement, évitant les points forts et cherchant à briser la cohérence de la défense avant d'en détruire ou d'en capturer les éléments. Les attaques étaient conduites et les succès exploités à la vitesse des blindés plutôt que des soldats à pied. Les défenseurs étaient organisés pour se battre à pied et donc se trouvaient littéralement dépassés par les évènements ; leur système de commandement était efficacement paralysé, leurs lignes de communication encombrées par des réfugiés et leurs réserves attaquées par l'aviation en ralliant des positions depuis longtemps perdues. Le doute, la confusion, la rumeur et la panique s'en suivaient.

Ceux qui menaient la Blitzkrieg prenaient des risques logistiques et il est arrivé que des blindés dussent refaire le plein avec du carburant conquis. Toutefois, ces risques n'étaient pas aussi grands qu'il y paraissait si un principe majeur était respecté : la vitesse. Si chaque engagement était rapidement conclu, moins de carburant était nécessaire et on pouvait aussi compter sur les réserves de l'ennemi du fait du type de bataille menée. On peut calculer avec une précision raisonnable les quantités de carburant, d'eau et de rechanges nécessaires pour couvrir une distance donnée. Au combat, ce sont les quantités de ces approvisionnements qui sont difficiles à évaluer. Plus longue est la bataille, plus il en sera dépensé et plus grand le risque que les calculs soient faux. Aussi, si la tactique choisie implique de mener de nombreux petits combats, chacun constituant une partie de la bataille mais chacun terminé rapidement et si les points fort qui pourraient réclamer de plus grands et plus long combats sont évités, la probabilité de calculs faux est bien réduite. En outre le fardeau logistique peut être allégé en utilisant l'aviation en tant que partie de l'appui feu puisque le train de soutien logistique n'a pas besoin de s'occuper du terrain d'aviation sur les arrières tout en assurant sur le front un appui feu au moins aussi important. Dans cette conception, il y a nécessité de terminer les combats rapidement, de s'assurer de la supériorité aérienne et de prendre en considération la météorologie. L'aviation, même aujourd'hui n'est pas assurée de pouvoir intervenir quel que soit le temps. L'autre difficulté logistique que les planificateurs allemands eurent à surmonter fut de déplacer le gros de l'armée assez vite pour exploiter et consolider les succès des unités blindées. Comme indiqué plus haut, le gros de l'armée n'était pas complètement mécanisé et, en règle générale, les divisions d'infanterie marchaient à pied avec leur artillerie hippomobile. Le contrôle du trafic afin d'acheminer ces longues colonnes vers l'avant sans interrompre les approvisionnements des blindés et l'établissement de priorités pour soutenir le commandement de la bataille constituent une véritable compétence dans le travail d'état-major. Elle fut dans une large mesure manifestée par l'état-major allemand.

Ayant conquis l'Europe occidentale, Hitler fut confronté avec la même réalité géostratégique que Napoléon : pour battre les Anglais il faut d'abord traverser la Manche. La défaite de la Luftwaffe lors de la bataille d'Angleterre, tout en empêchant de s'opposer aux raids sur l'Allemagne pendant le reste de la guerre fut comparable à la défaite des flottes françaises et espagnoles à Trafalgar. La Grande-Bretagne était libérée de la menace d'une invasion. La préparation de la RAF à la bataille, le développement technologique et industriel du radar, des aéronefs et des systèmes de commandement était une conséquence directe de la création de cette armée en 1917. La nomination d'un responsable au niveau stratégique, dirigeant la défense aérienne du royaume permit une convergence des développements technologiques à cette fin.

À la fin de années 1930, lorsque l'on consacra de l'argent au réarmement, l'armée de l'air fut prioritaire. L'intérêt d'un tel investissement fut démontré tout au long de la guerre, en particulier à l'occasion des combats menés par le commandement de la chasse. On parle beaucoup aujourd'hui des possibilités ouvertes par l'aptitude à mener la guerre en réseau, le principe étant de posséder une compréhension supérieure du champ de bataille du fait d'une aptitude à collecter et synthétiser l'information émanant de plusieurs sources, en particulier en croisement avec celle de l'adversaire et d'agir sur cette dernière. De mon point de vue, à partir de sa collecte de renseignements et de son analyse jusqu'à sa capacité à combattre l'ennemi, le commandement de la chasse de la RAF mena la première bataille avec une capacité de réseau.

La Grande-Bretagne resta en permanence soumise aux attaques mais resta libre. L'Europe continentale depuis la péninsule ibérique jusqu'aux Balkans était pourtant alors contrôlée directement par les armées des puissances centrales ou indirectement par une puissance amie telle l'Espagne de Franco. Une expansion n'était possible que vers l'est et donc, comme Napoléon, Hitler tourna ses armées vers la Russie. Des plans pour octroyer au peuple allemand son *Lebensraum* aux dépens de la Russie avaient été mis au point avant la déclaration de guerre ; s'ils avaient réussi, ils auraient donné au IIIe Reich un empire territorial capable de résister au reste du monde. Ces plans obviaient à la prédominance navale britannique qui limitait l'accès de l'Allemagne aux matières premières et au pétrole, une lacune essentielle dans un conflit prolongé. Mais cette considération fut ignorée : Hitler croyait que les armées allemandes pouvaient battre la Russie avec une Blitzkrieg sur une échelle gigantesque. En juin 1941, l'Allemagne envahit la Russie avec la plus grande force d'invasion jamais réunie à ce moment. Initialement, l'opération Barbarossa réussit de manière impressionnante et les Allemands atteignirent les environs de Moscou en décembre 1941. À la longue cependant, la tentative allemande de conquérir la Russie échoua lorsque l'immensité des steppes et le mauvais temps permirent aux Russes d'arrêter l'offensive en dépit d'un coût effrayant. Comme les armées napoléoniennes, les forces allemandes rencontrèrent une autre réalité stratégique : pour battre la Russie, il fallait se préparer à marcher vers le Pacifique. À mesure que les Allemands avançaient vers l'est, le front qu'ils couvraient s'élargissait et ils manquaient d'unités pour le couvrir entièrement ; la densité devenait insuffisante. Des trous se formèrent dans le dispositif et lorsque la neige se mit à tomber, l'Armée Rouge passa à la contre attaque et ses succès furent accusés par la pénurie de matières premières et de pétrole. Barbarossa n'était plus une Blitzkrieg ; elle était devenue une opération de guerre industrielle à l'ancienne manière.

Les alliés, chacun à leur façon, commencèrent à apprendre comment réagir à la Blitzkrieg. Pour les Britanniques, la campagne d'Afrique du Nord servit de terrain d'épreuve où, après une série de victoires et de défaites, Montgomery prit le commandement. Mélangeant le fruit de sa propre expérience et sa compréhension de la guerre avec celles de la huitième armée et de la force aérienne du désert, il inventa une méthode opérationnelle victorieuse. Montgomery organisa ses forces selon ces idées ; il manœuvra avec des divisions renforcées, plus puissantes que leur équivalent allemand et utilisa au maximum ses forces aériennes pour isoler le champ de bataille réduisant donc la profondeur du dispositif ennemi et l'empêchant ainsi d'employer ses arrières pour renforcer les éléments au contact. Sur leur théâtre, les généraux russes retrouvèrent les leçons des théoriciens de l'Armée Rouge éliminés par Staline dans les purges de la fin des années 1930, soit une structuration différente des armées de masse, la direction des forces au niveau du théâtre ou de l'opération tout en mettant au point et en étendant leur nouvelles méthodes de combat. Fin 1942, les batailles d'El Alamein et de Stalingrad montrèrent la voie alors qu'au même moment, les débarquements au Maroc et à Alger de la première armée (opération Torch) apportèrent aux Américains un apprentissage fondé sur leur propre expérience. En mai 1943, la première et la huitième armées se préparaient en Afrique à envahir la Sicile, ce qu'elles réalisèrent en juillet. Le même mois, l'Armée Rouge infligeait, sur le front oriental, une défaite à l'Allemagne à l'occasion de la dernière attaque de celle-ci au niveau d'un théâtre, lors de l'épique bataille de Koursk, à mon sens le véritable tournant de la guerre.

Face à la façon de combattre des Allemands, les alliés s'étaient adaptés, chacun parvenant à une mobilité organisationnelle pour déployer leurs forces et les employer avec une bien plus grande efficacité. Au fond, tous arrivaient à des systèmes tactiques semblables, tous centrés sur le niveau opérationnel : en défense, ils acceptaient des trous dans leurs lignes et organisaient des positions défensives capables d'intervenir dans tous les alentours. De tels points forts devaient tenir leur terrain et attaquer les forces allemandes essayant d'exploiter l'assaut initial en Blitzkrieg, tandis que l'artillerie et l'aviation devaient participer au soutien de ces positions et désarticuler le second échelon. Pendant ce temps le second échelon allié posté en profondeur avait pour mission de détruire la première vague d'attaquants qui manquant de soutiens et manœuvrant avec peu de carburant et de munitions, s'avérait vulnérable. La supériorité aérienne ou au strict minimum la parité, lorsqu'on pouvait manœuvrer dans un grand espace, était indispensable à cette façon de combattre. Pour l'attaque, la méthode selon les dires de Montgomery, était d'enfoncer les points forts et de faire rallier les réserves pour le combat rapproché (littéralement, le combat de chiens) ; attaquant l'ennemi par l'artillerie et l'aviation pendant ses déplacements puis en s'en prenant à ses arrières. Chaque bataille était très soigneusement préparée puis exécutée. Quelles que soient la compétence et la bravoure des combattants, ces méthodes de combat exploitaient les faiblesses politiques et stratégiques des Allemands puisqu'ils devaient garder ce qu'ils tenaient et que s'ils étaient amenés à livrer bataille, ils subiraient donc des pertes disproportionnées en hommes et en territoires.

Au contraire de la guerre sur terre, l'offensive sous-marine allemande se révéla très difficile à contrer et les alliés, singulièrement les Britanniques, subirent de lourdes pertes en marins, en cargaison et en tonnage marchand. Dans le seul Atlantique Nord, les Britanniques perdirent 2 232 navires pendant la guerre. La bataille dura jusqu'à la fin de la guerre mais le point d'inversion se situe en mai 1943 ; par la suite, le taux de pertes de sous-marins dépassa celui des navires marchands. En dépit de ces lourdes pertes, sur l'ensemble de la guerre, 99 % des marins de commerce regagnèrent le port sains et saufs, ce fut une grande réussite des marines alliées et du dispositif des convois.

Puisque une victoire rapide et décisive était hors d'atteinte pour l'un ou l'autre camp, chacun persista dans ce qui avait été initié pendant la première guerre mondiale en attaquant la population de l'adversaire directement par les airs et indirectement par le blocus en espérant anéantir les capacités de combattre de l'adversaire et la détermination à le faire de sa population. Le Blitz, le développement des opérations de bombardement stratégique de la RAF et de l'US Army Air Force (USAAF), l'offensive allemande par missiles de croisière ou balistiques, les V1 et V2, répondaient tous à cette finalité. Le Blitz, l'offensive aérienne allemande contre les centres industriels et les villes britanniques dura du 7 septembre 1940 jusqu'en mai 1941. Il s'agissait essentiellement de réagir à la défaite allemande lors de la bataille d'Angleterre et de prendre pour objectif la population civile. En 1944-1945, les Allemands réitérèrent avec une offensive analogue cette fois avec leurs missiles V1 et V2. De l'autre côté, le bombardement des villes d'Allemagne et plus tard du Japon par les forces aériennes alliées commença très vite après le début de la guerre et augmenta en rythme et en tonnage lâché à partir de 1943. Il s'agissait du bombardement stratégique : un front à part, et pour un temps le seul moyen de la Grande-Bretagne pour attaquer directement l'Allemagne elle-même plutôt que ses armées ou ses escadres qui pour lors se situaient à quelque distance de ses frontières. La RAF patiemment développa la capacité et les tactiques pour mener des raids aériens toujours plus importants et plus efficaces. Les bombardiers lourds à long rayon d'action étaient construits en nombre croissant, comme l'étaient des bombes de plus en plus lourdes. Ces longues missions étaient rendues possibles par le développement de la radionavigation, par les visées radar de bombardement et par les contre-mesures électroniques. Les raids alliés avaient pour but de détruire les bases industrielles allemandes et d'abattre le moral de la population largement de la même manière que les bombardements allemands sur les villes anglaises. Mais comme ils étaient incapables de toucher avec précision les édifices industriels allemands, les alliés durent bombarder avec de grandes quantités de bombes explosives et incendiaires sur une vaste zone, afin d'être sûrs d'atteindre les objectifs.

Les attaques sur toutes les populations belligérantes dans l'intention de les terroriser avaient un autre effet : elles mettaient sur un même plan les populations et les soldats au front : la guerre totale était pratiquée plus totalement. Ceci résultait des objectifs politiques et de la volonté de les réaliser, les rendant extrêmement proches des objectifs militaires, il fallait les obtenir quel qu'en soit le coût. Dans chaque camp, la population, l'État et les militaires ne faisaient plus qu'un. Néanmoins, alors que les bombardements des deux adversaires provoquaient d'énormes pertes en vie et de gros dommages, ils soutenaient finalement les grands combats à terre et en mer. Ils ne représentèrent pas néanmoins un combat décisif.

En décembre 1941, la guerre, réellement, engloba le monde entier avec l'attaque du Japon contre les États-Unis. Comme l'Allemagne, ce pays cherchait ainsi à porter un coup rapide et décisif et en lançant une puissante attaque surprise, dans ce cas contre la flotte américaine du Pacifique, à Pearl Harbor dans les Hawaï. Bien qu'elle causât de grands dommages et des pertes de vies et de navires, l'attaque échoua. Elle sortit les États-Unis de leur isolationnisme et les entraîna dans une guerre qu'ils étaient décidés à gagner. Les importants porte-avions de la marine américaine étaient en train de s'exercer à la mer le jour de l'attaque et furent ainsi épargnés, permettant une entrée dans la guerre des Américains plus rapide et plus puissante que si l'attaque japonaise avait été mieux ciblée. Néanmoins, comme lorsque les Nazis conquirent l'Europe, on assista à une succession analogue de victoires rapides du

Japon en Asie avant de rencontrer une réalité stratégique familière : pour battre les États-Unis, le Japon devait d'abord débarquer sur le continent américain et pour battre l'empire britannique, il fallait envahir l'Inde. Au fond, à l'instar des steppes russes ou des îles britanniques, de telles avancées auraient constitué, et sans doute constitueront toujours, les succès les plus difficiles à obtenir dans la recherche d'une victoire décisive par quiconque décidera de les attaquer. Comme les marées s'inversaient, les réserves presque illimitées en main d'œuvre et en vies humaines de la Russie communiste, combinées avec le capital et les armements américains commencèrent à l'emporter sur l'effort de guerre allemand. Ayant fondé leur stratégie sur des succès majeurs et rapides en recourant à la technique, aux chars, aux aéronefs et à tous les produits de la puissance industrielle d'armement, les Allemands réalisèrent qu'ils avaient du mal à maintenir le flux de ces produits techniques face à la plus grande capacité de production des alliés avec leurs ressources en hommes et en matériels. Bloqués dans une position défensive après la bataille de Koursk, ils furent obligés de supporter ce qu'ils avaient cherché à éviter à tout prix, une guerre d'attrition. L'industrie, comme toujours, prouva à la fin qu'elle représentait le facteur décisif. L'innovation et la masse brute d'hommes et de matériels devenaient le cœur de la compétition entre les adversaires. Après la dépression des années 1930, l'économie américaine connut une période de croissance extrêmement rapide : entre 1940 et 1950, elle crût de 50 %. Les armements et équipements militaires étaient produits en masses et standardisés. Cinquante-huit mille chars Sherman M4 qui étaient fiables et faciles à entretenir furent ainsi fabriqués et envoyés par mer aux alliés et aux troupes américaines. À partir de la mi 1941, les chantiers navals aux États-Unis commencèrent à produire les *liberty ship* à une cadence de deux par jour pour accroître la flotte marchande et fournir la Grande-Bretagne en renforts et approvisionnements. L'industrie britannique produisait également à pleine capacité pour fournir ses armées et l'ensemble de la nation pendant toute la guerre. Ces efforts combinés se retrouvèrent à propos de la dimension sans précédent de la flotte d'invasion au jour J et de l'amplitude de cette opération. Pendant ce temps, les Russes entrèrent aussi dans une phase de « *MaterialSchlacht* ». Comme d'énormes quantités de main d'œuvre avaient été mobilisées, la production en masse d'armements atteignit un nouveau stade. À la suite des attaques initiales de l'opération Barbarossa, plus inattendue que tout fut la relocalisation de toute la base industrielle russe à l'est de l'Oural où elle commença immédiatement à fonctionner à plein régime. Quarante-deux usines produisirent 48 000 chars T34 et 18 000 chars lourds pendant la guerre. Les Russes produisirent une quantité analogue d'aéronefs qui s'acharnèrent sur les Allemands. 40 000 avions Iliouchine II-2 *Stormovik* furent construits, un rythme de production qui reste un record encore aujourd'hui. Ils étaient employés dans de grandes formations pour soutenir l'Armée Rouge au sol, contre l'infanterie, les chars les convois ferrés où que les Soviétiques se battaient. En conséquence, les Russes détenaient habituellement la supériorité aérienne au-dessus de leurs armées. Le *Stormovik* était simple, presque rustique et n'égalait pas le Messerschmitt 109 en combat singulier, mais comme Lénine le formula, apparemment lors d'une discussion à propos de chars avec Staline, « la quantité est en soi une qualité ».

La production de matériel de guerre en Allemagne fut entretenue grâce à une priorité sans concession à l'effort de guerre et par un travail forcé approprié de tous les pays occupés, spécialement à l'est. En outre, bien que leurs capacités s'améliorassent tout au long de la guerre et en particulier au cours des derniers mois, en règle générale, les alliés ne possédaient pas les informations pour cibler précisément les lieux de productions ni les moyens de les toucher exactement. Mais en 1943, l'essoufflement économique et industriel de l'Allemagne commença à devenir visible, en particulier lorsque les bombardements alliés destinés à détruire les capacités ennemies commencèrent à laisser une marque. Hitler reconnut le besoin de mobiliser complètement l'économie allemande. Cette charge fut confiée à Albert Speer mais ses tentatives rigoureuses pour réorganiser l'effort de guerre ne suffirent pas à renverser la tendance. Paradoxalement, l'effort de guerre fut gêné par les défauts inhérents au système nazi de gouvernement. La politique de Hitler, diviser pour régner, engendrait inévitablement des problèmes de coordination et des doublons dans l'effort de production. Le détournement sans concession de main d'œuvre et de ressources entre les trois armées, le parti, les SS de Himmler et d'autres pouvoirs institutionnels en est une illustration. Enfermés dans une guerre industrielle avec les chances contre eux, les Allemands intensifièrent leurs efforts pour trouver une solution technique qui éviterait la défaite ; toutefois, des deux côtés, on recherchait une solution technique. En Allemagne, un exemple emblématique en fut le travail de Werner von Braun sur les fusées et la recherche d'armes miraculeuses (y compris la bombe atomique) qui pourraient sauver la situation à la dernière minute. Ces espoirs se révélèrent illusoires et les « miracles » qui survinrent effectivement ne purent être complètement exploités. Le Messerschmitt Me 262 fut le premier chasseur à réaction jamais fabriqué. Il vola pour la première fois mi 1942 et sortit des chaînes mi 1944. Bien que plus rapide qu'aucun avion allié en service, il ne porta pas à conséquences : il en fut peu produit et comme les alliés détenaient la supériorité aérienne, ils furent en mesure d'en détruire la plupart au sol. À partir de 1943, les Allemands et les Japonais étaient en retraite. Les opérations contre eux prirent la forme d'offensives majeures préparées avec soin et exploitant à son extrême une éventuelle percée, recourant habituellement à une combinaison d'épuisement de la logistique et de solides travaux de défense. Le combat rapproché engendrait des pertes au même taux que la première guerre mondiale mais la différence se trouvait dans la composition des armées. Lors de la seconde guerre mondiale, il y avait proportionnellement moins d'unités d'infanterie et plus de blindés, d'artillerie, de défense contre avions et d'autres spécialités de soutien des armes. Les forces aériennes étaient plus importantes et subissaient de lourdes pertes, la RAF perdit autant d'hommes d'équipages que les trois armées d'officiers pendant la première guerre mondiale. Vers la fin de la guerre les deux camps, à l'exception de la Russie se mirent à diminuer les effectifs d'infanterie. Les Allemands envoyèrent au combat des hommes de plus en plus vieux et des garçons de plus en plus jeunes et les Britanniques transformèrent les unités comme des régiments d'infanterie de combat en régiments de défense antiaériennes.

En 1945, l'Allemagne était presque revenue à ses frontières d'avant la guerre, repoussée à l'est comme à l'ouest par de grandes armées ennemies et subissant le bombardement constant de ses villes et de ses voies de communication. Les pays occupés à l'est avaient pour l'essentiel été libérés ; mais il avait fallu six mois depuis le débarquement en Normandie pour défaire ce que Hitler avait réalisé en quelques semaines. Ceci fut le résultat des prouesses au combat de la Wehrmacht : les soldats allemands, bien entraînés et motivés jusqu'à la fin, se battirent bien, avec force et hargne, jusqu'à la défaite. Pendant deux longues années ils avaient retraité sur tous les fronts et avaient fait payer cher aux alliés chaque mètre gagné sur la route de Berlin. Quelles que répréhensibles que furent la cause qu'ils servaient et leur propre amoralité, on ne devrait jamais mettre en question le moral et la discipline de cette armée. En outre, les alliés durent surmonter l'énorme effort logistique nécessité pour transporter tous les hommes et le matériel par-dessus l'Atlantique ou la Manche vers l'Europe. Néanmoins ce fut une victoire décisive : les alliés avaient conçu et construit une armée de plus grande efficacité. Ils avaient gagné l'épreuve de force et brisé la volonté allemande. Cette fois, ce ne fut pas la population qui s'effondra mais le gouvernement et la structure militaire. Le régime dans son entier disparut.

À la fin de 1945, le procès des principaux criminels de guerre, des dirigeants et chefs de l'Axe vaincu, commença à Nuremberg. Ils furent accusés et, dans la majorité des cas, reconnus coupables et exécutés pour leurs crimes de guerre ; des crimes ou l'armée était utilisée contre la population, des civils innocents, excès inexcusables. Ce fut un important fait marquant : la réunion d'un tribunal avec un procès sous des formes légales devint un mode de décision quant à l'immoralité de ce type d'actions et a subsisté depuis. La moralité dans l'usage de la force armée vint de cette façon à être définie par la légalité de son utilisation.

La victoire finale dans la seconde guerre mondiale prit plus de temps à être reconnue que pour la première : la victoire en Europe fut le 8 mai 1945 et à l'est le 15 août 1945. Une fois encore, des armées d'une taille jusqu'alors inconnue avait été lancées sur le monde qui impliquèrent des quantités massives de forces armées. Il y eut encore plus d'hommes et de matériels impliqués que pendant la première guerre mondiale. En tout, à peu près 17,5 millions de combattants furent tués, approximativement 12 millions du côté alliés et dont 2 millions de Chinois et 8,5 millions en Union soviétique, 5,5 millions pour les puissances de l'Axe dont 3,5 millions d'Allemands et presque 1,5 million de soldats japonais. Plus de 39 millions de civils furent tués, y compris 6 millions par l'Holocauste, près de 17 millions en Union Soviétique et 10 millions en Chine. Au total il y eut 56 millions de morts du fait du conflit. Environ 36 millions de soldats furent blessés en tout sans qu'on puisse estimer le nombre de civils. Ces chiffres étaient et restent inimaginables. Cependant, nous apercevons, là aussi, le plus effrayant caractère dual de la masse en tant que nombre et en tant que densité : c'était la concentration du nombre d'hommes qui engendra les plus fortes proportions de morts. Comme dans la Grande Guerre, tous les belligérants se focalisèrent d'abord et de façon croissante sur les capacités de leur adversaire et voulurent comme premier objectif faire la guerre contre des militaires. À la fin et ce fut un changement majeur, le champ de bataille fut étendu à toutes les parties du pays : dans sa version finale, le paradigme de la guerre industrielle interétatique prit la population comme cible. Ce n'était plus la guerre entre peuples comme à l'ancien temps, c'était la guerre contre la population. Depuis l'Holocauste qui déclara un groupe de personnes comme une cible, au Blitz, au bombardement stratégique de l'Allemagne et du Japon et finalement jusqu'à la bombe atomique, la deuxième guerre mondiale supprima pour toujours le caractère sacré des non combattants. La population, singulièrement dans les villes et les banlieues, était nombreuse et concentrée ; elle constituait une cible facile si les défenses antiaériennes étaient franchies. La majorité des morts ci-dessus recensés fut issue de ces masses vulnérables. Ces chiffres manifestent également une autre vérité : d'une manière ou d'une autre, la totalité de la planète fut touchée par la guerre. À travers les continents, de l'éleveur argentin qui fournissait la viande de bœuf à l'ouvrier à la chaîne américain, à travers l'Afrique et l'Asie, l'Europe et l'Australie, les économies et les vies furent concernées et dans de nombreux cas orientées par la guerre.

La seconde guerre mondiale a été aussi le point culminant de toutes les tendances des 150 années précédentes : chaque caractère du paradigme de la guerre industrielle interétatique, depuis les premiers jours de Napoléon, y sont remarqués. Au niveau stratégique et en dépit des innovations tactiques de la Blitzkrieg, la guerre a été décidée pour écraser les adversaires dans une défaite par un recours massif à la puissance. Ni l'Allemagne, ni le Japon ne pouvaient atteindre le cœur territorial de l'industrie américaine et russe, des deux grandes économies qui, chacune à sa manière, était astreinte à mener une guerre de masse. Les ressources des deux en termes d'hommes et de matériels surpassaient celles de l'Allemagne et du Japon qui, subissant les pertes des batailles et des raids de bombardement sur leur territoire, s'affaiblissaient petit à petit. Cette réalité dominante semblait un effet de miroir de la marche dévastatrice de Sherman à travers la Géorgie, mais à grande échelle. En outre quand arriva la défaite pour les Allemands et les Japonais, ce fut une victoire décisive pour les alliés dans la claire acception de Napoléon. Au niveau tactique, ce fut une guerre de généraux, détenant l'autorité, et de forces indépendantes ; ces formations et méthodes prirent forme dans les premiers corps d'armée de Napoléon et furent affinées par Clausewitz puis par Moltke l'ancien. Ce fut une guerre de planificateurs et de planification ; une guerre d'états-majors généraux qui, du côté allié se combinèrent avec un commandement suprême allié, notion impensable au XVIIIe siècle et qui, cependant, renvoie directement à Napoléon et à sa vision, à la bataille de Iéna et à la naissance de l'état-major prussien. Ce fut une guerre manifestant la trinité clausewitzienne. Partout, dans tous les États et sur tous les fronts, la population, l'État et l'armée tirèrent de concert. Sans cette circonstance, la guerre n'aurait jamais pu continuer, nulle part. Au contraire de la précédente guerre, ce ne fut pas la population qui abandonna : les militaires et l'État furent détruits par une force écrasante.

Ce fut une guerre de masses gigantesques, dans laquelle des millions d'hommes et de femmes se battirent pour leur cause, comme le firent les hommes de la première levée en masse en France pendant les guerres révolutionnaires. D'énormes quantités de matériel furent produites par des dizaines de millions de gens, bien plus que l'ensemble de la population européenne au début du XIXe siècle lorsque Napoléon changea la face de l'Europe et celle de la guerre. Cependant ceux-ci étaient les descendants directs de ceux qui fabriquèrent les premières masses de pièces d'artillerie pour les guerres napoléoniennes ou la guerre de Sécession. La seconde guerre mondiale fut la guerre du paradigme de la guerre industrielle interétatique, mais dans son horrible et effrayant acte final, elle marqua aussi la fin du paradigme.

Étant déjà terminée en Europe, la seconde guerre mondiale fut complètement achevée après que les États-Unis eurent lâché deux bombes atomiques sur le Japon, chacune suffisant à détruire une ville entière. La puissance scientifique et industrielle des États-Unis et de leur allié britannique avaient créé l'arme qui pouvait annihiler à la fois la capacité de l'adversaire à faire la guerre et sa population. La volonté de ces derniers ne fut plus longtemps opérante.

La bombe atomique est l'ultime produit de la boucle elliptique de la guerre, produit engendré par l'industrie, industrie au service de la guerre. Alors que la production industrielle fondée sur la technologie alimentait le conflit, le rendant toujours plus affreux et destructeur, l'innovation technique était encore et toujours considérée comme apportant le salut : le *deus ex machina* qui miraculeusement et instantanément donnerait la victoire et par là arrêterait la guerre. Comme la TNT et les chars pendant la première guerre mondiale, tous les camps cherchaient, pendant la seconde, la percée technique innovante qui apporterait la victoire définitive. En 1945, ce fut la bombe atomique.

Jusqu'à la fin du XIXe siècle, les physiciens croyaient que l'atome était indivisible et indestructible. La formule d'Albert Einstein sur la relativité de la masse et de l'énergie ouvrit la perspective de libérer l'énergie contenue dans l'atome. Juste avant la première guerre mondiale, des savants allemands réalisaient déjà des expériences de bombardement d'atomes de mercure par des électrons et suivaient les modifications énergétiques résultant des collisions. Un large éventail d'expériences fut mené durant les deux décennies ultérieures et en 1938, Otto Hahn, Fritz Strassman et Lise Meitner obtinrent la fission nucléaire de l'uranium en Allemagne au Kaiser Wilhelm Institute. Une année plus tard, Meitner depuis son exil en Suède, et son neveu Otto Frisch écrivirent une publication dans laquelle ils expliquaient que par la fission de l'atome, il serait possible de prendre quelques livres d'uranium pour engendrer une puissance explosive et destructive de plusieurs milliers de livres de dynamite. Pendant ce temps aux États-Unis, Leo Szilard fut le premier à réaliser que si un atome se séparait et émettait alors plus d'un neutron, il pouvait en résulter une réaction en chaîne : une libération massive d'énergie.

Le 6 décembre 1941, le gouvernement des États-Unis attribua 2 milliards de dollars au « Manhattan Engineer District », alias le projet Manhattan, qui fut mis sur pied dans le plus grand secret pour fabriquer les matériaux nécessaires à une bombe atomique. Sous la responsabilité du brigadier général Leslie Groves et la direction de Robert Oppenheimer, les partenaires du projet formèrent une équipe internationale de scientifiques du plus haut niveau, un grand nombre d'entre eux étant récemment exilés des puissances de l'Axe. Les recherches progressèrent rapidement et la première réaction en chaîne contrôlée et auto entretenue fut obtenue à Chicago le 2 décembre 1942 par le prix Nobel italien Enrico Fermi et son équipe : un neutron frappait un noyau d'uranium, libérant ainsi de l'énergie et des neutrons qui à leur tour créaient des impacts sur les atomes voisins.

De l'autre côté de l'Atlantique, des savants avaient aussi réalisé de grands progrès sur cette question. Les Britanniques avaient mis sur pied un comité dénommé MAUD au printemps 1940 pour étudier la possibilité de développer une arme nucléaire. Il concluait qu'une masse critique suffisamment purifiée d'uranium 235 pouvait produire la fission en chaîne. Les Allemands aussi avaient mis en place un programme de recherches après avoir compris les potentialités de l'atome. Les scientifiques allemands démarrèrent sur une mauvaise approche en choisissant d'orienter leurs recherches vers l'utilisation de l'eau lourde comme modérateur d'un réacteur nucléaire ce qui pouvait leur permettre de produire du plutonium pour une bombe atomique. Avec une série de sabotages par des commandos de la résistance norvégienne, dirigés et soutenus par les Britanniques, ceux-ci s'arrangèrent pour empêcher les forces nazies de transférer l'eau lourde issue de l'unique usine sur le territoire contrôlé par le Reich capable de la produire. Ceci coupa les physiciens allemands de leur approvisionnement mais eut également comme conséquence de les persuader qu'ils étaient sur la bonne voie. Finalement les efforts allemands des Nazis de fabriquer une bombe atomique ne débouchèrent sur rien.

Le 16 juillet 1945, dans le désert du Nouveau-Mexique, la première bombe atomique explosa. La victoire sur le théâtre européen avait été obtenue deux mois plus tôt avec la chute de Berlin. En Asie cependant, les forces japonaises en retraite combattaient avec une terrible détermination, dans certains cas, plus grande que celle des Allemands en Europe. Le nombre d'attaques *kamikaze* contre les Américains augmentait chaque jour ; chaque île, chaque centimètre de terrain devait être payé par du sang américain et l'opinion publique américaine commençait à se fatiguer du flux de ces pertes. L'invasion des îles principales japonaises programmée pour le 1ᵉʳ novembre, promettait d'être accompagnée de bains de sang et des centaines de milliers de pertes alliées étaient attendues. Le président Harry S. Truman décida de lancer une bombe atomique sur les villes japonaises afin d'obtenir la capitulation du Japon.

Une force spéciale, le 509ᵉ groupe mixte de la 20ᵉ Air Force avait été mis sur pied dans le seul but de lancer la bombe. À 2 h du matin, le 6 août 1945, le colonel Paul Tibbets commandant la super forteresse B 29 *Enola Gay*, décolla d'Okinawa. À 8 h 16 la bombe fut lâchée sur Hiroshima : la bombe *Little Boy* était une bombe à fission d'uranium d'une puissance d'environ vingt kilotonnes qui comportait un cœur de 137 livres d'uranium 235, l'ultime représentation des développements techniques, et engendrait une force issue de la masse, la puissance de la matière. Quand une terrible et inimaginable explosion secoua la portion centrale de la ville, l'équipage de la *Enola Gay* vit une colonne de fumée s'élever rapidement et s'allumer des incendies intenses.

Les effets de la bombe furent dévastateurs. Un éclair de lumière intense en était la première manifestation ; quiconque dans un rayon de 150 kilomètres regardait dans cette direction devenait aveugle au moins temporairement. Ensuite venait une chaleur intense : la chaleur représentait 35 % de l'énergie de la bombe, engendrant des températures analogues à celles de la surface du soleil. Elle mettait en feu la plupart des matériaux et provoquait la mort instantanée ou de graves brûlures à tout être vivant. Le souffle de la détonation correspondait à 50 % de l'énergie de la bombe ; il se déplaçait à environ 500 m par seconde, balayant tout sur son passage jusqu'à ce qu'il s'affaiblisse réellement. Enfin, la secousse électromagnétique engendrée par l'explosion détruisait les moyens de communication et les équipements électroniques dans une vaste zone. En même temps, des particules de poussière radioactive, mêlées à l'air par l'explosion et transportées par le vent continuèrent à ruiner la santé de tous ceux qui vinrent à leur contact dans les décennies ultérieures.

Le nombre de blessés reste extrêmement difficile à établir, même aujourd'hui, en particulier si l'on essaie d'y inclure les victimes de la radioactivité. L'impact immédiat de l'explosion tua 66 000 personnes et en blessa 70 000 parmi la population antérieure au raid soit 255 000 habitants. Des cinquante-cinq hôpitaux d'Hiroshima avant l'explosion, trois restaient utilisables et 90 % des médecins et infirmières avaient été tués ou blessés. 65 % des immeubles étaient détruits. En 1950, on estimait que 200 000 personnes étaient décédées du fait de la bombe. Entre 1950 et 1980 97 000 autres individus moururent de cancers attribuables aux radiations provoquées par *Little Boy*.

Aux fins de comparaison, l'opération Gomorrha lancée sur Hambourg fin juillet 1943 et menée conjointement par le commandement du bombardement de la Royal Air Force et par la 8ᵉ US Air Force fut alors le bombardement le plus important dans l'histoire de la guerre aérienne. Il laissa 50 000 morts et un million de sans abri ; il réduisit en cendres la moitié de la ville et près des deux tiers de la population restante durent être évacués. Les destructions correspondaient à 250 kilomètres carrés de la partie la plus densément construite de la ville. Pendant dix jours l'aviation alliée lâcha 9 000 tonnes de bombes explosives et incendiaires. L'idée n'est pas de comparer les pertes dues aux bombardements mais plutôt l'efficacité industrielle, point sur lequel la bombe atomique est de toutes les manières bien supérieure : il n'en fallut qu'une seule, portée par un seul avion, à opposer aux 3 095 vols sur Hambourg, pendant lesquels 86 avions furent perdus et 174 endommagés. Il s'agit de calculs terribles mais néanmoins nécessaires à qui doit mener une guerre, ou chercher à arrêter ou éviter une autre.

Une autre bombe atomique de même puissance que la première, *Fat Boy* fut lancée contre Nagasaki, le 9 août, trois jours après, tuant environ 39 000 personnes et en blessant 25 000 sur une population de 195 000 habitants. Ceci, combiné avec la déclaration de guerre de l'Union soviétique et l'attaque contre les forces japonaises en Mandchourie le même jour, obligea les Japonais à se rendre le 14 août 1945.

Le paradigme de la guerre industrielle interétatique a littéralement été mis en pièces le 6 août 1945. Paradoxalement, il y a été mis fin par les deux moteurs qui lui ont donné naissance : l'industrie et l'innovation technique. Pendant près d'un siècle, ce couple travailla à élever l'édifice de la guerre industrielle jusqu'à l'explosion finale. La population, concentrée dans les villes (la source de la main d'œuvre et de la puissance industrielle ; l'organisation de l'État), serait désormais la seule cible valant d'être attaquée puisque les villes constituaient les objectifs les plus plausibles : masses stables en forme de cibles. Et lorsque les villes seraient détruites, les armées en campagne coupées de la source de leur raison d'agir, de leur direction et de leurs approvisionnements seraient éliminées en détail ou bien rassemblées et détruites par une arme atomique. Les armées de masse et industriellement équipées ne pourraient plus être efficaces face à une arme de « destruction massive », comme les Russes la nommèrent. La guerre industrielle, pour ne pas parler de la guerre totale, devenait impossible dans de telles conditions. Mais la menace restait. Ce fut l'histoire de la guerre froide.

LA CONFRONTATION
DE LA GUERRE FROIDE

CHAPITRE 4

L'ANTITHÈSE :
DES GUÉRILLAS AUX ANARCHISTES
ET À MAO

L E conflit a été, est et sera probablement toujours une donnée inhérente aux sociétés humaines. Je l'ai établi au début de cet ouvrage et y reviendrai à la fin. Il est vital de continuer à chercher la paix, mais la paix doit être comprise comme une circonstance reliée à l'idée de conflit : non dans l'acception de l'absence de conflits, mais dans celle où l'option de la guerre n'a pas été choisie. Je ne considère pas que cette situation soit bonne, mais tout simplement que c'est un fait. Dans la première partie, mon discours était centré sur l'idée que dans le paradigme de la guerre industrielle interétatique, les conflits étaient de plus en plus destructeurs et que la manière d'utiliser la force armée évoluait avec eux. Cette présentation historique était nécessaire non simplement pour introduire le contexte, mais principalement parce que le paradigme continue à influencer les concepts, malgré la disparition de sa pertinence après août 1945. Comme les ruines incendiées laissées derrière le souffle des bombes d'Hiroshima et de Nagasaki, les structures de la guerre industrielle interétatique sont devenues sans utilité et dangereuses. Néanmoins, à l'instar de ces villes, le paradigme a été reconstruit pour des raisons pratiques et politiques mais, à leur différence, il ne retrouva jamais une nouvelle vie. Pendant toute la guerre froide, les responsables militaires et politiques s'accrochèrent à lui, concevant leurs armées en fonction de ses caractéristiques, jurant par ses capacités rédemptrices en cas de besoin. Heureusement le besoin n'en vint jamais, et s'il était venu, le paradigme n'aurait pas pu fonctionner dans son acception historique. D'abord parce que, avec la bombe atomique, les armées de masse n'étaient plus qu'une cible : la technologie nucléaire impose une absence de massification dans la défense ; dans ces conditions, une grande armée est mieux utilisée dispersée que réunie. Ensuite parce que « la victoire décisive » serait obtenue à un prix qui aurait été beaucoup trop élevé. En d'autres termes, la chose essentielle nécessaire à une guerre industrielle entre États, la communion de la population de l'armée et du gouvernement aurait été annihilée par la guerre.

De telles réalités ont été ignorées pendant quarante-cinq ans en partie à cause de la puissance rémanente de l'idée de la guerre industrielle ; en plusieurs pays européens, elle avait forgé le concept même de l'État. Comme nous l'avons vu, la carte du continent, telle que nous la connaissons encore, et l'unité des États-Unis furent fixées par des batailles conformes au paradigme. De même, l'image de la guerre industrielle était et reste probablement encore la façon de décrire et d'évoquer la guerre notamment pour le public : les missiles de croisière et les bombes à guidage laser se sont superposés mais n'ont jamais remplacé les images emblématiques de l'infanterie portée, servant des mitrailleuses et se déplaçant sur des chars. Même si les chars sont utilisés plutôt pour le transport et la protection que pour la bataille, ils sont encore considérés comme les instruments de la guerre moderne sur terre. Mais surtout, on refusait de souscrire à la disparition de la guerre industrielle parce que la dialectique soutenant la notion de guerre froide consistait de chaque côté à convaincre l'autre de sa volonté d'y aller et de combattre dans une guerre totale et d'ainsi prévenir l'événement même si ce plan portait en soi une contradiction puisque les conséquences pouvaient en être pour chaque camp une totale destruction. L'utilité de la force armée se situait dans la dissuasion et non dans son utilisation. Le support de la notion devint une doctrine qui se mua en dogme, un fait non discutable, lequel renforça l'intérêt ainsi prolongé pour la guerre industrielle entre États, longtemps après sa disparition. Car, à l'origine de nombreux problèmes que nous rencontrons maintenant dans l'utilisation de la force et des forces armées, il y a la persistance de leur structure et de leur utilisation comme si l'ancien paradigme tenait toujours, au prix de l'ignorance du nouveau et de l'inadaptation à celui qui a pourtant depuis longtemps remplacé l'autre : le paradigme de la guerre au sein de la population. Véritablement, comme en 1945, les réalités militaires se déroulèrent selon deux conceptions jumelles et parallèles : alors que les deux camps de la guerre froide se préparaient avec détermination et avec des armées industrielles massives, des forces de ces deux mêmes armées combattaient à l'extérieur, contre différentes sortes d'ennemis dans différents conflits, tous d'évidence de nature non industrielle. Ce sont ces sortes de conflits et d'ennemis auxquels nous sommes confrontés le plus communément aujourd'hui, dans notre monde postérieur à la guerre froide bien que nous essayions encore de les conformer au modèle industriel ; nous utilisons la force et les armées en accord avec un dogme plutôt qu'avec une réalité.

Comprendre comment ces univers parallèles de conflits et de forces évoluèrent et comment les deux paradigmes se sont entremêlés constitue l'objet de la deuxième partie de ce livre. Mais auparavant, il faut faire un détour théorique dans le monde de la géographie. Comme je l'ai remarqué au début de l'ouvrage, la force ne peut être efficace que si elle est employée dans le cadre d'une compréhension convenable du contexte. Aujourd'hui, cela tend à signifier une analyse politique et militaire, des causes immédiates du conflit, de l'ennemi et de ses capacités économiques et militaires, des conséquences possibles sur les États environnants et les intérêts régionaux, à ne citer que ce qui est le plus évident. Cependant, dans le cadre militaire, nous n'examinons avec quelque profondeur ni le contexte historique, ni le contexte géographique. Par là, je veux parler des plus amples disciplines de l'histoire et de la géographie. L'histoire militaire et, comme certains universitaires américains l'étudient, la géographie militaire sont d'importantes parties de disciplines complètes mais ne sont que des parties d'un tout. Leur intérêt principal résulte de la réalité heureuse que la profession des armes, ainsi qu'on appelle à juste titre le métier de soldat et de commandement, n'est pratiqué effectivement que par peu d'hommes en peu d'occasions. La plupart du temps, les soldats, marins et aviateurs, quel que soit le grade, se préparent à cet événement ; ils vivent dans leur profession, mais non dans la pratique de l'action. Pour ma part, je ne pense pas avoir été dans l'action, au sens fort du terme, plus qu'environ six ans sur mes trente-sept années de service officiel à la suite de mes trois années d'instruction. Ces chiffres incluent une année de commandement des forces de l'ONU à Sarajevo et trois années de commandement en chef en Irlande du Nord. En conséquence de ce manque de pratique, les responsables doivent apprendre leur métier à partir du passé par l'étude des précédentes campagnes et des décisions des généraux. Comme nous l'avons vu, cette pratique fut institutionnalisée par l'état-major général prussien et depuis s'est généralisée parmi les armées victorieuses. Toutefois je ne pense pas que les leçons appropriées puissent être tirées et transportées dans le présent ni l'ensemble de la stratégie vraiment comprise si le lecteur ne pénètre pas la totalité du contexte géo-stratégique et historique de l'opération ou de la campagne sous examen.

L'histoire constitue le contexte de la bataille, tandis que la géographie le constitue pour le champ de bataille. La géographie dicte les limites physiques de ce dernier. Même avec les avancées techniques de notre époque, la localisation de la bataille, ses limitations et avantages des contours au climat et à la nature du sol, auront une influence sur la bataille et très probablement sur son résultat. La technologie n'a pas rendu uniforme la surface du globe : un missile partira toujours d'un endroit pour atterrir dans un autre et des deux dépendent fortement une utilisation fructueuse de la force. La connaissance de la géographie donc, comme l'étude de la planète et son influence sur ceux qui l'habitent, nous apporte les clés pour analyser le champ de bataille et en prévoir la nature de façon à en utiliser les caractéristiques à notre avantage. Cela a toujours été le cas. Par exemple, la Royal Navy pendant la période géorgienne s'intéressa à la technique pour trouver des montres précises afin de déterminer la longitude, ce qui, en dehors des améliorations apportées à la sûreté de la navigation, l'autorisait à collecter systématiquement les données utiles à cette navigation ; beaucoup d'entre elles sont reportées sur les cartes que nous utilisons. Pendant des siècles, celles-ci et des mesures analogues pour cartographier la surface de la terre furent relevées surtout à des fins militaires et, alors que la société civile profitait de ces informations, les militaires les collectaient et dans certains cas les conservaient soigneusement. La Turquie, par exemple, n'a que récemment déclassifié certains détails cartographiques qui ne sont généralement pas encore accessibles dans le commerce. Il ne s'agit pas seulement de données scientifiques : cartes postales, descriptions littéraires, pamphlets et de nombreuses sources peuvent apporter des bribes d'information, en particulier sur des lieux inaccessibles. De tels renseignements de détails procurent une vue meilleure du champ de bataille dont j'ai apprécié la valeur dans mes années de commandement. De fait, lorsque je suis monté en grades, j'ai de plus en plus réalisé la valeur de l'analyse géostratégique : elle permet d'appréhender la situation comme un tout et de comprendre le contexte global du conflit ou de la confrontation et pourquoi celle-ci survient concrètement plutôt en certains lieux. Dans une telle analyse, on prend en compte une grande variété de facteurs, y compris les voies de communication principales, la disponibilité de ressources naturelles, le système de relations régionales, les économies, le mélanges de cultures et les valeurs normatives des sociétés avec leurs schémas de comportements. Une telle analyse géostratégique décrit la réalité de la vie comme elle s'écoule dans ce lieu ou cette région et de ce qui est la cible de ma force armée. Elle devrait s'accompagner d'une analyse historique qui aidera à comprendre ma propre situation en relation avec celle des adversaires en même temps qu'elle aidera à prévoir quel schéma d'action ces derniers sont susceptibles d'adopter. Par exemple, en 1990, en planifiant l'attaque à travers un désert plat de cailloux en Irak puis au Koweit, j'ai considéré qu'il n'y avait pas de terrain comportant d'avantages tactiques et décidai qu'on ne se battrait pas pour du terrain, donc si des Irakiens voulaient défendre un morceau de désert, je les y laisserais et j'attaquerais plutôt la possibilité pour leur chef de communiquer avec les subordonnés et de les approvisionner. Ceci réduisit mes besoins en infanterie et pour le combat rapproché, et donc mes besoins prévisibles en hommes et en approvisionnements. Ainsi, la vitesse à laquelle je pouvais me déplacer augmenta et donc évita la construction d'un poste de commandement dans la profondeur des positions irakiennes. Toutes les batailles et guerres citées dans les précédents chapitres offrent des exemples de ce type de contextes, non pas seulement les steppes qui offrirent l'espace stratégique pour refuser la bataille napoléonienne en Russie et le terrain accidenté de la péninsule ibérique qui offrit à la guérilla un sanctuaire à partir duquel harceler les armées de Napoléon. Considérons aussi la rude réalité à laquelle furent confrontés et l'Allemagne et le Japon pendant la seconde guerre mondiale : pour vaincre soit la Russie, soit les États-Unis, il fallait conquérir chacun des deux ; en d'autres termes, il fallait conquérir un continent. Un exemple du jeu des facteurs géostratégiques peut être perçu en examinant la géographie de la vallée du Rhin qui s'allonge vers le nord depuis la Suisse jusqu'à la mer du Nord. Il n'y a réellement que trois corridors de passage pour permettre à des forces conséquentes de traverser le Rhin : la trouée de Belfort, la vallée de la Moselle et le chemin qui va de Liège vers Aix-la-Chapelle et la Ruhr. Ces caractères géographiques avaient la même signification pour les Romains en leur temps que pour le général Eisenhower en 1944. Au début du XXe siècle, lorsque Schlieffen établit son plan, les sorties des deux corridors les plus méridionaux étaient gardées par des fortifications françaises considérables qui peuvent encore être vues à ce jour. Le volume et la densité des forces qui pouvaient emprunter ces corridors étaient insuffisants pour vaincre les défenseurs français en cours de mobilisation. Le corridor restant dans le nord pouvait voir transiter un grand volume de forces, suffisant pour submerger les défenseurs belges et pour constituer une puissante aile nord afin d'attaquer vers le sud, envelopper Paris et les défenseurs le long de la frontière.

Ainsi le plan Schlieffen était inscrit dans la géographie et ceci imposait la violation de la neutralité belge.

Une appréhension géostratégique représente une donnée importante pour utiliser les forces avec pertinence. Elle est essentielle dans une guerre non industrielle, telle que nous la pratiquons aujourd'hui, bien qu'elle trouve ses racines dans le passé. C'est vers ces racines que nous allons maintenant nous tourner.

Jusqu'ici, nous nous sommes focalisés exclusivement sur la guerre industrielle entre États, mais ce n'est pas pour suggérer qu'il n'y avait pas d'autres sortes de guerre comme au début du XIX\ siècle. Ainsi que nous l'avons vu, il faut quelque temps pour développer une armée industrielle et dans l'intervalle, nombreux sont ceux qui combattent encore d'une manière plus proche de « l'ancien style » des guerres pré napoléoniennes. C'est vrai en particulier de la plupart des guerres coloniales récentes en Extrême-Orient et en Afrique où les armes étaient encore des mousquets ou des fusils chargés par la culasse d'ancienne génération. Cependant, il s'agissait de conflits dans lesquels il y avait de vrais canons en service dans les guerres industrielles et qui faisaient la différence avec les lances et les flèches des peuples indigènes. En outre, à l'époque, les puissances coloniales, comme la France et les Pays-Bas, créèrent des armées distinctes pour défendre les colonies avancées, tandis qu'elles développaient aussi des armées industrielles pour s'opposer les unes aux autres. Toutefois, parallèlement à ces évolutions en vint une autre : l'antithèse de la guerre industrielle entre États. Un contre paradigme dont les origines peuvent être retrouvées à la même époque, dans les mêmes guerres que celles ayant engendré la guerre industrielle interétatique. Avec le temps, cette antithèse devait conduire au paradigme de la guerre au sein des populations.

Les origines de cette antithèse se trouvent en Espagne pendant la guerre de Napoléon dans ce pays de 1808 à 1814, guerre ou campagne que les généraux de Napoléon perdirent. En 1806, Napoléon décida d'imposer un blocus sur le commerce britannique en obligeant les nations d'Europe continentale à fermer leurs ports aux marchandises de ce pays. Comme les Portugais refusaient de s'y soumettre, une armée française traversa l'Espagne et occupa Lisbonne. En février 1808, Napoléon envahit l'Espagne, prit Madrid et installa son frère Joseph comme roi d'Espagne. La population espagnole se souleva contre les Français et appela les Britanniques à l'aide qui arrivèrent bientôt. Mais c'est la guerre par la population qui est la plus intéressante ici. Avec leur pays occupé et de nombreuses villes tenues par des troupes françaises, le peuple espagnol continua à se battre. Deux guerres complémentaires s'en suivirent : celle du peuple et celle des armées. Le peuple appelait sa guerre la « petite guerre », la guérilla, la combinaison du mot espagnol pour la guerre, *guerra* et du suffixe diminutif, *illa*. Ce terme fut inventé pour décrire les tactiques qu'ils mettaient en œuvre pour résister au régime du roi Joseph Bonaparte : des groupes de combat, petits, mobiles et souples, issus de la population, cachés et soutenus par celle-ci, s'ingéniaient à harceler les armées ennemies supérieures en force, tout en évitant toute confrontation sur une grande échelle. Par la poursuite de cette guerre, l'objectif politique était de conserver l'identité politique de la population, même sous occupation, en soutenant sa volonté de continuer à combattre et à résister. De cette manière, les guérilleros pensaient recouvrer leur indépendance lorsque la Grande-Bretagne et ses alliés auraient triomphé. Les buts stratégiques étaient d'user la volonté ennemie de continuer, de collecter de l'information, de disloquer et de retarder les opérations ennemies de façon à affaiblir la résistance des envahisseurs aux forces de libération, soit l'armée anglo portugaise du duc de Wellington qui avait débarqué en août 1808 avec un corps expéditionnaire britannique de quelque dix mille hommes.

La tactique de la guérilla est issue du principe de base de forces n'acceptant le combat que selon leurs conditions, ce qui suppose de connaître la position et la force de son adversaire, de savoir lorsqu'il est coupé de toute aide ou empêché d'échapper avant tout secours, de disposer de l'effet de surprise et de combattre au moment choisi. Privé de la force du nombre, et des armes pour s'opposer à une armée en campagne, les guérillas préfèrent éviter les batailles rangées. L'embuscade et le raid représentent leurs modes de combat favoris. Par-dessus tout, la guérilla évite toujours de tenir le terrain car cela inviterait l'ennemi à la découvrir, à l'encercler et à la détruire. Frappant rapidement et de manière inattendue, les raids de la guérilla s'attaquent aux dépôts et aux installations d'approvisionnement, tendent des embuscades aux patrouilles et aux convois de ravitaillement, coupent les lignes de communication et cherchent par là à désarticuler les activités ennemies et à capturer des équipements et du ravitaillement pour leur propre usage. En raison de sa mobilité, de la dispersion de ses forces en petits groupes, de leur aptitude à disparaître au sein de la population civile, il est très difficile de forcer la guérilla à livrer bataille. Les guerres contre les guérillas se mènent sans ligne de front fixe. Les objectifs des guérilleros par leurs attaques sont de déstabiliser l'ennemi, de porter atteinte à ses ressources (hommes et lignes de communication) par des séries continuelles d'attaques en coups d'épingle sur une période étendue, qui à la longue affaiblissent l'ennemi matériellement, le forcent à se concentrer sur sa propre protection et entament sa résolution.

Toutes ces caractéristiques apparurent en nombre dans les activités de la guérilla lors de la guerre d'Espagne. La défense obstinée de villes comme Saragosse immobilisa des milliers de Français tandis que les guérillas provoquaient destruction et confusion à travers tout le pays, retenant pour la sécurité de l'arrière-pays une quantité significative de troupes françaises et entretenant une série d'attaques contre leurs lignes de communication. En réaction, la pleine puissance de la machine de guerre napoléonienne fut déployée pour écraser la « rébellion ». Napoléon lui-même prit brièvement le commandement de son armée, mais en son absence, les querelles sans fin entre ses généraux trop ambitieux et la claire incompétence de son frère Joseph contribuèrent à détériorer la situation. Bien que sur le papier les Français aient été considérablement plus nombreux que les troupes de Wellington, ils ne purent jamais concentrer suffisamment leurs troupes pour obtenir une victoire décisive. À la fin de 1810, près de 300 000 soldats français avaient été englués dans la péninsule tandis que seulement 70 000 pouvaient être opposés à Wellington ; les autres étaient fixés ailleurs par les menaces d'insurrections et les actions de guérilla. En 1813 l'armée de Wellington disposait de 70 000 hommes et la résonance des victoires obtenues par son commandement inspiré, aidé par ses alliés portugais, par les opérations en profondeur des guérillas espagnoles et la quantité de renseignements qu'elles fournissaient, furent essentielles pour reconduire les Français hors d'Espagne.

Les guérillas étaient tributaires de la population pour leur soutien moral et matériel et, dans une certaine mesure, pour leurs cachettes, bien que le terrain soit suffisamment vaste pour procurer de grandes zones et des abris où éviter les opérations françaises de ratissage. Les formations de guérilla étaient légèrement armées et dépendaient dans une large mesure comme source d'approvisionnement de la poudre et des balles capturées. Par opposition aux forces conventionnelles, elles n'étaient pas « normalisées » et ne présentaient pas de système de commandement formel. Elles manquaient aussi de cohésion politique et dépensaient beaucoup d'énergie et versaient du sang dans des disputes entre elles. Néanmoins, elles maintinrent vivants l'honneur de l'Espagne et la volonté de se libérer de Napoléon. Surtout, l'activité continue de guérilla draina les ressources et détourna l'attention de l'armée française. En 1812, l'« ulcère espagnol » ou la « plaie suintante » coûtait à la France en moyenne une centaine quotidienne d'hommes et cette diminution croissante de potentiel de combat sapait le moral des armées. Avec les Français incapables de concentrer leurs forces contre l'armée anglo portugaise, Wellington fut en mesure de passer à l'offensive et finalement de l'emporter sur un ennemi supérieur en nombre. Militairement, l'utilisation des forces de guérillas fut tactique et soutenait le théâtre d'opérations de Wellington. Au niveau européen, comme remarqué dans le premier chapitre, l'importance du théâtre espagnol, longtemps considéré comme secondaire par Napoléon, se révéla essentiel. Après la retraite de Russie désastreuse pour la Grande Armée, les besoins en soldats étaient plus grands que jamais. En 1813, l'absence de 300 000 hommes bloqués dans la péninsule ibérique pesa sur le cours de la campagne d'Allemagne tandis que l'écrasante victoire de Wellington à Vitoria en juin 1813 mit fin à l'occupation française en Espagne et servit également à souder pour une dernière fois l'alliance hésitante russo prussienne face à Napoléon. Mais cette victoire, comme l'importance du théâtre pris dans sa totalité n'aurait pas été possible sans ces guérillas. Réfléchissant sur ses erreurs de calculs sur le théâtre espagnol, Napoléon a dit une fois : « Cette guerre infortunée m'a perdu... tous... mes désastres dépendent de ce nœud fatal[1]. »

La guerre de guérilla, à l'image de la guerre industrielle, correspondait à un modèle existant dans les guerres qui la précédèrent. Par exemple, dans la guerre d'Indépendance des États-Unis, les hommes qui avaient appris à combattre contre les Indiens à la frontière utilisaient les modes de combat indiens contre les Anglais bien que dans la durée, l'armée révolutionnaire employât plus de tactiques conventionnelles. Bien plus tôt, approximativement 350 ans av. J.-C., Sun Tsu décrivait l'essentiel des méthodes tactiques de l'approche indirecte. Je ne pense pas qu'aucun des protagonistes actuels ait entendu même parler de Sun Tsu mais son conseil dans *L'art de la guerre* d'éviter la force mais de frapper la faiblesse devrait représenter l'idée directrice de la guérilla ou du tacticien partisan et beaucoup de ses écrits constituent un manuel des méthodes opérationnelles des guérillas.

Il y a un danger à confondre la guerre de guérilla avec d'autres sortes de « petites guerres ». Comme rappelé plus haut, en parallèle des développements de la guerre totale, on rencontra de nombreuses petites guerres de colonisation, d'expansion impériale et de maintien des empires. Certains de ces combats ressemblaient à une guerre de guérilla mais nous devons rester prudents dans notre analyse en distinguant entre la tactique adoptée, la situation géo stratégique et les buts politi-

---

1. Napoléon Bonaparte, *Mémorial de Saint Hélène,* vol. I, Paris, Éditions Garnier, 1961 (1823), p. 609-610.

ques ou stratégiques des belligérants. En d'autres termes, chaque situation doit être examinée dans son environnement plutôt que dans sa spécificité : les tactiques employées peuvent avoir été celles de la guérilla, mais le contexte pourrait très bien être tout à fait différent. La clé pour cette analyse réside dans Clausewitz. Sans doute avec en tête l'exemple espagnol après les guerres napoléoniennes, il expliqua que le plus faible pouvait prévaloir sur le plus fort. Pour y parvenir, l'adversaire le plus faible devait avoir pour but de ronger la volonté de continuer la guerre du plus fort ; la guerre de partisans, ainsi qu'il l'appelait, pouvait ajouter à cette érosion de la volonté, pourvu que le terrain procure espace et cachettes et que les forces soient de nature adaptée. Les expéditions coloniales du XIXe siècle réussirent parce que les responsables politiques adverses n'imaginaient ni que leurs actions auraient pu avoir un effet sur la volonté politique populaire dans des pays distants, ni qu'elles étaient susceptibles de donner le pouvoir au peuple en lui disant de combattre indépendamment des autorités en place. Les habitants étant envahis, essayaient d'utiliser leurs forces armées pour défendre le sol ; lorsqu'elles étaient confrontées à des armes meilleures comme des canons, elles étaient vaincues. Lorsque les forces coloniales ou impériales ne l'emportaient pas, comme dans les deux guerres britanniques contre l'Afghanistan au XIXe siècle, ce fut la volonté de la puissance impériale de l'envahisseur qui fut modifiée. En Afghanistan, le terrain et la distance de la mer, la source de la puissance britannique et des approvisionnements, ajoutés à des tribus assez cohérentes et organisées, ont satisfait au critère de Clausewitz. En conséquence, la Grande-Bretagne ne parvint pas à trouver suffisamment de troupes pour obtenir une densité militaire dominante. Les Britanniques tentèrent deux fois d'inclure l'Afghanistan dans le Raj (1839-1842 et 1878-1890), battant les armées afghanes à chaque occasion mais il s'agissait de réussites tactiques qui ne pouvaient jamais être capitalisées sur le plan politique. Finalement la Grande-Bretagne se retira et s'arrangea avec les dirigeants du pays un peu comme un souverain médiéval l'aurait fait avec ceux des marches frontières.

La guerre des Boers qui commença en 1899 est un autre exemple de la formule de Clausewitz. Ce fut aussi une expérience formatrice pour l'armée britannique. Les armées de citoyens Boers étaient à base d'infanterie montée et armée de façon moderne. Organisées en petites unités autonomes appelées commandos, elles se déplaçaient rapidement en contraste avec les lourdes formations britanniques ; leur connaissance du terrain comme leur précision au tir étaient meilleures. Ils attaquèrent en octobre et assiégèrent les Britanniques dans Mafeking,

Kimberley et Ladysmith, couronnant ces premiers succès avec la « *Black Week* » en décembre 1899 lorsque les Britanniques connurent une série de défaites à Magersfontein, Stormberg et Colenso engendrant la perte de près de 1 000 de leurs soldats et les empêchant de délivrer les villes assiégées. Néanmoins, les Britanniques gardèrent leurs nerfs, le commandement fut changé, des renforts furent expédiés et l'armée recomposée. Elle fut littéralement transformée : les tuniques rouges furent remplacées par du kaki. Des chevaux furent achetés, une infanterie montée, entraînée et les unités en campagne connurent une réorganisation logistique. Comme Kipling le chanta :

> « Habituellement j'appartenais à une armée, une fois,
> Mon Dieu ! quelle drôle de petite armée, une fois
> Petite rouge, morte la petite armée une fois
> Mais maintenant je suis infanterie montée. »

En juin 1900, les armées boers reformées en campagne furent vaincues et les Britanniques s'emparèrent des capitales de leur État, Bloemfontein et Pretoria. Mais les Boers ayant perdu l'épreuve de force ne se rendirent pas mais essayèrent de briser la détermination des Britanniques et une guerre de deux années de guérilla s'en suivit. En occupant les républiques boers après avoir défait leurs armées, la Grande-Bretagne avait réalisé son objectif stratégique. Les Britanniques ne pouvaient rien faire de plus au niveau stratégique militaire mais l'initiative stratégique est pour qui la prend et les Boers décidèrent de la prendre. Ayant perdu la souveraineté sur leur pays, le veldt, ils décidèrent de rendre cette occupation intolérable aux forces britanniques et à un coût que les citoyens de Grande-Bretagne ne pouvaient supporter. À cette fin ils adoptèrent la tactique de la guérilla pour vaincre dans l'affrontement de volonté au niveau stratégique par le succès au niveau tactique. Les Boers étaient encouragés dans cette stratégie par un certain nombre de facteurs : leur sens puissant de la nation, leur familiarité avec l'immensité du veldt, les divisions politiques en Grande-Bretagne sur l'opportunité de mener cette guerre et le soutien que recevait leur cause en Europe et aux États-Unis. Comme la Grande-Bretagne était la puissance dominante à ce moment, elle ignora les pressions des autres puissances. Cependant il y avait des divisions politiques internes :

Les partis travaillistes et libéraux, l'opposition de cette période, s'opposaient à la guerre comme un excès d'impérialisme, mais ceci ne reflétait pas l'attitude de la population qui soutenait l'armée prise comme un tout ; le sentiment populaire général était que les Boers avaient attaqué les premiers et qu'en réaction, l'empire s'était engagé et avait envoyé des troupes, il était donc normal que les Britanniques

fassent un exemple et ne soient pas battus. Tout bien considéré, toutefois, puisque les forces britanniques étaient composées de volontaires,
la population n'était pas affectée par des pertes réelles ou potentielles
comme elle l'aurait été avec une armée de conscription. Enfin, et peut-
être avec le plus de conséquences dans ce temps-là, il n'y avait aucun
moyen de présenter le point de vue des Boers (ni d'aucun étranger), au
public au sens large ; pas de canal pour un médium international pour
proposer au public domestique un autre point de vue sur les évènements. Mais il y avait des critiques internes et comme le temps passait
et que les pertes augmentaient, en tout les Britanniques perdirent
22 000 hommes par blessures ou maladies, l'opinion s'aigrit. Cependant ces commentaires s'attaquaient plutôt à la manière de faire qu'à
l'opportunité de la guerre. À la vérité, comme la guerre continuait, le
patriotisme tournait en jingoïsme et les caractéristiques les plus nationalistes de John Bull firent aussi leur apparition. Revenant à
Clausewitz, la détermination de la Grande-Bretagne à vaincre ne fut
altérée d'aucune façon.

La campagne menée contre les commandos Boer fut à la fin victorieuse. Tactiquement, avec leur infanterie montée, les armées britanniques furent capables de se mesurer aux commandos sur leurs propres
méthodes et l'avantage du nombre compensa toute insuffisance de
compétence et d'expérience ; la campagne impliqua la concentration
d'une population rurale très dispersée. Avec une brutalité inutile, les
familles furent ôtées de leurs fermes en feu pour être maltraitées dans
des camps de concentration touchés par la typhoïde et dont les conditions honteuses de séjour furent une des principales causes de critiques
à Londres. Le but recherché en déplaçant les gens de leurs fermes sur le
veldt était de les empêcher de cacher, abriter et nourrir les commandos.
Une fois le veldt vide, tout mouvement pouvait être considéré comme
ennemi jusqu'à preuve du contraire et les commandos, privés de renseignements et de nourriture étaient obligés de quitter leurs cachettes pour
rechercher ces nécessités vitales risquant ainsi d'être tués ou faits prisonniers. L'autre mesure prise par les Britanniques fut de contrôler les
communications de manière à obtenir l'information qui les conduirait
aux commandos. Ce fut réalisé avec des barrières de fil de fer et des
blockhaus qui quadrillaient le veldt, initialement suivant les lignes de
chemin de fer et communiquant par téléphone. Enfin les zones entre les
barrières furent patrouillées de façon serrée. Quand les commandos
cherchaient de la nourriture ou se déplaçaient pour éviter d'être capturés, ils se cognaient aux patrouilles ou coupaient les fils et lentement
était établie une carte de leurs lieux de séjour ; ceci améliorait la préci-

sion des itinéraires de patrouilles qui à son tour améliora le taux de succès des Britanniques.

Ce n'était pas aussi facile que je l'ai laissé entendre : les Boers étaient des hommes rudes, combattant sur leur propre terrain, avec un solide moral et l'entraînement à l'autosuffisance des pionniers. La plupart de leurs munitions et beaucoup de leur nourriture provenaient de leurs raids chez l'ennemi. Il n'était pas rare qu'après une escarmouche ou une bataille, ils relâchent leurs prisonniers nus parce qu'ils avaient plus besoin de vêtements que de prisonniers, tandis que leur réapprovisionnement se faisait souvent en suivant une patrouille britannique indisciplinée ou imprudente. Au bout de deux ans lorsque la paix intervint avec le traité de Vereniging en mai 1902, bien que sérieusement réduits en nombre, mourant de faim et pourchassés, il y avait encore des commandos libres pour se rendre. La paix fut signée en grande partie parce que les Britanniques avaient sapé la volonté des Boers de continuer. Politiquement et stratégiquement, ceux-là étaient déterminés à vaincre et à intégrer les républiques boers qu'ils avaient conquises à leur empire et les Boers savaient qu'ils ne pouvaient pas renverser la situation. En outre, dans leurs décisions, les Britanniques avaient réfuté le critère de Clausewitz en déplaçant la population et en refusant aux Boers l'avantage du terrain. Tactiquement les Boers avaient perdu par un processus d'attrition. Le facteur final et le plus lourd consista, de la part des Britanniques, à compléter leur campagne par une offre politique à leurs adversaires qui leur proposaient une perspective crédible et meilleure que leur situation présente : ils leur promirent la souveraineté interne et 3 millions de livres pour la reconstruction de l'économie rurale.

Les deux dernières années de la guerre des Boers constituent un exemple emblématique du paradigme antithétique de celui de la guerre industrielle inter États : de petites opérations avec un nombre de participants minimal, centrées sur la désarticulation de l'ennemi plutôt que sur une victoire militaire décisive comme moyens d'atteindre les objectifs politiques. Au contraire des guérillas espagnoles, les Boers n'appartenaient pas à un grand ensemble ; ils n'avaient pas de soutiens extérieurs, et pas d'autres sanctuaires que le veldt. Pendant les deux ans de guerre en guérillas, la force ne fut jamais employée pour d'autres objectifs que tactiques. À la vérité, il n'aurait pas pu en être autrement : les commandos ne recherchaient que des objectifs tactiques, il ne se déployèrent jamais pour se rassembler, et parce qu'ils ne voulaient pas le faire, ils ne pouvaient, eux-mêmes qu'attaquer des objectifs tactiques. Les Britanniques le comprirent et ne tentèrent pas des « opérations décisives » au niveau du théâtre... jusqu'à la table de négociations.

La première guerre mondiale fut le pas le plus important quant à l'évolution de l'antithèse du paradigme de la guerre industrielle interétatique, tout spécialement avec la campagne de libération, ainsi nommée à présent, menée par les Arabes de la péninsule arabique conduits par leurs cheiks pour se libérer de la tutelle ottomane. Ceci ne parut pas initialement un projet facile : l'échec des alliés à Gallipoli, la reddition des forces britanniques à Kut en Mésopotamie en avril 1916 et l'offensive turque en direction du canal de Suez la même année, tout prouvait que les armées ottomanes représentaient encore des forces avec lesquelles il fallait compter. Les Britanniques donc mirent sur pied une force dans le désert du Sinaï et sous les ordres du général Allenby, montèrent une opération pour défaire les armées ottomanes en Palestine avec les forces nationalistes arabes préparant une opération de soutien. Du point de vue britannique, la cause arabe valait d'être soutenue parce qu'elle promettait d'augmenter beaucoup la pression que devaient supporter les Turcs. Cet aspect de la situation était décalqué de celui de la guerre d'Espagne contre les Français lorsque les guérillas espagnoles aidèrent grandement l'armée régulière de Wellington sur la route de la victoire.

Le lieutenant colonel T.E. Lawrence fut désigné comme conseiller et officier de liaison auprès des chefs nationalistes arabes. Déjà en poste au Caire où il travaillait pour le renseignement militaire britannique, la connaissance approfondie par Lawrence de la population arabe, en particulier de leur culture et de leurs hommes politiques, faisait de lui un candidat idéal pour cet emploi. En octobre 1916, il fut envoyé dans le désert pour rendre compte de la situation des mouvements nationalistes et, rapidement, il réalisa que les objectifs politiques des Arabes étaient « sans erreur possible géographiques, c'est-à-dire d'occuper toute la partie de l'Asie parlant arabe ». Dans *Les sept piliers de la sagesse* publié après la guerre, Lawrence a réfléchi sur la manière dont cet objectif fut réalisé tout en aidant les Britanniques dans leur projet et, ce faisant, il définit clairement les trois niveaux de décision dans la guerre en dessous du niveau politique et comment chacun engendre le contexte du niveau inférieur et par là en assure la cohérence.

> « L'armée turque était un accident et non une cible. Notre véritable objectif stratégique était de rechercher son maillon le plus faible et de ne peser que sur lui jusqu'à ce que, avec le temps, la masse s'effondre. L'armée arabe devait imposer le plus longtemps possible aux Turcs la passivité dans la défense (ce qui est la forme de guerre matériellement la

plus coûteuse), en étendant au maximum son propre front [1]. Tactiquement, les Arabes durent développer une force très mobile et très bien équipée de la plus petite taille et l'utiliser successivement en des points distribués sur la ligne turque. »

De cette façon, il chercha à faire des Arabes « une entité influente, une chose invulnérable, intouchable, sans avants et sans arrières, flottant autour comme un gaz ». Par cette citation, Lawrence explique que l'objectif de la bataille sur le terrain pour les Arabes était l'attrition ennemie, en gagnant chaque combat local, plutôt qu'un affrontement de volontés. Dans cette perspective, l'objet des batailles n'était que de combattre au niveau tactique et d'étendre la ligne turque au niveau opérationnel jusqu'à ce qu'elle s'effondre moralement plutôt que matériellement. Les Arabes indubitablement devaient faire cela de leur propre volonté mais la promesse de l'indépendance était un aiguillon suffisant.

À partir de cette stratégie, Lawrence s'arrangea pour convaincre les Arabes de coordonner leurs efforts dans la rébellion et il se mit bientôt à combattre avec leurs troupes irrégulières sous le commandement général de l'émir Fayçal. Dirigeant les opérations principalement dans la péninsule arabique, avec des moyens limités, il se concentra sur la mise en œuvre de sa stratégie d'épuiser l'effort de guerre ottoman. Initialement, par exemple, Lawrence persuada les Arabes de ne pas chasser les Ottomans de Médine, forçant ainsi les Turcs à maintenir des troupes pour la garnison de cette ville. Manquant d'hommes et de matériels pour engager une armée régulière dans une grande bataille, Lawrence encouragea de petites unités tactiques et favorisa des raids menés par cent à deux cents hommes des tribus contre des forces turques conventionnelles importantes. Il porta alors son attention sur la voie ferrée du Hedjaz qui représentait la seule voie de communication et d'approvisionnement majeure pour les forces ottomanes alors que la supériorité navale britannique dans la mer Rouge restait incontestée. Avec l'armée turque répartie en petites formations dans l'immensité vide de la péninsule arabique, les Arabes trouvèrent relativement facile de frapper et de saboter la voie de chemin de fer qui transportait hommes, fournitures et munitions à travers la péninsule.

Lawrence et les rebelles arabes centrèrent leur activité sur de continuelles destructions de sections de la voie ferrée pendant deux années. Des petites formations étaient réparties pour poser des charges sur les rails en divers endroits. Ils utilisaient des charges explosives sophistiquées de façon à infliger autant de destructions que possible de sorte

---

1. Le théâtre ou l'objectif opérationnel.

que les Turcs soient forcés de faire des réparations consommatrices de temps. L'une des inventions employées par Lawrence comme charge explosive fut la « bombe tulipe » qui tordait les rails au point de ne pouvoir être remis droits. Une autre façon de saboter la voie s'appelait la « promenade » de mise hors service : deux groupes de vingt hommes avançaient le long, soulevant les rails et les écartant. Dans le même esprit, les ponts étaient soufflés par explosion de manière à branler sans être détruits de façon à requérir plus d'hommes jours pour être rétablis. Telle était l'admiration des Arabes pour Lawrence et sa science des explosifs qu'ils lui donnèrent le surnom de Emir Dynamite.

De tels sabotages fixaient une quantité croissante de troupes ottomanes qui étaient forcées de protéger la voie et de réparer des dommages continuels. En même temps les forces turques essayaient de défendre le chemin de fer du Hedjaz avec des postes avancés et des patrouilles mais les hommes de Lawrence formaient de fortes colonnes mobiles capables de rapides coups de poing. Le conflit se mua bientôt en une véritable guerre d'attrition ; mais Lawrence utilisait toujours de bien plus petites forces pour attaquer et saboter les voies et les infrastructures que les Turcs n'en mettaient à les réparer. En 1917, il coordonna une action commune entre les irréguliers arabes et des troupes rebellées contre leurs maîtres ottomans, combattant sous le commandement de Auda Abou Tayi. Par une attaque terrestre osée, ils s'emparèrent de l'important port stratégique d'Akaba ; dans les derniers épisodes de la guerre, Lawrence participa à la prise de Damas.

Les forces arabes apportèrent une contribution significative à la victoire britannique au Moyen-Orient. On leur attribua la mort de 35 000 soldats turcs et d'autant de blessés ou prisonniers. Chaque bribe de leur combat reflétait leur apport dans le paradigme antithétique de celui de la guerre industrielle inter États, beaucoup comme les guérillas espagnoles ou les Boers avant eux. À la fin de la guerre, ils avaient atteint leur but stratégique avec, sous leur contrôle, approximativement 260 000 kilomètres carrés qui étaient jusque-là sous domination turque. Ainsi, leur but politique apparaissait à leur portée mais leurs alliés britanniques et français les abandonnèrent. En redessinant l'empire ottoman vaincu, ils ne respectèrent pas les attentes arabes en dépit du « *lobbying* » de Lawrence dans les couloirs des négociations de Versailles où il rappelait qu'il s'agissait d'accords passés avec les Cheiks pendant la guerre. On refusa aux Arabes leur indépendance régionale, les provinces de l'ancien empire ottoman devinrent des territoires sous mandat dirigés par les Français et les Britanniques et, seule, la Maison de Saoud leur fut laissée avec le sanctuaire des lieux saints. En quelques années, celle-ci devint une fortune, au sens littéral, puisque les plus grandes réserves de pétrole y furent découvertes sous les sables.

La guerre industrielle interétatique évolua grâce à un combinaison de théories (sous l'influence durable de Clausewitz) et de pratiques. En contraste, son antithèse évolua beaucoup plus par idéologie et nationalisme : étant donnée la vraie nature du combat d'un peuple contre un ennemi plus puissant, il doit y avoir un engagement idéologique de la part des participants. Toutefois, c'était pendant les intervalles entre les guerres que l'idéologie venait sur le devant de la scène. Au début des années 1920, à peu près au moment où Lawrence écrivait le récit de sa guerre en Arabie et en Palestine, un mouvement d'idées qui avait existé depuis quelques décennies devint associé aux notions tactiques de la guérilla. Ce fut le mouvement anarchiste d'assassinat des dirigeants visant à imposer son existence et ses idées. Tout en échouant souvent dans sa mise en pratique et complètement en tant que concept (d'une façon générale, la population ne voulait pas de l'anarchie ; elle voulait un gouvernement et entendait ne remettre en cause que les dirigeants, les intentions et les règles), mais l'idée fut reprise, entre autres, par Trotski et nombre de ses camarades révolutionnaires. La propagande par les actes était née et devint un axe d'opération pour la guerre révolutionnaire. Ses objectifs étaient d'obliger le gouvernement, la population et les institutions extérieures à prêter attention, à rendre « la cause » crédible, à agir ou à se positionner contre elle, ce qui est impopulaire, pour faire des adeptes et pour gagner au moins à la « cause » le tacite soutien populaire. Au Royaume-Uni, par exemple, en 1979, le meurtre par l'IRA de lord Mountbatten pendant ses vacances annuelles en Irlande constitua un acte de cette sorte : il ne poursuivait pas d'autres buts que publicitaires au profit de l'IRA.

En parallèle à la propagande par les actes, se développa un deuxième axe d'opérations : la stratégie de la provocation. Dans ce cas, l'idée était de tirer avantage de la puissance et du poids des forces contre révolutionnaires un peu comme un judoka cherche à utiliser l'énergie d'une attaque de son adversaire pour le projeter à terre. Les attentats ou incidents sont ainsi utilisés de façon à inviter, et si possible exiger, une réaction du gouvernement, le but étant ici de donner du gouvernement à la population et aux institutions extérieures, une image de brutal oppresseur, d'instiller dans la population l'idée que les forces de police constituent une force ennemie pour gagner des sympathies à « la cause » et faire des adeptes. Un excellent exemple d'une telle provocation furent les marches en Irlande du nord qui, à la fin, menèrent aux évènements du « dimanche sanglant » en juin 1972 au cours desquels treize des marcheurs furent tués à Londonderry par des soldats britanniques. La stratégie de la provocation apporte également d'autres atouts opérationnels comme une façon d'être reconnu : si les forces de sécurité manquent à réagir à une provocation à un poste de contrôle, par exemple, le niveau de leur tolérance est ainsi mesuré, au moins localement et d'autres actions peuvent être entreprises jusqu'à ce niveau. De telles données aident à la mise en œuvre d'une troisième ligne d'opérations : rogner la capacité à gouverner du gouvernement, à la fois en termes de moyens et de détermination. Un bon exemple en est le meurtre et l'intimidation de personnages officiels, comme dans le cas de l'Irlande, l'assassinat de juges. Il s'agit des trois principales sortes d'opérations, mais il faut souligner que, tandis que chacune peut être clairement définie, de nombreux actes servent à plus d'une d'entre elles et permettent une exploitation diversifiée. À l'instar des armées conventionnelles et structurées auxquelles elles font face, les guérillas aussi doivent s'adapter et rechercher une mobilité organisationnelle si elles veulent employer leur force efficacement.

Dans cette formulation du paradigme antithétique, la guerre révolutionnaire, la force doit être utilisée pour conditionner la population afin qu'elle accepte la gouvernance révolutionnaire : à travers tous ses axes d'opérations, le révolutionnaire travaille à augmenter cette acceptation de ce type de gouvernement. Les objectifs stratégiques au niveau du théâtre sont tous de réformer ou de changer la volonté de la population, non celle de l'adversaire et c'est seulement au niveau tactique et au moment du choix des révolutionnaires que la force est employée directement pour son potentiel destructeur. Ces notions prirent de l'importance et furent mises en œuvre à la fois en Russie et en Chine. Ce fut Lénine qui tira de la pensée de Clausewitz au sujet du faible opposé au fort, sa réflexion sur « la guerre du peuple » qui devrait reposer sur un support populaire et son raisonnement selon lequel un seul événement ne pouvait pas déboucher sur une telle guerre. En préparant la Révolution russe, nulle doute que Lénine mit en œuvre cette réflexion de façon fructueuse. Les idées de Lénine issues de sa propre expérience influèrent fortement les stratégies modernes de guérilla.

Les théories sur la guerre révolutionnaire de Mao Zedong lorsque l'armée de libération populaire chinoise et lui-même combattirent à la fois les Japonais et les forces de Tchang Kaï-chek, se focalisèrent aussi sur les tactiques de guérilla. Il pensait que le concept de guerre révolutionnaire se déplaçait à travers trois phases ; la guerre pouvait se situer sur des phases différentes sur des parties distinctes du théâtre, avec pour le révolutionnaire, la possibilité qui se vérifia de retourner à une phase précédente à la suite d'un revers. En termes simples, ces trois phases étaient, en premier de créer des cellules dans la communauté, idéalement en profondeur dans les zones rurales ou à leur frontière mais avec un voisinage sympathisant afin d'obtenir une domination locale par la corruption et en remplaçant les autorités en place par un usage massif de la propagande et de l'endoctrinement. Dans une seconde phase, cette zone locale était transformée en sanctuaire par le développement de la structure cellulaire et le maillage avec d'autres zones libérées pour former une région dans laquelle on préparait des forces armées et où armes et nourriture pouvaient être entreposées ; cette activité était couplée avec une escalade dans les attaques contre les institutions gouvernementales et les forces militaires. Dans une troisième phase finale, les armées constituées consolidaient le sanctuaire et opéraient contre les armées gouvernementales dans d'autres zones où la structure de cellules pouvait les soutenir. Cette phase se prolongeait jusqu'à ce que les forces gouvernementales soient vaincues pendant une campagne et que le gouvernement révolutionnaire étende son emprise, zones rurales après zones rurales, pour aboutir à la chute des villes elles-mêmes.

À la fois en Russie et en Chine les forces révolutionnaires terminèrent leurs actions avec la formation d'armées conventionnelles en campagne, ce qui était nécessaire dans la phase finale pour vaincre par une épreuve de force les armées du gouvernement en place qui leur faisaient face. Cependant le précédent affrontement de volontés prit des chemins différents selon les circonstances, le peuple et le théâtre. En Russie, la révolution fut organisée autour du prolétariat urbain dont le travail irriguait l'industrialisation de l'économie russe et l'effort de guerre. La révolution se répandit de ville en ville à travers le pays le long du réseau ferré. La création par Trotski de l'Armée Rouge engendra une énorme machine de guerre qui, bientôt, ressembla aux armées traditionnelles de ses ennemis avec son état-major de planification et sa structure centralisée, son adhésion rigide aux ordres et le parallélisme entre la chaîne de commandement et la structure politique. De façon contrastée, en Chine, la révolution s'organisa autour de la population rurale. Le pays était à peine industrialisé, violemment divisé par la guerre civile et était en partie occupé par les Japonais. La masse de la population habitait la campagne d'où elle contrôlait la fourniture de nourriture ; elle était à la source de la main d'œuvre. Néanmoins pour l'ensemble des opérations sauf la période finale, le combat révolutionnaire s'effectua parmi la population et pour obtenir son adhésion.

Comme Mao l'indiqua, « la guérilla se meut parmi la population comme le poisson dans l'eau ». La Longue Marche le prouva : ce fut une retraite militaire de masse de l'armée communiste chinoise entre octobre 1934 et octobre 1935 pour éviter la poursuite par l'armée du Kouo-Min-Tang. Les communistes parcoururent quelque 9.000 km pour atteindre un refuge sûr, la province isolée du nord-ouest, le Shaanxi. En route, Mao Zédong établit son leadership sur le parti communiste tandis que son armée confisquait à la fois la propriété et les armes des plus riches et des nationalistes et en même temps recrutait les paysans et les pauvres. Parmi les 100 000 soldats qu'on estima au début de la marche, moins d'un quart parvint à destination. Pourtant, dans les années qui suivirent la Longue Marche, l'armée de Mao consolida sa structure dans son nouveau refuge au Yan'an. Après avoir vaincu les forces japonaises d'occupation et les forces nationalistes du Kouo-Min-Tang, l'armée populaire de la République de Chine à son tour ressembla à une armée traditionnelle, s'orientant vers un style de guerre industrielle inter États. Ironie de l'histoire, dans les décennies qui suivirent elle devint la cible d'actions locales de guérilla dans les provinces musulmanes occidentales de Chine et au Tibet Ayant déjà créé des armées conventionnelles pour prendre le pouvoir, les révolutionnaires adoptent tous les insignes et les pouvoirs des gouvernements qu'ils remplacent et parfois au-delà. C'est le vrai paradoxe de l'antithèse de la guerre industrielle menée par les révolutionnaires victorieux : elle se développe jusqu'au point où elle fusionne avec le paradigme conventionnel.

La seconde guerre mondiale fut l'occasion d'un développement constant du paradigme antithétique avec la Résistance et les opérations de partisans dans les territoires occupés par les Allemands et les Japonais. Du point de vue des Alliés, il s'agissait d'opérations difficiles, analogues à celles menées par les guérillas espagnoles pendant la guerre d'Espagne ou par les Arabes irréguliers pendant la première guerre mondiale. Pour ceux qui y étaient impliqués, il y avait toujours un objectif politique ou, dans les premiers stades, l'idée de conserver allumée la flamme de la liberté. Il est remarquable que ces mouvements lorsqu'ils s'articulaient autour du parti communiste local, furent plus efficaces que les autres. Ce n'est pas surprenant pour un certain nombre de raisons : ils avaient l'espérance d'un monde meilleur plutôt que simplement un retour au statu quo *ante bellum*, une structure par cellules et l'expérience des mesures de sécurité contre la pénétration par les services de renseignement. Ils disposaient aussi de relais internationaux, d'abord avec Moscou et lorsque les alliés approchaient et que la victoire était en vue, ces guérillas, difficiles à évaluer, se dépensaient en efforts croissants pour s'assurer que leur position politique était sécurisée pour l'avenir. Dans cette optique, la décision de Churchill d'appuyer les partisans communistes de Josep Bros Tito au lieu des royalistes sur le constat que les premiers tuaient plus d'Allemands que les seconds, était indubitablement la bonne décision d'un point de vue de stratégie militaire. Cependant, elle emportait des conséquences politiques, l'une d'entre elles apparut à la fin de la guerre lorsque l'ambition de Tito d'une grande Yougoslavie, comprenant la Slovénie, et le port de Trieste s'opposa aux intérêts britanniques, c'est-à-dire de conserver le port du fond de l'Adriatique dans des mains occidentales.

Les partisans yougoslaves dirigés à partir de juin 1941 par Tito, appelaient ouvertement à la résistance armée pour occuper les forces du IIIe Reich. Tito devint bientôt le commandant en chef de l'armée yougoslave de libération nationale. Ses partisans s'arrangèrent pour étendre la campagne de guérilla à travers tout le territoire national. Les forces militaires irrégulières, légèrement équipées, commencèrent à s'opposer à l'autorité allemande et à libérer des portions de territoire dans lesquelles elles organisèrent des comités du peuple pour agir comme un gouvernement civil. Les Allemands ripostèrent en punissant la population civile et en exécutant les otages, mais ce ne fut pas suffisant pour briser la volonté de résister des partisans. Les opérations de l'armée yougoslave furent souvent soutenues par les alliés, inversion du modèle précédent lorsque les guérillas soutenaient les forces alliées. Une armée de l'air balkanique fut constituée par les alliés en juin 1944 pour diriger des opérations qui avaient pour principal objectif de venir en aide aux forces yougoslaves. Fin 1944, celles-ci parvinrent à expulser les forces de l'axe de Serbie et avec l'aide de l'Armée Rouge du reste de la Yougoslavie en 1945.

Bien moins connue, se trouve l'excellent exemple de l'armée ukrainienne insurgée (Ukrainska Povstanska Armiya ou UPA), autre formule de l'antithèse avec des partisans, fondée en 1942. Bien que l'armée allemande ait conservé la main mise sur les villes principales, de vastes régions du nord et de l'ouest de l'Ukraine étaient contrôlées par l'UPA. Une de ses caractéristiques, unique en son genre, était que malgré son immense succès local, (ses effectifs montèrent étonnamment jusqu'à un demi-million d'hommes en juin 1944) elle ne reçut jamais aucune aide étrangère. L'UPA est un bon exemple d'un groupe de guérilleros se battant pour des objectifs politiques très différents des alliés qu'ils soutenaient, au moins nominalement. Car, de concert avec d'autres groupes de guérillas, l'UPA se battit à la fois contre l'Allemagne nazie et contre l'URSS, son alliée supposée. En outre, dans les premiers jours de la guerre, les Russes découvrirent que les conscrits qui composaient leurs troupes étaient portés à sympathiser avec les guérillas ukrainiennes. En fait, l'UPA appelait tous ceux qui voulaient combattre à la fois Staline et Hitler et diverses nationalités purent être trouvées dans ses rangs : Tatars, Ouzbeks, Arméniens et autres. Comme ses efforts de propagande étaient aussi dirigés vers les soldats de l'Armée Rouge, Moscou dut utiliser contre elle des unités spéciales telles que le NKVD (services spéciaux) ou des partisans Grands-Russes.

La guérilla ukrainienne ou les opérations de partisans offrent un bon exemple de la différence entre les objectifs politiques et les objectifs stratégiques militaires. L'UPA avait comme but de libérer l'Ukraine des soviets mais, aussi longtemps que les Allemands occupèrent son pays, elle combattit contre eux avec les soviets. Une fois les Allemands vaincus, les objectifs stratégiques et politiques fusionnèrent au profit d'un seul : le commandant en chef Roman Shukhevitch conserva la tactique de guérilla contre l'URSS. Il fut tué au combat en 1950, cinq années après la fin de la guerre. Indubitablement courageux et efficace en ce que lui et ses troupes perpétuèrent l'insurrection près d'une décennie, il échoua néanmoins faute de retenir une des plus importantes leçons laissées par les révolutionnaires les plus heureux de la précédente révolution russe : même lorsque l'on tient de larges pans du pays, le pouvoir réside parmi la population des villes. Car, c'étaient les soviets qui tenaient les villes et par là contrôlaient le prolétariat urbain qui représentait la majorité de la population et, avec elle, les moyens de production et de distribution, à savoir l'industrie et les chemins de fer, respectivement. Dans les immensités de Russie et d'Ukraine, de petits groupes de partisans dans les forêts et les marais ne pouvaient pas devenir une masse critique suffisante pour détenir une influence sur la population.

Un exemple plus connu de la formulation par des partisans de l'antithèse, pendant la seconde guerre mondiale, fut celui de la Résistance, un mouvement qui combattit contre les forces nazies occupant la France et leurs collaborateurs. Les groupes de résistants étaient de couleurs politiques variées : certains étaient gaullistes, d'autres socialistes (comprenant les républicains espagnols) et une forte proportion était communiste, surtout après l'invasion de la Russie par Hitler. La Résistance française coopéra avec les services secrets alliés et était surtout utile en apportant du renseignement sur le mur de l'Atlantique et en coordonnant les sabotages et autres actions qui contribuèrent au succès de l'opération Overlord. Le Special Operation Executive (SOE) à

Londres commença à aider et approvisionner la Résistance en novembre 1940, parachutant des armes, des appareils et manipulateurs de radio, avec des conseillers. À la fois le Secret Intelligence Service et le Special Air Service (SAS) poursuivirent ces opérations.

Plutôt dans la tradition des combattants de la guérilla du XIXe siècle, le Maquis était surtout constitué de bandes de guérillas rurales dans la Résistance française. Le terme maquis désigne en français un type de terrain montagneux du sud de la France et caractérisé par la croissance de buissons et taillis. Les membres de ces bandes étaient appelés maquisards, ils employaient les tactiques de la guérilla pour harceler les forces allemandes et la milice française, la force de sécurité interne du régime de Vichy. La plupart des maquis se reposaient sur la population locale pour se ravitailler. La taille de chacun pouvait varier d'une cellule d'une douzaine de personnes ou de groupes comprenant des centaines, voire des milliers d'individus à la fin de la guerre. La Résistance apporta de l'assistance aux forces d'invasion alliées dans le sud de la France pendant les opérations *Anvil* et *Dragoon* et joua un rôle clé dans la préparation et le soutien de l'invasion en Normandie en collectant une information précieuse sur les garnisons et les défenses allemandes.

Comme la guerre progressait sur le front occidental, des groupes de maquisards se dressèrent contre les Allemands et libérèrent des portions de la France au prix d'immenses pertes en vies humaines car les Waffen SS réagirent avec une extrême violence. Les soulèvements locaux combinés avec les actions de sabotage pouvaient couper les armées allemandes de leurs approvisionnements et les laisser isolés entourés de forces ennemies. Dans les monts d'Auvergne, 7 000 maquisards livrèrent une bataille rangée contre 22 000 SS en juin 1944. En d'autres termes, une petite formation de guérilla pouvait retenir trois fois plus de troupes d'élite. Les opérations SAS en collaboration avec la résistance en 1944 sont créditées de 7 500 pertes ennemies, blessés ou tués, et de 5 000 prisonniers, elles ont détruit plus de 700 véhicules et parmi le parc roulant, 29 locomotives et dirigé des bombardiers sur 400 cibles.

À Londres, le dirigeant des forces françaises libres, le général Charles de Gaulle créa une structure de commandement pour coiffer les opérations des partisans français et confia le commandement des forces françaises de l'intérieur, les FFI, au général Marie Pierre Koenig. Quand les forces alliées approchèrent de Paris en août 1944, les cellules de la Résistance prirent le contrôle de la ville. Elles combattirent avec des armes légères, grenades, fusils pour tireurs isolés, et bientôt les

Allemands commencèrent à évacuer la ville. Cela permit au général Leclerc d'entrer dans la ville comme un chef victorieux à la tête de sa division de Français libres. De nombreux membres de la Résistance rejoignirent les FFI comme les alliés progressaient à travers la France et certains furent effectivement incorporés dans l'armée française lorsque le général de Gaulle décida de démanteler les forces françaises libres et les organisations de la résistance le 28 août 1944. Ceci manifeste la clairvoyance et l'intelligence de de Gaulle. Il apporta un mécanisme crédible pour réglementer l'informel, pour le neutraliser en tant que force politique et ensuite pour le disloquer. À l'inverse de la Russie et de la Chine ou même de la Yougoslavie, les forces de guérilla ne purent pas devenir une force politique pour le temps de paix. En France, la force qui avait prouvé son efficacité, fut reconnue à la libération pour ce qu'elle était, une menace, et fut neutralisée.

À la fin de la seconde guerre mondiale, les caractéristiques précises de l'antithèse de la guerre industrielle avaient été fixées comme une combinaison de guérilla et de guerre révolutionnaire. Les deux types d'armées partageaient un même chemin de progression, restant sans structure formelle en leurs débuts afin de survivre. Typiquement, à ce jour, elles consistent en des petites cellules implantées localement qui opèrent seulement sur leur propre zone. Il n'y a pas de chaîne de commandement mais plutôt une autorité donnant une direction générale, ce qui, aux premiers stades, semble mieux adapté, politiquement et idéologiquement, ne donnant pas d'ordres en tant que tels mais proposant des idées en fonction desquelles agir. Cette autorité et les hommes de confiance l'entourant, œuvrent pour se renforcer et capitaliser à partir des initiatives locales quand et où elles sont couronnées de succès. Le commandement est guidé par un processus de sélection naturelle quasi darwinien jusqu'à son but. Avec le temps, le mouvement doit gagner en cohérence formelle pour concentrer les efforts et diriger l'emploi des ressources tandis que la communication entre cellules devient plus fréquente. Alors l'organisation devient plus vulnérable à la pénétration par les services de renseignement. Un bon indicateur d'un groupe atteignant ce stade est le moment où le mouvement se clive en deux, une branche politique et une branche armée. À la fin comme dans le cas de Mao, la branche armée revêt les apparences d'une force conventionnelle. Cependant, alors qu'il exprime la force, ce développement implique aussi de la vulnérabilité : la force de guérilla est sur le point de prendre les forces de sécurité à leur propre jeu. Les armes et l'aptitude professionnelle des officiers des armées industrielles pour prendre en main et manœuvrer les masses sont invariablement supérieures à celles des guérillas qui doivent donc marchander des vies pour acquérir l'expérience. Mais si et quand cette phase est la victoire de la guérilla ou des révolutionnaires sur les forces régulières, cette mutation rendra possible la transition finale vers une armée de facture plus conventionnelle et industrielle.

Ce n'est pas seulement la méthode qui rend ce modèle de guerre opposé ou antithétique : la guerre industrielle se déroule avec la volonté dominante d'aboutir au résultat politique désiré par la destruction de l'aptitude de l'adversaire à résister. Elle est essentiellement une épreuve de force conduisant à la disparition de la volonté de résister. Son antithèse, toutefois, permet au militairement faible, d'engager à son avantage le combat contre le fort. Elle se fonde sur l'usage de la force au seul niveau tactique, avec l'objectif, au niveau stratégique de gagner l'affrontement de volontés en érodant la capacité à gouverner et en conditionnant les souhaits du peuple. Celui qui propose un tel modèle de guerre cherche des épreuves de force au niveau tactique selon ses conditions et son bon-vouloir où cela est possible et refuse le combat à toutes autres conditions. Si, selon Clausewitz, nous recourons à la relation triangulaire population-état-armée, largement interprétée, comme à un outil analytique, nous pouvons opposer les deux modèles. Dans la guerre industrielle, l'objectif est de détruire l'armée ennemie, d'empêcher son gouvernement de faire la guerre et de protéger son peuple, ainsi de briser le triangle. Avec l'antithèse, l'objectif est de miner constamment et coûteusement l'armée adverse plus forte et par là de briser la volonté du gouvernement et de la population de continuer la guerre. Débutant avec la guerre d'Espagne, les guérillas représentaient à la fois l'armée et l'esprit de l'État espagnol en tant que force indépendante résistant à l'occupation et, pour cela, la population était un élément indispensable à leur soutien. Les Français, au moins en raison de la menace des armées de Wellington et du manque d'effectifs pour pourchasser les guérillas dans la campagne, ne purent pas briser ou contrebalancer cette solidarité. Le même raisonnement s'applique pour les Boers à la différence près que les Britanniques ont su rompre cette liaison. Les effectifs boers étaient harcelés et réduits au point qu'ils étaient toujours à courir et donc incapables d'influer sur les évènements, la population sur le veldt était déplacée hors de tout contact avec les commandos tandis que la Grande-Bretagne offrait un gouvernement pour un futur pacifié. Les Boers de cette façon perdirent doublement : leur propre relation triangulaire était rompue et ils étaient dans l'incapacité de déséquilibrer la propre relation triangulaire de la Grande-Bretagne.

Mais l'analyse de la trinité ne peut être effectuée de la même façon selon les deux modes de l'antithèse. Dans la guérilla les deux adversaires sont dotés de leur propre triangle. Une caractéristique de la guerre révolutionnaire, cependant fondée sur une concurrence dans la relation triangulaire, consiste en ce que l'un des côtés est commun aux deux triangles, c'est celui du peuple. Le gouvernement, les forces de sécurité, et le peuple forment les côtés d'un des triangles ; les révolutionnaires, leur idéologie avec leur putative administration et la population forment les côtés de l'autre triangle. Les deux considèrent que la population doit se rallier intégralement à leur position et à leur effort de guerre. Aussi les révolutionnaires déploieront beaucoup d'efforts à tenter de rompre les liens du triangle gouvernemental de façon à devenir le choix prédominant du peuple. En même temps, le gouvernement se dépensera aussi beaucoup pour détacher la population des combattants et l'un des premiers signes de succès de la guérilla et des révolutionnaires c'est le montage par le gouvernement en place d'une contre opération. Nous avons vu comment, pendant la guerre des Boers, les Britanniques contrèrent la guérilla et cet exemple contient tous les principaux axes pertinents pour toutes les opérations de pacification, y compris celles intéressant la guerre révolutionnaire. Au principal, la zone dans laquelle la guérilla ou les révolutionnaires opèrent, le sanctuaire doit lui être progressivement ôté, les forces régulières doivent y pénétrer et le contrôler, enfin, avoir la haute main sur les communications internes et avec l'extérieur. De cette façon les guérilleros et les révolutionnaires seront isolés à la fois de l'aire géographique et de la population, en particulier de ceux qui peuvent leur procurer un abri. Si le sanctuaire se trouve au milieu de la population comme lorsque la guerre s'étend sur une vaste zone urbaine, le schéma s'applique encore mais l'approche sera nécessairement plus difficile. Néanmoins l'objectif reste de séparer la population des activistes, non seulement physiquement mais jusqu'au point où la première refuse de les soutenir et donnera donc des informations les concernant. Les forces doivent rencontrer celles de la guérilla ou des révolutionnaires selon les conditions tactiques qui prévalent ; elles ne doivent pas être surdimensionnées comme cela serait recherché dans une guerre industrielle car dans ce cas, on fait le jeu de la stratégie de la provocation de la guérilla et de la propagande par les actes : une force reconnue comme excessivement plus nombreuse sera ressentie comme agressant une autre plus petite et plus faible. L'avantage tactique doit être obtenu par des opérations supérieurement renseignées et informées. À la fin le gouvernement en place doit proposer à la population un projet crédible dans l'avenir : un programme viable et substantiel, tel celui proposé à la population boer, qui attirera la majorité loin de l'idéologie portée par la guérilla ou de l'alternative révolutionnaire.

Cette question sera traitée en plus grand détail dans la troisième partie, car à la fois le problème de la guérilla au sein de la population et la manière dont elle doit être combattue n'ont pas fondamentalement changé pendant des années. Sur ce point, toutefois, il faut remarquer qu'aucune de ces orientations n'est susceptible d'avoir de valeur si elle reste isolée sans les autres et toutes demandent à être suivies dans une intention et sous une direction communes. Il existe une autre méthode de contre attaque qui est une exception à la règle et qui est le parti pris de terroriser la population ou de la déporter. Des exemples remarquables de cette méthode peuvent être trouvés dans la solution adoptée par les Romains dans les années 70 après J.-C. contre les Juifs qui furent à la fois terrorisés et déportés, ou par Guillaume le Conquérant dévastant le nord[1] dans les années 1180 ou encore par Staline en Ukraine dans les années 1930 où les populations terrorisées avaient été sévèrement diminuées. Si elle était décidée, cette politique nettement problématique ne pourrait guère être autrement qu'une tentative à un coup : si elle échoue et si on ne déporte ou déplace que quelques personnes, le reste formera le foyer préparant la vengeance contre l'ennemi. Si les forces régulières ne veulent pas ou ne peuvent pas adopter la méthode par la terreur, comme c'est aujourd'hui fréquemment le cas (voir la répulsion face au génocide du Ruanda ou à la purification ethnique en Bosnie et en Croatie où justement de tels essais furent tentés), alors une force doit monter une opération de pacification avec tous les axes énumérés ci-dessus et y persister jusqu'à ce que la guérilla ou le groupe révolutionnaire soit complètement dispersé.

Un exemple classique d'un groupe de guérilleros franchissant tous les stades d'organisation depuis les opérations de guérillas pour devenir armée régulière pour finir par monter ses propres opérations de pacification, est représenté par l'« Israël Défense Force » (IDF). Elle prit vie en 1920 lorsque la Palestine était sous mandat britannique et que la Haganah (« défense » en Hébreu), en tant qu'organisation de militaires ordinaires pour protéger les colonies juives et sous la haute responsabilité d'un comité composé de politiciens représentant la gauche et la droite. En 1931, un groupe s'en détacha, ne pouvant accepter cette tutelle politique et forma une organisation classique de guérilla connue sous le nom d'Irgoun (« Etzel » en hébreu qui est l'acronyme de Organisation militaire nationale). En 1940, il y eut une nouvelle

---

1. De l'Angleterre (NDT).

scission avec la création de Lehi, aussi connu comme le gang de Stern qui se détacha de l'Irgoun et fondamentalement adopta les tactiques du terrorisme. Ces clivages sont importants même si, sur une courte période, la résistance fut unie contre les Britanniques en 1945-1946 car ils indiquent trois stades nettement distincts. La Haganah était illégale mais elle s'est toujours considérée comme une armée nationale. Dans un contexte général, elle était formée de combattants libres même si, pendant l'essentiel de son existence, l'organisation se focalisa sur la protection des implantations juives contre les attaques des Arabes plutôt que sur le combat contre les forces britanniques d'occupation. Parfois, les deux forces coopéraient activement, en particulier pendant toute la seconde guerre mondiale, lorsqu'elles étaient unies contre l'Allemagne. En outre, la Haganah collabora aussi avec les occupants pour débusquer les activistes de l'Irgoun et de Lehi parce qu'elle refusait la violence excessive ; ce fut connu dans les organisations juives comme la « saison de la chasse ». Cependant, après 1945, en plein engagement pour l'établissement d'un État juif, la Haganah fut aux avant-postes de la lutte contre les Britanniques. Mettant sur pied tout un réseau d'activités depuis le sabotage des lignes de chemin de fer et des installations radar à l'intérieur du pays jusqu'à la destruction par explosion sur la frontière des routes et des ponts de voies ferrées. En même temps, elle continua ses activités précédentes comme de diriger l'immigration clandestine juive en Palestine, de protéger l'installation des nouvelles colonies juives et de poursuivre le combat contre les Arabes. Quand David Ben Gourion, chef des implantations juives en Palestine et par conséquent le sans précédent Premier ministre d'Israël fut installé en octobre 1945, et que les lignes directrices de la politique britannique d'après guerre se dévoilèrent, elle indiqua son orientation :

> « Nous ne devons pas limiter notre action en Palestine à l'immigration et à l'installation. Il est essentiel d'adopter des tactiques de sabotage et de rétorsion. Pas de terreur envers les individus mais une vengeance pour tout juif tué par le Livre blanc (limitant l'immigration juive en Palestine). Les actions de sabotage doivent être fortes et impressionnantes mais il faudra prendre soin tant que faire se peut d'éviter les morts d'hommes. »

L'Irgoun travaillait plus comme une structure de guérilla et cherchaient à gêner les forces britanniques comme avec l'explosion de leur quartier général dans l'Hôtel du roi David à Jérusalem en juillet 1946 ou le coup de main toujours à Jérusalem sur le club des officiers britanniques en mars 1947. Le gang de Stern, une organisation terroriste, était orienté idéologiquement, car il était anti-impérialiste et donc cherchait à tuer des officiers britanniques à titre d'avertissement pour les autres ; dans ce cas, il œuvrait dans le cadre révolutionnaire de la

« propagande par les actes ». Le plus significatif de ces assassinats fut celui de lord Moyne en 1944, un fonctionnaire britannique considéré comme responsable de la politique de limitation de l'immigration juive en Palestine, et celui du comte Bernadotte en 1946, le médiateur des Nations Unies, chargé du partage de la Palestine et insistant sur le droit au retour des réfugiés palestiniens.

Ces trois organisations illustrent la montée graduelle de forces armées dans le cadre du paradigme antithétique : en 1939, la Haganah avait créé une structure de militaires professionnels complète, y compris une force de frappe et un état-major général avec son chef. Le 31 mai 1948, juste deux semaines après la déclaration d'indépendance de l'État d'Israël, la Haganah cessa d'exister, remplacée par l'IDF à laquelle toutes ses structures furent transférées. Elle avait été, réellement, en attendant, une organisation militaire nationale. L'Irgoun et le Lehi promirent de se fondre dans l'IDF, sur la foi d'un accord de mars 1948, deux mois avant l'indépendance. Dans le cas de la seconde qui était une petite organisation, il n'y eut que peu de problèmes. Mais pour l'Irgoun qui comptait à peu près 3 000 combattants, tandis que la plupart d'entre eux s'intégraient dans l'IDF à travers le pays, il subsistait du sang entre les deux organisations à cause de « la saison de la chasse ». La question devint brûlante en juin 1948 avec l'arrivée d'un navire financé par l'Irgoun, le *Atalena,* qui transportait 900 volontaires d'outre-mer et un gros chargement d'armes. Ben Gourion craignant que l'Irgoun veuille armer ses propres hommes à l'intérieur de l'IDF, ordonna que les armes soient transférées à l'armée nationale. Une tension s'ensuivit avec une série de messages mal compris qui amenèrent l'IDF à tirer sur le navire et à tuer 18 membres de l'Irgoun et en blesser 10. Malgré sa propre fureur, Menachem Begin, chef de l'Irgoun, ordonna à ses hommes de ne pas riposter. Ensuite, l'organisation se fondit dans l'IDF et cessa d'exister.

Cet exemple montre clairement comment les forces de guérilla et de partisans de la Haganah se transformèrent au point de devenir une armée régulière, à l'image de celles qu'elles avaient combattues pour l'indépendance, et alors durent assumer une opération de maintien de l'ordre immédiatement. En même temps, il manifeste l'idée essentielle indiquée dans l'introduction : à savoir que toute force armée doit se transformer en force militaire afin de trouver sa légitimité. Ainsi, dans le nouvel État d'Israël, toutes les forces armées devaient être fusionnées dans l'armée nationale ou sinon être anéantie comme une menace.

En 1946, il y avait nettement deux modèles de guerre : le paradigme de la guerre industrielle interétatique, épreuve de force pour imposer à l'adversaire sa propre volonté et son antithèse, la guerre révolutionnaire ou guérilla, confrontation de volontés entre un faible et un fort, dans laquelle le faible ne choisissant que de s'engager sur le plan tactique, essaie de tourner la puissance de l'État contre lui-même, souhaitant gagner l'affrontement de volontés plutôt que l'épreuve de force. La guerre industrielle entre États a déjà cessé d'exister bien que ce soit encore le seul modèle mis en avant par les militaires qui ont gagné la guerre, tandis que son antithèse commence à se développer dans de nouvelles directions. Le paradigme deviendra consubstantiel à la guerre froide et son antithèse, le fondement des conflits latéraux. Les deux s'entrechoqueront pendant quarante ans, voilant le nouveau paradigme qui se développait dans le sillage de la deuxième guerre mondiale : la guerre au sein de la population.

Chapitre 5

CONFRONTATION ET CONFLIT : UNE NOUVELLE FINALITÉ DANS L'USAGE DE LA FORCE

A VEC la défaite de l'Allemagne et l'éradication du fascisme, l'objectif commun qui avait permis à la Russie et à ses alliés occidentaux de travailler ensemble avait disparu. Les tensions idéologiques et géostratégiques apparurent clairement, cristallisées par les paroles prophétiques de Churchill à Fulton, Missouri, quant au rideau de fer qui serait descendu sur l'Europe de Stettin jusqu'à Trieste dans l'Adriatique. Elles mèneraient rapidement à la période connue sous le nom de guerre froide, appellation très mal choisie puisqu'il n'y eut pas de guerre mais plutôt une extension des confrontations. Les armées étaient structurées et disposaient d'un potentiel à mobiliser et à employer en fonction de l'ancien paradigme, mais aucune ne fut jamais employée : la confrontation ne se transforma jamais en guerre, et jamais au niveau stratégique d'une vraie guerre industrielle. C'est cette dynamique de la confrontation et du conflit plutôt que la guerre et de la paix qui est au cœur de « la guerre parmi la population ».

Dans le paradigme de la guerre industrielle, la séquence normale est celle de « paix – crise – guerre – solution » dont la paix résulte à nouveau, l'action militaire s'avérant en être le facteur décisif. Dans le nouveau paradigme, il n'y a pas de séquence prédéfinie mais plutôt un passage continuel de la confrontation au conflit et inversement, tandis que la paix ne figure pas nécessairement au début ou à la fin ; si en effet tout conflit finit par être résolu, ce n'est pas toujours le cas d'une confrontation. La guerre froide constitue justement un exemple de confrontation qui fut résolue mais seulement au bout de quarante-cinq ans ; la confrontation israëlo-palestinienne n'est toujours pas résolue après soixante-sept ans. Les confrontations et les conflits impliquent armes et armées, mais leur utilisation est toujours différente : dans une confrontation, les armées sont déployées, positionnées et en posture d'affirmer la force, mais, lorsqu'elles sont employées, elles servent seulement à atteindre un objectif sous stratégique : elles ne conquièrent pas un État, ni ne prennent un territoire pour le garder mais attaquent plutôt une cible qui revêt de l'importance pour l'adversaire afin d'attirer son attention et de modifier ses intentions. Ceci est dû à la principale différence entre les confrontations et les conflits ouverts : leur objectif. Dans les confrontations, le but est d'influencer l'adversaire, de l'inciter à changer ou à redéfinir ses intentions, d'imposer une situation nouvelle et, par dessus tout, de l'emporter dans l'affrontement des volontés. Lors des conflits, le but est de détruire, de prendre, d'obtenir un résultat décisif par la force, par l'emploi direct de la force militaire.

Une confrontation implique donc des institutions politiques et diplomatiques complémentaires du dispositif militaire. La guerre froide ne tourna jamais en événement militaire et ne fut jamais menée par des militaires. Ce fut surtout une confrontation politique et idéologique sous la responsabilité des diplomates et des politiques et s'appuyant sur l'apparence de la force militaire. On peut presque dire la même chose des confrontations qui prirent place pendant cette période et de nombreuses situations que nous rencontrons aujourd'hui. Le principal objectif de ces interventions militaires était et reste exprimé par l'instruction suivante : « maintenir la loi et l'ordre », « assurer la paix et la sécurité de l'environnement », « interdire une zone de vol ». Ces activités militaires en soutien d'organisations politiques ont pour but de faire pression sur l'adversaire au point que sa détermination en sera brisée ou altérée. Les conflits, au contraire, correspondent à des épreuves de force. Les opérations militaires qui peuvent s'y inscrire dans une structure politique et diplomatique, n'impliquent jamais ces institutions pour réaliser leur objectif une fois que la guerre est enclenchée. En d'autres termes, si une confrontation a dégénéré en conflit ouvert, c'est le militaire qui commande et le rôle des autres institutions est de le soutenir jusqu'à ce que son objectif soit atteint, mais en même temps, ces dernières peuvent, à un autre niveau, continuer à résoudre la confrontation qui a mené au conflit. Par essence, les conflits impliquent l'emploi de la force pour atteindre l'objectif souhaité, qu'il soit tactique, opérationnel ou stratégique. Si le niveau stratégique est atteint, alors une vraie guerre industrielle est à portée. Cela ne s'est jamais passé depuis 1945 ou alors seulement dans des conflits sans risques de recours aux armes de destruction massive.

Vu sous cet éclairage, le paradigme de la guerre au sein de la population reflète une réalité très différente de celle de la guerre industrielle ; le politique et le militaire y figurent deux parties d'un même continuum et travaillant souvent ensemble, avec comme différence principale que les organes civils ne prennent pas part aux opérations militaires, tandis que des représentants militaires peuvent participer aux négociations politiques et diplomatiques. Ni la confrontation, ni le conflit, ni la transformation de l'une en l'autre ne signifient que la guerre en résultera nécessairement. En effet, si les confrontations relèvent surtout du politique et les conflits surtout du militaire, une confrontation ne se résume pas en une situation politique, non plus qu'un conflit en une activité militaire. La structure du paradigme l'explique assez bien. Le point d'origine est toujours une confrontation, la raison de l'antagonisme est toujours politique. Une fois qu'une situation spécifique de confrontation s'est déclarée, par exemple, après la seconde guerre mondiale, entre les États-Unis, leurs alliés européens et l'URSS, ou entre le Royaume Uni et l'Argentine au sujet de la souveraineté sur les îles Malouines, ou encore entre l'Indonésie et le Royaume Uni au sujet de la formation de la Fédération de Malaisie, ou bien entre l'IRA et les Britanniques sur le statut de l'Irlande du Nord, elle peut persister en dépit d'une ferme résolution ou bien devenir un conflit. L'URSS et les États-Unis avec leurs alliances respectives restèrent en confrontation constante pendant tout le temps que dura la guerre froide, tandis que la confrontation sur les Malouines dégénéra en conflit lorsque l'Argentine mit la main sur les îles et que le Royaume-Uni lança son expédition pour les reprendre. Si le Royaume-Uni avait accepté le fait de l'occupation argentine, mais avait continué à revendiquer la souveraineté britannique, la confrontation aurait persisté quoique sur des fondements différents. Néanmoins, s'il avait cessé de revendiquer le territoire, la confrontation aurait été gagnée grâce au déploiement argentin plutôt que par l'emploi de la force puisqu'il n'y aurait eu aucun combat au-delà de l'escarmouche mineure et tactique avec la petite garnison britannique lorsque les Argentins débarquèrent.

Le meilleur exemple récent de confrontation réside dans la guerre froide puisqu'elle engloba complètement et longtemps les deux camps et s'y joua sur les trois niveaux. Les forces de niveau stratégique furent déployées à un stade élevé d'alerte ; la collecte de renseignements fut intense et continue, tandis que la course aux armement ne s'arrêta jamais. Lorsque la Russie chercha à prendre un avantage stratégique en déployant des missiles sur le théâtre du golfe du Mexique, la confrontation se changea presque en conflit au niveau du théâtre qui aurait facilement pu dégénérer en conflit total. Cette implantation de missiles à Cuba fut un exemple de l'importance du niveau opérationnel en ce que, s'il avait réussi, il aurait matériellement modifié la situation stratégique au désavantage des États-Unis. Au niveau tactique, chaque camp déployait une activité extensive de patrouilles avec des intrusions au sein des exercices des autres dans les eaux ou les espaces internationaux et avec des unités spécialisées dans les eaux et les espaces nationaux. Cependant, malgré ces patrouilles, aucun coup ne fut tiré, ni aucune force mise en action : les confrontations ne se transformèrent jamais en conflits. Les confrontations entre de telles patrouilles dans les espaces internationaux furent régulées au moyen de règles d'engagement étendues, sujet important en soi sur lequel je reviendrai dans la troisième partie, afin d'empêcher ces confrontations de dégénérer en conflits sans approbation politique. Toutefois, lorsqu'elles intervenaient dans les espaces nationaux, il y avait des tentatives d'engagements tactiques, avec l'exemple de l'avion de reconnaissance américain U2 qui viola l'espace aérien russe en mai 1960 et fut abattu. Cette réaction du tac au tac représentait un pas vers le conflit mais comme elle restait sans suite, on retournait immédiatement en situation de confrontation.

Parallèlement à l'aspect militaire, les deux camps de la guerre froide étaient en permanence engagés dans une confrontation politique et idéologique, sur les trois niveaux, cherchant à influencer l'autre et notamment sa population. Les alliances s'étendaient, de fortes sommes étaient dépensées à développer des systèmes d'armes en particulier pour des opérations aériennes ou spatiales, et de gros exercices étaient montés pour démontrer la crédibilité des menaces. En outre, comme les communications s'amélioraient, les peuples de l'Ouest purent montrer à ceux de l'Est les disparités de richesses et de perspectives entre les camps. Tandis que les mesures militaires maintinrent la confrontation dans un état plus ou moins stable, elles permirent à la politique du Kremlin non de vouloir attaquer mais de rester toujours préparée à une guerre totale. En conséquence, les alliés occidentaux qui conservaient leur capacité militaire mais aussi prospéraient sur le plan économique l'emportèrent finalement par des mesures diplomatiques, politiques et économiques ; ils modifièrent les orientations des peuples de l'alliance orientale et ainsi gagnèrent la confrontation de volontés.

Lorsqu'une confrontation ne peut pas trouver de solution, l'un des adversaires ou les deux peuvent décider de trancher par la force des armes et d'engager le conflit qui intervient aux trois niveaux. L'opposition entre la Grande-Bretagne et l'Argentine au sujet des Malouines donne l'exemple d'une confrontation de très longue durée qui s'est muée en conflit du fait des Argentins en 1982. Ils prirent la décision au niveau stratégique de prendre les îles et de présenter le fait accompli aux Britanniques qu'ils jugeaient incapables de réagir. Ils montèrent une opération se résumant en une escarmouche entre la force d'invasion argentine et un petit contingent britannique de marines. À ce point, les Argentins escomptaient revenir à la confrontation mais possédant désormais les îles, et négociant en position de force. Cependant, les Britanniques réagirent en maintenant le conflit et en partant réellement en guerre : au niveau stratégique, ils mirent sur pied une force pour libérer les îles et utilisèrent leur influence diplomatique considérable pour inscrire leur opération militaire dans un contexte qui leur était favorable. Ils instituèrent une zone d'exclusion autour des îles, le théâtre des opérations, et menèrent campagne. Malgré les efforts de l'armée de l'air argentine, une force armée réussit à débarquer sur les îles et à les libérer après une série de batailles. Dans cette affaire, nous voyons une confrontation qui dégénère en conflit et qui grimpe jusqu'au niveau stratégique en passant d'abord par le niveau tactique, puis par celui du théâtre pour terminer sur un objectif stratégique.

La guerre au sein de la population ne s'apparente pas à un paradigme à l'évolution linéaire dans le cadre d'une confrontation ou d'un conflit. En réalité, elle va bien au-delà et montre que les confrontations et les conflits se développent rarement de manière simple : les adversaires peuvent aller d'une confrontation à un conflit à n'importe lequel des trois niveaux de combat et revenir ensuite. Les diverses interventions dans la région du golfe persique ou sur l'Irak en sont un bon exemple : en 1990, l'opération « Bouclier du désert » lancée en réponse à l'invasion du Koweït par l'Irak fut une confrontation classique au niveau du théâtre : c'était une mise en place d'une force militaire pour soutenir une négociation diplomatique et politique dans le but de peser sur les intentions de l'Irak d'attaquer vers le sud et de s'emparer des champs de pétrole saoudiens le long de la côte du Golfe. Cette opération, sous le nom de « Tempête du désert », fut initialement montée pour soutenir les efforts diplomatiques tendant à convaincre Saddam Hussein de se retirer du Koweit en disposant d'une menace persuasive. Cependant, lorsque l'Irak montra qu'il ne se retirerait pas, la coalition attaqua et la confrontation se transforma pour la coalition internationale en un conflit au niveau du théâtre : l'opération « Tempête du désert » de 1991. Lorsque celle-ci prit fin avec une victoire décisive pour la coalition, la situation redevint une confrontation. À ce moment, en raison de la menace claire et démontrée qu'elle pouvait constituer, la coalition aurait pu obtenir plus à partir de sa nouvelle situation, compte tenu de la faiblesse de l'Irak et de ses tensions intérieures, mais il avait été convenu de laisser Hussein au pouvoir et l'Irak dans ses limites précédentes. La confrontation fut alors étayée par les inspections de l'ONU concernant les installations de production d'armes nucléaires, biologiques et chimiques, des sanctions économiques et deux zones de non survol (NFZ) également approuvées par les Nations Unies. Les NFZ étaient des mesures militaires au niveau tactique qui soutenaient la confrontation ; elles dégénérèrent en conflit, bien qu'encore au niveau tactique, lorsque les Irakiens décidèrent d'ignorer l'interdiction et la menace des patrouilles aériennes. Toutefois, lorsque de tels conflits tactiques étaient clos, on retournait à la situation de confrontation au niveau tactique. En décembre 1998, en réaction au refus par Saddam Hussein d'accepter le régime de sanctions de l'ONU, les forces aériennes américaines et britanniques patrouillant dans les zones d'interdiction de survol furent renforcées et lancèrent une série de frappes punitives, toujours au niveau tactique, qui touchèrent cent cibles militaires : ce fut l'opération « Renard du Désert ». Cette opération, très médiatisée, qui commença au début d'un mois de ramadan, ne fut pas acceptée par l'ONU et fut considérée comme un abus international, une situation où la force avait été utilisée sans nécessité, puisque l'Irak en vint à être considéré par beaucoup comme une victime et non comme un agresseur. À partir de janvier 1999, les États-Unis et la Grande-Bretagne continuèrent à lancer des frappes aériennes régulières contre l'Irak en conséquence du refus de l'Irak de reconnaître les NFZ et, plus habituellement, sans donner lieu à des commentaires internationaux lorsque des tentatives d'abattre leurs avions étaient perçues, et, ainsi, les Anglo-Saxons maintenaient une situation de confrontation avec de continuels passages au stade de conflit tactique. En mars 2003, la confrontation devint un conflit au niveau du théâtre avec l'invasion de l'Irak, opération « Liberté pour les Irakiens » qui défit les défenseurs, occupa le pays et déposa les gouvernants avec leur appareil. Toutefois, le succès des opérations militaires ne mena pas directement au but stratégique : l'adhésion de la population irakienne n'avait pas été obtenue. La résistance persiste au niveau tactique et les occupants, la coalition menée par les Américains, réagit militairement au niveau du théâtre mais en confrontation avec les autres parties en ce qui concerne l'avenir de l'Irak. En prenant globalement ces évènements depuis 1990, il apparaît clairement qu'il n'y eut jamais de guerre dans ou avec l'Irak, en tout cas pas de guerre au sens de guerre industrielle, mais une confrontation plutôt longue qui s'est de temps à autres transformée en

conflit et alors, seulement deux fois (brièvement) au niveau opérationnel ou du théâtre.

Cette chronologie n'est pas cohérente avec le paradigme de la guerre
industrielle. Bien qu'il y ait eu des tentatives permanentes de la présenter comme telle et alors que le point de départ en 1990-1991 peut avoir
été une succession de crises de temps de paix, il n'y eut jamais dans la
région, de la part des forces internationales, de guerre au sens plein du
terme et ensuite, il n'y eut ni solution, ni retour à la paix. Néanmoins,
vue dans le cadre du paradigme de la guerre au sein de la population, la
chronologie trouve une cohérence et, en même temps, la raison du passage de la confrontation au conflit et inversement s'explique : elle est
dans la nature de l'objectif choisi. En 1990-91, lorsque se préparait
l'opération « Tempête du Désert », les forces armées étaient utilisées
comme une menace dans la confrontation entre la coalition et Saddam
Hussein pour essayer de l'induire à se retirer du Koweït : l'objectif était
d'influer sur ses intentions. La menace n'était pas convaincante dans
ces circonstances et échoua. L'objectif au niveau du théâtre changea
alors et devint la destruction de la « garde républicaine » et des forces
au Koweit et donc de libérer ce pays et d'affaiblir l'Irak. Ce fut un passage net de la confrontation au conflit, passant de la décision
d'influencer des intentions à celle de détruire des forces. Pour ma part,
le premier moyen de discerner si vous êtes en confrontation ou en
conflit c'est de savoir si l'objectif est de changer les intentions ou de
détruire et à quel niveau cette action de destruction se situe. Il est crucial de déterminer cela lorsque l'on veut mener une opération dans un
contexte global, car chaque niveau de guerre s'inscrit dans le contexte
du niveau supérieur, et ainsi chaque conflit trouve son origine dans une
confrontation de laquelle il est issu. Dans cette optique, plus bas se
trouve le niveau dans lequel le conflit prend place, plus les états-majors
dirigeant les forces doivent prendre en compte les facteurs qui contribuent à la résolution de la confrontation (dont les mesures militaires ne
peuvent être qu'une forme de soutien). En dehors du contexte de la
confrontation, les actions de guerre purement militaires ne peuvent être
utiles à une progression vers les objectifs ou résultats d'ensemble et
souvent servent surtout à renforcer les oppositions. En outre, dans ces
conditions, les militaires remplissent une tâche difficile car les actions
militaires pour influencer des intentions ne sont pas nécessairement les
mêmes que pour détruire un objectif. Dans le cas de « Tempête du
Désert », il est possible que les mesures de protection du secret pour
cacher les capacités de la coalition et la planification des opérations
aient été trop efficaces et donc aient empêché d'afficher une menace

suffisamment visible. Ce résultat aurait pu représenter un inconvénient majeur, étant donné que l'objectif était de modifier les intentions de Saddam Hussein pendant la période de confrontation. Mais alors encore, tandis que ce dernier aurait pu néanmoins ne pas être effrayé, cet objectif, dans le cadre de la confrontation, pouvait ne pas être pertinent car la coalition désirait peut-être le conflit quoiqu'il arrive.

Les commentaires sur le paradigme de la guerre au sein de la population fourniront le support de la suite du chapitre et des suivants. D'abord, parce qu'il devrait expliquer pourquoi la force armée n'a plus d'efficacité au sens de la guerre industrielle : si la séquence de cette dernière est « paix – crise – guerre – résolution » et comporte une force militaire massive pour aboutir à la résolution du conflit, dans la guerre parmi la population, la force armée doit être présente, crédible et dans de nombreux cas, employée à d'autres fins que la résolution. En outre, employer une force massive au milieu d'une confrontation ne la résoudra pas nécessairement, en particulier si les leviers diplomatiques et politiques ne sont pas maniés en même temps. Ensuite parce qu'il devrait être clair, à présent, que la guerre froide n'était pas une guerre mais seulement une longue confrontation, alors que les opérations militaires déclenchées parallèlement et depuis, bien qu'importantes, se présentaient comme des combinaisons des plus complexes de confrontations et de conflits. Ce sont ces décennies que nous allons désormais évoquer. En 1948, la Russie et l'Occident étaient en confrontation directe au sujet de l'installation du gouvernement ouest-allemand à Berlin, dans les secteurs américains, britanniques et français. Le 24 juin, les Russes bloquèrent tout mouvement dans et hors de Berlin. Les alliés occidentaux, recourant surtout aux aviations américaine et anglaise, lancèrent le pont aérien de Berlin. Elles approvisionnèrent la ville et leurs propres garnisons jusqu'à ce que le blocus soit levé en mai 1949. Pour donner une idée de l'ampleur de l'effort et l'impression qu'il dut faire sur le Kremlin, le tonnage total qui fut transporté sur Sarajevo par les Nations Unies de 1992 à 1996, considéré comme l'un des plus importants jamais pratiqué, l'était tous les mois vers Berlin. À raison de cette entreprise, un aéronef se posait sur Berlin toutes les minutes. Sans doute, les Russes ne pensaient pas que les avions pourraient transporter plus que l'approvisionnement de la garnison et quand ceux-ci approvisionnèrent toute la ville, les Russes ne pouvaient pas moins faire que déclencher une guerre dont ils ne voulaient pas. Ou peut-être, ne voulaient-ils pas risquer une guerre avant d'être tout à fait prêts, comme cela devint évident en août 1949. Dans l'immédiat après-guerre, les États-Unis triomphants et prospères se sentaient en sécurité

avec le monopole de la bombe atomique. Les Russes cependant brisèrent ce monopole rapidement. Ils avaient commencé à concevoir leur
propre bombe en 1943. La qualité de leur recherche et les ressources de
leur vaste réseau d'espionnage indiquent qu'ils en savaient probablement autant sur le sujet que leurs alliés de la guerre. Le retard de la base
industrielle russe et son manque d'infrastructure ralentirent les progrès.
En août 1949 cependant, la nouvellement nommée Union soviétique
étonna le monde en faisant exploser sa propre bombe atomique. La
même année, le traité de l'Atlantique Nord fut signé et l'organisation
pour le mettre en œuvre, l'OTAN, instituée. Quelques années plus tard,
en 1952, les États-Unis disposèrent de leur première bombe thermo-
nucléaire à hydrogène. L'URSS répliqua une année plus tard avec sa
propre bombe H : La grande course aux armements avait alors commencé. À partir de là, la politique mondiale fut dominée par les
relations entre les deux leaders des deux grands blocs de puissance, Est
et Ouest et fondée sur la terreur nucléaire.

L'essence de la dissuasion, qu'elle soit nucléaire ou autre, c'est que
la force qui serait utilisée en réponse à une attaque, est conçue tellement
destructrice et ses conséquences tellement certaines que le prix à payer
est considéré trop élevé en regard du gain obtenu à partir de l'attaque
initiale. Le point à remarquer est que le camp qui est supposé penser
que la force de l'adversaire est si destructrice et si certaine et le prix à
payer trop élevé pour le gain attendu est celui qui décide s'il doit attaquer ou non. Vous pouvez estimer que votre arme est exactement
comme il convient mais pour qu'elle dissuade, votre adversaire doit le
penser aussi, et en plus il doit penser que vous voulez l'utiliser et que
vous l'utiliserez effectivement. En clair, la véritable cible de qui veut
dissuader est l'esprit du décideur adverse et non en premier ses forces
armées ou quoi que ce soit qui présente pour lui de la valeur. Bien sûr,
la personne que vous voulez dissuader peut estimer qu'elle est capable
de tolérer ce dont vous la menacez et peut donc continuer à essayer de
réaliser son projet par la force des armes. Dans ce cas, pour que la dissuasion opère, vous devez être capable, et cru comme tel et le voulant,
d'augmenter votre riposte dans son poids et ses effets : c'est l'escalade.
Autre hypothèse : votre adversaire peut calculer que s'il réussit par une
première frappe à un effet suffisamment dévastateur, vous seriez incapable de riposter. Aussi pour dissuader en réalité, l'adversaire doit vous
croire capable d'essuyer une première attaque et de garder la capacité
de frapper à votre tour : c'est la capacité de seconde frappe.

C'était dans cette logique que l'Est et l'Ouest se faisaient face.
Chacun croyait que l'autre était dissuadé d'attaquer. Chacun cherchait

des alliés. Les Soviétiques avaient le soutien des pays du pacte de Varsovie et aussi de la Chine et de Cuba, tandis que les États-Unis disposaient de l'OTAN, du CENTO (Central Treaty Organisation) et du SEATO (South-east Asia Treaty Organisation) quoique, alors que la confrontation durait, le soutien des autres traités que le pacte de Varsovie et l'OTAN semblait aléatoire. Chaque camp adopta la stratégie de dissuasion qui s'accentua avec la destruction mutuelle assurée (MAD ou DMA) : la création et l'entretien des organisations adaptées à la guerre industrielle selon l'ancien paradigme devaient être nourris par la conscription, si nécessaire par la mobilisation en masse, en opposant des économies de masse engendrant des technologies de pointe. Chacun déployait des forces substantielles, face à face, le long du rideau de fer. Chacune était préparée à passer à l'état de guerre avec un court préavis et donc mettait en œuvre des opérations de surveillance et de renseignement globales pour éviter d'être prise par surprise. Toutes ces forces, des deux côtés, étaient organisées et pourvues en hommes par référence à la guerre industrielle. Si la dissuasion avait failli, chacune envisageait une période de guerre conventionnelle, c'est-à-dire d'une guerre selon l'ancien style, mais mieux mise en œuvre grâce aux technologies modernes et aux communications, suivie par une frappe nucléaire si l'un ou l'autre camp commençait à perdre la bataille conventionnelle : frappes stratégique sur le territoire national des adversaires et tactique contre leurs armées. Car la logique de la dissuasion aboutissait à la certitude que les frappes nucléaires découleraient de toute faille dans la phase conventionnelle : c'était la destruction mutuelle assurée.

Il y avait aussi un certain flou dans le schéma puisque la bombe signifiait que la capacité à rassembler une armée de masse n'était plus pertinente par l'effet de cette seule technique. La meilleure défense contre une arme de destruction massive, à défaut d'empêcher son utilisation est de ne pas présenter une masse comme cible ; dans ces conditions, une grande armée est mieux employée dispersée que rassemblée. Ainsi, chaque camp coopérait dans une stratégie de dissuasion présentant d'énormes armées configurées pour combattre selon les derniers développements d'une guerre issue du paradigme de la guerre industrielle, tout en sachant que cela les rendait vulnérables aux armes nucléaires que chacun détenait. C'était cet engrenage qui conservait au paradigme de la guerre industrielle inter États sa justification. Comme nous le verrons, l'Ouest prit avantage de cette situation pour diminuer ses forces et prospérer tout en conservant la faculté de détruire les cibles massives assurées qu'étaient les villes russes. Pendant ce temps, ces mêmes forces étaient employées à mener certains conflits latéraux à la guerre froide ce qui est au centre du présent chapitre et du suivant.

Même avec ces énormes structures militaires, chaque camp jouait différemment sa stratégie de dissuasion. Les Soviétiques restaient organisés pour se lancer immédiatement dans une guerre totale. Ils avaient appris comment la faire et la gagner pendant la Grande Guerre Patriotique, ainsi que la seconde guerre mondiale était nommée en URSS, et n'avaient pas l'intention d'être éliminés dans un autre round : ils avaient l'intention de passer à l'offensive dès la première attaque contre eux. Toutefois, il convenait également aux projets du Kremlin de mener la politique intérieure dans ce contexte : une dissuasion offensive et complètement armée était idéologiquement adaptée et conférait à la direction politique et militaire une raison forte de contrôler la population et les pays satellites du Pacte de Varsovie. C'est à cette fin que l'URSS orienta ses capacités considérables en matière scientifique, industrielle, militaire et de renseignement dans deux directions. D'abord, obtenir une capacité stratégique nucléaire et des défenses contre celles des États-Unis et de ses alliés d'où la course à l'espace. Le lancement précis des bombes nucléaires, les nécessaires opérations de surveillance et de renseignement pour s'assurer des cibles et du besoin de les engager ne pouvaient aboutir sans installer une présence dans l'espace. De plus, la dissuasion dépendant de l'appréciation par l'adversaire de l'étendue de vos capacités, en dehors d'essayer en vraie grandeur vos têtes nucléaires, peut-on faire mieux à cet effet que d'afficher un niveau technologique très élevé ? Ensuite, l'URSS cherchait à développer pour ses armées une capacité offensive qui aurait pu rapidement détruire les forces adverses et prendre des territoires, en particulier ceux des alliés européens contre lesquels, finalement, les États-Unis auraient pu ne pas vouloir échanger Detroit et Chicago. En d'autres termes, il s'agissait pour l'URSS de mettre la main sur des territoires comme l'avait fait l'Allemagne en 1937-1938 pour l'Autriche et la Tchécoslovaquie.

L'Ouest, et je dis l'Ouest parce que jamais Washington ne disposa d'un contrôle sur ses alliés de l'OTAN comme le Kremlin en avait un sur les pays du pacte de Varsovie, adopta une posture défensive. Il ne se considérait pas lui-même comme menaçant d'attaquer l'Union Soviétique même si le Kremlin pensait le contraire sous un certain éclairage ; en raison de cette perception et de la posture offensive des Soviétiques, tout mouvement du Kremlin conduisait à renforcer l'idée que l'URSS étaient disposée à monter à l'assaut de l'Ouest à la première occasion. En outre, l'Ouest ne resta pas sur le terrain d'une guerre totale. Bien sûr, plusieurs nations gardaient la conscription et conservaient pour leur défense des forces importantes mais dans les années 1960, le commerce et l'industrie étaient revenus à une logique de temps de paix et la population commença à s'enrichir. En fait, l'Europe et les États-Unis prospérèrent comme jamais auparavant et l'Europe occidentale connut la plus longue période sans guerre de son histoire. Pour la première fois les armées d'Europe occidentale dans l'idée d'émousser une attaque soviétique et de servir de déclencheur pour des attaques nucléaires occidentales, se préparaient à combattre un ennemi commun plutôt que de se battre entre elles. En conséquences les armées d'Europe à l'exception de quelques forces britanniques et françaises étaient presque exclusivement consacrées à la défense de la ligne du rideau de fer. Leur espace national étant défendu par chacun et collectivement, elles pouvaient soutenir les flottes de frappe nucléaires et les escadres aériennes de la marine et de l'armée de l'air américaines en rendant possible leur attaque en profondeur du Pacte de Varsovie et du territoire soviétique. Ces frappes nucléaires stratégiques étaient censées annihiler la capacité de l'Union soviétique de faire la guerre.

Dans le cadre de ces différentes stratégies qui se soutenaient l'une l'autre comme c'est souvent le cas lors de longues confrontations, les décennies passaient de part et d'autres, suivant la logique de la dissuasion et cherchant à mettre en évidence un déséquilibre entre les deux camps, et, le trouvant, à développer un nouvel armement ou une nouvelle posture de déploiement afin de retrouver l'équilibre. Les industries de guerre qu'elles fussent dans l'économie dirigée de l'Est ou dans le système capitaliste de l'Ouest s'en trouvèrent bien : les systèmes militaires fournissaient de l'emploi et stimulaient les pays, les industries de défense fleurissaient comme les centres universitaires ou de recherche qui fournissaient la technologie et irriguaient toutes les parties de l'économie militaire qui croissait de bon cœur. Il y eut des moments de forte tension comme lors de la construction du mur de Berlin en août 1961 ou lors de la crise des missiles de Cuba en octobre 1962 mais, toujours, la dissuasion fonctionna. Cependant d'autres conflits éclatèrent : la Grande-Bretagne et la France se retirèrent de leurs empires, les Américains intervinrent au Vietnam, et l'Est comme l'Ouest soutinrent leurs amis au Moyen-Orient et en Afrique. Mais comme nous le verrons, tous intervinrent dans le cadre des structures connues de la dissuasion : les deux blocs en permanence, renforçaient ces structures mais jamais n'avancèrent un pas en dehors, spécialement jamais directement l'un contre l'autre.

Il est intéressant d'examiner brièvement l'ampleur exacte de ces structures puisque, encore une fois, c'est l'aspect industriel, dans sa dimension et sa production aussi bien que ses capacités technologiques qui stimula le MAD. Comme les pages annexes en fin de chapitre l'indiquent, le total des capacités, déjà considérable au début des années 1960, ne cessa de croître et de se développer de chaque côté jusqu'en 1991. À titre de précaution, il faut souligner qu'il est difficile de faire des comparaisons précises de chiffres car la confrontation dura très longtemps, la composition des alliances changea et les dispositifs de combat n'étaient pas toujours comparables soit du fait des différences entre systèmes apparemment comparables ou lorsqu'un nouveau système remplaçait un ancien. Par exemple, en gros, un bombardier Tornado pouvait emporter un tonnage de bombes analogue à celui transporté par tout un escadron de bombardiers Lancaster de la deuxième guerre mondiale tandis que sa capacité tout temps et son dispositif de visée rendait plus probable que chaque munition touchât sa cible. Néanmoins on ne tient pas compte du rayon d'action des Lancaster et de la nécessité d'avions ravitailleurs pour permettre au Tornado de ne pas arriver trop loin du but. Une autre question doit être prise en compte avec les statistiques, c'est que les deux camps, l'Otan et le pacte de Varsovie, étaient équipés et organisés selon des concepts différents pour mener le combat. Ainsi qu'il a été indiqué, en gros, celui-ci était organisé pour une campagne offensive en Europe ; c'est pourquoi il disposait de plus de chars et celui-là, pour ses forces terrestres, était configuré pour mener un combat défensif en Europe occidentale tandis que ses forces aériennes et maritimes disposaient de la supériorité en Atlantique et sur l'Europe, un pré requis pour permettre l'arrivée de renforts américains tout en ravitaillant l'Europe et en lançant des frappes nucléaires.

Gardant ces réserves à l'esprit, nous pouvons remarquer que pendant les trente années de guerre froide, les effectifs disponibles pour les deux alliances restèrent les mêmes et dans les mêmes proportions. Les équipements s'accrurent en quantité pendant la période avec le nombre de chars du pacte de Varsovie passant d'environ 35 000 en 1961 à plus de 51 000 en 1991, tandis que l'OTAN se maintenait à 23 000. L'Union soviétique, en effet, avait planifié une invasion terrestre de l'Europe occidentale. En regard, alors que les deux alliances disposaient d'à peu près le même tonnage de navires de guerre, les États-Unis avaient une aéronavale double, ce qui était un de ses principaux facteurs de puissance. Les systèmes de missiles orientaux crurent de 250 à 2 300 et ceux de l'OTAN s'accrurent dans les mêmes proportions sur la même période. Le maintien à niveau de cet arsenal, en remplaçant les équipements vieillis et en contrecarrant une menace issue des développements de l'adversaire constituèrent l'occupation principale de la guerre froide : l'alpha et l'oméga pour maintenir en fonction l'énorme processus. Des organismes de renseignement global furent des deux côtés entretenus pour rester au niveau de l'ennemi et d'autres de recherche et développement (R&D) dépensèrent des milliards pour équiper leurs machines de guerre industrielle respectives. Alors ils les utilisèrent ailleurs, dans des conflits comme ceux du Vietnam, de l'Irlande du Nord ou de l'Afghanistan : théâtres d'opération où de tels équipements n'étaient pas toujours très adaptés ni utilisables.

Malgré ces emplois latéraux, il y avait une profonde différence d'approche entre l'Est et l'Ouest. Les Soviétiques restaient orientés vers une guerre industrielle totale et les chaînes de production pour mener une telle guerre restaient en place au sein de leur économie dirigée. À l'Ouest on ne garda pas les capacités pour une guerre industrielle totale : la prospérité l'emporta sur les canons. Pour certains, la course aux armements fut poursuivie avec vigueur mais pour les plus nombreux, une fois les achats initiaux effectués, les chaînes de production étaient arrêtées et des stocks de munitions limités garnissaient les dépôts. Si l'Ouest avait plié face à une attaque soviétique, il devait donc se tourner vers l'option nucléaire ou alors se rendre. Les Soviétiques et, en particulier, leurs services de renseignement, essayant de mettre au clair ou de déduire les intentions de l'OTAN, choisissaient comme hypothèse que l'Occident planifiait une première frappe. Plus ils en cherchaient la preuve et plus ils percevaient l'insuffisance de préparation de l'Occident pour soutenir une guerre, plus ils croyaient en un plan de première frappe par le comportement de celui-ci, à la fois en offensive et en défense. Puisqu'une première frappe offensive était l'hypothèse la pire pour eux, c'était celle qu'ils privilégiaient pour leur travail. En réalité, ce n'était pas exact : l'Occident n'avait aucune intention de recourir à une première frappe offensive et vraiment ses forces conventionnelles ne pouvaient pas être soutenues aussi longtemps que celles des Soviétiques : les forces en armes n'étaient là que pour déclencher la frappe.

Ainsi, la guerre froide se perpétua, coûtant des milliards ; puisque les deux parties prenaient des attitudes diplomatiques et poursuivaient des négociations, toute tension véritable se dénouait sur un autre terrain, comme nous le verrons, dans des conflits indépendants entre eux qui éclatèrent tout au long de la période. Ainsi la guerre froide offrait la plus grande sécurité dans la prévisibilité, jusqu'à ce que survienne un événement étranger à la confrontation internationale bien connue : les dirigeants du Kremlin et de l'armée restèrent fermes mais perdirent l'appui du peuple. Le soutien des populations des alliés du Pacte de Varsovie ne fut jamais très sûr bien que leurs gouvernants l'aient été ou bien étaient remplacés comme en Tchécoslovaquie en 1968. Néanmoins, lentement mais sûrement la population russe comme celle des satellites s'éloigna de l'État et, en particulier, de ses gouvernants ; les opposants, jusqu'ici non perceptibles en URSS, commencèrent à être entendus. Le point tournant se situe au moment de l'intervention soviétique en Afghanistan en 1980, une aventure pour sécuriser une région frontière instable, en d'autres mots, une opération de sécurité plutôt que de défense, qui n'était donc pas essentielle pour assurer l'existence de l'État et de la population. Mais pire encore, ce fut une opération qui ne parvint pas à obtenir une issue rapide et décisive tout en engendrant un flux constant et notable de pertes, et, en conséquence, le Kremlin commença à perdre le soutien de la population russe. La trinité indispensable, l'assise de la guerre, commença à se dissocier et alors perdit sa cohérence. Exemple différent, avec son intervention au Vietnam, le gouvernement américain perdit la confiance du peuple mais la retrouva aussitôt la guerre terminée. La population continua à soutenir la politique de défense de son système militaire. À la suite de cette expérience, les États-Unis réorganisèrent leur armée en armée de volontaires mais en affectèrent des parties importantes à la *National Guard* qui ne peut être utilisée qu'avec un large soutien politique. L'objectif de cette réforme était de mettre une certaine distance entre l'armée et la population tout en empêchant qu'elle soit utilisée dans un conflit d'importance sans un accord assez large de la population. Ces exemples rendent compte d'une évolution qui s'est affirmée petit à petit depuis 1945 et qui se retrouve en particulier dans les circonstances présentes : la primauté de la défense sur l'attaque. Il ne faut pas comprendre que la défense c'est de rester inactif et passif sur une position jusqu'à ce qu'elle subisse l'assaut, mais comme l'a dit Clausewitz, « la forme défensive de la guerre n'est pas d'opposer une simple protection mais une protection opportune contre les coups bien assénés[1] ». En assurant la relation triangulaire avec l'armée et le peuple, l'État favorisera la défense pour plusieurs raisons. D'abord, la population paie pour sa défense : plus le gouvernement et l'outil militaire seront orientés par son intérêt, plus elle aura de propension à payer. Ensuite donc, il est simple d'harmoniser pour la défense les objectifs militaires et politiques ; troisièmement et dérivant des deux premiers points, une

---

1. *De la guerre*, Première partie, Chapitre 1, Livre 6.

position défensive est en mesure de susciter et de conforter une volonté politique d'une façon que ni l'attaque ni l'offensive ne peuvent envisager. Finalement, la position défensive confère un avantage moral qui est apprécié par la population et lui est parfois nécessaire, est considérée comme un atout par l'État, au moins par les dirigeants politiques, et préférée par les militaires.

C'est sur ces bases conceptuelles qu'on peut comprendre la fin de la confrontation que fut la guerre froide : le glissement d'une posture constante en défense vers une attitude offensive en Afghanistan ne pouvait être soutenue par la population russe. L'État et l'outil militaire ne pouvaient plus ramener la population dans une cohésion trinitaire durable sauf si des éléments de ceux-ci soutenaient réellement la population. En 1985, Mikhaïl Gorbatchev devint secrétaire général du parti communiste et pour tenter une réforme et obtenir le soutien de la population, lança les politiques de glasnost (transparence) et perestroïka (réforme). En soi, une telle approche aurait pu perpétuer la confrontation avec l'Ouest, quoique d'une façon relâchée et modifiée. Mais pendant les dernières années 1980, un affaiblissement du soutien populaire et des liens entre les membres du pacte de Varsovie fut amplifié par la prise de conscience, notamment chez les Européens de l'Est, de l'importance de l'écart entre le niveau de vie à l'Ouest et le leur. Outre la moindre efficacité d'une économie dirigée, la décision de favoriser les canons plutôt que le beurre ou la prospérité pendant des décennies avait engendré cette situation. L'action diplomatique menée par les États-Unis, fondée sur une position de force, elle-même issue de la mise en œuvre heureuse de la stratégie de dissuasion et de l'appui des nations de l'OTAN, conduisit à une série de mesures de détente destinées à réduire la tension entre les deux blocs. En décembre 1988, Gorbatchev annonça le retrait de 500 000 hommes de l'Europe orientale et dans l'année suivante, avec l'allègement du poids de l'Armée Rouge, l'un après l'autre, les États de l'Europe de l'Est se libérèrent du pacte de Varsovie. La guerre froide était terminée.

La confrontation s'était effondrée, mais ses structures militaires étaient laissées en héritage : les organisations et les armées que nous possédons aujourd'hui sont issues de la nécessité de préparer la guerre totale et de dissuader efficacement. Personne ne saura jamais si, face à l'ennemi, elles eussent été capables de réussir ce pourquoi elles avaient été prévues ou si les plans mis au point par tant de généraux et d'états-majors (avec les structures et organismes qu'ils conçurent) eussent bien fonctionné, mais il suffit pour que la dissuasion réussisse que chacun croie que l'autre pourrait agir effectivement. Or les forces organisées et armées dans cette perspective sont, au principal, celles que nous devons utiliser à présent au quotidien. Il n'avait jamais été prévu qu'elles puissent être employées dans des conflits non industriels mais en fait, ce sont ceux dans lesquels la plupart des hommes et, si nécessaire, des équipements furent impliqués. Car, tôt après la seconde guerre mondiale, elles combattaient dans des « guerres au sein de la population », c'est-à-dire dans des conflits non industriels pour lesquels les équipements normaux ne pouvaient pas être utilisés dans des conflits issus de confrontations politiques entre protagonistes publics et non publics, largement caractérisés comme l'antithèse de la guerre industrielle développée au précédent chapitre. Ces conflits prirent place parallèlement à la guerre froide. Effectivement, la période 1946-1991 peut tout à fait être définie comme celle d'une confrontation globale (la guerre froide), perpétuée par des structures industrielles et englobant des conflits non industriels, les guerres parallèles. C'est dans le cadre de ces conflits que nous découvrons les premiers signes du nouveau paradigme, en particulier dans la nature et les objectifs des adversaires et dans l'adaptation permanente des moyens, les « machines » industrielles de l'organisation militaire, aux conflits non industriels. Dans un tel contexte, la force armée fut employée de différentes manières mais pas toujours au mieux de l'efficacité.

À la fin de la seconde guerre mondiale, les forces japonaises qui occupaient la Corée se rendirent aux Américains et aux Russes ; ainsi la Corée fut divisée en deux zones séparées par le 38e parallèle. Cette ligne de séparation n'était pas le fruit d'une décision ministérielle ou diplomatique : elle fut choisie pour des raisons pratiques à la suite de négociations entre officiers d'un rang relativement modeste. Cependant, cette commodité administrative se figea en réalité politique, en particulier lorsque les deux anciens alliés devinrent ennemis et à partir de là toutes les tentatives pour doter la Corée d'un gouvernement unique échouèrent. En 1947, les États-Unis portèrent la question devant les Nations Unies qui décidèrent de nommer une commission (UNTOK)[1], afin de réunifier le pays grâce à des élections. L'année suivante les élections eurent lieu dans le sud mais la commission fut empêchée d'opérer dans le nord. Le gouvernement issu de ces élections, sous la direction de Syngman Rhee, revendiqua de couvrir toute la Corée mais n'avait ni autorité, ni existence au nord du 38e parallèle où les Russes avaient installé un gouvernement concurrent dirigé par le communiste révolutionnaire militant Kim Il Sung.

---

1. Commission temporaire des Nations Unies sur la Corée.

Ayant échoué sur un accord définissant les conditions d'une réunification, les Russes et les Américains retirèrent leurs troupes. La Corée devint un État avec deux gouvernements d'idéologies opposées, tous deux armés et approvisionnés par l'une des deux superpuissances et chacun revendiquant la souveraineté sur la totalité de la péninsule. Cette situation volcanique engendra bientôt une éruption. Lançant une attaque massive surprise, les troupes nord-coréennes franchirent la frontière et envahirent la Corée du Sud le 25 juin 1950. Deux jours plus tard, elles s'étaient emparées de la capitale, Séoul. Les envahisseurs étaient appuyés par les Soviétiques et avaient aussi interprété, comme une garantie d'impunité, le fameux discours prononcé par le secrétaire d'État américain, Dean Acheson, dans lequel il avait exclu la Corée du périmètre de défense en Asie, ce que, implicitement, les Américains étaient prêts à défendre militairement. Ainsi, donc, nous avons pu observer une confrontation se transformer en conflit dans le contexte d'une plus large confrontation entre les deux blocs.

À la demande des États-Unis, le Conseil de Sécurité se réunit aussitôt à l'ONU. Les Russes y étaient absents car ils en boycottaient les sessions depuis le mois de janvier par solidarité avec le régime communiste de Pékin dont le siège était encore occupé par la Chine nationaliste. Le conseil vota une résolution qui demandait aux membres de l'organisation de soutenir la Corée du Sud avec tous les moyens nécessaires pour repousser l'agresseur. Le président Truman avait déjà donné instruction au général Mac Arthur qui commandait les troupes d'occupation au Japon de fournir un soutien aérien et naval aux troupes sud-coréennes en retraite. Le 29 juin, il décida un pas supplémentaire : comme les forces sud-coréennes étaient sur le point de s'effondrer, il ordonna à deux divisions américaines stationnées au Japon de passer en Corée. Quelques jours plus tard, toujours en l'absence du délégué soviétique, le 4 juillet, le conseil de sécurité vota une résolution qui constituait un corps expéditionnaire des Nations Unies pour être déployé en Corée et restaurer la paix après avoir repoussé l'attaque. Cette résolution avalisait en fait la décision américaine d'opposer la force à la force. Le général Mac Arthur fut nommé commandant du corps expéditionnaire et ainsi la guerre fut dirigée par un général américain responsable devant le président des États-Unis agissant comme agent des Nations Unies. En septembre, environ vingt autres États, en général alliés des États-Unis pour d'autres raisons, avaient envoyé des unités pour renforcer l'armée des Nations Unies. Cependant les Américains représentaient encore la moitié des troupes terrestres engagées, 93 % des forces aériennes et 86 % des forces navales.

Au début, les combats furent favorables à la Corée du Nord ; les forces coréennes et le corps expéditionnaire de secours reculèrent jusqu'à l'extrémité de la péninsule. La situation se renversa en septembre 1950 lorsque le général Mac Arthur, fort de sa propre expérience et de celle de son état-major en matière de débarquements amphibies lors de la campagne du Pacifique contre le Japon et tirant avantage de sa suprématie maritime, débarqua des troupes et lança une attaque hardie à Inchon à 390 km dans le nord et à quelques kilomètres de Séoul. Le succès de cet assaut au niveau du théâtre affola les troupes nord-coréennes dans le sud ; en quelques semaines, les forces des Nations Unies les repoussèrent, très désorganisées, au-delà du 38e parallèle. Ce succès étonnant encouragea l'Assemblée Générale à voter une résolution proposée par les Américains pour assurer la stabilité dans la totalité de la péninsule coréenne. Cet épisode illustre que ce conflit n'était qu'un élément d'une confrontation plus large, car l'assemblée ne possédait pas la compétence de voter une telle résolution mais comme les Russes avaient revendiqué leur siège au Conseil de Sécurité, les Américains avaient décidé de tourner le veto soviétique en reconnaissant à l'assemblée la capacité de prendre des décisions ce qui était en contradiction avec la charte des Nations Unies.

Mac Arthur réagit rapidement et, le 9 octobre, donna l'ordre à ses troupes de franchir à leur tour le 38e parallèle. Trois semaines plus tard, après s'être emparé de la capitale nord-coréenne, Pyongyang, celles-ci approchaient de la frontière chinoise en Mandchourie. Avec les forces nord-coréennes en retraite générale, la guerre semblait presque finie mais à la fin de novembre, la Chine très inquiète des visées américaines, entra en guerre. Les avertissements répétés de la Chine à l'égard des Nations Unies avaient été ignorés. Toutefois, la décision américaine de placer la 7e flotte entre la Chine et Taiwan où s'étaient établies les dernières troupes nationalistes assortie de la rapidité de l'offensive de Mac Arthur pénétrant profondément en Corée du Nord fit l'effet d'un déclic. Le 26 novembre, les armées chinoises attaquèrent sur un large front. Moins d'un mois plus tard, la situation s'était inversée : les forces des Nations Unies et de Corée du Sud étaient en pleine retraite tandis que les armées chinoises et nord-coréennes marchaient vers le bout de la péninsule. Séoul tomba une deuxième fois en janvier.

L'intervention chinoise modifiait la nature de la guerre et suscitait un nouveau débat sur la manière dont elle devait être poursuivie. De juin à novembre, bien que menée d'abord par les troupes américaines, la guerre avait été présentée comme une expédition punitive internationale. Après novembre, elle ressemblait de plus en plus à un conflit sino-américain. Mac Arthur voulut reconnaître ce fait et mener la guerre contre la Chine en recourant aux moyens militaires les plus efficaces depuis la poursuite des avions au-delà de la frontière jusqu'au bombardement stratégique du territoire chinois sans exclure l'éventualité de l'usage de la bombe atomique. Aux États-Unis, pendant la période du mac-carthyisme, une part turbulente de la population soutenait cette approche. Le président et ses conseillers civils comme les chefs d'état-major militaires s'émouvaient de la perspective de s'engager dans une guerre longue et coûteuse contre la Chine pour la péninsule coréenne avec l'éventualité, s'ils suivaient les avis de Mac Arthur de se trouver en guerre avec le reste du bloc communiste et d'utiliser l'arme atomique. Cependant, à l'ONU, puisque la guerre devenait un conflit entre la Chine et les États-Unis, de nombreux membres commencèrent à trouver que l'objectif politique des Nations Unies pour entrer en guerre avait été perdu de vue. Comme les objectifs politiques divergeaient, les États-Unis commencèrent à ressentir un affaiblissement du soutien de leurs alliés.

L'entrée en guerre de la Chine donne un exemple, souvent retrouvé dans la période postérieure à la guerre, de la différence de nature entre les armées d'effectifs et celles s'appuyant sur la puissance de feu. Les armées américaines avaient battu et brisé les Nord-Coréens par une manœuvre bien exécutée fondée sur une rapide concentration d'une puissance de feu de masse. Les forces chinoises réussirent parce qu'elles avaient des effectifs pour s'opposer aux forces de l'ONU en lui présentant plus de cibles que ces dernières n'en pouvaient traiter simultanément, ce pourquoi elles attaquèrent sur un large front. Partout où l'attaque était couronnée de succès, ils la renforçaient avec des effectifs supplémentaires pour continuer vers le sud. Les armées américaines avaient été formées pour une guerre industrielle en mettant l'accent sur la technologie et sur un processus d'emploi efficace. En opposition, les Chinois avaient été formés en insistant sur les effectifs et sur la façon de les utiliser effectivement par masses. Confrontées à la perspective d'une défaite, les propositions de Mac Arthur étaient d'utiliser sa supériorité technologique pour s'attaquer aux bases des effectifs chinois et les empêcher d'entrer dans la bataille. Toutefois par ce biais, on transformait le théâtre et on changeait d'objectif stratégique et par là, on le disjoignait du but politique. Ce n'était donc pas une option viable et elle fut rejetée par Washington. Ceci montre l'importance de toujours intégrer fortement l'objectif stratégique dans le contexte de l'objectif politique afin d'assurer leur cohérence globale et leur continuelle adaptation au but poursuivi. Dans ce cas, l'objectif stratégique proposé par Mac Arthur d'annihiler la capacité de la Chine d'intervenir dans la péninsule coréenne n'était pas en ligne avec l'objectif politique. En outre, les États-Unis pouvaient vouloir neutraliser la Chine communiste dans son influence régionale mais ils n'étaient pas préparés à prendre le risque de le faire militairement. Car, en réalité, les risques étaient d'une autre guerre mondiale, peut-être nucléaire et la perte du soutien allié à l'ONU. Dans cette perspective, les forces américaines, avec leur puissance de feu à long rayon d'action, projetée par voie aérienne, atomique en recours ultime, ne présentaient pas d'utilité politique.

L'administration américaine opta pour la poursuite de la guerre uniquement dans la péninsule en essayant d'obtenir un accord. En effet, les objectifs stratégiques et politiques avaient été redéfinis : combattre jusqu'à ce que les États-Unis, représentant les Nations Unies, puissent mener une négociation favorable et accepter une forme de division de la Corée. En bref, la force n'était plus utilisée stratégiquement pour aboutir directement à l'objectif stratégique mais pour rendre possible son aboutissement à la table de négociations. Les critiques de ces directives par Mac Arthur, bien médiatisées, menèrent à son renvoi pour insubordination en avril 1951. Le 25 juin, les Américains acceptèrent les propositions soviétiques d'un cessez-le-feu qui devait être suivi de discussions pour un armistice. On ne parvint pas à un accord avant juillet 1953. L'accord final créa une zone démilitarisée s'étendant le long de la frontière séparant les États. Cette frontière fut retracée plus ou moins le long du 38e parallèle, la Corée du Sud y gagnant un territoire de 3 900 km². La question en est restée là. Au sud, les armées sud-coréennes et américaines font face aux armées nord-coréennes derrière lesquelles se tient l'armée chinoise. Mais à présent la Chine possède un armement nucléaire et la Corée du Nord prétend en avoir un aussi.

Ce fut la première opération militaire de l'ONU et aussi la dernière à être menée de cette manière unilatérale. En conséquence des réactions négatives aux Nations Unies suscitées par l'aval donné par le Conseil de Sécurité aux décisions américaines, une règle générale imposa qu'aucune des grandes puissances ne soit invitée à participer à une action militaire. Cette coutume fut intégralement conservée jusqu'à la fin de la guerre froide, empêchant de régler la crise chypriote une décennie plus tard, alors que l'intérêt de recourir aux forces britanniques présentes dans l'île paraissait évident à la plupart. L'intervention en Corée resta l'exception bien qu'il eût été utile, pendant un temps, de renforcer l'image de l'ONU comme d'un organisme prêt à agir par opposition à la faiblesse de son prédécesseur, la Société des Nations dans les années 1920 et 1930.

La guerre froide fournit également la toile de fond d'une autre sorte de conflits : ceux résultant du retrait des puissances coloniales de leur empire. Un des exemples les plus importants de cette espèce qui émergea sur le modèle de l'antithèse et vint à présenter les premiers signes de la guerre au sein de la population fut représenté par le cas dramatique de la Malaisie. La charte atlantique signée en 1941 par le président Roosevelt et le Premier ministre Churchill qui devait devenir le fondement de la charte des Nations Unies indiquait que la Grande-Bretagne, à la fin, reconnaîtrait à ses colonies le droit à l'autodétermination. Mais par ailleurs, la victoire des armées japonaises sur les forces britanniques en 1942 avait détruit l'aura d'invincibilité qui entourait les forces européennes occidentales tandis que le départ britannique en 1947 des Indes créait un précédent pour les puissances coloniales affaiblies et donnait naissance à de nouveaux États souverains. Néanmoins, alors que cette évolution intervenait assez pacifiquement malgré la séparation du Pakistan et les discordes à propos du Cachemire puis les guerres qui s'en suivirent, les autres colonies saisirent les semences d'une confrontation et d'un conflit éventuel.

L'armée anti japonaise du peuple malais (MPAJA) fut constituée en tant que bras armé du parti communiste malais (MPC) pour résister aux Japonais quand ceux-ci occupaient la Malaisie. La majorité de ses membres était d'origine chinoise. Les Britanniques avaient aidé la MPAJA avec des armes, de la formation et des conseillers, exactement comme ils le firent avec d'autres mouvements de résistance dans les territoires occupés par l'Axe. Après la guerre, la MPAJA fut considérée comme un « allié héroïque » et une délégation en fut invitée pour assister au défilé de la victoire à Londres. Cependant le mariage de raison entre le MCP et les Britanniques ne devait pas durer : ils ne partageaient plus ni le même ennemi ni un but politique et la vision britannique d'une fédération malaise indépendante différait de façon marquée de celle du MPC. La MPAJA fut renommée MPABA (armée anti britannique du peuple malais) mais dans une tentative d'obtenir le soutien de différents groupes raciaux parmi la population locale, elle prit encore un nouveau nom ; l'armée de libération des races malaises (MRLA).

En juin 1948, trois planteurs britanniques furent assassinés en Malaisie. En quelques mois, la révolte malaise se multiplia tandis que les formations de guérilla de la MRLA attaquaient les plantations, sabotaient les infrastructures pour chasser les Anglais et empêcher la structure coloniale de fonctionner et, pendant ce temps, terrorisaient la population afin d'en obtenir le soutien. En réponse, la Grande-Bretagne décréta l'état d'urgence et les troupes malaises et britanniques se mirent à traquer les terroristes communistes surnommés CTs. Cependant on comprit que répondre à la violence par la violence serait insuffisant pour vaincre. La guérilla du MRLA disposait d'années d'expérience dans la lutte contre les Japonais et aussi de stocks d'armement amassés par le parti communiste à la fin de la seconde guerre mondiale. Enfin elle pouvait profiter de la jungle pour se cacher et était soutenue par certaines populations qui comprenaient une part notable de la minorité chinoise bien qu'en général la population malaise ait montré une attitude équivoque à l'égard de l'insurrection.

Tandis que les médias internationaux étaient accaparés par la guerre de Corée, les Britanniques, s'inspirant de leur expérience qui remontait au moins à la guerre des Boers, décidèrent de se concentrer sur l'éloignement des sympathisants de la guérilla. Selon un plan imaginé par le lieutenant général Sir Harold Briggs responsable des opérations « anti-bandit », un programme de réimplantation fut lancé afin de déplacer des centaines de milliers de paysans chinois vivant à la limite de la jungle vers cinq cents nouveaux villages construits à cet effet. Les nouveaux villages étaient soigneusement préparés : routes, eau, emplacements de magasins, école, clinique et autres besoins élémentaires étaient pris en compte. À l'arrivée, chaque famille recevait une aide financière et le matériel nécessaire pour construire une maison. Le périmètre de chaque village était protégé par du barbelé et un poste de police implanté avec vingt hommes. Aussitôt le village créé, une garde civile était recrutée pour renforcer la police la nuit pendant laquelle un couvre-feu était imposé à l'extérieur du village et parfois à l'intérieur du village lui-même. Le principal attrait pour les nouveaux arrivants consistait en des titres qui leur étaient octroyés pour leur nouvelle propriété. La minorité chinoise était généralement très pauvre et possédait peu de droits, la propriété de la terre et le droit de vote lui ayant été refusés. Le MCP avait joué de toutes ces injustices qui étaient désormais prises en compte par le plan Briggs et donnaient à la population chinoise un intérêt à l'égard de la perspective d'avenir britannique : ils étaient dorénavant propriétaires avec une raison de défendre un avenir où cet avantage serait perpétué. Ce plan les coupait de la guérilla, les protégeait contre le terrorisme et la politisation et les empêchait d'être en mesure de soutenir les combattants dans la jungle.

Une fois le programme de réimplantation achevé dans un district, des mesures strictes de contrôle de la nourriture étaient mises en place. La nourriture apportée dans le village devait être gardée et personne n'était autorisé à l'emporter à l'extérieur. Des équipes de surveillance empêchaient les sympathisants du MRLA d'approvisionner la guérilla. Dans certaines zones, le riz était rationné et fourni cuit de sorte qu'il devenait aigre en quelques jours. Ces mesures, comme tout blocus, demandaient du temps pour être efficaces, mais à la longue, la malnutrition opéra sur les unités de guérilla, les forçant à prendre des risques pour obtenir leur alimentation et affaiblissant en même temps leur résolution. Par ailleurs les Britanniques poursuivaient les CTs dans la jungle. Une école enseignant la guerre dans la jungle fut créée, des unités d'infanterie encore composées de conscrits britanniques furent entraînées et acclimatées de façon à opérer aussi bien ou mieux que les CTs. Des unités de spécialistes telles les SAS (Special Air Service) furent recréées pour lancer des patrouilles en profondeur sur une longue durée. Avec les opérations de renseignement de police dans les villages et les villes et les renseignements des patrouilles profondes dans la jungle, les patrouilles d'infanterie qui avaient été formées pour opérer dans celle-ci commencèrent à repousser les CTs de plus en plus loin avec un succès croissant. Bientôt, les unités britanniques dispensèrent dans la jungle des soins médicaux et de la nourriture aux Malais et aux tribus indigènes Sakai qui tous, favorisèrent l'arrêt du soutien populaire aux CTs qui partageaient le territoire avec eux.

En octobre 1951, le MLRA dressa une embuscade et tua le haut commissaire anglais. Son successeur, le lieutenant général Gerald Templer, prit la suite énergiquement. Tout en persévérant dans le plan Briggs, il accéléra la constitution de l'armée malaise et poursuivit les réformes administratives. Il encouragea les indigènes à s'auto gouverner en obtenant pour les résidents chinois le droit de vote et en confiant des postes clés aux leaders locaux. Templer insista sur le recueil et l'analyse du renseignement et finança des récompenses pour qui aiderait à trouver les rebelles. Point essentiel, il promit l'indépendance de la Malaisie lorsqu'il serait mis un terme à l'insurrection. Vers le milieu des années 1950, alors que l'indépendance se dessinait, le MCP réalisa que l'insurrection était sur le point d'échouer. La Malaisie devint indépendante en août 1957. Les derniers combats du MLRA cessèrent en 1958 et les restes de ses forces se retirèrent dans une zone proche de la frontière thaïlandaise. Le 31 juillet 1960, le gouvernement malais déclara la fin de l'état d'urgence et Ching Peng, le chef de la guérilla s'envola pour la Chine.

L'état d'urgence en Malaisie est considéré jusqu'à ce jour dans les milieux militaires du monde entier comme l'exemple d'une lutte contre révolutionnaire et anti-insurrectionnelle réussie. Briggs et Templer, à

eux deux, rendirent inutile le principal objectif politique du MCP.
L'assimilation du conflit à une guerre de libération contre des oppres-
seurs colonialistes qui n'abandonneraient jamais le pouvoir perdit sa
crédibilité avec la promesse de l'indépendance s'appuyant sur le trans-
fert des terres dans un État sur le point de devenir indépendant. Ils éloi-
gnèrent la population de l'influence de la guérilla et permirent aux unités militaires et aux esprits de pourchasser les rebelles sur leur propre
terrain et selon leurs techniques. Les Britanniques avaient gagné
l'agrément de la population en battant l'armée du MCP, ceci avec une
armée de conscription et avec l'accord implicite de leur propre peuple,
l'opinion publique intérieure britannique. J'ai compris l'importance de
cette réussite lorsque je fus au Zimbabwe en 1980, lors de mes discussions avec les Rhodésiens blancs, battus alors qu'ils avaient gagné à
peu près tous les engagements tactiques militaires. Ils avaient copié et
adapté en l'améliorant presque tout ce qu'avaient fait les Britanniques
en Malaisie, mais avec une différence majeure sur laquelle ils étaient
restés aveugles. Les Britanniques étaient décidés à quitter la Malaisie ;
la question était de savoir à qui laisser le pouvoir. Les Rhodésiens ne
voulaient pas partir et ne cherchaient pas à transmettre le pouvoir à
quiconque. Les Britanniques pouvaient rassembler la population dans
des « villages protégés » sur des sols dont les villageois hériteraient,
terres et village ; les Rhodésiens étaient vus comme parquant la population et lui refusant la propriété du sol.

L'état d'urgence en Malaisie est aussi un exemple classique d'un
pays, partie notable dans la guerre froide, la Grande-Bretagne, qui
constituait et entretenait une armée de type industriel comme partie à la
confrontation majeure et qui adaptait et utilisait certaines de ces forces
pour une confrontation d'une nature complètement différente. En termes purement opérationnels, c'est un exemple net de mobilité organisationnelle et ces forces réussirent pleinement dans leurs opérations. Ce
qui frappe ici et aussi dans les autres conflits latéraux à la guerre froide,
c'est que ces troupes étaient menées sous les hypothèses d'une guerre
industrielle alors qu'en fait, elles opéraient dans une guerre parmi la
population : de telles opérations étaient considérées comme des aber-
rations temporaires, loin de la véritable action de guerre plutôt qu'elles
n'étaient la nouvelle réalité des conflits. Elles étaient un exemple pré-
coce du paradigme : une longue confrontation qui en permanence dégé-
nérait en conflit au niveau tactique. Bien que la guérilla et les troupes
britanniques et alors malaises aient été déployées sur de vastes zones,
aucun engagement ne dépassa le niveau de la compagnie. Ce fut donc
une série de combats tactiques dans le cadre d'une large confrontation.

Ce fut aussi dans ce type de situation que se déroula la suite de l'histoire malaise : la confrontation avec l'Indonésie.

La Malaisie devint indépendante en 1957 et les Britanniques commencèrent à se retirer de leurs autres colonies à Bornéo qui, à cette époque, était divisée en quatre territoires administratifs distincts. Kalimantan, une province indonésienne, était situé au sud de l'île. Dans le nord, il y avait le royaume de Brunei et les deux provinces de Sarawak et de Bornéo britannique septentrional, dénommé plus tard Sabah. La Grande-Bretagne prévoyait de créer la Fédération de Malaisie comprenant la Malaisie, le Sarawak et le Sabah en laissant Brunei indépendant. Les Philippines et l'Indonésie avaient donné leur agrément formel à cette Fédération Malaise après qu'un référendum aurait été organisé par les Nations Unies.

En Indonésie toutefois, le président Sukarno restait fermement opposé à la formation de la fédération, expliquant que c'était un artifice pour maintenir l'autorité coloniale britannique dans la région, mais surtout il voulait la souveraineté indonésienne sur la totalité de l'île de Bornéo et en particulier sur les champs pétrolifères du sultan de Brunei.

À Brunei, le TKNU (armée nationale du Nord-Kalimantan) appuyée par l'Indonésie se révolta le 8 décembre 1962. Les forces du TKNU tentèrent de capturer le sultan, occupèrent les champs de pétrole et prirent des Européens en otage. Le sultan parvint à leur échapper et appela les Britanniques à l'aide. Des troupes britanniques furent envoyées depuis Singapour et, le 16 décembre, le commandement britannique déclara que les principales concentrations rebelles avaient été détruites. En avril 1963, le chef des rebelles fut capturé et la rébellion terminée. Toutefois, en janvier 1963, le ministre des Affaires étrangères indonésien exprima l'opposition de son pays à la Fédération de Malaisie et annonça une politique de « confrontation » avec elle tandis que des troupes indonésiennes irrégulières commencèrent à s'infiltrer au Sarawak et au Sabah. Bientôt, elles lancèrent des raids, organisèrent des sabotages et distribuèrent de la propagande indonésienne dans les villages tandis que le général Suharto, commandant en chef de l'armée indonésienne, faisait le vœu d'« écraser la Malaisie ». La fréquence des raids indonésiens depuis leurs bases du Kalimantan s'accrut. Des unités de la taille d'une section nomadisaient à travers les deux pays, soutenues par les sympathisants chinois communistes. La population locale était lente à se rallier, au moins parce qu'il s'agissait d'ethnies différentes.

En 1964, les troupes indonésiennes commencèrent à diriger leurs raids dans la péninsule malaise elle-même. Des agents indonésiens armés furent capturés en août dans la ville de Johore. En septembre et octobre 1964, l'Indonésie lança des unités parachutistes et des opérations amphibies dans la région sud-ouest de la péninsule entre Labis et Pontian. Le niveau des opérations s'accrut et au début de 1965 quelque 15 000 hommes du Commonwealth et britanniques étaient déployés avec des forces aériennes et navales considérables, en majorité dans les provinces menacées de Bornéo. À partir de 1964, elles furent installées dans des bases au sein de la jungle afin d'interdire les incursions indonésiennes et ainsi de protéger les centres peuplés. Une fois que ces mesures défensives commencèrent à prendre effet et à partir de l'expérience de la campagne de Malaisie, ces forces furent disposées pour s'assurer de la loyauté active des tribus de la jungle le long de la frontière. Un écran de patrouilles le long de cette frontière, couplé avec les renseignements collectés parmi la population, procura des informations intéressantes. En juin 1964, de telles données apparurent suffisamment fiables pour agir à partir de leurs indications et les forces du Commonwealth passèrent à l'offensive. Des forces spéciales qui avaient affûté leur expertise en Malaisie lancèrent des opérations secrètes à travers la frontière dans l'idée d'obtenir du renseignement et de forcer les Indonésiens à la défensive au Kalimantan de leur côté de la frontière. Bien sûr, ces raids n'étaient pas rendus publics et étaient dirigés en tant que partie d'une opération hautement classifiée nommée *Claret*. Incertains de l'endroit où les troupes du Commonwealth allaient ensuite frapper, les Indonésiens affectèrent de plus en plus leurs moyens à la protection de leurs propres positions, s'avérant alors moins adaptés à des opérations offensives. Parallèlement à ces mesures militaires, une offensive diplomatique fut entreprise à différents niveaux. La Grande-Bretagne profita de sa situation à l'ONU et dans l'alliance militaire régionale, le SEATO pour faire pression sur les Indonésiens afin qu'ils cessent leurs incursions et leurs revendications sur Bornéo. Plus localement, ils encouragèrent la Fédération malaise à agir et à manifester sa cohésion et son indépendance. Ces efforts militaires et diplomatiques mirent en lumière les tensions internes au régime de Sukarno : les armées indonésiennes étant battues et attaquées sur leur propre sol ; il n'y avait aucun soutien pour leur campagne ni au Sarawak ni au Sabah ; les Indonésiens étaient isolés sur le plan international. En mars 1966 le président Sukarno fut chassé du pouvoir par un coup d'État sans effusion de sang et le général Suharto le remplaça. Les opérations sur le sol malais décrurent pendant cette crise intérieure et peu de temps après, les gouvernements malais et indonésiens proclamèrent la fin des hostilités à la conférence de Bangkok. Un traité de paix fut signé le 11 août et ratifié deux jours plus tard.

Cette crise est officiellement connue comme la Confrontation indonésienne et ce titre est clair pour décrire les évènements. Suivant l'état d'urgence en Malaisie, chaque savoir acquis fut affûté et mis en œuvre avec une grande rigueur. La campagne globale, politique et militaire, avait été menée avec finesse. Les actions politiques et militaires se complétaient et n'étaient pas conçues pour aboutir à d'autres objectifs que tactiques. Les populations du Sarawak et du Sabah furent sécurisées et les opérations furent conçues pour obtenir de l'information et des renseignements. Une fois les bases installées et les objectifs indonésiens refusés, les opérations furent conduites pour faire pression sur leurs forces au Kalimantan et, accompagnées des pressions diplomatiques, elles entraînèrent la disparition du régime. La Grande-Bretagne utilisa son expérience considérable des opérations dans la jungle et effectua nombre de changements organisationnels pour aboutir aux unités de patrouilles chargées de surveiller la frontière. Nous remarquons ici un exemple superbe d'actions militaires, au niveau tactique, fermement ancrées dans le contexte politico diplomatique d'une confrontation au niveau du théâtre qui de temps à autres remontait au niveau stratégique. Or tout cela s'inscrivait au sein de la grande confrontation politique entre les deux blocs, la guerre froide.

À ce moment, nous avons examiné deux modèles de conflits prenant place dans le cadre de confrontations : la guerre de Corée, qui monta presque au point d'une guerre nucléaire mais resta dans les limites d'un théâtre d'opérations, et les deux conflits malais pour lesquels les engagements tactiques s'inscrivirent fermement dans le contexte de l'activité politique et diplomatique. Les deux modèles ressortissent du paradigme de la guerre parmi la population qui combine comme nous l'avons expliqué, les actions militaires et politiques. En conséquence, la relation politico militaire apparaît à la fois plus complexe que dans la guerre industrielle et absolument cruciale pour en assurer la réussite. Comme je l'ai indiqué dans l'introduction, c'est toujours au niveau politique qu'est prise la décision d'entrer en guerre, de passer de la confrontation au conflit armé et c'est aussi à ce niveau que la décision d'arrêter le combat se situe. La structure militaire met en œuvre ces décisions aux trois niveaux. Au commencement du conflit, une fois la décision prise, l'activité correspondante passera sous la responsabilité des militaires, d'abord au niveau stratégique. Le contexte de la décision est toujours, au sein d'un gouvernement, l'objet des plus larges discussions sur les orientations stratégiques, définies lors d'une évaluation continue et des débats entre les diverses instances politiques : ministères de la Défense et des Affaires étrangères, bureaux du président et du Premier ministre, services de renseignement, etc. En temps de paix, le débat politique tend à devenir général et à se focaliser sur les menaces identifiées, mais ce ne sont jamais que des menaces potentielles. Il faut un ennemi réel pour engendrer une vraie menace et une tentative réelle avec un réel objet dans une situation réelle pour évaluer le risque. Ce point doit toujours être pris en considération par ceux qui prennent les décisions sur la politique, qui désignent l'ennemi potentiel ou reconnaissent son absence car ils tissent la toile pour ceux qui auront à décider une stratégie donnée à un moment du futur. Car c'est l'apparition d'un ennemi réel qui fait entrer en jeu le niveau stratégique et s'il est possible de définir une politique générale désignant les menaces possibles en temps de paix, il n'est pas possible de définir une stratégie tant qu'il n'y a pas d'adversaire. De même, le stratège dans une opération doit appréhender la nature et les limites de la politique pour laquelle il agit et concevoir une stratégie adaptée. Une stratégie détachée du contexte politique et de la politique suivie a peu de chances d'aboutir. Comme Clausewitz l'indique excellemment :

> « Nous voyons donc, en premier, qu'en toutes circonstances, la guerre ne doit pas être regardée comme une chose indépendante mais comme un instrument politique ; et c'est seulement par ce point de vue que nous pouvons éviter d'être en opposition avec toute l'histoire militaire. C'est le seul moyen de déverrouiller le grand livre et de le rendre intelligible. Ensuite, cette approche nous montre comment les guerres doivent différer de caractère selon la nature des motifs et des circonstances desquelles elles procèdent.
>
> Maintenant, la première, la plus grande et la plus décisive des attitudes d'esprit que l'homme d'État ou le général puisse adopter, consiste vraiment à comprendre la guerre dans laquelle il s'engage, non de la prendre pour quelque chose en soi ou de souhaiter en faire quelque chose, que, par la nature de ses connections, elle ne peut être. C'est donc la première, la plus englobante de toutes les questions stratégiques. »

Lorsque le niveau politique a pris la décision d'enclencher un conflit, le débat politique doit se focaliser sur trois principales questions : la finalité recherchée, la façon d'y parvenir et les moyens alloués pour le but souhaité. Peu importe le point d'entrée dans cette discussion, ce qu'il faut c'est que les trois soient en harmonie. Vous pouvez décider les moyens et la façon et accepter le but qu'ils permettent d'atteindre mais fixer un but auquel les moyens et la méthode ne sont pas adaptés expose au minimum à un désappointement. De la même manière, choisir une voie parce qu'elle vous est offerte sans nécessiter de moyens ou, encore, de façon plus avisée, l'adapter à la nature du but recherché, rendra le résultat plus probable qu'à ne pas faire s'accorder nos efforts, quelque efficaces qu'ils puissent être. J'ai trouvé très utile l'emploi de cet outil simple et analytique, à savoir d'identifier clairement le but, la façon et les moyens, pour trancher à travers la masse de détails et de conflits d'intérêts qui inévitablement interviennent dans le débat politique ; en outre, le même outil peut être utilisé pour appréhender les niveaux les moins élevés de la guerre et leurs relations réciproques.

Le but est réellement le résultat recherché par la politique. Cela peut être le rétablissement du statu quo ou l'instauration d'un régime ami ou la disparition de la menace en question. La manière peut être figurée par le chemin général le long duquel sont dispensées les ressources, militaires, diplomatiques économiques et autres, et dans quel équilibre. Les moyens sont constitués des ressources, y compris idéologiques et en capital politique, allouées pour aboutir à l'objectif. Faisant cela, le niveau politique doit comprendre, bien que souvent il n'y parvienne pas, qu'il y a un risque à cette entreprise, que les moyens doivent être risqués pour aboutir à l'objectif de la manière voulue. Si les ressources en personnel, en matériel, en finances et en réputation sont employées pour réaliser un objectif d'une façon particulière, ils doivent aussi être engagés à risque si la relation entre le but, la façon et les moyens ne reste pas équilibrée. Si l'on pense que le but ne vaut pas de risquer les moyens alors, soit le but, soit la façon d'y parvenir, doivent être modifiés jusqu'à obtenir l'équilibre. Par exemple, si le déploiement de soldats dans une situation de violation des droits de l'homme ou même de conflit ouvert ne peut pas comporter l'emploi de la force de crainte de perdre du personnel, alors ou bien il ne faut pas de déploiement ou bien le mode opératoire doit être modifié. Pour prendre un exemple dans l'histoire, nous pouvons examiner comment l'équilibre entre la finalité, la façon et les moyens fut harmonieux dans la guerre des Malouines. Les Argentins envahirent l'archipel en pensant que les Britanniques manqueraient de capacités pour le reprendre, faute de moyens suffisants et en particulier, de détermination à combattre pour lui. Cependant, ils sous-estimèrent à la fois la détermination politique et peut-être le moral des armées ; les moyens disponibles furent mis sur pied pour libérer les Malouines. Ils y réussirent, bien que en nombre bien moins élevé sur terre et dans les airs, car le commandant en chef trouva la façon de vaincre à la fois l'épreuve de force et l'affrontement de volontés.

La décision d'allouer les ressources est, au niveau politique, la plus sensible mais aussi la plus essentielle. Comme nous l'avons noté, particulièrement depuis Napoléon, la totalité du pouvoir de l'État a été maîtrisée afin de gagner les guerres, lorsque le but est la survie de l'État. Mais il sera alloué moins de ressources pour des objectifs politiques moins importants comme il est apparu dans les deux conflits malais.

Dans les temps présents, bien à l'écart de la guerre totale, nous pouvons voir que la question continue à être évoquée dans tous les parlements du monde, selon une formulation ou une autre. Dans tous les États il y a une politique de défense et une politique de sécurité : la première s'occupe des impératifs absolus de la survie de l'État et la seconde s'intéresse à de moindres impératifs, mais toutes deux dans le contexte international. En d'autres termes, tandis que la défense et la sécurité de la nation constituent les enjeux de la politique, c'est la survie de l'État dans le système international existant dont s'occupe la politique. Outre le ministère de la Défense, bien d'autres ministères sont concernés par la politique de défense, même si leurs capacités restent souvent en sommeil, mais ils sont attendus pour jouer leur partie dans l'éventualité d'une guerre industrielle ; toutefois, les mêmes ministères, en particulier le ministère des Affaires étrangères, sont ceux qui gèrent l'aspect sécuritaire de la politique. L'équilibre des affectations de ressources entre les deux préoccupations et, notamment, à l'occasion d'une intervention militaire, est habituellement décidé, au moins dans les démocraties, en évaluant la volonté politique de la population de poursuivre l'objectif et d'en supporter le coût, à la fois en vies de fils et filles des électeurs et de prélèvements fiscaux, avec l'impact associé sur l'économie, l'éducation, les soins de santé et tous les éléments de la vie nationale.

Dans la recherche des moyens, y compris dans le domaine moral comme la légitimité et la force morale, les nations entrent souvent dans des alliances où elles voient leurs objectifs mis largement en commun. Ce faisant, non seulement elles augmentent les forces disponibles mais elles diluent les risques. On devrait connaître les différences marquées, souvent ignorées entre une alliance et une coalition : la première est de nature plus permanente et suppose l'égalité entre les membres ; les coalitions sont ordinairement des affaires de circonstances, menées par un ou deux membres plus puissants. Cependant, maintenir une coalition ou une alliance requiert un travail diplomatique lourd et inévitablement des compromis entre les positions de leurs membres ainsi que des dépenses en matériel et en capital diplomatique, singulièrement de la part des principaux États. Moins sont fortes la perspective et la menace, moins il y a d'objectifs communs et plus le travail de conciliation est difficile. L'OTAN[1], par exemple, est une alliance toujours vivante qui est maintenue par une interaction diplomatique permanente au sein de son état-major où tous les membres, par leurs ambassadeurs, se rencontrent régulièrement pour discuter et négocier les affaires de

---

1. Ou plutôt l'alliance atlantique (note du traducteur).

l'alliance. Les forces internationales qui menèrent les guerres d'Irak de 1991 et de 2003 furent des coalitions ; tandis que la première fut cimentée par les efforts diplomatiques massifs sous la férule des États-Unis et en particulier du secrétaire d'État James Baker, la seconde paraît assemblée plus grossièrement avec en toile de fond une dispute diplomatique aigue. La première a grandement accru le capital politique des participants, la seconde l'a diminué pour la plupart.

Ayant décidé, au niveau politique, l'équilibre entre le but, la façon et les moyens, nous choisissons, au niveau stratégique militaire, les objectifs qui doivent être atteints par les forces armées, et nous décidons aussi les objectifs connexes, par exemple diplomatiques ou d'aide économique. Ce choix comme la plupart des aspects de la stratégie est un art, ainsi que le général Alanbrooke, chef de l'état-major impérial britannique pendant la plus grande partie de la seconde guerre mondiale, l'a expliqué :

> « L'art de la stratégie est de déterminer le but qui doit être politique : on dérive de celui-ci une série d'objectifs militaires à atteindre ; on évalue ces objectifs avec les besoins militaires qu'ils supposent et les conditions préalables que la réalisation de chacun est susceptible de nécessiter ; on mesure les ressources disponibles et potentielles en rapport avec les besoins et on établit à partir de ce processus une configuration cohérente des priorités et un plan rationnel d'actions à entreprendre. »

Revenant sur les campagnes de Corée et de Malaisie, il devrait paraître clair que la relation avec les autres objectifs dans les deux cas détermina la stratégie finale et le résultat. En Corée, il y eut longtemps une cohérence absolue entre les objectifs politiques et militaires et ceux-ci restaient impliqués dans ceux-là. Mais lorsque le contexte politique changea et que le but militaire et la façon de l'atteindre sortit de ce contexte, la finalité ou le résultat de la politique se modifia et avec lui les objectifs militaires. En Malaisie, les opérations militaires étaient équilibrées par les objectifs politiques, économiques et diplomatiques ; la structure militaire agissait comme un stimulant plutôt qu'en dirigeant l'activité. Il est essentiel que les objectifs militaires soient choisis pour leur adéquation à la finalité politique et non parce qu'ils sont à portée, militairement parlant. On doit éviter le piège de confondre l'activité et le résultat comme c'est si souvent le cas avec l'école de pensée du « quelque chose doit être fait ». Faire quelque chose parce que c'est possible ou par réaction, n'importe quelle réaction, est apparemment suscité par une situation désagréable mais n'aboutit que rarement à un résultat souhaitable tandis qu'elle présente très probablement un coût substantiel en vies humaines et en matériel.

Ayant choisi ses objectifs militaires, le stratège doit alors allouer les moyens militaires issus de toutes les forces dont il dispose et en gros, agréer la façon dont ces objectifs doivent être atteints. L'enjeu est plutôt d'agréer que de commander puisque dans les conditions modernes, le stratège n'est pas le chef qui réalisera l'objectif. Ce n'est plus comme Napoléon ou Moltke qui concevaient le plan et ensuite l'exécutaient : c'est un commandant stratégique moderne qui siège à la tête d'un état-major général dans un quartier général, communiquant avec ses commandants de théâtre ; de plus, dans de nombreux cas, il y a aussi des commandants multinationaux. Finalement comme toujours, les buts, façons et moyens doivent trouver un équilibre au niveau stratégique militaire avec les priorités indiquées, différenciant les objectifs militaires distincts. Car ces choix constituent le contexte pour les décisions du commandant de théâtre.

Pendant tout le conflit ou toute la confrontation, la relation entre les niveaux politique et stratégique doit toujours rester très étroite au point de soutenir une discussion continue qui ne s'arrêtera que lorsque le but sera atteint. Les considérations stratégiques fournissent le contexte de la stratégie et il doit toujours en être ainsi, pendant tout le conflit. Les considérations militaires et l'action doivent toujours être placées dans le cadre du projet politique et y contribuer ; elles doivent rester en harmonie avec les considérations politiques puisque ce sont celles-ci qui maintiendront la population au sein de la trinité et permettront de persévérer dans le conflit. L'État et la population doivent toujours rester visibles même dans la plus petite opération militaire. En particulier, dans le cas des démocraties, sans cette coordination, il ne peut y avoir de volonté politique de persister. En outre, plus la population d'un pays se sent directement menacée, plus elle acceptera de coopérer en subordonnant ses intérêts à sa survie et de sacrifier des vies et plus l'État pourra demander, la défense de la population étant son premier devoir politique et avec elle, la revendication de sa souveraineté. Ce fut nettement le cas dans la plupart des États au cours de la seconde guerre mondiale et encore plus apparent, récemment, dans le « Patriot Act » américain, voté dans le sillage des attaques terroristes du 11 septembre mais soupçonné de contredire dans une certaine mesure les droits de la personne et qui néanmoins fut voté par les deux chambres et largement accepté par l'opinion publique dans la crainte de nouvelles attaques terroristes.

Étant donné la corrélation entre la crainte d'une menace et l'acceptation de l'immixtion de l'État, il s'en suit que la façon la plus expéditive pour qu'un gouvernement ou un chef politique puisse obtenir du pouvoir sur le peuple est pour ce dernier d'être menacé ou pour le gouvernant de créer une menace. Nous l'avons vu, les Soviétiques pendant la guerre froide en furent un exemple utilisant la stratégie de dissuasion pour garder l'empire soviétique sur pied de guerre. Alors l'intervention en Afghanistan s'avéra une faute car elle ne pouvait pas être présentée comme issue d'une menace : il n'y avait pas besoin de se lancer dans la guerre et la population retira son soutien. De l'autre côté, pendant ce temps, les pays de l'Ouest avaient consenti les moyens pour réaliser le but de protéger leurs frontières par une stratégie défensive adossée à des armes nucléaires. Toutefois, parallèlement, ils furent capables de consacrer d'autres ressources à la prospérité économique. Ce faisant, ils conservèrent le soutien populaire pour l'effort militaire ce qui permettait de nourrir d'autres projets nationaux en Occident.

Cet exemple montre un autre point important, à savoir que les objectifs politiques et les objectifs stratégiques militaires ne sont pas les mêmes et ne sont jamais les mêmes. Les objectifs stratégiques militaires sont d'obtenir un avantage par la force alors que l'objectif politique est de récupérer le résultat d'un succès militaire. Par exemple, le but politique du président Sadate en se lançant en 1973 dans la guerre contre Israël était de forcer celui-ci à négocier le retour de la péninsule du Sinaï à l'Égypte. Le but militaire de ses armées, toutefois, était de franchir le canal de Suez et de conquérir un territoire minimum pour faire pression sur les Israéliens. La structure militaire s'inscrivit clairement à l'intérieur du projet politique, mais resta distinct. Henry Kissinger a vu juste sur ce sujet :

> « Ce que personne n'a compris jusqu'ici, c'était la disposition d'esprit de l'homme : Sadate ne recherchait pas un gain territorial mais voulait une crise qui modifierait les attitudes dans lesquelles les parties s'étaient raidies, et par là ouvrir la voie aux négociateurs... Rares sont les hommes d'État qui, au début d'une guerre, possèdent une aussi claire vision de leurs objectifs politiques... L'intelligence de la stratégie de Sadate consistait à planifier pour quelque chose que personne n'imaginait ; ce fut la principale raison pour laquelle les Arabes réussirent la surprise... Sadate, en fait, paralysa ses adversaires avec leurs propres idées préconçues[1]. »

Non seulement les militaires agirent alors dans le cadre du projet politique mais nous apercevons ici un exemple d'un homme d'État qui cherche à résoudre une confrontation en commençant un conflit pour changer les esprits.

C'est la manière dont les succès militaires sont obtenus qui directement rend ou non possible de les transformer en avantage politique. Si

---

1. Henry Kissinger, *Les années de grand changement.*

le succès militaire est obtenu en bombardant des cibles civiles et en entraînant de nombreux morts civils ce qui provoque de fortes réactions publiques nationales et internationales, il y a de fortes chances qu'il ne puisse être aisément converti en atout politique. Comme nous le verrons, dans une certaine mesure, l'expérience américaine au Vietnam reflète cette réalité : en termes techniques, les États-Unis étaient en train de vaincre mais la manière dont ce résultat était obtenu avait un énorme coût politique, à la fois national et international, au point que le bénéfice de ces victoires fut annulé par leur coût.

À la fin, en énumérant ces caractéristiques des niveaux politiques et stratégiques, je ne suggère pas de lancer quelque « grand plan » travaillé dans le détail, avec un examen minutieux de chaque aspect. Cette relation devrait plutôt engendrer une expression simple du but en termes généraux, le résultat recherché, un état des allocations de moyens nécessaires pour aboutir à ce résultat et une description de l'idée générale sous-jacente à la manière dont l'entreprise doit être menée. Si le résultat doit être obtenu par une série d'étapes sur des chemins différents, militaires ou autres, le plan doit aussi inclure les priorités et l'ordre des séquences. Toutefois, lancer en même temps un large éventail de missions entraînera une certaine incohérence, même si tous les objectifs ont été atteints, parce qu'il est difficile d'obtenir des atouts politiques si les objectifs secondaires sont atteints avant le principal ou à ses dépens, par exemple. En outre, il faut comprendre que ces décisions politiques et stratégiques seront et doivent être reprises lorsque les évènements se déroulent dans les conditions de confrontation avec l'adversaire. Le danger est toujours d'opérer un changement local sans tenir compte de l'opération dans sa totalité. C'est seulement en gardant constamment à l'esprit le but global que les ajustements appropriés peuvent être opérés.

Jusqu'ici, j'ai réfléchi sur la relation entre les niveaux politique et militaire en considérant les États qui présentaient un clivage entre l'institution politique et la structure militaire. Mais cette analyse s'applique à toutes les confrontations, à tous les conflits, qu'ils soient ou non entre États à l'exception des contextes purement criminels n'impliquant qu'un ou peu d'individus. La ligne séparant la politique et la stratégie peut être brouillée ; à la vérité, la pensée peut n'être que mensonge dans la tête d'un homme ou d'une femme. Mais comprendre les idées et les intentions se fait mieux en séparant la politique et la stratégie l'une de l'autre, et en acceptant que le stratégique demeure à l'intérieur du politique. Sur cette base, il est toujours possible de concevoir un plan et de le mettre en œuvre effectivement... afin de conférer une utilité politique à tout usage de la force armée.

Appendice
L'ÉQUILIBRE MILITAIRE – 1961-1991

Quelques estimations comparatives des puissances stratégiques, début 1962

Types d'armement	Alliances occidentales	Bloc communiste[1]
ICBMs, missiles intercontinentaux	63	50
MRBMs, missiles à moyen rayon d'action	186	200
Bombardiers à long rayon d'action	600	190
Bombardiers à moyen rayon d'action	2 200	1.100
Porte-avions	58	néant
Sous-marins nucléaires	22	2
Sous-marins conventionnels	266	480
Croiseurs	67	25
Personnels mobilisés	8 195 253	7 994 300
	OTAN	*Pacte de Varsovie*
Totalité des forces	6 061 013	4 790 300

(1) Y compris le Pacte de Varsovie, la Chine, la Corée du Nord et le Nord-Vietnam.

Ce qui suit est une compilation à partir du texte central de *Military balance, 1961-1962*, et ressemble plus à un compte rendu qu'à un instrument statistique ; bien qu'il ne s'agisse pas réellement d'un outil de comparaison, comme des tables de capacités, il propose des estimation du type suivant :

• **URSS**

Forces terrestres

2 500 000 hommes.
160 divisions d'active en ligne. Une division d'infanterie à effectifs de guerre comprend 12 000 hommes, une division blindée 10 500 plus l'artillerie de soutien et des unités anti-aériennes. La plupart des divisions d'active étaient mécanisées et blindées. Potentiel après mobilisation : 7 000 000.

Forces aériennes

100 000 hommes divisés en 9 divisions.

Chars

20 000 en première ligne et 15 000 en seconde ligne.

Forces maritimes

500 000 hommes.
Marine : 1 600 000 tonnes.
Sous-marins : 430 unités.
Croiseurs : 25.
Escorteurs : 130.
Autres bâtiments : 2 500 000.

• **Nations du Pacte de Varsovie**

Estimées capables de rassembler 68 divisions normales.
Total : 990 300 hommes sous les armes.
Formations paramilitaires : 360 000 hommes.
Aviations satellites : 2 900 avions (80 % de chasseurs).

Corée du Nord

Total : 338 000 hommes.

Vietnam du Nord

Total : 266 000 hommes.

Armements nucléaires à longue et moyenne portée
pour le théâtre européen – 1979-1980

Nature	OTAN	Pacte de Varsovie
Systèmes balistiques	326	1 213
Avions	1 679	4 151
Systèmes centraux américains (Poséidon)	40	
Total	2 045	5 364
Têtes nucléaires supposées disponibles	1 065	2 244

Chars et avions tactiques en service opérationnel en Europe – 1979-80

Matériel	OTAN	Pacte de Varsovie
Chars de bataille	11 000	27 200
Avions tactiques	3 300	5 795

Forces terrestres disponibles sans mobilisation
et renforçant les formations sous les armes
sur le théâtre européen – 1979-1980

Disponibilité	OTAN	Pacte de Varsovie
Troupes terrestre disponible (équivalence en divisions)	64[1]	68
Formations disponibles pour un renforcement	52 2/3	115 1/3

(1) Ces chiffres ne comprennent pas les forces terrestres de la Grande-Bretagne, du Portugal et de la France.

Forces armées de l'OTAN et du Pacte de Varsovie
En milliers d'hommes – 1979-1980)

Par armée	OTAN	Pacte de Varsovie
Armée de Terre	2 016,2	2 617
Marine	1 056,5	492
Armée de l'Air	1 103,9	729
Total	4 176,6	3 838
Estimation des réservistes	4 278,1	7 145

Forces terrestres de l'Atlantique à l'Oural – 1990-1991

Effectifs et types de divisions	OTAN	Pacte de Varsovie
Effectifs globaux	2 896 200[1]	2.905.700
Divisions d'active	93	103 1/3
Divisions de réserve	36 1/3	100
Nombre total de divisions	129 1/3	203 1/3

(1) Effectifs de tout service sauf pour les forces navales mais y compris les « marines ».

Chars et avions de combat : de l'Atlantique à l'Oural – 1990-1991

Matériel	OTAN	Pacte de Varsovie
Chars de combat	23 022	51 714
Avions de combat	4 884	6 206

Forces nucléaires stratégiques américaines et soviétiques – 1990-1991

Vecteurs et armes nucléaires	États-Unis	URSS
Total des missiles balistiques	1 624	2 322
Total des bombardiers	306	185
Total des têtes nucléaires	9 680	10 996

Forces maritimes – 1990-1991

Catégorie	OTAN	Pacte de Varsovie
Sous-marins	227	254
Porte-avions	20	5
Cuirassés et croiseurs	51	5
Frégates et escorteurs	392	43
Bâtiments amphibies	102	202
Avions d'aéronavale	1 207	569

CHAPITRE 6

CAPACITÉS :
LA RECHERCHE D'UNE NOUVELLE VOIE

L E retrait des empires, principalement pour la France et la Grande-Bretagne, prépara le terrain sur lequel éclatèrent de multiples conflits annexes pendant la guerre froide. Ils survinrent concurremment à la guerre froide et furent menés par les mêmes forces : le Royaume Uni, les États-Unis ou la France, lorsqu'ils furent impliqués dans les guerres de Malaisie, du Vietnam ou de l'Algérie, retiraient certaines de leurs forces positionnées, des armées de type industriel réunies et structurées pour la guerre froide et les adaptaient à la nature différente de ces opérations. Il y avait dans de nombreux cas des connections politiques sous-jacentes entre les conflits et la confrontation, chaque bloc cherchant à étendre son influence sur des sphères de plus en plus larges, mais sans réellement entrer en conflit avec l'autre. Ces conflits latéraux servirent, dans certains cas, de truchements : l'aversion et la méfiance du pouvoir impérial étaient confondues soit avec la rhétorique en faveur de la démocratie des mouvements politiques populaires, soit avec celle anti-impérialiste utilisée par les mouvements communistes souterrains. À son tour, chacun de ces conflits était alors adopté par l'un des blocs qui, ainsi, assurait au conflit local une bien plus grande signification. Dans le chapitre précédent, nous avons suivi cette dynamique dans la guerre de Corée et en particulier dans les opérations en Malaisie qui survint au milieu du retrait britannique et dans la période immédiatement postérieure. Le départ français d'Indochine avait de son côté semé les graines de la guerre du Vietnam qui entraîna les États-Unis dans le pire conflit qu'ils connurent depuis la seconde guerre mondiale, tandis que le retrait d'Algérie de la France impliqua son gouvernement et son armée dans une confrontation qui déboucha sur une crise de régime. Ce furent les premiers conflits nettement analysés comme ceux d'une guerre au sein de la population. Même si l'armée française avait compris que la guerre d'Algérie était une nouvelle forme de conflit, les guerres d'Indochine et du Vietnam furent conduites selon les concepts des guerres industrielles.

Comme auparavant, il y avait dans ces conflits différentes sortes d'ennemis : irréguliers, légèrement armés, nantis d'idéologie. Des ennemis qui utilisaient des tactiques qui revenaient à l'antithèse de la guerre industrielle mais les poussaient beaucoup plus loin. Pour mieux comprendre ces tactiques et les réponses françaises et américaines, il faut explorer les fondements du terme « densité » puisqu'il nous permet de comprendre la dynamique d'un champ de bataille sur une grande échelle, ce qui est important, étant donné l'ampleur des théâtres d'Indochine et d'Algérie. La densité est la manifestation moderne et la continuation de la question tactique des effectifs massifs face à la puissance de feu massive, commentée dans la première partie au sujet de Napoléon et Wellington. Imaginons par exemple un champ de bataille où les hommes ne sont engagés qu'armés de clubs ; dix d'un côté s'attaquent à cinq de l'autre. En supposant toutes choses égales par ailleurs, les dix hommes battront probablement les cinq car ils représentent la plus grande densité de force. Maintenant supposons que le parti faible se soit abrité derrière un obstacle, par exemple un passage étroit ou un siphon, tels que les plus nombreux ne puissent pas se battre en même temps, peut-être parce que chacun doit aider son camarade à traverser ou à sortir du passage. Dans ce cas, le camp des cinq est susceptible de vaincre, pourvu que ceux-ci aillent assez vite pour terminer chaque combat rapidement, qu'ils montrent l'endurance de combattre deux fois ou plus contre les adversaires et que l'obstacle soit suffisamment important pour ralentir l'approche de ces derniers afin que les défenseurs puissent s'en occuper avec succès. Dans cette situation, le camp le plus faible en se ménageant un obstacle, modifie à son avantage et peut-être égalise la densité respective des deux camps. Toutefois considérant l'obstacle, le chef des attaquants pourrait décider de charger deux ou trois de ses hommes de rester à côté de l'obstacle et d'envoyer des pierres aux défenseurs pour les blesser, les distraire et les retarder avant que ses hommes ne se rassemblent à l'arrivée après avoir franchi l'obstacle. Pourvu que le bon équilibre entre les lanceurs de pierres et les porteurs de club soit trouvé, que les premiers puissent voir et toucher les défenseurs, qu'ils soient suffisamment doués pour maintenir un flux de pierres adapté et qu'il y ait suffisamment de pierres de la bonne taille, autre exemple de l'importance de la logistique, les attaquants seraient susceptibles d'aboutir à une densité suffisante de forces au-delà de l'obstacle et de battre le camp le plus faible.

Ainsi, la densité n'est pas simplement la mesure de la dimension des forces déployées mais de la force utilisée contre les cibles à portée. Prenez tous les jeux populaires de ballon en équipe, tel le football, le rugby ou le football américain, chacun peut être appréhendé en termes de densité et chaque camp essaie d'obtenir une situation dans laquelle un de ses joueurs peut percer la défense adverse et marquer. La difficulté d'obtenir ce résultat pendant une heure sur un terrain nettement délimité est ce qui fait le jeu. Un champ de bataille, en particulier s'il est moderne, est infiniment plus complexe. Sur ceux de l'ère pré-industrielle, qui étaient aussi nettement délimités, les carrés d'infanterie britanniques défaisaient les attaques de cavalerie parce que le carré, bien que moins nombreux, obtenait une plus grande densité de forces que la cavalerie. Un cavalier n'était efficace que sur la portée de sa lance ou de son épée et le fantassin, avec son mousquet, ne l'était que sur 50 mètres. Mais le cavalier pouvait couvrir cette distance pendant le temps que prenait le fantassin pour recharger son arme de sorte que deux cavaliers pouvaient abattre un fantassin. Mais en enfermant les fantassins dans des carrés de trois ou quatre rangs, l'infanterie pouvait obtenir une cadence de tir de trois ou quatre coups par cinquante mètres parcourus, chaque rang tirant à son tour comme indiqué dans le premier chapitre. En outre, ils divisaient ainsi la dimension de la cible par trois ou quatre ce qui signifiait que beaucoup moins de cavaliers pouvaient les engager avec la lance ou l'épée si les fantassins s'arrangeaient pour bien fermer le carré. D'un autre côté, le carré, groupe peu mobile d'hommes assemblés serrés, était vulnérable à l'artillerie, ce pourquoi Wellington essayait toujours de disposer son infanterie sur le côté de la colline caché à l'artillerie.

Gardant à l'esprit l'aphorisme que la bataille est le fruit des circonstances, on comprend que la densité est le rapport de forces employé par chaque camp dans un ensemble de circonstances particulières. Cependant, chaque camp est susceptible de modifier les circonstances, ce qui modifiera la densité puisqu'elle ne peut être mesurée qu'en rapport avec l'adversaire et les circonstances. Un excellent exemple est la guerre de Corée lorsque les Chinois attaquèrent sur le Yalu et ramenèrent les forces des Nations Unies derrière le 38ᵉ parallèle. Les Chinois concentrèrent une densité plus grande que les forces de l'ONU : ils étaient plus nombreux et avançaient sur un large front et ils s'étaient préparés à accepter des pertes considérables. Les forces des Nations Unies étaient trop étirées après leur rapide avance vers le nord et ne pouvaient présenter une défense convenable que sur les axes principaux. Ces positions défensives furent rapidement tournées par les Chinois se déplaçant à pied sur les axes secondaires ; en outre, l'aviation des Nations Unies était incapable de localiser les colonnes de Chinois s'infiltrant et, dans tous les cas, elle ne disposait pas d'une arme adaptée pour les attaquer et les arrêter. Ce fut seulement lorsque les forces coalisées eurent sacrifié tous leurs gains de terrain et que la péninsule se fut suffisamment rétrécie pour que les densités se rapprochent de la parité, que l'avantage chinois s'atténua. Pour Mac Arthur, avec les forces sous son commandement et les avantages techniques qu'il pouvait réclamer en renfort, la seule façon d'obtenir une plus grande densité sans concéder de terrain était d'attaquer les Chinois en profondeur. Mais les conséquences d'une telle manœuvre étaient politiquement inacceptables. Alors, les forces internationales, avec leur aviation et la bombe atomique, eussent manqué d'utilité politique et le résultat souhaité fut ajusté en conséquence.

Par ce commentaire sur la densité, j'ai effleuré un autre point qui lui est étroitement lié : l'innovation technologique et tactique. Les exemples que j'ai cités explicitent comment chaque camp a cherché une autre arme ou une autre tactique pour modifier la densité à son avantage, fut-ce en recourant à des obstacles, ou au carré ou en encaissant les jets de pierres, ou encore le feu destructeur de l'artillerie ou en s'abritant derrière la contrepente. Le théoricien britannique John Fuller a disserté sur le « facteur tactique permanent » en décrivant les interactions de ces deux notions. Chaque innovation technologique est contrée en son temps par une tactique adaptée qui, à son tour, suscite une forte demande d'autres innovations technologiques. La situation est bien plus complexe sur le champ de bataille présent qui est bien plus étendu, au sein de la population et couvert d'innovations technologiques. L'innovation de prendre un avion en vol et de l'utiliser comme un missile de croisière le 11 septembre 2001 ou d'utiliser des obus d'artillerie déclenchés par l'appel d'un téléphone portable comme mines sur les routes de l'Irak et les réactions techniques et tactiques à ces innovations correspondent précisément à ce que Fuller entend comme son facteur tactique permanent. À la vérité, ces exemples montrent que ce facteur est doublement pertinent aujourd'hui, que tous les chefs devraient faire attention à une autre et nouvelle solution technologique offerte : la prendre, l'utiliser, mais ne pas avoir l'ingénuité de penser que la technologie ne correspond pas à une égale aptitude à trouver la réponse tactique et *vice versa*.

Le problème de la densité (et de l'utilité militaire en opposition avec la pertinence politique) fut fondamental pour l'expérience française puis américaine en Indochine. Comme le Royaume Uni, la France vint à réaliser à travers la réalité d'un changement du contexte international postérieur à la guerre, d'une instabilité locale et d'une diminution des ressources, qu'il n'y avait pas d'autre option que le retrait de son empire. La mise en œuvre fut lente et douloureuse. En termes militaires, les Français ont tendance à voir leur guerre d'Indochine séparée en trois phases distinctes. En premier vint la tentative en 1945-1946 de reprendre le plein contrôle. Les trois années suivantes, l'armée française sous-estimant le développement de l'insurrection, s'engagea localement dans une guerre coloniale. Après, depuis la fin de 1949 et ensuite, la guerre se transforma en un conflit à grande échelle qui intégra une nouvelle dimension internationale : le Vietnam devint un enjeu de la guerre froide pour les deux blocs.

Le Japon envahit l'Indochine en 1940, mais celle-ci resta sous l'autorité nominale de la France occupée de Vichy pendant la plus grande partie de la seconde guerre mondiale tandis que le Japon la contrôlait en réalité. En 1941, Hô Chi Minh, un révolutionnaire communiste bien formé, retourna au Vietnam et créa le *Viet Nam Doc Lap Dong Minh Hoi* ou Viêt-minh, une organisation de recueil de tous les mouvements de résistance nationalistes. Celle-ci fut active pendant la guerre contre le Japon, mais se prépara également contre le retour ultérieur de l'occupation française. En mars 1945, les Japonais prirent le contrôle entier de l'Indochine bien qu'il fut plus effectif dans le sud où étaient concentrées de nombreuses troupes. À la conférence de Postdam, en juillet 1945, les alliés acceptèrent que la Chine reçoive la reddition des Japonais au nord du 16e parallèle et les Britanniques au sud. Le 13 août, le Viêt-minh appela les Vietnamiens à la révolution et déclara formellement l'indépendance de la République Démocratique du Vietnam. Le 17 août, les forces Japonaises se rendirent aux Chinois nationalistes et aux forces britanniques dans le sud. Les Britanniques aidèrent les Français libres à combattre le Viêt-minh. En septembre 1945, sous la direction d'Hô Chi Minh, les guérillas occupèrent Hanoï, la capitale du nord et installèrent un gouvernement provisoire. En France, Charles de Gaulle, dès juin, avait désigné le général Leclerc de Hauteclocque pour commander un corps expéditionnaire et rétablir la souveraineté française en Indochine. Cependant, il fallut des mois pour qu'un tel corps fut constitué et expédié. En conséquence, la confrontation avec le Viêt-minh, jusqu'en décembre 1946 fut plus de nature politique que militaire ; ces deux années furent caractérisées par une série de négociations entre la France et le Viêt-minh où les deux parties manquaient d'un nombre suffisant de troupes pour l'emporter sur l'autre. À son arrivée à Saigon en octobre 1945 avec une poignée de troupes françaises soutenues par un fort contingent britannique, Leclerc rétablit rapidement le contrôle français sur la Cochinchine, la région au sud du 16ᵉ parallèle. En février 1946, il avait restauré la vie économique et les forces françaises avaient aussi pénétré dans les pays voisins du Laos et du Cambodge.

L'étape suivante fut une adroite combinaison de compétence politique et militaire. Afin de rétablir la souveraineté française sur l'Indochine, Leclerc devait regagner la maîtrise du Tonkin et du Nord Annam ; ces régions étaient contrôlées par le Viêt-minh et les troupes françaises étaient trop peu nombreuses pour l'en déloger. La solution du problème résidait dans l'intérêt commun des deux parties, à savoir chasser les forces chinoises d'occupation qui se comportaient plus en conquérants qu'en libérateurs. Le plan de Leclerc reposait donc sur une combinaison de pressions sur les Chinois pour qu'ils retirent leurs 150 000 hommes, de négociations avec Hô Chi Minh et de la mise sur pied d'un corps de 65 000 hommes pour occuper le Nord Vietnam. Les négociations avec le Viêt-minh conduisirent à un accord préliminaire par lequel la France reconnaissait l'indépendance de la Fédération indochinoise du Vietnam dans le cadre de l'Union Française. En contrepartie, Hô Chi Minh acceptait que les forces françaises remplacent les troupes nationalistes chinoises, ces dernières ayant à ce moment grand besoin de se renforcer en Chine même, contre les communistes. En mars 1945, Leclerc entra avec les troupes françaises dans Hanoï et de là dans tout le Tonkin.

Cependant la situation se détériora rapidement. À Paris, les négociations échouèrent. Hô Chi Minh passa quatre mois à attendre la pleine reconnaissance de l'indépendance et de l'unité du Vietnam mais ne parvint pas à obtenir des garanties. Pendant ce temps, à Saigon, le haut commissaire essayait de créer un État client en Cochinchine. Comme le Viêt-minh hâtait ses préparatifs pour déclencher un conflit menaçant, Leclerc démissionna. À Paris ses avertissements selon lesquels la France allait vers une guerre de guérilla qu'elle ne pourrait ni ignorer ni s'offrir n'étaient pas pris en compte. Ce fut un excellent exemple d'incohérence entre le contexte politique et la stratégie militaire : la solution que proposait Leclerc à la confrontation avec le Viêt-minh au niveau du théâtre, fondée sur l'acceptation des raisons et de l'aptitude de celui-ci à réaliser l'indépendance, n'était pas adaptée à la politique et à la stratégie globale de la France qui, à ce moment se voyait encore diriger sa colonie et croyait qu'elle pourrait négocier une solution sans indépendance complète. C'était incohérent. En opposition, le Viêt-minh employa la période de ces négociations à continuer à consolider ses positions politiques parmi la population et ainsi à renforcer la trinité clausewitzienne avant l'entrée en conflit. Ses menées étaient cohérentes.

En novembre 1946, après une série de violents affrontements avec le Viêt-minh qui, ayant échoué à atteindre ses objectifs à la table de négociations, avait commencé à mener sa politique de terreur, les forces françaises bombardèrent Haiphong tandis que 1 000 légionnaires français entraient dans les provinces du nord. Ceci obligea Hô Chi Minh et ses troupes à se retirer dans la jungle, leur sanctuaire. Ils ripostèrent bientôt en lançant leur première offensive sur une grande échelle contre les Français à Hanoi. La guerre coloniale avait commencé. Les Français commencèrent aussitôt une série d'attaques contre les positions de la guérilla viêt-minh. Bien que le Viêt-minh ait souffert d'un fort taux de pertes, la plupart de ses troupes se faufilèrent à travers les trous du dispositif français. Ce fut le début d'un schéma récurrent dans lequel le commandement français lançait des attaques de plus en plus fréquentes qui furent souvent victorieuses localement mais n'arriva jamais à éradiquer la présence viêt-minh.

Celui-ci se concentra sur le développement de son sanctuaire et sur l'organisation de son effort de guerre : il intensifia les actions de guérilla pour occuper les Français et étendre son aire d'influence et mit en place une économie de guerre s'appuyant sur les paysans pour être ravitaillé en armes, médicaments et recrues pour ses armées en pleine croissance. À ce stade, aucun camp ne cherchait à annihiler l'autre. Ils cherchaient plutôt un avantage militaire pour obtenir un meilleur contrôle de la population et alors, pour manifester les avantages de leur idée respective d'une paix. En 1947, les Français se préparaient à reconnaître l'indépendance mais pas celle du Viêt-minh. Ils tentèrent de casser la crédibilité d'un gouvernement viêt-minh en proposant l'alternative d'un gouvernement présidé par l'empereur Bao Dai ; mais depuis qu'il avait aussi été utilisé par les Japonais dans un régime qui leur était inféodé, son administration paraissait évidemment aux ordres et il ne bénéficia jamais d'un degré d'indépendance suffisant ; il ne rassembla donc que peu de partisans. Le Viêt-minh avait un projet politique parfaitement clair d'indépendance totale et une stratégie militaire pour aboutir à celle-ci mais il savait qu'il avait besoin d'en persuader la population et se prépara à prendre le temps nécessaire pour obtenir son soutien actif. Car, comme toujours, le Viêt-minh avait besoin du peuple pour les trois éléments de la trinité, pour fournir des recrues, pour soutenir les forces armées et pour adhérer à son projet idéologique d'un avenir avec un Vietnam indépendant. À cette fin et pour continuer le combat contre les Français, il mena des opérations de guérilla quoique avec des unités organisées de plus en plus importantes et s'arrangea pour gagner du temps et de l'espace afin de réaliser son objectif politique.

Entre août 1949 et octobre 1950, l'équilibre des forces commença à se déplacer alors que les forces françaises voyaient petit à petit leur avantage militaire et leur position politique s'éroder. En janvier 1950, la République Populaire de Chine et l'Union soviétique reconnurent ensemble la République Démocratique du Vietnam. La Chine commença alors à envoyer des conseillers militaires et des armes modernes au Viêt-minh, en particulier, des armes automatiques, des mortiers, des obusiers et des camions. Avec cet apport d'équipements nouveaux, le général Vô Nguyên Giap, commandant les forces viêt-minh, transforma ses équipes de guérilleros en unités d'armée régulière. À la fin de 1950, il avait cinq divisions légères d'infanterie sur le terrain qui combattirent avec une grande habileté en défaisant deux colonnes françaises pendant la campagne de la frontière (Cao Bang), ce qui donna au Viêt-minh le contrôle de 750 km de frontières avec la Chine. Ils avaient complètement pris le contrôle de leur sanctuaire et menaient désormais sur le terrain des opérations avec des unités constituées : ils étaient entrés dans la troisième phase de la guerre révolutionnaire, exposée plus haut.

Avec l'implication de la Chine, le conflit devint lentement mais sûrement une partie de la confrontation de la guerre froide, l'URSS soutenant le Nord et les États-Unis le Sud. En octobre 1952, côté français, 75 % du coût de la guerre étaient supportés par l'aide américaine. Pour justifier le nouvel engagement financier des Américains dans cette affaire, le président Eisenhower utilisa beaucoup la théorie des dominos qui supposait qu'une victoire communiste au Vietnam entraînerait inévitablement la chute de tous les pays environnants comme une rangée de dominos. Cette théorie fut ensuite ressortie par une suite de présidents américains et leurs conseillers pour défendre leur engagement croissant dans la guerre du Vietnam.

En 1953, alors que le Viêt-minh s'engageait dans une intensification des opérations de guérilla dans toutes les zones, l'état-major général français décida de chercher une victoire décisive. Son projet s'articulait autour de la construction d'une série de postes retranchés protégeant un petit terrain d'aviation dans une vallée isolée de la jungle, à Diên Biên Phu, au nord-ouest du Vietnam qui se trouvait à cheval sur d'importantes routes pour le Viêt-minh et proche de leur sanctuaire. Cette base aéro terrestre supposée imprenable était choisie pour forcer le général Giap à concentrer ses troupes et engager une bataille décisive. L'opération Castor fut lancée fin novembre 1953 mais les Français avaient fortement sous-estimé et les forces du Viêt-minh et ses capacités tactiques. Giap répondit au défi et commença immédiatement à masser ses troupes et son artillerie dans la zone, apercevant la possibilité d'un coup décisif contre les Français. Les forces viêt-minh furent disposées pour faire le siège de la base française. Une grosse partie de cette concentration qui fut obtenue par des marches forcées sur des pistes de jungle surtout de nuit ne fut pas détectée par les Français et quand elle le fut et indiqua ce qui se passait, l'information fut sous-estimée parce qu'elle n'était pas conforme à ce qui était attendu. Le Viêt-minh traîna aussi son artillerie et sa DCA et les munitions fournies par la Chine à travers la jungle. Les canons étaient enfouis dans des positions soigneusement préparées sur les collines entourant la base, chacune hissée de main d'homme la nuit sur un socle plus élevé.

Le 1er mars 1954, l'artillerie viêt-minh détruisit le mythe de la supériorité de la puissance de feu française en quelques heures. Giap commença son assaut en détruisant la seule piste d'aviation, imposant aux Français d'être ravitaillés par des parachutages risqués. Du 30 mars au 1er mai, près de 10 000 Français furent coincés dans la vallée de Diên Biên Phu, assiégés par 45 000 Viêt-minh. Les forces aériennes françaises n'étaient pas suffisantes pour soutenir la défense : elles n'étaient pas assez nombreuses, ne pouvaient pas localiser les cibles et ne disposaient pas des technologies permettant d'attaquer avec un plafond bas et une faible visibilité. Il n'y avait pas non plus de réserves pour monter une opération de secours à cette distance. Giap avait pris l'avantage d'une densité de forces supérieure. Face à cette situation inextricable, les Français firent appel à l'aide de Washington. Le comité des chefs d'état-major américains examina trois options militaires possibles : envoyer des troupes américaines de secours, une attaque massive par bombardiers B29 ou l'utilisation de la bombe atomique. Le président Eisenhower refusa le raid aérien et l'usage de la bombe atomique après que les Britanniques eurent exprimé leur opposition à de telles options. Les Américains estimèrent trop risqué l'envoi de troupes au sol en raison de la possibilité d'un taux de pertes trop élevé dans la jungle autour de Diên Biên Phu. En conséquence, rien ne fut décidé. L'avantage de Giap était insurmontable. Le 1er mai, 8 jours avant l'ouverture de la conférence de Genève sur la question indochinoise, Giap lança son attaque décisive sur les positions françaises, excellent exemple d'action militaire confortant directement une confrontation stratégique. La garnison française se rendit le 7 mai. À Genève, les grandes puissances trouvèrent un compromis et le Vietnam fut temporairement divisé par le 17ᵉ parallèle en deux États en attendant des élections générales qui devaient se tenir en 1956.

La politique française en Indochine fut un autre exemple d'une confrontation qui dégénéra en conflit militaire, mené le plus souvent au niveau tactique et grimpant occasionnellement au niveau du théâtre. Sur toute la durée néanmoins, elle resta une confrontation idéologique et politique qui s'inscrivit peu à peu dans la confrontation plus large de la guerre froide. Les Français furent battus sur les deux modes : ils perdirent la confrontation politique et la guerre. Giap, décrit par un général français comme un adjudant apprenant à commander une paire de bataillons, avait été perçu par les Français, avec leur entraînement à la guerre industrielle, comme transformant une infériorité en supériorité. Quelle était l'utilité des armes lourdes pour écraser l'ennemi si celui-ci s'esquivait ? Comment pouvez-vous le trouver s'il est invisible ? comment pouvez vous le comprendre s'il ne vit, ni ne s'organise, ni ne pense comme vous ? Comment pouvez-vous le pister et lui interdire un mouvement si son système logistique est à base de bicyclettes ? En 1963, Giap dit au journaliste français, Jules Roy : « si vous avez été battus c'est que vous vous êtes battus vous-mêmes. »

Après le départ des troupes françaises et après huit années caché dans la jungle, Hô Chi Minh revint à Hanoi et prit formellement le contrôle du Nord Vietnam. Dans le Sud, Bao Dai choisit comme Premier ministre l'anticommuniste Ngô Dinh Diêm. Les États-Unis mirent leurs espoirs en Diêm pour contenir le communisme ; lui, toutefois eut la clairvoyance de prédire qu'une autre guerre plus désastreuse pour l'avenir du Vietnam, se déclarerait bientôt.

Ngô Dinh Diêm était un catholique qui avait trouvé une base de partisans parmi la minorité que constituaient ses coreligionnaires dont bon nombre avaient appartenu à l'élite naissante sous la domination française. Son anti communisme affirmé attirait la sympathie des États-Unis et, en conséquence, en janvier 1955 la première cargaison d'aide militaire directe américaine arrivait à Saigon. Les États-Unis offrirent aussi de former l'armée sud-vietnamienne. De l'autre côté, en visite à Moscou, Hô Chi Minh accepta l'aide soviétique. Le patronage américain avec l'arrivée de 900 000 catholiques pour la plupart réfugiés du Nord Vietnam, renouvela la confiance de Diêm. En 1956, il refusa d'organiser les élections unificatrices convenues à Genève. À la place, il consolida son pouvoir, il organisa un referendum qui donnait à la population du Sud Vietnam le choix entre lui-même comme président et l'empereur Bao Dai comme empereur élu. Les partisans de Diêm dirigèrent les élections et il obtint une victoire facile.

Dès son premier jour au pouvoir Diêm fut confronté à une solide opposition composée d'une pléthore d'opposants : étudiants, intellectuels, bouddhistes et autres groupes d'insatisfaits rejoignirent bientôt l'opposition. Son régime était répressif et impopulaire mais Diêm pariait sur la crainte de États-Unis quant à l'extension du communisme et leur soutien de son alternative contre-révolutionnaire. Avec l'aide des États-Unis, il commença à frapper successivement tous ses opposants en recourant à la CIA (Central Intelligence Agency) pour identifier ceux qui cherchaient à renverser son gouvernement. Il arrêta des milliers de personnes mais, dans les campagnes, il omit de réaliser les réformes agraires tant demandées et fut rapidement face à des opérations de guérilla dans le Sud Vietnam. Diêm proclamait que la République Démocratique du Vietnam que Hô Chi Minh avait installée dans le nord visait à prendre par la force la république du Sud Vietnam. En fait, le gouvernement de Hô Chi Minh cherchait à obtenir la chute de Diêm en exerçant une très forte pression politique interne et en utilisant le parti communiste comme un moyen d'unifier le pays.

En 1959, le recours à la violence révolutionnaire pour se débarrasser du gouvernement de Ngô Dinh Diêm fut approuvé par un congrès du parti communiste dans le nord. Cette décision engendra la création d'un front uni très ouvert afin d'aider à mobiliser les gens du sud dans une opposition au gouvernement de Saigon. Le front rassembla communistes et non communistes sous une même organisation qui regroupait tous ceux qui s'opposaient au régime de Diêm. En décembre 1960, le Front de Libération Nationale ou Viêt-cong comme plus tard l'appela Washington (abréviation fautive pour communistes vietnamiens) fut créé.

Pour soutenir Diêm, le nouveau président des États-Unis, John F. Kennedy envoya en 1961 une équipe de conseillers militaires au Sud Vietnam, les premiers de ce qui devint bientôt un flux constant. Comme la dimension de la guérilla contre Diêm, de plus en plus impopulaire, augmentait, les États-Unis fournirent une aide militaire accrue, y compris des hélicoptères de combat pilotés par des Américains. Matériels, dollars et conseillers se déversaient sur le Sud mais Kennedy demeurait réticent pour déployer des formations américaines régulières sur le terrain. Washington et Saigon imaginèrent un plan anti insurrectionnel, le programme stratégique Hamlet, fondé, plus dans la forme que dans le fond, sur l'expérience britannique en Malaisie. L'idée du programme était de couper la guérilla de son soutien. Afin d'atteindre ce but, les forces du Sud, soutenues par les Américains, se mirent à construire des structures fortifiées pour protéger les villageois contre l'influence Viêt-cong. Or l'immensité de la tâche imposa aux partisans de Diêm de faire appel au travail obligatoire. Dès le départ, les paysans renâclèrent à laisser leurs champs pour creuser des défenses contre une menace qu'ils savaient dirigée plus contre le gouvernement officiel que contre eux-mêmes. En outre, la population n'était pas transférée loin des sanctuaires de la guérilla ni sur la terre qui devait être la sienne, au contraire, tandis que les informations sur la réforme agraire pratiquée dans le Nord et dans les villages tenus par le Viêt-cong étaient connues de tous.

Pendant l'été 1963, le gouvernement de Diêm était ballotté au bord de l'effondrement. Le coup final provint de sa décision de persécuter les moines bouddhistes : dans un pays où neuf personnes sur dix sont bouddhistes, les conséquences en furent énormes. Dans les rues de Saigon, les moines protestaient en s'immolant publiquement par le feu. L'expression internationale de réprobation sema la consternation à Washington où Diêm fut considéré comme ayant perdu la confiance de son peuple. En conséquence, l'administration américaine décida de soutenir un coup d'état avec l'aide de la CIA. En novembre 1963, Diêm fut déposé puis assassiné par une junte militaire. Au moment de sa mort, les Américains entretenaient plus de 16 000 conseillers militaires au Vietnam. Ils savaient qu'approchait une guerre inévitable.

Le 2 août 1964, en réponse à une surveillance américaine et sud-vietnamienne le long de ses côtes, le Nord Vietnam lança une attaque contre le destroyer *Maddox* dans le golfe du Tonkin. L'administration Johnson saisit l'occasion pour obtenir une résolution du Congrès qui octroyait au président davantage de moyens pour soutenir une guerre et des attaques aériennes contre le Nord Vietnam s'en suivirent bientôt. Le Viêt-cong répliqua en attaquant deux bases américaines au Sud Vietnam et, par suite Johnson accrut la pression et lança des raids répétés de bombardement sur le Nord. Prévue pour durer huit semaines, l'opération « *Rolling Thunder* » s'étendit sur trois ans. Quelques jours plus tard, les premières unités de combat prirent pied au Vietnam et 3 500 marines furent déployés pour protéger les installations militaires.

L'arrivée d'unités de combat américaines modifia du tout au tout les enjeux et obligea Hô Chi Minh et ses conseillers à reconsidérer la stratégie. Celle-ci supposait qu'ils pouvaient battre les armées du Sud sur le terrain et procéder alors à la réunification ; face au déploiement américain ils mirent au point une stratégie dans la durée. Le but n'était plus d'obtenir une victoire décisive sur le terrain mais plutôt d'éviter une défaite aux mains de l'ennemi et de créer des conditions défavorables à sa victoire politique, en d'autres termes de gagner la confrontation plutôt que la guerre. Comme les États-Unis ne semblaient pas posséder une stratégie claire, rester face à face dans une partie indécise sur le plan militaire, devrait les fatiguer de la guerre et aboutir à un accord négocié.

Au bout de trois années, il devint apparent que les États-Unis et leurs alliés étaient englués. Comme le nombre de morts augmentait et que les jeunes conscrits américains continuaient à partir pour le Vietnam, le gouvernement dut affronter des critiques virulentes des protestataires anti-guerre. Les protestations s'étaient d'abord élevées dans les campus universitaires et dans les grandes villes mais en 1968 le pays tout entier connaissait un niveau de troubles sociaux inconnu depuis la guerre de Sécession. La guerre devenait sans issues pour plusieurs raisons. D'abord et avant tout parce que les objectifs des adversaires étaient asymétriques : les États-Unis recherchaient un engagement décisif au niveau du théâtre, poursuivant la logique de la guerre industrielle, afin de maintenir au pouvoir leur régime favori. Le Nord cherchait à éviter cet engagement décisif activement tout en causant aux forces américaines le maximum de pertes et de dommages. Ensuite les Américains et leurs alliés devaient faire face à deux types de forces : les guérillas viêt-cong issues des gens du Sud et y combattant et les unités de l'armée nord-vietnamienne qui conservaient maintes caractéristiques des guérillas mais étaient entraînées et équipées pour combattre dans des engagements plus sérieux. La troisième raison était que les attaques aériennes contre le Nord étaient incapables de rompre le système rustique d'approvisionnement de l'armée nord-vietnamienne et de briser la volonté de la population de continuer la guerre. Il y a maintenant une certaine évidence à penser qu'elles aidaient ainsi à la réalisation du but opposé ou à tout le moins que le gouvernement du Nord les utilisait à cette fin. Comme l'armée du Nord gagnait en puissance dans le Sud, les Américains mobilisaient de plus en plus leurs forces pour la combattre, mais en conséquence la population du Sud leur échappait de plus en plus et les Viêt-cong gagnaient en force tandis que les opérations de l'armée du Sud contribuaient plus souvent que le contraire à leur aliéner la population sud-vietnamienne. Aussi la prédisposition de la population à soutenir le régime en faveur chez les Américains, élément indispensable pour poursuivre le combat, s'érodait de plus en plus. Mais en même temps, la volonté du peuple américain de continuer à sacrifier ses fils à la cause du Sud Vietnam s'évaporait à mesure. Finalement les Américains échouèrent à rompre la cohésion du gouvernement, de l'armée et du peuple vietnamien qui maintenait ensemble l'ennemi vietnamien tandis que leur propre trinité était mise en péril de dissociation.

Fin janvier 1968, les armées de la République Démocratique du Vietnam et le Viêt-cong lancèrent des attaques coordonnées contre les principales villes du Sud à l'occasion de la fête du Têt, offensive visant à forcer Washington à négocier. Ceci se révéla une entreprise coûteuse pour les assaillants qui perdirent à peu près 32 000 tués et 5 800 prisonniers, mais elle constitua un tournant de la guerre. En mars 1968, le président Johnson commença secrètement à négocier avec Hanoi la fin de la guerre. Son successeur, Richard Nixon, estima que les conditions de la négociation n'étaient pas mûres. Il choisit de continuer la vietnamisation qui devait prendre avantage de la supériorité technologique américaine tout en limitant l'implication des soldats américains sur le terrain. La quantité des forces américaines sur le terrain fut progressivement réduite et remplacée par des troupes sud-vietnamiennes. À partir d'un sommet d'environ 500 000 hommes en 1969, le nombre de soldats américains tomba à 300 000 en 1971 et 150 000 en 1972. Pendant ce temps, les attaques aériennes augmentaient et le conflit s'étendait aux pays voisins ; lors d'une offensive pour détruire les bases viêt-cong et leurs lignes de ravitaillement les troupes américaines et sud-vietnamiennes envahirent le Laos et le Cambodge en 1970-1971.

Après une phase de négociations infructueuses à Paris, la campagne américaine de bombardement s'intensifia encore. Les plus grandes villes du Nord Vietnam furent bombardées mais ces attaques manquèrent l'effet souhaité. Tandis que l'exposition des troupes américaines diminuait, ces mesures au total ne modifièrent pas la situation au Sud Vietnam. L'utilisation de la force au niveau du théâtre se révélant insuffisante, les Américains cherchèrent à détruire les capacités du Nord à poursuivre et approvisionner la guerre par de nouveaux bombardements et en s'en prenant aux pays voisins. Attaquant des pays souverains, ils entraient dans l'escalade puisqu'en effet ils utilisaient leurs forces au niveau stratégique. Mais l'escalade échoua : les communications élémentaires du Nord et sa base industrielle n'étaient pas vraiment vulnérables à ces attaques aériennes et, comme dans la guerre de Corée, les États-Unis n'étaient préparés ni à employer la bombe atomique ni à envahir. En outre, ces attaques attiraient les condamnations internationales et attisaient les critiques internes. En 1973, les États-Unis signèrent un traité de paix avec la République Démocratique du Vietnam et commencèrent à retirer leurs troupes. L'accord de paix de Paris ne termina pas la guerre au Vietnam toutefois puisque les armées du Sud continuèrent à se battre contre le Viêt-cong pendant encore deux ans. Saigon tomba le 30 avril 1975 ; la seconde guerre d'Indochine avait trouvé sa fin.

Ce fut un long et harassant conflit qui avait sollicité le peuple vietnamien pendant plus de trente années si l'occupation japonaise pendant la seconde guerre mondiale y est incluse. En termes militaires, il commença avec la résistance au retour du régime français ainsi qu'une classique guérilla inscrite dans la structure de l'antithèse de la guerre industrielle. Mais d'abord les Français, puis les Américains, réagirent à cette tactique comme s'il s'agissait d'une guerre industrielle, recourant à leurs forces, avions et équipements, conçus pour une bataille dans *Armageddon*, contre des forces locales relativement simples et réellement armées simplement. Comme les divisions politiques à l'intérieur du Vietnam devenaient plus compliquées, le conflit le devint aussi et se transforma en un exemple du nouveau paradigme. Car les forces occidentales s'estimant impliquées dans une guerre conduite de façon technologique et selon le paradigme industriel se trouvèrent prises dans une guerre du type parmi la population. Ce fut une confrontation de fin d'empire qui démarra entre Français et Viet-namiens, qui dégénéra en conflit et alors s'inscrivit dans la plus grande confrontation de la guerre froide. Une fois les Français battus, ce fut dans le cadre de la guerre froide que les Américains se trouvèrent empêtrés, versant dans un conflit au niveau du théâtre et même grimpant au niveau stratégique avec le bombardement du Laos et du Cambodge. Toutefois, à travers toute cette activité militaire, la confron-tation idéologique et politique avec le peuple vietnamien persista, à la fois avec les gens du Sud qui simplement cherchaient à se libérer de l'occupation grâce au régime communiste du Nord et ce fut sur ce point qu'à la fin, les Américains furent battus : ils n'offrirent jamais à la population d'alternative. Dans presque toutes les occasions, ils obtin-rent la densité de forces voulue pour l'emporter dans l'épreuve de force locale, recourant à leur avance technologique pour y réussir, mais faisant cela, ils perdirent l'affrontement de volontés. Les Nord Vietnamiens, bien que le camp le plus faible, afin de l'emporter dans l'affrontement de volontés, utilisèrent la force pour réaliser leur objectif stratégique de libérer le Sud et d'unifier les deux parties de leur pays sous leur loi. Leurs armées furent d'une très grande utilité : ils com-prirent comment les utiliser, à la fois dans le cadre de leurs objectifs politiques et aux niveaux inférieurs, en politisant la population afin qu'elle soutienne la lutte pour la libération.

La principale leçon à garder de la guerre du Vietnam, comme d'ailleurs de toutes les confrontations et de tous les conflits dont il est question dans cet ouvrage, c'est qu'il est rarement possible de prévoir l'issue, en particulier à partir de la connaissance des forces impliquées ou de leur inventaire. Les Français en 1870 étaient considérés comme une force supérieure mais ils furent battus par les Prussiens qui étaient mieux commandés. Inversement, les Allemands en 1914 considéraient les Belges, les Anglais et les Français comme des menaces mineures, ce qu'ils pouvaient être sur le papier et néanmoins, ils se trouvèrent face à une opposition obstinée de leur part qui mina le plan Schlieffen, arrêta l'avance allemande et, quatre années plus tard, les conduisit à la défaite. En d'autres termes, la force d'une armée ne s'analyse pas seulement en nombres, en comptant les hommes et les équipements. L'évaluation d'une armée a toujours été une question d'importance mais devenait plus pressante et plus difficile à mesure que s'écoulait le XXe siècle jusqu'au temps présent. Car après les grandes guerres mondiales industrielles, les conflits devinrent apparemment de plus en plus asymétriques ou avec des adversaires tout à fait mal assortis, des armées d'état industriel équipées d'armements de haute technologie contre des adversaires sans état et pauvrement armés, et cependant ce furent ces derniers qui souvent l'emportèrent ou transformèrent une défaite militaire en désastre politique pour leurs vainqueurs. Comme nous venons de le remarquer, les armées françaises et américaines étaient considérées comme supérieures à toute troupe nord-vietnamienne sur le terrain et toutes deux furent battues. Pourtant, nous avons encore tendance à juger les armées conventionnelles meilleures et plus fortes, en partie parce que nous avons besoin de certitude sur la puissance militaire, singulièrement en entrant en guerre. De plusieurs façons, il s'agit d'un retour en arrière précisément vers les modes de penser prévalents dans les milieux publics et militaires juste avant la Grande Guerre, lorsque les nombres, la technologie et l'industrie semblaient prouver des capacités militaires supérieures. De tels raisonnements étaient alors sans utilité et ne sont pas moins une erreur à présent.

Avant de commencer une bataille, nous avons encore une inclination naturelle à mesurer : nous voulons savoir ce dont nous disposons, ce que détient notre adversaire et si nous avons assez pour atteindre nos objectifs. Nous inclinons à mesurer le potentiel militaire d'une armée en comptant ses hommes, ses navires, ses chars et ses avions et nous comparons notre inventaire à celui de l'ennemi, mesurant l'équilibre de puissance correspondant. Quantifier n'est pas nécessairement une méthode illogique d'évaluation puisque il y a peu d'autres mesures objectives mais, au résultat, comparer des inventaires peut amener de dangereux jugements simplistes. De la même manière, mesurer l'effet de la mise en œuvre d'une force militaire pendant ou après la bataille est presque impossible, cependant nous tendons à le faire en comptant les morts et les équipements détruits des deux côtés. Pourvu que ce soit fait honnêtement, les morts et les destructions font partie de l'inventaire de l'adversaire et cela vous apprend avec quoi votre adversaire fait mouvement et peut correspondre à une bonne mesure de succès locaux et tactiques ; mais cela ne donne que peu d'indications sur l'effet global, sur les capacités d'une armée donnée soit pour être mise en œuvre, soit pour résister à un adversaire. En d'autres termes, cela ne donne que peu d'indications sur la véritable capacité d'une force sur laquelle les adversaires doivent être évalués dans leur relation réciproque et ceci non seulement par inventaires mais aussi, sans doute, de façon plus pertinente, dans leurs dynamiques respectives, chacun avec son imagination, ses ressources et par dessus tout, sa volonté de vaincre. Là encore, ces évaluations ne peuvent jamais être absolues : la puissance d'une bombe peut être connue, mais la puissance d'une force militaire dans sa mise en œuvre diffère selon l'éventail des circonstances.

Fondamentalement donc, puisqu'il n'existe rien qui soit une force armée générique, il n'y a pas non plus de mesure absolue de la puissance ou de la capacité d'une telle force. D'abord, parce que même avec une technologie avancée, elle est une réalité humaine : des gens en chair et en os font fonctionner tous les véhicules plateformes et tous les systèmes d'armes et ce sont les mêmes types de personnes qui les dirigent. Une force armée est donc une unité organique avec un corps, un esprit et une volonté. Vous pouvez compter les soldats, les armes et les équipements mais cela ne vous donnera qu'une idée de la puissance potentielle de la force et non de sa véritable capacité. Ceci est dû à la seconde caractéristique, qui correspond à la véritable nature d'une bataille comme une activité antagoniste, issue d'une confrontation visible et potentielle. Il y a toujours un camp adverse, le cas échéant potentiel, cas d'une armée en attente et non engagée dans une action spécifique, ou un ennemi réel. La mesure d'une force est donc toujours une comparaison avec la force opposée, elle n'est jamais absolue ni une possession. Or, comme le philosophe Michel Foucault l'indique dans son livre, *Discipline et punition*, le pouvoir est une relation et non une possession. La puissance d'une force militaire est constituée de trois facteurs inter reliés : les moyens, en hommes et en matériels ; la façon dont ils sont utilisés (doctrine, organisation et finalité) et la volonté de les mettre en œuvre contre un adversaire. C'est dans la combinaison de ces trois facteurs que réside le vrai potentiel d'une force, sa *capacité* globale qui peut être évaluée plutôt que mesurée, mais ce n'est pas une science exacte pour les deux raisons indiquées plus haut.

Commentant Clausewitz dans la première partie de l'ouvrage, nous avons constaté qu'il définissait la puissance comme une relation dans la guerre, lorsqu'il en explicite les deux composantes de base comme étant l'épreuve de force et l'affrontement de volontés. Mais la citation complète éclairera encore mieux la question :

> « Si nous désirons battre l'ennemi, nous devons proportionner nos forces à sa puissance de résistance. Celle-ci est exprimée par la combinaison de deux facteurs qui ne peuvent être séparés, à savoir, *la somme de tous ses moyens disponibles et la force de sa volonté.* La somme des moyens disponibles peut être estimée par une mesure parce qu'elle dépend (pas entièrement) de nombres ; mais la force de volonté est plus difficile à déterminer et peut seulement être évaluée jusqu'à un certain point par la puissance des motivations [1]. »

Dans cette sorte de relation, l'équilibre s'établit dans la bataille, entre la somme des *moyens disponibles* des deux côtés et la force de leurs *volontés.* Toutefois, d'après moi, le facteur manquant c'est la façon dont ces moyens sont utilisés par opposition à l'adversaire et s'il y a ou non la volonté de s'en servir de cette façon. C'est l'affaire du général de déterminer de quelle manière il utilisera ses moyens dans le cadre de ce que veulent ses supérieurs politiques avec sa force pour battre l'adversaire. Comme Clausewitz le remarque, l'épreuve de force est réellement une question de nombres, d'examen des inventaires de chaque côté, mais comme nous pouvons le voir avec l'histoire de David et de Goliath, la quantité, la dimension et l'énergie cinétique des moyens seuls ne sont pas suffisantes : c'est la façon de les utiliser en relation avec l'adversaire qui fait la différence. Ainsi, la force potentielle d'une armée dans une épreuve de force peut être comprise comme la combinaison de son inventaire, les moyens et de la manière dont ils sont utilisés, la façon.

Cette conclusion s'applique largement à l'affrontement de volontés. La volonté de vaincre est le facteur suprême dans toute bataille : sans la volonté politique ni la responsabilité de créer et de soutenir un outil militaire, de le diriger pour aboutir à ses objectifs quoiqu'il arrive, aucune armée ne peut triompher face à un opposant plus déterminé. Sur

---

1. *De la Guerre,* Chap. 1, Livre 1 (les italiques sont dans l'édition originale).

le champ de bataille nous pouvons appeler cette détermination, le moral, l'esprit qui triomphe face à l'adversité, cependant qu'elle constitue une donnée essentielle. Aux niveaux politique et stratégique, la récompense est définie en termes de projet politique et d'objectifs stratégiques : il s'agit de l'enjeu majeur. Toutefois, lorsqu'on entre dans l'arène de la bataille tactique, ces objectifs apparaissent plus lointains et relatifs. Pendant la bataille, les hommes tuent pour ne pas être tués et quant aux objectifs, ils pensent qu'ils valent d'y sacrifier leur vie. Ceux-ci tendent à l'extrême vers l'affectif et l'abstraction comme un peuple, un credo, l'honneur, un régiment ou un groupe. Pendant la première guerre mondiale par exemple, la vie des tranchées sur le front occidental était complètement détachée du monde extérieur et la camaraderie entre hommes, un des principaux facteurs de soutien. Dans de nombreuses batailles, ce fut cette camaraderie qui entraîna les hommes et les maintint dans la bataille pour le soutien de leurs frères d'armes. Cette volonté de vaincre dans l'adversité face à un adversaire sur le champ de bataille est appelée moral et c'est le produit, en première instance du commandement, de la discipline, de la camaraderie et du respect de soi. Un niveau élevé du moral est requis pour toute armée qui veut vaincre. La différence de motivations entre la détermination politique et le moral de l'armée ou celle entre les objectifs politiques et ceux pour lesquels les hommes combattent réellement et sont prêts à mourir est une faiblesse stratégique potentielle. Plus ces différents objectifs peuvent être proches ou cohérents, meilleurs seront les résultats. Un exemple net d'incohérence dans ce domaine que j'ai connu de mon vivant peut-être trouvé dans la guerre d'Algérie commentée ci-dessous. Le moral ou esprit combatif de la légion étrangère ou des *paras* ne faisait aucun doute mais la détermination de la France métropolitaine avec l'emploi des moyens pratiqués s'était évaporée. La motivation politique et le moral divergèrent au point que de Gaulle se retira d'Algérie et que les généraux se mutinèrent.

À travers ces pages, nous avons vu combien la volonté politique constitue une composante majeure du succès dans la guerre. La volonté de vaincre, de prendre des risques et de supporter les coûts, de gagner la récompense de la victoire est immense ; comme Napoléon l'exprima : « le moral est au physique comme trois est à un ». Véritablement, lorsque nous évaluons les capacités, nous devrions peser ce facteur également. Mais, comme pour les moyens et l'épreuve de force, ici aussi la manière est importante : la façon dont la force est utilisée aura un impact direct sur la volonté de prendre des risques, de porter le fardeau et de le supporter jusqu'au bout. Une fois encore cette façon est l'affaire du général : il doit trouver la confiance à la fois de ses troupes et de ses supérieurs politiques en ce qu'il connaît la bonne façon de faire. Ainsi, ayant analysé et appréhendé les composants nécessaires, nous pouvons enfin essayer d'évaluer la capacité globale d'une force armée comme la combinaison d'une épreuve de force et d'un affrontement de volontés : les moyens multipliés deux fois par la façon de s'en servir, multipliés trois fois par la volonté. Pour ceux qui sont portés sur les mathématiques, j'exprimerais ce résultat par la formule :

$$\text{Capacité} = \text{moyens} \times \text{façon}^2 \times \text{volonté}^3$$

Mais toujours se souvenir de l'aphorisme de Foucault : le pouvoir n'est pas une possession mais une relation. Aussi devons nous toujours retenir que la capacité d'une force reste relative à celle de son adversaire. Nous devons donc évaluer la capacité de chacune et ensuite les comparer l'une à l'autre.

J'ai utilisé une formulation mathématique pour illustrer la difficulté d'évaluer la véritable capacité d'une armée par opposition au dénombrement de son inventaire. Cela permet une approche des autres facteurs, du rôle des chefs en particulier, dans la poursuite d'un conflit ou d'une confrontation face aux initiatives de son adversaire. Vraiment, étant donnée cette formulation, il est clair que la capacité d'une force est le produit de ces trois facteurs comparés à ceux présentés par l'adversaire. Si l'un d'eux est égal à zéro, la capacité est nulle. Comme nous allons le voir, un des problèmes endémiques de nos conflits modernes est le manque de volonté politique d'employer la force plutôt que de déployer des armées, ce qui veut dire que la volonté est égale à zéro, ce qui explique pourquoi tant d'interventions militaires échouent : la capacité de la force est annihilée. Mais aussi, les moyens de la guerre et notamment la disponibilité des hommes, sont essentiels : il doit y avoir au moins un homme ou une fois encore la capacité sera nulle. Pour prendre une autre direction, il est bon de se rappeler l'aphorisme de Lénine : « la quantité est une qualité en soi ».

Si nous appliquons maintenant la formule à la guerre du Vietnam, nous pouvons voir que les Nord Vietnamiens ont trouvé une façon d'employer leurs relativement maigres moyens contre les forces américaines d'une manière telle qu'ils annulèrent l'avantage des armées bien mieux équipées et entraînées pour une guerre industrielle et de leurs capacités technologiques avancées. Ceci conduisit à l'effondrement de la volonté américaine, facteur qui réduisit à néant la capacité des forces armées. En Malaisie en 1950, les Britanniques trouvèrent une voie pour utiliser leurs moyens non seulement adaptés à la volonté des forces militaires et de leur opinion publique mais aussi à la majorité du peuple malais. Privés du soutien de la population, les terroristes communistes reconnurent leur voie inadéquate et abandonnèrent leur but.

En termes globaux, les calculs de capacité peuvent être utilisés pour expliquer l'issue d'une bataille entre deux forces adverses, mais sans doute rien de plus car il est très difficile d'évaluer par avance la façon de combattre et la détermination. Les deux camps déploieront de grands efforts pour cacher aux autres, par tous les moyens, cette information. Car une fois en guerre et nous avons appris de Napoléon que la préparation de la bataille fait partie de la guerre, les deux adversaires ne se comportent pas avec les mêmes règles. Napoléon, étant un premier exemple d'un vrai chef de guerre, imposait systématiquement ses propres règles et préférences à ses adversaires, à leur désavantage, les forçant à combattre à ses conditions. Ceci est la marque d'une réelle aptitude au généralat puisqu'elle est fondée sur la compréhension profonde que les guerres ne sont pas des compétitions : être second c'est perdre. C'est pourquoi un général doit évaluer la vraie capacité de ses forces avant d'accepter la bataille, même s'il ne peut compter que sur le contrôle total de ses forces en restant dépendant du niveau politique au-dessus de lui pour la fourniture des moyens appropriés et pour la détermination politique de vaincre.

Un exemple classique d'une rupture entre les niveaux politique et militaire qui a complètement annihilé la capacité des forces militaires est représenté par la guerre d'Algérie. L'Algérie était devenu territoire français en 1830 et en 1848 était devenue un groupe de *départements* rattachés à la France. En 1954, encouragés par les nouvelles d'Indochine et la défaite française à Diên Biên Phu mais aussi par les concessions faites à la Tunisie, le comité Révolutionnaire d'Unité d'Action (CRUA) mit au point une planification d'actions pour évincer les Français d'Algérie. Leur plan prévoyait la création d'un front politique, le Front de Libération Nationale (FLN) qui dirigerait une armée de résistance, l'Armée de Libération Nationale (ALN). Leur but était d'obtenir une pleine indépendance en suscitant une atmosphère générale de peur locale en déclenchant une insurrection sur tout le pays tout en faisant appel à l'opinion internationale et en construisant une plateforme politique pour le futur gouvernement nationaliste.

Le FLN s'inspira essentiellement du modèle d'organisation du Viêt-minh aussi bien que de quelques principes de la résistance française (car quelques nationalistes avaient combattu les Nazis une décennie auparavant au nom de la France) : la direction restait collective et les groupes de combat étaient petits. Les opérations étaient décidées par un commandant de zone dans le cadre d'une wilaya qui agissait sous le commandement global et centralisé du CRUA. L'ALN se considérait trop faible pour sécuriser et tenir une grande aire géographique pour y créer un sanctuaire comme les Viêt-minh l'avaient fait au Tonkin du Nord ; en conséquence la tactique du FLN était fondée sur le modèle classique de la guérilla.

Le 1er novembre 1954, la guérilla FLN lança une série d'attaques en des endroits dispersés d'Algérie contre des installations militaires, des postes de police, des entrepôts, des centres téléphoniques et des bâtiments publics. Du Caire, le FLN lança sur les ondes une proclamation appelant les musulmans d'Algérie à se joindre à la lutte pour restaurer un État algérien, souverain, démocratique et social dans le cadre des principes de l'Islam. Les autorités françaises en Algérie n'étaient pas pleinement préparées à relever ce défi et pensaient n'être en face que d'une révolte de petite dimension. Leur réponse militaire à cette explosion de meurtres et de sabotages fut limitée et inappropriée tandis qu'un certain nombre de leaders nationalistes étaient emprisonnés et interrogés sans humanité. Cela leur aliéna un bon nombre d'entre eux au point de les expédier directement dans le camp du FLN. En 1956 et 1957 l'ALN appliqua avec succès la tactique de frapper et de se retirer selon les canons classiques de la guérilla. Se spécialisant dans les embuscades et les coups de main nocturnes, évitant les contacts avec la puissance de feu supérieure des Français et ciblant les patrouilles armées, les campements militaires, les postes de police et les fermes des colons, les mines et les usines aussi bien que les moyens de transport et de communication. Les kidnappings étaient ordinaires comme les meurtres rituels et les mutilations sur les militaires français, les colons et ceux qui étaient qualifiés de traîtres ou collaborateurs. D'abord les forces révolutionnaires s'en prirent seulement aux officiels musulmans du régime colonial ; plus tard ils persécutaient ou tuaient ceux qui refusaient de les soutenir. Afin d'attirer l'attention sur leur lutte au niveau international et intérieur français, le FLN décida de porter le conflit dans les villes. La plus remarquable de ces campagnes urbaines fut la bataille d'Alger qui commença le 30 septembre 1956 quand trois femmes placèrent des bombes sur trois sites dont le bureau d'Air France. Il y eut une escalade de la violence dans la période suivante lorsque l'ALN commis une moyenne de 800 attentats par mois pendant le printemps 1957, provoquant de nombreux morts et blessés civils et suscitant une série d'actions politiques dont une grève générale. Cependant, bien que le FLN ait réussi à créer une atmosphère de peur à la fois dans la population française et indigène, il n'avait pas inspiré à la majorité de la population musulmane un sentiment de révolte contre l'autorité coloniale française. En outre, la disparition de nombreux chefs compétents sur le terrain, à la fois par les combats, les défections, les rivalités internes et les purges politiques créèrent des difficultés dans le mouvement. Néanmoins, le FLN peu à peu gagnait le contrôle de certains secteurs des Aurès, de la Kabylie et d'autres zones montagneuses. Dans ces endroits, l'ALN établissait une administration militaire simple mais efficace, bien que souvent temporaire, qui était capable de lever les impôts, de collecter la nourriture, recruter des hommes et, même avec cela, ne parvint pas à tenir durablement d'importantes zones. En dépit de l'insatisfaction du commandement militaire à Alger, le gouvernement français fut réticent pendant de nombreux mois pour admettre que la situation en Algérie n'était plus sous contrôle et que ce qui était officiellement considéré comme une opération interne de pacification s'amplifiait gravement. Cependant, en 1956, deux décrets imposèrent le rappel des conscrits et un allongement du service national obligatoire et le nombre de soldats français en Algérie atteignit 390 000 en montant jusqu'à 415 000 fin 1957. Les militaires français, dont beaucoup avaient combattu en Indochine, croyaient comprendre la situation à laquelle ils étaient confrontés et mirent en œuvre ce qu'ils croyaient avoir appris là-bas. En 1956, le général Lorillot introduisit le système du *quadrillage*, un mélange de garnisons statiques et de groupe mobiles de poursuite, pour contenir l'ALN qui alors était devenue vraiment efficace. Il appliqua le principe de la responsabilité collective aux villages soupçonnés d'abriter, de ravitailler ou de toutes manières de collaborer avec la guérilla. Les villages qui ne pouvaient pas être atteints par des groupes mobiles étaient bombardés. Les Français initièrent également un programme de concentration de larges portions de la population rurale, y compris des villages entiers, dans des camps sous surveillance militaire pour les empêcher d'aider les rebelles, ou, selon la thèse officielle pour les protéger des extorsions du FLN. Mais ce fut dans la bataille d'Alger que leurs méthodes connurent la plus grande visibilité : le général Massu, commandant la 10ᵉ division parachutiste qui avait reçu instruction d'utiliser quelque méthode que ce soit pour rétablir l'ordre dans la ville combattit souvent le terrorisme par le terrorisme. Utilisant ses troupes parachutistes, il brisa la grève générale et, systématiquement, éradiqua les cellules FLN. À la fin, les Français gagnèrent la bataille en termes militaires mais le FLN avait réussi à montrer sa capacité de frapper au cœur de l'Algérie française. En outre la publicité donnée aux méthodes brutales utilisées par l'armée pour gagner la bataille, y compris un large usage de la torture, répandit en France le doute sur son rôle en Algérie. En 1958, les Français laissèrent leur tactique de quadrillage pour lancer des forces mobiles dans de grandes opérations de recherche et destruction contre les zones tenues par l'ALN. En un an, les grandes structures militaires de rebelles avaient été détruites. À la fin 1958, l'ALN s'avérait proche de la défaite et mi 1959 cette défaite était presque totale. Toutefois en termes politiques et internationaux, le FLN n'avait pas été battu ; en réalité les développements politiques avaient déjà dépassé les succès de l'armée française. En Algérie, la répression militaire avait détruit toute chance de dialogue entre les musulmans modérés et les officiels français. En France, l'opinion publique se fatiguait de cette guerre avec des appelés tandis que la constitution et la faiblesse inhérente à la IVe République empêchait toute solution politique libérale. Au niveau international, les plus grands alliés de la France l'abandonnaient. De plus en plus, en France et en Algérie, les regards se tournaient vers le général de Gaulle, vu comme un sauveur qui pouvait résoudre le problème algérien. Ayant quitté ses fonctions en 1946 et pris ses distances d'avec les affaires politiques de la IVe République, il fut sollicité pour la présidence du conseil et à sa demande, fut investi des pleins pouvoirs pour six mois mais son attitude sur l'Algérie était ambiguë. Néanmoins, cette colonie fut invitée à voter la nouvelle constitution française qui fut approuvée à une écrasante majorité en France et en Algérie ; le FLN répliqua en créant un gouvernement provisoire de la république d'Algérie (GPRA) avec à sa tête le dirigeant nationaliste vétéran Ferhat Abbas. De Gaulle essaya d'obtenir un accord en proposant une *paix des braves* mais le GPRA tint bon. Le plan de Constantine, planification économique détaillée pour réduire l'écart entre les départements d'Algérie et ceux de France métropolitaine fut dénoncé par le GPRA comme une nouvelle forme de colonialisme. En 1959, pour éviter une condamnation par l'Assemblée Générale des Nations Unies, de Gaulle reconnut le droit de l'Algérie à l'autodétermination.

Les exigences de travail, de morale, de ressources issues des évènements d'Algérie divisaient la France et des tensions croissantes la menaient au bord de la guerre civile. Pendant ce temps, la France avait entamé des négociations secrètes avec le FLN. En Algérie, en avril 1961, des éléments de l'armée française se rebellèrent sous la direction de quatre généraux. Le putsch des généraux comme on l'appela, voulait prendre le contrôle de l'Algérie et faire tomber de Gaulle à Paris. Des unités de la légion étrangère et l'Organisation de l'Armée secrète (OAS), bien armée coordonnait l'action des colons européens. Bien qu'une brève peur de l'invasion balayât Paris, la révolte s'effondra en quatre jours, en grande partie parce que l'aviation, la marine et la majeure partie des unités de l'armée restèrent loyales au gouvernement.

Le putsch des généraux marqua un point tournant pour l'attitude officielle à l'égard de la guerre d'Algérie. De Gaulle était dorénavant prêt à abandonner les *colons* et les conversations avec le FLN s'ouvrirent à Evian en mai 1961. Après plusieurs faux départs, le gouvernement français décréta qu'un cessez-le-feu prendrait effet le 19 mars 1962 et dans les accords d'Evian signés en mars 1962 la souveraineté de l'État algérien était reconnue.

La guerre d'Algérie fut une confrontation entre la loi coloniale française et le peuple d'Algérie. Les Français obtinrent un succès tactique mais à aucun moment, ils ne convainquirent suffisamment la volonté du peuple pour garder l'Algérie comme une partie de la France métropolitaine. En outre les succès tactiques eurent un coût politique énorme qui à la fin ôtèrent toute utilité à la force militaire. À la différence des autres conflits qui se déroulèrent pendant la confrontation de la guerre froide, il ne fut pas coiffé par celle-ci, mais il se termina en confrontation et presque en conflit entre les niveaux politiques et militaires français. Ce fut cette confrontation, plus qu'aucune escarmouche ou événement militaire, qui annihila la capacité de l'armée et apporta une solution rapide à la fois à la confrontation et au conflit entre la France et le peuple algérien. Pour la deuxième fois en une décennie, et malgré leur évidente supériorité militaire et leur capacité industrielle, les Français échouèrent à triompher dans une guerre parmi la population.

Les conflits en parallèle de la guerre froide furent nombreux. Les anciennes puissances impériales se retirant de leur empire n'eurent pas toujours besoin de leurs armées, tandis que dans d'autres, elles furent plus ou moins utilisées selon les paramètres émergeant dans les conflits commentés dans la présente partie du livre. Tous reflètent l'évolution du nouveau paradigme de la guerre parmi la population, mais il est aussi nécessaire de remarquer que, en même temps, il y avait de nombreux conflits qui restaient enracinés dans l'ancien paradigme. Mais alors que, dans certains cas, la capacité nucléaire dans un camp était reconnue ou supposée, son usage n'était pas envisagé comme une possibilité sérieuse et l'escalade n'entraînait pas une menace catastrophique. Les principaux parmi ces conflits furent le conflit indo-pakistanais sur le Cachemire, la guerre Iran-Irak et le conflit toujours en cours arabo-israélien. Malgré des tentatives de les intégrer tous trois dans la plus large confrontation de la guerre froide avec les deux blocs soutenant une des parties, ils restèrent localisés quoique très haineux. Ils partagèrent également la particularité d'échouer à obtenir une décision stratégique militaire ; comme nous le verrons dans l'exemple des Arabes contre Israël, dans lequel la guerre industrielle s'ouvrit sur une guerre au sein de la population.

Le conflit du Cachemire, qui survint à partir de l'indépendance de l'Inde et de sa division en deux États en 1947, était et reste une confrontation au sujet d'un territoire particulier ; il est monté trois fois au niveau stratégique et s'est de nombreuses fois mué en un conflit au niveau tactique dans des escarmouches locales. Après 1998 cependant, lorsque des deux côtés on testa des armes atomique pour dissuader l'autre, les escarmouches cessèrent, bien que la tension s'élevât une fois au niveau stratégique de la confrontation en 2002, lorsque des extrémistes soutenus par le Pakistan mirent une bombe dans le parlement indien. Mais les tensions s'adoucirent et les deux parties entamèrent de sérieuses négociations au sujet du territoire disputé, réalisant que la guerre, dans le cadre du paradigme industriel ne pouvait s'envisager que si les deux camps acceptaient de se limiter à une guerre non nucléaire. L'Inde et le Pakistan disposent des effectifs, de la base industrielle et idéologique tournés vers la guerre industrielle, façon ancienne. Toutefois, il n'y a nulle garantie de ne pas monter au niveau nucléaire. Ils sont donc bloqués dans une confrontation stratégique, très semblable à la guerre froide, mais qui peut à présent bouger vers une solution.

Le nombre épouvantable d'un million et demi de morts pendant les huit années de la guerre Iran-Irak (1980-1988) porte témoignage d'un conflit véritablement à l'échelle industrielle, au moins en termes d'effectifs. Il fut mené sur une zone relativement restreinte, la vallée du Tigre et de l'Euphrate relativement facile à défendre et dans des conditions qui rappellent le front occidental de la première guerre mondiale. De grands volumes de matériels furent utilisés pendant cette longue période et les deux États étaient complètement concentrés sur la guerre et la recherche de la victoire. Néanmoins cette guerre de style industriel prouva aussi n'aboutir à aucun résultat opérationnel ou stratégique et finalement en vint à un accord.

Les conflits du Cachemire et de l'Irak contre l'Iran peuvent trouver leur explication industrielle dans l'importance affective des objectifs : il s'agit d'un territoire disputé entre armées plutôt que de la volonté et des souhaits d'une population. La troisième confrontation majeure qui s'est muée, à l'occasion, en conflit stratégique de nature industrielle concerne les Arabes et Israël. Comme je l'ai indiqué au tout début de ce livre, les dernières batailles dans lesquelles les blindés manœuvrent et combattent les uns contre les autres se sont déroulées sur les hauteurs du Golan et dans le désert du Sinaï en 1973. Cette confrontation débuta en 1947 et dure toujours. Toutefois, alors qu'elle prit naissance comme une confrontation claire à propos d'objectifs précis, elle se transforma en une opposition beaucoup plus complexe quant aux mobiles, parmi la population. Les périodes sont relativement courtes que l'on peut définir comme des guerres, mais la totalité du conflit depuis son début jusqu'aux jours actuels se présente comme une longue durée de violence et de meurtres, car chaque camp a essayé de faire progresser ses fins par la force des armes. Ce processus complexe est un des exemples les plus éclairants de l'interaction des confrontations et des conflits et tandis que je le désigne comme trouvant ses racines dans la guerre industrielle, la période entière depuis 1947 jusqu'à nos jours apporte une illustration du nouveau paradigme.

Le 29 novembre 1947, l'assemblée générale des Nations Unies approuva un plan de découpage de la Palestine qui prévoyait la création d'un État arabe et d'un État juif avec Jérusalem sous statut international. De durs combats éclatèrent immédiatement car les dirigeants arabes locaux rejetèrent le plan sans ambages. Le 15 mai 1948, le Royaume-Uni abandonnait son mandat sur la Palestine ; le jour précédent, par anticipation, David Ben Gourion avait déclaré l'indépendance d'Israël. Les États-Unis et l'Union soviétique, suivis par plusieurs autres reconnurent diplomatiquement Israël. La Ligue arabe qui avait été créée en 1945 pour coordonner la politique entre les États arabes, réagit rapidement. Presque immédiatement, les Arabes palestiniens, soutenus par les Libanais, les Syriens, les Irakiens, les Égyptiens et les troupes transjordaniennes, ouvrirent les hostilités contre la force de défense d'Israël (IDF), nouvellement créée. Les Israéliens et la Ligue arabe se retrouvèrent en guerre, cette dernière cherchant une solution stratégique par la force des armes : la destruction d'Israël.

À la fin, l'IDF réussit à repousser les armées de ses voisins arabes et à sécuriser ses frontières par trois offensives majeures et, en 1949, Israël signa des accords de cessez-le-feu séparés avec l'Égypte, le Liban, la Transjordanie et la Syrie. Ses succès au niveau opérationnel permirent à Israël de tracer ses propres frontières qui inclurent 70 % de la Palestine sous mandat au lieu des 55 % initialement décidés dans le plan des Nations Unies. La bande de Gaza et la rive ouest étaient occupées respectivement par l'Égypte et la Transjordanie. En dépit des victoires opérationnelles d'Israël, aucun des camps n'avait obtenu de décision stratégique et la situation revint à l'état de confrontation stratégique. Toutefois, la confrontation était entretenue par des conflits tactiques car des deux côtés on traversait la frontière pour des coups de main. En 1956 le nombre d'escarmouches entre Israël et l'Égypte s'accrut avec des fedayin, irréguliers égyptiens, faisant de fréquentes incursions en territoire israélien et Israël répondit en lançant des raids en territoire égyptien. L'Égypte, sous la direction du président Gamal Abdel Nasser, bloqua le golfe d'Akaba et ferma le canal de Suez aux cargaisons israéliennes. En juillet de la même année, Nasser nationalisa le canal, route commerciale vitale vers l'est dont la Grande-Bretagne détenait 44 % des actions. Par cette décision, il augmentait et étendait la confrontation au niveau stratégique en y incluant la Grande-Bretagne et la France, celles-ci craignant que la fermeture de la voie d'eau n'arrête le transit du pétrole vers l'Europe occidentale en provenance du golfe Persique. Dans les mois qui suivirent et malgré une succession d'évènements compliquée, Israël, la Grande-Bretagne et la France entrèrent dans une alliance secrète, projetant de régler la confrontation en reprenant le canal de Suez et en réduisant l'influence militaire de l'Égypte dans la zone.

Le 29 octobre 1956, Israël envahit la bande de Gaza et la péninsule du Sinaï et progressa rapidement vers la zone du canal. Le Royaume-Uni et la France lancèrent le 31 octobre l'opération « Mousquetaire » pour imposer la réouverture du canal. Nasser répliqua en coulant les quarante navires se trouvant dans le canal, fermant la voie au commerce jusqu'au début 1957. Le 5 novembre 1956, un assaut des forces britanniques et françaises par voies aérienne et amphibie s'empara du canal. L'opération fut décisive mais faute d'une réflexion stratégique se transforma bientôt en désastre politique et diplomatique. Les Français et les Britanniques furent exposés à des critiques aiguës du tiers-monde et de l'Union soviétique. En outre, alors qu'ils condamnaient la répression soviétique en Hongrie qui survenait simultanément, les États-Unis refusèrent d'approuver les actions embarrassantes, en Égypte, de leurs principaux alliés. Dans le contexte de la guerre froide, les Américains craignaient aussi que le conflit puisse s'étendre, spécialement avec l'intervention de l'URSS aux côtés de l'Égypte. En exerçant de considérables pressions financières et diplomatiques, l'administration d'Eisenhower imposa un cessez-le-feu à la Grande-Bretagne et à la France et les forces d'invasion se retirèrent en mars 1957. Leur place fut prise par la première force d'urgence des Nations Unies (FUNU1), la toute première force de maintien de la paix onusienne, décidée par la première session spéciale urgente de

l'Assemblée générale qui s'était tenue du 1er au 10 novembre 1956.
Suez ne fut pas une guerre : ce furent deux opérations militaires
montées d'une part par Israël et d'autre part par la France et la Grande-
Bretagne. Ces dernières furent vaincues dans leur confrontation avec
l'Égypte puisque la force ne fut d'aucune utilité dans le contexte où elle
fut utilisée. Celle-ci fut employée de façon stratégique pour modifier les
intentions de Nasser et même pour le remplacer par un gouvernant plus
souple. Ce fut un échec. Opérationnellement la force fut employée pour
occuper et sauvegarder le canal. Le premier objectif fut atteint mais pas
le second, peut-on objecter, car 40 épaves ne facilitaient pas la navigation. Le contexte stratégique qui eut valorisé cette action n'avait pas
permis d'aboutir, avec la réalisation de l'objectif précis d'occuper le
canal, au but stratégique plus souple de changer les intentions du dirigeant et se révéla inadapté. D'un autre côté, Israël s'était dégagé de la
pression induite par la confrontation au niveau stratégique et, avec la
force imposée par l'ONU s'était libéré des conflits tactiques dans le
Sinaï. Dans ce sens, son recours à la force avait réussi puisque ses
objectifs dans la confrontation et dans le conflit qui étaient liés à sa
sécurité sur son territoire avaient été atteints.

En mai 1967, l'Égypte demanda le retrait de la FUNU1 ; immédiatement Nasser se mit à remilitariser le Sinaï. Il ferma les détroits de
Tiran à la navigation d'Israël, imposant le blocus au port israélien
d'Eilat à l'extrémité nord du golfe d'Akaba. Ce fut considéré comme
un *casus belli* de la part d'Israël qui était aussi menacé par les Syriens
dans le nord. Les négociations avec les États-Unis pour rouvrir le
détroit de Tiran échouèrent. L'Égypte et la Syrie préparaient la guerre,
mais Israël attaqua préventivement : le 5 juin 1967, l'aviation israélienne détruisit au sol l'aviation égyptienne et gagna la supériorité
aérienne pour le reste de la guerre. En quelques jours, les Israéliens
obtinrent des succès étonnants : dans le sud, ils occupèrent Gaza et le
Sinaï jusqu'à la rive est du canal de Suez ; au centre, ils prirent aux
Jordaniens Jérusalem et la rive ouest du Jourdain et dans le nord, aux
Syriens, les hauteurs du Golan qui dominent les approches orientales de
la mer de Galilée. Le 11 juin, un cessez-le-feu fut signé ; la guerre des
Six Jours était finie. La guerre était terminée, mais la confrontation
continuait. Israël avait réussi une série d'étonnantes opérations victorieuses : l'entraînement, l'organisation et l'équipement de l'IDF
devinrent des modèles de la guerre de mouvement à grande vitesse. Les
armées qui lui étaient opposées avaient été détruites. Non seulement
l'État d'Israël avait été protégé par une défense offensive, mais il s'était
étendu. Son territoire avait été multiplié par quatre et comptait un

million d'Arabes dans les territoires nouvellement conquis. Environ 300 000 Palestiniens traversèrent le Jourdain et contribuèrent à un désordre croissant. Ces Palestiniens des territoires occupés et dans des camps de réfugiés devaient, dans leur grande majorité, devenir des soutiens de l'OLP, l'Organisation de Libération de la Palestine, fondée en 1964 dont la charte de 1968 appelait à la destruction d'Israël. À la suite de la guerre, fut votée la résolution 242 du conseil de sécurité des Nations Unies qui demandait une paix juste et durable où chacun des États de la région puisse vivre en sécurité et le retrait d'Israël des territoires occupés. Il devint le texte de référence pour les relations entre les Arabes et les Israéliens.

Les victoires opérationnelles d'Israël avaient provoqué un retour à la situation de confrontation stratégique d'avant la guerre mais avec une grande différence : Israël se trouvait à présent en confrontation avec un peuple et non plus avec des États déterminés. Depuis que le véritable enjeu de la confrontation entre Israël et ses ennemis arabes avait été et dans certaines limites reste l'existence même de l'État d'Israël, jusqu'à la guerre des Six Jours il avait suffi d'avoir une stratégie de survie pour fournir le cadre de toutes les actions militaires d'Israël : d'attaquer ou s'il était attaqué, de punir toute menace contre le droit des Juifs à exister dans leur propre État et de mener les opérations militaires sur les frontières de l'État ou au-delà. Les objectifs militaires de cette stratégie avaient été de battre ou de dissuader les intrusions de la guérilla ou de vaincre les forces des voisins arabes. Après la guerre, des objectifs aussi simples et précis n'étaient plus suffisants puisqu'une part importante de la confrontation devint rapidement une rivalité avec un autre peuple, non un État déterminé, à propos de son existence dans le même territoire qu'Israël. Gagner l'épreuve de force avait été fructueux jusqu'ici, mais à partir de là, dans la nouvelle confrontation avec le peuple palestinien, gagner l'affrontement de volontés devait devenir l'objectif premier. Ainsi depuis 1967, Israël avait besoin d'une stratégie globale pour gérer cette nouvelle confrontation et les Israéliens ne surent se souvenir pendant de nombreuses années de ce que les pères fondateurs de l'IDF avaient appris de leurs débuts sous le mandat britannique : que ce sont les peuples occupés qui détiennent l'initiative des opérations militaires.

Pendant les six années suivantes, la confrontation entre Israël, ses voisins arabes et les Palestiniens persista ; elle montra cependant aussi quelques signes d'insertion dans la grande confrontation de la guerre froide. Avec l'aide des fournitures et des conseillers soviétiques, l'Égypte s'arrangea pour racheter ses pertes en matériel de la guerre des

Six Jours bien plus rapidement que prévu et, entre 1968 et 1970, une guerre d'usure se déclara avec violence entre Israël et l'Égypte avec des sauts fréquents et répétés de la confrontation au conflit tactique. Un accord de cessez-le-feu fut signé le 7 août 1970. Nasser mourut en septembre et le vice-président Anouar el Sadate lui succéda qui respecta le cessez-le-feu mais garda à l'esprit le rêve de Nasser de libérer le canal. Le 6 octobre 1971, le jour sacré du Yom Kippour dans le calendrier juif, l'Égypte et la Syrie lancèrent l'opération Badr (« pleine lune » en arabe), une offensive surprise, coordonnée, contre Israël. Comme indiqué plus haut, ce que Sadate visait en montant cette opération était de créer une situation par laquelle pourraient se nouer des négociations à l'avantage de l'Égypte. Les forces syriennes attaquèrent les fortifications sur les hauteurs du Golan tandis que les forces égyptiennes s'en prenaient aux fortifications du canal de Suez et à la péninsule du Sinaï. Sur les hauts du Golan, 108 chars israéliens subirent l'assaut de 1 400 chars syriens. Sur le canal de Suez, quelques centaines d'Israéliens se défendirent contre l'attaque de 80 000 Égyptiens. Surprise sans préparation, l'IDF perdit initialement du terrain et subit de lourdes pertes. Au moins neuf États arabes y compris quatre hors du Moyen-Orient vinrent activement en aide à l'effort de guerre égyptien et syrien en fournissant avions, chars, troupes et ressources financières.

Israël mobilisa ses réserves avec le soutien des États-Unis qui organisèrent un pont aérien pour fournir munitions et pièces critiques et monta une série de brillantes contre-attaques. Au moment où un cessez-le-feu intervint, l'IDF était dans les faubourgs de Damas, avait franchi le canal de Suez et encerclé la 3ᵉ armée égyptienne. Malgré les succès finals de l'IDF sur le terrain, la guerre fut considérée comme un échec pour Israël, avec près de 2 700 tués pendant la bataille. En Égypte et en Syrie, malgré l'effondrement militaire évité de peu, la guerre d'octobre fut perçue comme une victoire. L'imprenable ligne Bar Lev le long du canal avait été percée, les troupes égyptiennes avaient pris pied sur le bord oriental du canal, les forces israéliennes avaient subi d'importantes pertes et le mythe de l'invincibilité des armes israéliennes avait été brisé dans le Sinaï et sur les hauteurs du Golan. L'IDF avait encore triomphé opérationnellement et préservé les frontières de l'État, et pourtant, la confrontation stratégique n'était toujours pas résolue. En outre, les violentes batailles avaient montré les limites de la guerre industrielle même pour Israël, société préparée à la mener : les effectifs n'y étaient pas pour être consommés à un taux industriel, ni les équipements ou les munitions n'étaient disponibles pour soutenir longtemps une bataille de forte intensité. Les deux camps avaient besoin de leur appui respectif en URSS et aux États-Unis afin d'alimenter l'effort de guerre et tandis que les deux super puissances semblaient vouloir coopérer pour leurs propres intérêts de guerre froide, elles étaient aussi préoccupées puisqu'il était clair que cette confrontation pouvait dériver hors de contrôle, s'étendant à tout le Moyen-Orient et peut-être au-delà tout en mettant en danger l'approvisionnement en pétrole. Ce furent les super puissances qui modérèrent donc Israéliens et Arabes, rendant le conflit à une confrontation mieux gérable. Dans les mois qui suivirent la guerre du Yom Kippour, le secrétaire d'État américain Henry Kissinger monta une offensive diplomatique afin d'aider à stabiliser la situation au Moyen-Orient. Le 8 janvier 1974, l'Égypte et Israël signèrent un premier accord de désengagement militaire. L'Égypte reprenait le contrôle de tout le territoire à l'ouest du canal de Suez et de l'essentiel de la rive est. Israël, bien que retirant ses troupes à 21 km à l'est du canal, conservait le contrôle du reste du Sinaï, avec la ville de Charm el Cheik qui commande les détroits de Tiran. Un second accord de désengagement entre l'Égypte et Israël fut signé officiellement à Genève en septembre 1975, dans lequel Israël évacuait des territoires et des actifs égyptiens supplémentaires. Kissinger s'arrangea aussi pour susciter un accord de désengagement entre la Syrie et Israël en mai 1974, mettant fin ainsi à 81 jours de duels d'artillerie sur le front du Golan. Israël se retira des territoires conquis en octobre 1973 et de quelques zones occupées depuis la guerre des Six Jours, y compris la ville de Qunaytra. Depuis la ligne a été surveillée par des forces de l'ONU à l'apparente satisfaction des deux parties.

Pendant les six années suivantes et avec l'active implication de la diplomatie américaine, Israël et l'Égypte résolurent leur confrontation stratégique de longue haleine. En novembre 1977, le président Sadate s'envolait pour Jérusalem, la première visite en Israël d'un chef d'État arabe. Les négociations de paix initiées entre Israël et l'Égypte continuèrent de façon intermittente en 1977 et jusqu'en 1978 lorsque les deux parties trouvèrent un accord sur deux points. Israël acceptait de se retirer de tout le Sinaï dans les trois ans et de démanteler ses bases aériennes proches du golfe d'Aqaba. Le second accord organisait une procédure pour mener des négociations afin de mettre sur pied un gouvernement autonome en Transjordanie et à Gaza afin de stabiliser la question palestinienne. Ces deux accords menèrent en 1979 à un traité de paix négocié entre Israël et l'Égypte, le premier entre Israël et l'un de ses voisins arabes. Pour leurs efforts, Sadate et le Premier ministre Begin reçurent le prix Nobel de la paix en 1978. Dans le monde arabe toutefois, nombreux étaient ceux qui considéraient comme une trahison la reconnaissance par Sadate de l'État d'Israël et la rupture du front arabe. Il fut assassiné en 1981.

Pendant ce temps, la confrontation avec le peuple palestinien gagnait en visibilité. L'OLP ayant commis une série d'actes terroristes contre des Israéliens à l'étranger, dont le meurtre de onze athlètes israéliens aux Jeux olympiques de Munich de 1972 et le détournement d'un avion d'Air France à Entebbe en 1976, s'était installée au Liban. Depuis leurs bases à la frontière sud du Liban, des combattants palestiniens effectuaient des coups de main fréquents à travers la frontière contre des cibles civiles et militaires dans Israël. En mars 1978, après le détournement d'un autobus par les Palestiniens, Israël lança une opération majeure dans le sud du Liban qui entraîna une déclaration américaine au sujet de l'« intégrité territoriale du Liban ». Le 19 mars 1978, le Conseil de Sécurité adopta la résolution 425 demandant le retrait d'Israël et la mise en place d'une force de maintien de la paix au sud du Liban, la FINUL, force intérimaire des Nations Unies au Liban qui y est restée jusqu'à ce jour. Les bases de l'OLP au Sud Liban restèrent actives et le cycle des attaques à travers la frontière et des représailles continua. En 1982, les troupes israéliennes envahirent le Liban une seconde fois. Les objectifs opérationnels israéliens étaient de détruire la puissance militaire de l'OLP dans le sud du Liban et d'y créer une zone de sécurité. Les objectifs stratégiques militaires étaient d'éradiquer la structure militaire de l'OLP et son emprise politique et économique sur le Liban, d'évincer les forces syriennes et de faciliter la création d'un Liban dominé par les chrétiens qui signerait un traité de paix avec Israël et ainsi apporterait une fin à la confrontation sur sa frontière.

Le 6 juin 1982, l'opération « Paix en Galilée » commençait. Les troupes israéliennes atteignirent rapidement Beyrouth et assiégèrent la ville où se trouvait le siège de l'OLP. Les tentatives syriennes localisées de menacer les envahisseurs furent étouffées et les deux pays choisirent d'éviter d'aller au-delà d'un conflit tactique. En août 1982, l'ambassadeur Philip Habib, l'envoyé spécial américain au Moyen-Orient négocia le retrait de l'OLP et de ses forces du Liban en Tunisie. Une force multinationale fut créée pour surveiller l'évacuation qui fut rapidement terminée le 10 septembre et pour assurer la protection des civils palestiniens restant au Liban. Dans les quelques semaines suivantes, la situation se dégrada. Le 15 septembre, les forces militaires israéliennes occupèrent le quartier musulman de l'ouest de Beyrouth après l'assassinat du président Bachir Gemayel, le président chrétien récemment élu avec lequel Israël avait espéré trouver un accord. Deux jours après, quelques partisans de Gemayel massacrèrent des centaines de Palestiniens dans deux camps gardés par Israël à Sabra et Chatila. Comme les États-Unis avaient promis solennellement à Arafat que les Israéliens protégeraient les civils palestiniens restant à Beyrouth après l'évacuation des combattants de l'OLP, le président Reagan arrangea d'urgence le retour d'un contingent militaire multinational pour procurer un certain niveau de sécurité.

Pendant l'automne 1982, se tinrent d'actives négociations entre les États-Unis, Israël et le Liban sur le retrait israélien et les termes d'un possible traité de paix entre le Liban et Israël. Un accord mettant fin à l'état de guerre entre les deux pays et prévoyant un retrait d'Israël par étape du Liban fut signé entre les parties en mai 1983 mais la Syrie refusa toute discussion sur le retrait de ses propres troupes. En juin 1985 Israël avait retiré la plupart des troupes restant au Liban, laissant une petite force résiduelle et une milice soutenue par Israël (appelée armée du Sud Liban) dans la bande sud du Liban. Ces forces structuraient une zone de sécurité tampon de 5 à 8 km de large le long de la frontière libano israélienne afin de protéger Israël des attaques lancées depuis le Liban.

Israël avait échoué à résoudre la confrontation stratégique par la force. Initialement, ses opérations avaient paru couronnées de succès et les affrontements tactiques avaient ouvert la voie à ses forces mais les victoires tactiques ne menèrent point au succès opérationnel. Avec les années, l'IDF avait développé une force apte à attaquer et rapidement battre ceux qui menaçaient ses frontières et à travers son histoire, elle avait monté des attaques pour prévenir ou punir les incursions contre ses implantations. Occasionnellement, toute la structure militaire était mobilisée en masse pour obtenir les succès opérationnels comme en 1948, 1956, 1967 et 1973. Cependant, au Liban, l'IDF fut employée à réaliser des objectifs opérationnels et stratégiques qui relevaient plus des intentions de l'adversaire que de leurs forces armées. Ses forces furent introduites sur le théâtre compliqué d'un pays malade pour combattre parmi des populations en luttes intestines et contre leur gouvernement. Ce théâtre comportait des forces d'un autre État, la Syrie, avec lequel Israël entretenait une confrontation et des Palestiniens qui n'avaient pas d'État et avec lesquels existait une autre confrontation. Aucune de ces forces adverses ne s'engagea contre Israël au niveau opérationnel tandis que les objectifs tactiques et la façon de les atteindre ne parvinrent pas à grimper au niveau du théâtre, ce qu'Israël désirait. Pour les Israéliens, l'invasion du Liban n'obtint pas le soutien populaire des grosses opérations antérieures en dehors des frontières tandis que, pour ses ennemis, l'IDF apparut moins redoutable qu'auparavant. L'impressionnante machinerie blindée avait d'abord été limitée par le terrain coupé du Liban et ensuite, avec son avant-garde fermement engluée dans la zone urbaine de Beyrouth, s'était montrée plus vulnérable que les combattants des rues ne l'avaient anticipé. D'un point de vue diplomatique, le monde en général ne voyait plus un petit peuple luttant pour sa survie mais un acteur régional puissant qui, en intervenant, aggravait une situation locale déjà dangereuse.

Après 1982, Israël resta confronté à ses ennemis, de façon relative-ment stable avec les États voisins, mais avec une intensité croissante avec la population palestinienne. En décembre 1987, l'état de frustra-tion collective de celle-ci explosa contre l'autorité israélienne en une révolte populaire connue sous le nom d'*intifada* (soulèvement) qui entraîna des manifestations, des grèves, des échauffourées et de la violence. D'abord explosions spontanées, l'*intifada* se transforma en rébellion organisée. Le « caillassage » des forces de sécurité israélien-nes et des civils par des jeunes gens et des garçons et la réaction d'hom-mes lourdement armés dans des véhicules eux-mêmes lourdement armés, souvent montrés frappant des prisonniers isolés et désarmés devint le symbole de l'*intifada*. L'armée israélienne entraînée et orga-nisée pour atteindre des objectifs concrets lors de conflits et de confron-tations entre États perdit de nombreux engagements tactiques et toutes les confrontations stratégiques associées à la stratégie de provocation et de propagande par les actes de l'*intifada*.

La force armée n'était plus adaptée à ce nouvel objet. Considérons l'infanterie comme une arme dont l'objet est de se rapprocher de l'ennemi et de le détruire. Cela a toujours été ainsi mais à notre époque l'infanterie est souvent portée par des véhicules blindés dans la bataille de manière à rester en phase avec le combat des chars, avec les avions et les communications modernes et à rester protégée pendant le trajet jusqu'à l'objectif. Mais dans le cas de l'*intifada* et dans de nombreux autres de guerres au sein de la population, qui était l'ennemi à détruire ? En termes techniques, ce sont les terroristes parmi la population pales-tinienne mais ils sont du et dans le peuple. Et si tous les Palestiniens avaient été traités comme des ennemis et avaient subi les techniques du combat rapproché, tous les Palestiniens seraient devenus sans aucun doute des ennemis. Les options étaient soit une recherche de l'ennemi très méticuleuse et conduite par le renseignement dans un envi-ronnement très hostile ou bien une destruction collective. Ayant choisi la première option, la grande puissance de l'IDF, sa masse de manœu-vre blindée et sa puissance de feu étaient de faible valeur ; elle devint dépendante de l'infanterie, une arme qui n'a été ni sélectionnée, ni entraînée ni équipée pour cette tâche. Sur ce théâtre de guerre parmi la population, les téléspectateurs voient une occupation brutale s'opposant au désir légitime d'un peuple qui veut se gouverner lui-même. Néanmoins, la tactique d'Israël pour gérer la confrontation commence à engendrer quelque succès mais faute d'une autre stratégie que de revenir au *statu quo ante* et d'un projet global pour le théâtre ou la campagne afin de guider le choix de cibles et de transformer les succès tactiques en victoire, il supprima la confrontation plutôt que de la résoudre.

L'*intifada* était assez remarquable par les capacités d'organisation de sa direction. La poursuite réussie de ses chefs affaiblit leur aptitude à résister à la concurrence d'autres organisations palestiniennes comme le Hamas ou le Djihad islamique qui sont des organisations islamiques fondamentalistes et réclamant la destruction complète de l'État juif, par opposition à l'OLP plus laïque. Entre 1989 et 1992, l'*intifada* ôta la vie à des centaines de Palestiniens de diverses factions opposées. En 1992, avec la plupart des dirigeants palestiniens derrière les barreaux, l'*intifada* commença à s'étioler. Néanmoins elle avait eu un fort impact sur l'opinion publique israélienne et sur les décisions politiques de la décennie suivante créant une dynamique en faveur de négociations pour la paix qui devaient prendre place dans les années suivantes. L'*intifada* conféra aux Palestiniens une identité qu'ils ne possédaient pas avant, à la fois dans leur esprit et dans le monde entier et une confiance en soi pour résister et affirmer leur identité par des actions militaires. Elle créa aussi un groupe d'activistes, certains extrémistes, organisés en Cisjordanie et dans la bande de Gaza où résidaient leurs propres responsables et non des fonctionnaires d'agences extérieures dépendant de la diaspora ou des États arabes. Cela apparut à la conférence de Madrid qui se tint en 1991 après la guerre du Golfe lorsque les deux parties au conflit et plus largement le Moyen-Orient furent rassemblés pour imaginer des voies de négociation, l'OLP y fut représentée par des civils palestiniens prenant position et agissant par eux-mêmes. Les Palestiniens estimaient qu'ils avaient gagné l'affrontement de volontés avec Israël ; selon eux, leur action avait anéanti la volonté du peuple israélien de persister sur le chemin du conflit. Ils avaient raison dans la mesure où l'opinion publique israélienne avait subi un profond changement, souhaitant un accord négocié au-delà du conflit persistant. Mais ils avaient tort en ce que le succès dans l'affrontement de volontés n'avait pas entraîné la victoire dans l'épreuve de force : Israël disposait toujours de la force massive d'une armée industrielle et la considérait toujours comme le moyen d'arriver directement à ses fins politiques.

La stratégie de confrontation des Israéliens contre les Arabes a persisté dans toute sa complexité. Grâce aux efforts diplomatiques internationaux considérables et à la volonté de négocier, les Jordaniens et les Israéliens aboutirent à résoudre leur confrontation et signèrent un traité de paix le 26 octobre 1994. La situation au Sud Liban continua à se présenter comme celle d'un conflit tactique, ordinairement déclenché par le Hezbollah opérant depuis le territoire libanais. Les hauteurs du Golan restèrent dans les mains d'Israël avec une petite unité d'observateurs de l'ONU pour garantir les conditions de stabilité. La confrontation avec la population palestinienne évolua également, apparemment vers une solution. Mi 1992, les Israéliens prirent contact avec le responsable norvégien de l'Institut européen de recherches pour la paix afin de mener une série de conversations secrètes et informelles entre deux professeurs israéliens et trois dirigeants anciens de l'OLP. Les entretiens débutèrent à Oslo en janvier 1993 dans le but de rédiger un document informel établissant les principes de base d'une paix future entre Israël et les Palestiniens. Les rencontres d'Oslo se développèrent pour inclure des diplomates chevronnés d'Israël et le ministre des Affaires étrangères norvégien, Johan Jorgen Holst, dont il sortit les accords d'Oslo qui furent signés à Washington en septembre 1993. Ces accords contenaient un ensemble de principes généraux mutuellement acceptés concernant une période intérimaire de cinq années pour un gouvernement palestinien autonome. Les questions concernant un statut définitif étaient reportées à des négociations ultérieures qui ne pouvaient commencer plus tard que la troisième année de la période intérimaire. L'OLP reconnaissait le droit d'Israël à l'existence dans la paix et la sécurité et affirmait également son engagement dans le processus de paix au Moyen-Orient ; il renonçait également au terrorisme. En contrepartie, Israël reconnaissait l'OLP comme représentant le peuple palestinien et déclarait sa volonté de mener les négociations avec l'OLP selon le processus de paix au Moyen-Orient[1] de Madrid. En mai 1994, au Caire, Israël et l'OLP signèrent l'accord de Gaza Jéricho qui mena à l'institution de l'autorité palestinienne. Il semblait que les conditions de la résolution de la confrontation stratégique avaient été réunies mais les implantations israéliennes continuaient à être créées et développées dans les territoires occupés et les organisations terroristes continuaient à augmenter leur activité parmi les Palestiniens. Pire

---

1. En français, Israël et le Liban font partie du Proche-Orient (note du traducteur).

encore, les esprits de chaque côté n'avaient pas été conquis : leurs intentions n'étaient pas de soutenir pleinement la transformation des accords en un résultat négocié. En novembre 1996, le Premier ministre d'Israël, Yitzhac Rabin, était assassiné par un extrémiste israélien. Ce fut le départ d'une descente en spirale vers la confrontation.

Sur la frontière libanaise, le conflit se perpétuait avec un flux stable de pertes israéliennes sans résultat positif sinon qu'Israël continuait à occuper la zone de sécurité. Il se développait un mouvement puissant au sein d'Israël en faveur du retrait pour arrêter ces pertes venant de l'occupation et de se tenir sur les frontières reconnues de l'État. Le Liban était en train de se remettre de sa guerre civile et une pression internationale s'exerçait sur Israël pour qu'il respecte ses frontières. Finalement, en 1999, Israël ramena ses troupes et la confrontation stratégique avec le Liban s'interrompit. Cependant elle subsistait avec la Syrie, le Hezbollah et les organisations terroristes palestiniennes. À l'intérieur de la Palestine, la frustration de l'opinion publique se développait par la corruption de l'autorité palestinienne et son incapacité administrative ; en même temps, colère et frustration se fixaient sur l'expansion continue des colonies israéliennes malgré les promesses de les faire cesser. En Israël s'affaiblissait la confiance en l'Autorité palestinienne pour apporter la sécurité aux frontières et pour gérer les groupes terroristes opérant depuis son territoire. Cependant, chaque fois que l'IDF lance un raid pour sécuriser Israël et imposer une mesure ou une autre au nom de la sécurité d'Israël, elle renforce son image négative dans la population palestinienne et dans le monde. L'Autorité palestinienne inefficace est encore plus affaiblie et les factions internes gagnent en importance. Arafat a appris, s'il ne le savait déjà, à éviter le statut d'État pour son peuple, car ce faisant il aurait fallu accepter les responsabilités d'un État, responsabilités que ni lui ni l'Autorité palestinienne ne pouvaient assumer même le voulant.

En septembre 2000, suscitée par la visite du Premier ministre israélien, Ariel Sharon, sur l'esplanade du Temple, une seconde *intifada* explosa. En deux jours elle s'étendit à toute la Palestine et dans Israël. La violence s'empara de l'État et des territoires avec des attentats suicide dans celui-là, des ripostes de l'IDF et des interdictions dans ceux-ci. La confrontation entre Israël et les populations de Palestine atteignit une intensité nouvelle avec un conflit de niveau tactique sans qu'aucun camp ne puisse tirer avantage d'un succès tactique au niveau opérationnel ou stratégique. Par ses succès tactiques, Israël sans aucun doute a amélioré la sécurité de son peuple, mais, ce faisant, il a renforcé l'opinion, parmi ceux qui observent le théâtre et les

Palestiniens, qu'il est un occupant brutal. Par ailleurs, les Palestiniens, en utilisant comme terroristes des enfants de 9 à 11 ans, ont aussi renforcé l'image négative d'eux-mêmes, en particulier aux États-Unis qui sont axés sur la lutte contre le terrorisme. Au résultat, c'est une situation figée qui apparaît, dans laquelle l'affrontement de volontés n'est gagné par aucun des camps. Peut-être en se retirant à l'intérieur de la « forteresse Sion » avec le plan de retrait de Gaza et en laissant un peuple sans État et sans infrastructure administrative pour se gérer surgira une situation dans laquelle l'épreuve de force, aussi longtemps qu'elle durera, finira par être gagnée et permettra de maintenir au niveau tactique et sur la terre des autres hommes, les confrontations du niveau stratégique et de théâtre.

Le conflit des Arabes contre Israël a intégré les trois périodes commentées dans le présent ouvrage : guerre industrielle, conflits latéraux à la guerre froide et la guerre au sein de la population. En vérité les deux *intifadas* sont les exemples emblématiques du nouveau paradigme et de l'inadéquation des forces conventionnelles et de la pensée convenue, fondée sur la guerre industrielle, pour gérer de telles circonstances. Ce sont à ces questions que la troisième partie de ce livre sera consacrée.

TROISIÈME PARTIE

LA GUERRE
AU SEIN DES POPULATIONS

CHAPITRE 7

TENDANCES :
NOS OPÉRATIONS MILITAIRES ACTUELLES

I L n'y a pas de date précise marquant le début de la guerre au sein des populations. Ses caractéristiques fondamentales se sont façonnées dans un monde de confrontations et de conflits, comme nous l'avons vu, pendant la période de l'immédiat après guerre ; elle affirma ses caractères propres à partir de l'antithèse de la guerre industrielle. Mais ce devint la forme dominante de la guerre après la fin de la guerre froide bien qu'en réalité la guerre industrielle eut cessé de représenter une option réaliste dès l'apparition de la bombe atomique. Dans l'intervalle, comme la deuxième partie de cet ouvrage l'indique, les conflits latéraux à la guerre froide commencèrent à présenter certains aspects du nouveau paradigme. Ce fut seulement après 1991, pour deux raisons principales, que la plupart des conflits en revêtirent tous les caractères. D'abord, la fin de la « Grande Confrontation » relâcha toutes les limites dans lesquelles tout conflit naissant avait été contenu dans l'intérêt des deux blocs. Comme nous l'avons déjà indiqué, nombre de confrontations post coloniales, à l'intérieur des États ou entre la puissance impériale se retirant et les populations locales, finissaient par être englobées dans la grande confrontation de la guerre froide. Mais, en même temps, d'autres confrontations ou conflits avaient été maintenus sous contrôle par l'un des blocs ou grâce à l'équilibre de puissances entre les deux. Une fois les blocs dissociés, ces conflits latents se mirent à émerger, dans de nombreuses parties du globe mais en particulier dans les Balkans et sur de vastes espaces africains. Dans la plupart des cas, ils se déclarèrent à l'intérieur des États plutôt qu'entre États, c'est-à-dire au sein de la population.

Le nouveau paradigme devint dominant en 1991 parce que ce fut également le moment où la guerre industrielle devint réellement obsolète. En effet, c'est la guerre froide, soutenue par la destruction mutuelle assurée, qui avait imposé le maintien des structures et de l'apparence externe du paradigme de la guerre industrielle interétatique. Celle-ci terminée, le vide dans le paradigme devint évident, l'Ouest ayant gagné sans tirer un coup de feu. Il n'y avait jamais eu de guerre, seulement une confrontation permanente qui n'avait jamais dégénéré en conflit ; à la fin, le pacte de Varsovie s'effondra avec l'Union soviétique et la perspective d'une guerre totale entre les blocs disparut. Toutefois, les États des deux alliances gardaient encore une puissance industrielle. Tous présentaient une certaine importance, nombre d'entre eux avaient gardé la conscription et tous disposaient des capacités industrielles pour la guerre : véhicules blindés de combat, canons, chasseurs-bombardiers et, pour certains États, navires de guerre, avec les industries de défense pour les soutenir. Dans les quinze années qui suivirent, les armées devinrent plus petites et surtout professionnelles, puisque la plupart des États avaient aboli la conscription, la Russie elle-même envisageant cette réforme. Mais les armes et équipements subsistaient pour la plupart, soit de propos délibéré en étant recomplétés avec les mêmes types et modèles, comme aux États-Unis, ou prenant de l'âge et portant le testament d'une autre époque et d'un autre concept dans la plupart des États européens où un intérêt déclinant pour les dépenses de défense conférait au remplacement des équipements une faible priorité. Au début, la situation se modifia après la guerre froide parce que les États voyaient la fin de la confrontation comme la fin de toutes les menaces et voulaient toucher « les dividendes de la paix ». Si leurs forces devaient être déployées, ce ne pouvait donc être que comme « gardiens de la paix ». En même temps, ce concept s'harmonisait bien avec un tropisme croissant pour la morale et la légalité dans l'usage de la force armée. Le concept de guerre juste a été débattu pendant des siècles mais le débat s'est plus récemment focalisé sur ces questions avec le procès de Nuremberg ; il se trouvait au centre de l'idée de Nations Unies et clairement dans les définitions de la charte des Nations Unies sur l'usage de la force pour la résolution des conflits. Pendant la guerre froide, ces débats s'apaisèrent mais, lorsque la confrontation s'acheva, ils revinrent sur le devant de la scène. Ils ont conservé aujourd'hui une position dominante dans les discours publics internationaux. Les attentats terroristes du 11 septembre fragilisèrent la perception des dividendes de la paix en Europe mais ne proposèrent pas une idée claire des menaces ou des ennemis réclamant une réponse militaire, autrement que le spectre sans forme et toujours présent du

« terrorisme ». Comme remarqué en début d'ouvrage, le terrorisme en tant que tel n'est pas un ennemi identifié : c'est un concept menaçant, occasionnellement mis en œuvre par des individus travaillant ensemble dans des organisations floues. Or, sans un ennemi, il n'est pas possible de définir une stratégie et sans stratégie, il n'est possible que de prendre les décisions les plus vagues sur les armes et les équipements nécessaires. En aval, les armées se sont réduites en Europe mais ont gardé l'organisation et les équipements d'un autre âge pour d'autres batailles.

Ce sont avec ces armes et ces armées que nous intervenons maintenant dans les conflits, nous, c'est-à-dire les nations de l'OTAN, tout comme la Russie et la plupart des nations ex-soviétiques et bien d'autres encore, organisées pour combattre dans une guerre industrielle alors qu'elles sont engagées dans des guerres au sein de la population. Pire encore, comme nous le verrons, en utilisant ces forces dans nos conflits modernes, nous pouvons, sans y penser, contribuer aux efforts de nos adversaires, rendant ainsi notre dessein beaucoup plus difficile à réaliser. Cela peut sembler une anomalie, mais ce n'est pas la seule. Pour beaucoup, ces nouveaux conflits depuis 1990 apparaissent comme une anomalie : il y a des avions lâchant des projectiles de précision, des missiles tirés de rampes de haute technologie, des soldats casqués en tenue de combat, des dirigeants politiques engageant sérieusement des hommes au combat et soulignant l'importance de l'enjeu et promettant le succès. En bref, les conflits récents possèdent tout le décor et les images emblématiques de la guerre industrielle, mais ces guerres semblent ne jamais devoir être gagnées. La finalité des chapitres suivants est d'expliquer ces anomalies apparentes, à partir de l'analyse historique des deux premières parties selon les six traits fondamentaux qui caractérisent le paradigme de la guerre au sein de la population :

- Les fins pour lesquelles on se bat ne sont plus des objectifs concrets qui décident d'un résultat politique mais façonnent les conditions dans lesquelles ce résultat peut être obtenu.
- Nous combattons au sein des populations, non sur un champ de bataille.
- Nos conflits semblent éternels, sans fin.
- Nous combattons de manière à préserver la force armée plutôt qu'en risquant tout pour aboutir à l'objectif.
- À chaque occasion, de nouveaux usages sont trouvés aux armes et organisations anciennes issues de la guerre industrielle.

- Les camps ne sont pas des États, la plupart du temps, et sont plutôt constitués de groupements internationaux agissant contre des entités non étatiques.

LES FINALITÉS POUR LESQUELLES NOUS NOUS BATTONS ONT CHANGÉ

La guerre industrielle avait des objectifs stratégiques clairement définis. Elle a été utilisée pour créer des États, pour détruire le fascisme et obtenir la fin de l'Empire ottoman. Dans la guerre au sein de la population, les finalités pour lesquelles on recourt à la force militaire ont été transformées en quelque chose de plus complexe et moins stratégique. Comme nous l'avons vu, l'idée directrice derrière la guerre industrielle était qu'un objectif politique devait être atteint en obtenant un objectif stratégique militaire à ce point significatif que les adversaires se conformaient à votre volonté, l'intention étant de trancher la question grâce à la force armée. Ces objectifs stratégiques s'exprimaient volontiers par les termes de « prendre », « tenir », « détruire ». Lors des deux guerres mondiales, chaque camp cherchait à réaliser ces objectifs sur le champ de bataille, étant entendu qu'un tel résultat aurait entraîné l'aboutissement de la finalité politique, ce qui intervint dans les deux conflits. Par opposition à ces buts stratégiques concrets, nous sommes portés aujourd'hui à mener des opération plus « soft », plus souples, complexes, avec des objectifs sous-stratégiques. Nous n'intervenons plus pour prendre ou tenir un territoire ; en fait, l'intervention ayant eu lieu, la principale préoccupation est de chercher à laisser le territoire plutôt qu'à le garder. À la place, c'est dans le but de créer les conditions dans lesquelles les objectifs politiques pourront être atteints par d'autres voies et moyens que nous intervenons dans un conflit ou même que nous décidons d'en entreprendre un. Afin d'obtenir le résultat politique souhaité de stabilité et, si possible, de démocratie, nous cherchons à créer un environnement conceptuel favorable à la diplomatie, aux stimulations économiques, aux pressions politiques et autres mesures adaptées. Les objectifs de l'autre partie se révèlent aussi de cette nature puisqu'ils n'ont pas les moyens de mener une guerre industrielle ; ceux qui estiment les posséder ont été battus, comme l'Irak en 1991. Ils essaient eux aussi de changer les conditions de la confrontation. Comme nous le verrons, la finalité des interventions internationales dans les Balkans, dans les années 1990, ne fut jamais d'arrêter la guerre ou de détruire l'agresseur, mais plutôt de recourir à la force armée pour créer les conditions qui autorisent l'activité humanitaire, qui ouvrent à la négociation et confèrent à une administration internationale la possibilité d'aboutir au résultat politique désiré. De façon comparable, lors des deux interventions en Irak en 1991 et en 2003, les armées n'avaient pas comme objectif une reddition inconditionnelle de l'État, mais la création des conditions qui permettraient à un nouveau régime de se mettre en place.

En bref, donc, si la victoire stratégique décisive est la marque distinctive de la guerre industrielle interétatique, « créer les conditions » peut être perçu comme la marque du nouveau paradigme de la guerre au sein de la population. Cette tendance apparut très rapidement après la seconde guerre mondiale pour deux raisons. D'abord parce que les voies et les moyens de réaliser un but militaire stratégique étaient devenus inacceptables : une réponse militaire industrielle, souvent contre des ennemis pauvrement armés, aurait révélé un usage disproportionné de la force militaire et aurait coûté très cher tandis que l'escalade ultime, l'arme nucléaire eût été d'un prix déraisonnable dans tous les cas, et non pas seulement parce qu'elle pouvait déboucher sur une autre guerre généralisée. Ensuite, il n'y avait pas de partie stratégique à conquérir : le plus souvent, l'ennemi potentiel ne présentait pas une cible justifiable d'une attaque stratégique puisque, dans la plupart des conflits de la guerre au sein de la population, l'ennemi apparaît en petits groupes opérant au niveau tactique contre lesquels les manœuvres et la puissance de feu massive de la guerre industrielle ne sont pas efficaces, comme de nombreux exemples l'ont montré dans les chapitres précédents. Ces deux raisons manifestent que, dans la mesure où les buts politiques ont changé, l'usage de la force aussi : les conflits sont menés avec des objectifs infra-stratégiques.

Le terme infra-stratégique est venu d'une certaine confusion entre « déploiement » et « emploi des forces ». Nous devons déployer « stratégiquement » les forces en termes de distances ou de niveau décisionnel. Par exemple, retirer des troupes d'Irlande du Nord pour les envoyer en Irak sera un déploiement stratégique ou un redéploiement : c'est une décision de niveau stratégique que de redistribuer les forces entre les théâtres d'opérations puisque cela requiert des moyens de transport stratégique pour déplacer les forces et par conséquent de rééquilibrer les dispositions stratégiques, hommes matériels, armes, afin de soutenir les armées sur les deux théâtres en fonction du redéploiement. Cependant, aucune de ces mesures n'indique ni le niveau auquel la force doit être employée, ni l'objet pour lequel elle doit l'être. En fait, en Irlande du Nord, les unités militaires sont employées de façon réactive en aide au pouvoir civil et au plus bas niveau tactique. En Irak en 2003, les armées ont été initialement utilisées à réaliser un objectif opérationnel : la destruction des forces irakiennes et la disparition de Saddam Hussein avec l'appareil du parti Baas. Ensuite cette utilisation revint au niveau tactique lorsque la coalition dut se colleter avec l'insurrection. Dans aucun de ces cas, l'emploi de la force n'aboutit à l'objectif stratégique d'un Irak démocratique : elle ne le pouvait pas, puisqu'il eût fallu la coopération volontaire de la majorité de la population. Ainsi, en Irlande et en Irak, l'armée fut-elle employée de façon infra-stratégique : les effets de l'emploi de la force militaire ne furent pas en mesure, par eux-mêmes, d'aboutir à l'objectif stratégique.

La rhétorique politique qui accompagne tout conflit moderne ne manifeste pas ce glissement des finalités, ce qui en soi montre la confusion de notre appréhension de l'utilité de la force armée. Lorsque le conflit est ouvert, toutes les intentions affirmées tendent à déboucher sur des objectifs stratégiques concrets, sur le style de la guerre dans le sens industriel, mais les opérations et les résultats sont toujours infra-stratégiques, associés au monde de la confrontation et du conflit. Par exemple, avec la guerre de Corée, les États-Unis entrèrent en conflit à partir de la confrontation en 1950, en grande partie parce que le président Truman subissait une forte pression de son opinion, l'accusant d'être trop mou à l'égard du communisme ; son aptitude à devenir belliqueux à l'égard des Nord-Coréens s'appuyant sur l'Union soviétique fut donc utile en la circonstance. Toutefois, lorsque le conflit s'envenima jusqu'au point où fut suggéré l'emploi de la bombe atomique et que cette option fut écartée, une décision stratégique militaire devint hors d'atteinte compte tenu du prix que les alliés, et singulièrement les Américains, étaient disposés à payer. Les conditions furent alors réunies (le cessez-le-feu et le partage de la Corée) grâce auxquelles on essaya de trouver une solution diplomatique. Plus de cinquante années plus tard, on est toujours à la recherche de cette solution et depuis que la Corée du Nord déclare avoir testé sa propre bombe, la confrontation est devenue nucléaire. Les différentes guerres de libération coloniale illustrent l'aptitude de l'ennemi à éviter les attaques stratégiques. De nouveau, quelle que soit la rhétorique du moment, qui était habituellement la détermination à quitter ou à rester à n'importe quel prix, les puissances impériales cherchèrent réellement à assurer les conditions d'une stabilité suffisante pour leur permettre de transmettre le pouvoir tout en conservant une certaine influence après leur départ. Dans ces cas, l'ennemi se manifestait d'habitude par une guérilla opérant avec les conceptions de la guerre révolutionnaire, par exemple en Malaisie ou avec une organisation terroriste comme l'EOKA à Chypre. En toute occasion, nous avons vu qu'un tel ennemi n'était pas susceptible de subir une défaite stratégique par des moyens militaires. L'obtenir aurait supposé l'élimination de la population, la contre terreur, au point où par frayeur, elle rejetterait les terroristes, ou bien elle serait si bien contrôlée que les terroristes ne pourraient plus opérer ou encore seraient forcés d'aller ailleurs. Les coûts politiques pour une telle action sont stratégiquement très élevés en termes de moralité, de légalité, d'effectifs et de finances. En outre, ils sont d'une valeur opérationnelle douteuse, puisque nous l'avons vu, ces méthodes servent souvent la stratégie adverse. La tentative française de contre-terreur avec la bataille d'Alger fut un exemple concret d'une telle faute : la méthode fut militairement efficace dans la ville, mais créa des conditions politiques qui brisèrent la volonté de continuer la lutte en métropole. Au résultat, les Français se retirèrent et les généraux se mutinèrent contre cette décision. L'usage de la force avait été efficace à un niveau, mais sans utilité à un niveau supérieur.

La guerre des Malouines en 1982 fut la seule survenue pendant mon activité dont je puisse penser que l'objectif stratégique de libérer les îles ait été atteint directement par la force armée en une seule campagne : ce fut une guerre industrielle, entre États, à l'ancienne manière. Ce faisant, la Grande-Bretagne restaura le *statu quo* d'avant les hostilités, la question politique de la souveraineté restant ouverte à ce jour. À première vue, la guerre du Golfe de 1991 semble analogue puisque le Koweït fut libéré rapidement par la force. Toutefois, ce n'était pas toute l'histoire, car hormis cette libération et la restauration du *statu quo ante*, l'intention stratégique était de créer les conditions par lesquelles le comportement de Saddam Hussein serait profondément modifié ou, mieux encore, le dictateur déposé par son peuple. Le résultat final fut que l'objectif de libérer le Koweït fut atteint mais que les conditions souhaitées par la stratégie ne furent pas décisives et qu'il fallut en conséquence imposer des zones de non survol et les autres modes de sanctions et d'inspections des Nations Unies jusqu'en 2003. C'est alors que la coalition emmenée par les États-Unis envahit l'Irak dans l'intention de déposer Saddam Hussein et l'appareil de son parti Baas et de créer dans le théâtre d'opérations les conditions permettant d'installer un gouvernement démocratiquement élu pour régenter l'État à la satisfaction des Américains. L'objectif de théâtre d'occuper le pays et de destituer Saddam Hussein et son appareil fut obtenu très rapidement avec succès ; cependant, les conditions nécessaires à l'autre objectif stratégique ne le furent pas. Elles ne sont toujours pas réunies et jusqu'ici, il paraît improbable que le but stratégique d'installer un gouvernement démocratique ami dans un pays stabilisé se réalise.

À la vérité, de telles conditions favorables à la démocratie sont difficiles à obtenir militairement quand le pays est occupé, comme Israël
s'en est aperçu dans les territoires occupés et comme les puissances
impériales l'ont découvert après la seconde guerre mondiale lorsque
leurs colonies voulaient l'indépendance. La raison en est simple :
occupant le pays, les forces armées perdent l'initiative stratégique. Une
fois que tous les objectifs initiaux ont été pris ou détruits et que le pays
est tenu, que reste-t-il aux forces à réaliser stratégiquement ou même
opérationnellement ? L'initiative est accaparée par la population occupée qui peut choisir de collaborer avec les occupants ou non. Et s'ils
disposent d'un soutien populaire, ceux qui choisissent de ne pas
coopérer se retrouvent dans la position classique de la guérilla espagnole qui combattit Napoléon : ils peuvent monter leurs opérations
tactiques de destruction où et quand ils veulent, ce qui saigne et épuise
les occupants militaires les plus forts.

Les interventions de forces armées sous les drapeaux de l'ONU ou
de l'OTAN ont aussi eu pour but d'établir ou de maintenir les conditions
grâce auxquelles une décision stratégique peut être obtenue. Pendant la
guerre froide, l'ONU mit au point une catégorie d'opérations militaires
appelées « maintien de la paix » dont l'objet était de maintenir, non
d'établir, une condition. Elles étaient décidées dans le cas typique où
deux belligérants souhaitaient arrêter le combat mais où aucun des deux
ne faisait confiance à l'autre et ils avaient donc besoin d'une tierce
partie pour se tenir entre eux. Habituellement, l'ONU était sollicitée
pour fournir la tierce partie parce qu'une telle intervention se faisait
sous l'autorité de sa charte et que la force envoyée était composée de
contingents issus de nations qui n'avaient aucun intérêt dans la querelle.
Le contingent de l'ONU n'était pas censé utiliser la force sauf pour se
défendre et même, alors, sans modifier la situation respective des
parties, ce qui rendait l'utilisation du terme « force » quelque peu trom-
peur. Les opérations de longue durée de l'ONU, comme celles montées
au Cachemire ou à Chypre, sont classiques et réussies comme exemples
de maintien de la paix. Peut-être, les meilleurs exemples de ces opérations particulières à durée limitée de maintien d'une situation se
trouvent dans les nombreuses missions de l'ONU tout au long de la
chronologie complexe du conflit arabo israélien.

La première mission fut décidée le 29 mai 1948 quand le Conseil de
sécurité dans sa résolution 50 (1948) appela à une cessation des hostilités en Palestine et nomma un médiateur pour surveiller la trêve avec
l'aide d'un groupe d'observateurs militaires connu sous l'acronyme
anglais de UNTSO ; arrivé dans la région en juin 1948, il y est resté

depuis. Pour résoudre la crise de Suez en 1956-1957, le Conseil de sécurité créa la force d'urgence des Nations Unies (FUNU1) avec le mandat de sécuriser et surveiller la cessation des hostilités, y compris le retrait des forces françaises, israéliennes et britanniques du territoire égyptien et, après le retrait, de servir de tampon entre les forces israéliennes et égyptiennes et d'assurer une supervision impartiale du cessez-le-feu. À la suite de la guerre du Yom Kippour, la force d'observateurs du désengagement des Nations Unies (FODNU) fut créée par les résolutions 350 (1974) du Conseil de sécurité en date du 31 mai 1974 pour maintenir le cessez-le-feu entre Israël et la Syrie et pour surveiller les zones de séparation et limites prévues dans l'accord de désengagement. Le mandat de la FODNU a depuis été renouvelé tous les six mois, les deux belligérants se présentant aux dates fixées pour signer aux endroits indiqués, ce dont on peut déduire que les deux parties souhaitent conserver cette contrainte. Comme nous l'avons remarqué, la résolution 425 du 19 mars 1978 a installé une force de maintien de la paix internationale et toujours en fonction, la FINUL, force d'interposition des Nations Unies au Liban. Son mandat était de vérifier le retrait des Israéliens qui eut lieu en juin 1978, de restaurer la paix et la sécurité internationale et d'aider le gouvernement libanais à recouvrer son autorité effective dans cette zone.

Ces missions ont été généralement couronnées de succès à l'intérieur de leur étroite bande de maintien du cessez-le-feu, quelles que fussent les conditions générales du mandat. La moins réussie fut celle de la FINUL, puisque les raids à travers la frontière entre Le Liban et Israël persistèrent malgré les efforts consentis, un échec souvent stigmatisé dans le monde et particulièrement dans les médias. Toutefois, il s'agit plutôt d'incompréhension provenant de la conjonction malheureuse des mots « force » et « maintien de la paix » (puisque toutes sont connues sous le nom de « forces de maintien de la paix »), ce qui a souvent engendré des attentes d'intervention et d'imposition de la règle qui ne pouvaient advenir, puisque le seul objet de ces missions reste de maintenir la situation de cessez-le-feu agréée par les parties. Les pires exemples de cette incompréhension, ou vraiment de cette dissonance de compréhension, peuvent être rencontrés dans la longue saga des interventions de l'ONU dans les Balkans qui seront commentées au chapitre suivant. Évoquer le nom de la Forpronu, cette mission qui fut profondément impliquée dans les horreurs de la guerre en Bosnie, soulève *a posteriori* quelque ironie. Plus significativement et malgré les opérations des Nations Unies en 1995 et les attaques aériennes de l'OTAN qui terminèrent la guerre de Bosnie et les bombardements de

1999 au Kosovo, jamais une confrontation ne fut résolue par l'usage de la force ; les armées internationales restent mandatées dans les deux pays pour maintenir la situation de cessez-le-feu jusqu'à ce qu'une telle solution soit trouvée.

Cette tendance à changer les finalités, à rechercher par la force une situation nouvelle, éclaire un autre aspect de nos conflits modernes : nous méprisons l'ennemi. Comme ce livre le souligne, la bataille est une activité antagonique avec un ennemi et cet ennemi n'est pas inerte, attendant que nous l'attaquions pour tomber dans les pièges de notre plan. C'est un adversaire alerte et intuitif qui cherche en permanence à déjouer nos plans et à nous faire ce que nous voulons lui faire subir et même pire. Néanmoins, dans notre approche des conflits modernes, nous persistons dans l'hypothèse non formulée que notre adversaire, et singulièrement la population au sein de laquelle il opère, se conformera à nos plans et partage nos idées sur la situation future. Lorsque les évènements ne s'accordent pas à nos plans, nous sommes portés à ne pas remettre en cause nos hypothèses et à blâmer les « éléments voyous » ou les « combattants étrangers ». Cependant, en pratique et par définition, l'adversaire se bat toujours pour un but différent et récuse notre vision du futur. Refuser de respecter l'existence et l'usage de sa libre volonté créatrice, ce qui n'est pas la même chose que de respecter ses valeurs ou ses motivations, vous prédispose à la défaite. Pire encore, il va vous utiliser pour servir ses fins, pour mettre le peuple de son côté, vous humilier et battre votre force. En se battant au sein de la population, l'ennemi a délibérément choisi de conserver le niveau et la nature du conflit là où nos avantages du nombre et de l'équipement sont neutralisés. Il développe ses opérations précisément sur la ligne constatée dans l'antithèse de la guerre industrielle : créer le désordre, promouvoir sa cause par des actions publiques (*propagande par les actes*), tester par la provocation notre volonté d'agir et notre aptitude à le faire et nous inciter à sur-réagir (*stratégie de la provocation*). L'opération de l'ONU née sous une mauvaise étoile au Ruanda, UNAMIR donne un exemple de la volonté d'agir par provocation. Il avait été décidé d'arrêter l'assistance militaire arrivant chez les rebelles ruandais et, entre autres, de créer une situation dans laquelle la souffrance humaine pouvait être allégée et des élections démocratiques pouvaient se tenir. Bien que décidée en 1993, l'opération ne vit ses troupes déployées qu'en février 1994, mais il ne fallut que quelques provocations mineures des rebelles et autres parties pour constater qu'il s'agissait d'un tigre de papier avec une très faible (si tant est qu'elle existait) volonté politique internationale d'utiliser la force. Comme la situation se détériorait, certains pays contributeurs se retirèrent de sorte qu'au plus fort de la crise il y avait moins de 400 militaires des Nations Unies sur le terrain. Les rebelles avaient compris que le seuil international de tolérance était très élevé et finirent par massacrer près d'un million de personnes en une centaine de jours.

Les actes des « insurgés » en Irak après la fin du conflit officiel en mai 2003 ont aussi été des provocations à l'égard des forces de la coalition, non seulement pour leur faire du mal mais aussi pour tester leur seuil de réaction. Dans chaque cas, toutefois, l'intention sous-jacente est effectivement de provoquer une violente réaction ou, de préférence, une escalade de la violence, ce qui est utilisé pour montrer à la population irakienne l'absence de pitié et de charité des envahisseurs sous la direction des États-Unis. Ainsi, les provocations font partie de la méthode stratégique des insurgés. La finalité stratégique de la coalition est de montrer à la même population combien les insurgés sont mauvais et combien eux-mêmes sont bons. Les deux parties se battent au sein de la population avec, comme enjeu, la volonté de celle-ci qui représente la finalité ultime. En cherchant un environnement à établir, le véritable objectif politique pour lequel nous recourons à la force des armes est d'influencer les souhaits de la population. C'est une inversion par rapport à la guerre industrielle où les objectifs étaient de gagner l'épreuve de force et, par là, de briser la volonté de l'adversaire. Dans la guerre au sein de la population, l'objectif stratégique est de gagner la volonté de la population et de ses leaders et, grâce à eux, de l'emporter dans l'épreuve de force. Les dangers et le coût liés à la coercition de la population ont déjà été commentés et comme l'histoire continue à le montrer, si la coercition de la population est utilisée, elle doit l'être en permanence, sinon l'esprit d'indépendance et de liberté explose à nouveau.

Gagner les suffrages de la population est un concept fondamental et clair, mais il est encore mal compris ou ignoré des responsables politiques et militaires. Le politique continue à employer la force pour aboutir à une situation en supposant que le militaire l'obtiendra et la maintiendra. Tandis que, pendant de nombreuses années, le militaire avait compris la nécessité de gagner les cœurs et les esprits de la population locale, c'est encore souvent considéré comme une activité d'aide à la défaite des insurgés plutôt que l'objectif principal ; ce volet de l'action militaire est souvent insuffisamment pourvu en moyens et rabaissé à une simple action de bas niveau destinée à améliorer les conditions de vie de la population. Ceci nous ramène à la relation entre l'épreuve de force et l'affrontement des volontés. Puisque notre objectif principal est d'employer la force pour gagner l'affrontement des volontés, il s'en suit que chaque épreuve de force doit être gagnée de telle manière que le succès complète et soutienne les mesures pour vaincre dans l'affrontement des volontés. C'est seulement dans ces conditions que les armées auront une utilité et conduisant au résultat politique désiré.

NOUS COMBATTONS AU SEIN DE LA POPULATION

La deuxième trait est, bien sûr, que nous conduisons de plus en plus nos opérations au sein de la population. La population dans les agglomérations, dans les villes, dans les rues, dans leurs maisons, n'importe où, peut se trouver sur le champ de bataille. Les engagements militaires peuvent être conduits contre des groupes d'ennemis identifiables, évoluant parmi les civils, contre des ennemis déguisés en civils et, volontairement ou non, contre des civils car les civils peuvent devenir des cibles comme les forces adverses. Dans le premier cas, c'est qu'ils ont été pris pour des ennemis ou qu'ils se situaient près d'ennemis et, dans le second, pour les terroriser. Ceci advient parce que se déplacer parmi la population est une méthode éprouvée des guérilleros pour contourner la force de leurs opposants. Ensuite, les civils peuvent devenir des cibles parce que la volonté des populations constitue l'objectif et que l'assaillir directement est envisagé comme une attaque contre cette volonté. Enfin, il y a les médias qui introduisent la guerre dans les foyers de millions de personnes, d'électeurs dont les opinions influencent les élus, ceux qui prennent la décision d'utiliser la force.

Comme nous l'avons vu, la population est devenue un objectif pendant la seconde guerre mondiale, lorsque les agglomérations d'Europe et du Japon furent bombardées pour la terroriser et modifier sa détermination. Elle demeure depuis un objectif, avec la « purification ethnique » comme en Bosnie ou au Ruanda et avec les attentats terroristes comme ceux de l'IRA en Irlande du Nord ou de l'ETA en Espagne. Les populations attaquées pendant la seconde guerre mondiale étaient celles des gouvernements ennemis : elles étaient censées constituer la base soutenant les forces adverses. Les vagues d'attentats postérieurs sont différents, puisque les attaquants dépendent de la population pour poursuivre leur combat, qu'elle coopère ou non : ils agissent sur et parmi la population. La principale similarité entre les deux catégories est que l'objectif est politique : pendant la guerre et après, il est constitué par les souhaits ou la détermination de la population.

Le guérillero a besoin de la population pour se cacher. Il existe parmi elle comme les arbres dans la forêt. Il cherche à se fondre dans son environnement, même si lui-même et ceux de son espèce restent une minorité au sein de la société globale. Il a besoin de la population en tant que collectivité pour être entretenu. Comme un parasite, il dépend de son hôte pour le transport, le chauffage, l'éclairage, les revenus, le renseignement et la communication. Les Russes le comprirent ; avant d'attaquer et de raser Grozny en 1994-1995 pour tenter d'obtenir une bataille décisive avec les Tchétchènes, ils déplacèrent la population. Ainsi, au Kosovo en 1998-1999, dans sa logique simple et directe, l'armée yougoslave travailla sur le même principe : pas de population, pas de menace. D'où la purification ethnique, ce qui conduisit au bombardement de la province par l'OTAN. Les forces américaines également, pour leur attaque sur Falloudja en 2004, attendirent que la ville soit plus ou moins évacuée avant de commencer leur assaut principal contre les insurgés. Mais ces solutions sont fondées sur deux hypothèses souvent en défaut : d'abord que les adversaires voudront combattre selon vos propres conceptions (ce qu'il cherche à l'éviter), ensuite que la population ne pourra pas réagir à ce qui lui est fait, ce qui est faux sur une longue période.

Afin de comprendre les opérations au sein de la population et obtenir son adhésion, nous devons d'abord comprendre ce qu'elle est. C'est une entité et non un bloc monolithique. Elle est constituée d'entités fondées sur la famille, la tribu, la nation, la race, la religion, l'idéologie, l'État, la profession, la compétence, le commerce et divers intérêts. À l'intérieur de chacune de ces entités, la position de la population n'a pas de cohérence et ses vues et opinions sont variées et variables. Mais avec une direction politique, ces diverses positions prennent une forme claire. La famille va commenter une question ; où, quand et comment cela dépendra de la famille, mais un membre du clan va s'imposer et cette petite entité particulière va s'accorder sur une vue. Le président d'un club, d'un comité, politique ou social, occupera une fonction semblable, mais de façon plus formelle. Les dirigeants politiques des États sont évidemment là pour mener, guider et exprimer le discours et la position politique de leur pays. Le guérillero a besoin, avec ces nombreux cercles, d'avoir une entité pour l'entretenir, une entité dont il contrôle la position. À cette fin, il doit connaître les besoins du peuple et l'attirer dans une voie que l'État et les autres dirigeants ne veulent pas suivre.

À la base, la population souhaite des choses qui peuvent être classées entre « libération de » et « liberté de ». Elle veut être libérée de la peur, de la faim, du froid et de l'incertitude. Elle veut aussi la liberté de prospérer et d'agir. Elle souhaite profiter d'une vie de famille et d'amitié. Elle suivra celui qu'elle estime, dans les circonstances du moment, le plus apte à procurer tout cela. Même dans les régimes totalitaires dans lesquels la population n'a pas ou très peu le choix du dirigeant, il est intéressant de noter que les dirigeants utilisent la rhétorique des besoins comblés et des désirs satisfaits, sachant que la population risque toujours de se rebeller. Si les conditions de vie sont celles de la peur et de l'incertitude, alors le peuple regardera d'abord vers celui qu'il pense susceptible d'alléger ce climat ou mieux encore, de changer ces conditions. Ses dispositions à faire passer au second plan leurs autres souhaits dépend du niveau de ses peurs. Comprenant cela, le guérillero voudra créer une situation dans laquelle lui ou son chef sera le leader qui satisferait au mieux les aspirations de la population. Plus il pourra présenter son adversaire ou agresseur comme menaçant directement la population, plus il fera admettre son rôle de protecteur.

Faute d'une situation où elle pourrait faire face directement à une menace armée, la population souhaite une administration qu'elle puisse comprendre et approcher. Ceci est plus important en ville qu'à la campagne. En milieu rural, la population souhaite habituellement qu'on la laisse tranquille pour pourvoir à ses propres besoins ; dans les villes et agglomérations, les existences sont tellement interdépendantes qu'une administration est nécessaire pour faire face aux besoins. En pratique, la limite entre zones urbaines et rurales est loin d'être claire et plus les sociétés sont développées, plus les zones rurales deviennent des dortoirs ou des parcs de loisirs pour les citadins. En règle générale, l'administration n'a pas besoin d'être efficiente, ni de se conformer aux standards démocratiques lorsque son utilité est plutôt de fournir les besoins essentiels pour vivre « la libération de ». Mais lorsque ces besoins élémentaires seront satisfaits, la population va désirer au-delà et c'est lorsqu'elle s'oriente vers la « liberté de » que la population attend une grande efficacité, des comportements éthiques, etc. Il est important de bien comprendre cette question parce qu'au commencement, les besoins de la population sont souvent mieux satisfaits par une bonne administration régulière par laquelle les minorités bénéficient d'une part égale ; une égalité qui est reconnue par tous devant être garantie par la puissance de l'administration. Un fondement essentiel de la démocratie, c'est que la minorité estime que la majorité ne tire pas un avantage déraisonnable de sa situation. Pour que les valeurs démocratiques puissent se développer, cette base doit être établie dès le début. À la base de beaucoup de nos conflits modernes, on trouve une majorité qui ne respecte pas d'emblée les droits de la minorité, ou une minorité qui se perçoit comme maltraitée. Lorsque cette perception est complétée par la peur d'une attaque de l'une ou l'autre partie, nous avons une explosion potentielle n'attendant que l'étincelle.

Je réalisai ce phénomène la première fois au Zimbabwe récemment indépendant où j'étais impliqué dans la formation de la nouvelle armée. La population africaine était principalement composée de deux tribus, la majorité Shona et l'importante minorité Ndebele. Les forces qui avaient combattu dans la « lutte de libération » comprenaient les branches armées de deux partis politiques, respectivement et fermement ancrés sur l'une des tribus. Initialement, les deux partis et le commandement des deux armées étaient représentés au gouvernement et à l'armée nationale du Zimbabwe récemment formée. Mais aucun des deux ne faisait confiance à l'autre et tous deux se méfiaient des Rhodésiens. Chacune des armées de guérilla conservait des réserves d'hommes et d'armes dans leur sanctuaire respectif au Mozambique et en Zambie. Pendant les deux années suivantes, le Zanu, le parti majoritaire issu des Shona, s'implanta fortement au pouvoir et, avec l'aide de la Corée du Nord, fut capable de créer la 5e brigade, en sus des quatre que nous avions formées. Obtenir d'observer l'entraînement de cette nouvelle brigade n'était pas facile, néanmoins il devint évident que les Ndebele en étaient éliminés et qu'elle était en train de devenir une force exclusivement Shona. Presque en même temps, les réserves d'armes possédées par les Shona commencèrent à être importées ouvertement. Que ce soit une conséquence ou une anticipation, les Ndebele importèrent leurs propres armes dans le pays de façon occulte et implantèrent au Matabeleland une sorte de mouvement. Après deux années d'indépendance, le gouvernement, essentiellement Zanu, frappa brutalement. Les leaders Ndebele furent marginalisés ou arrêtés et un peu plus tard la 5e brigade fut envoyée dans le Matabeleland où elle écrasa la « révolte » avec une série d'atrocités dans les terres tribales Ndebele. Mugabe et le Zanu ont depuis gardé et renforcé leur pouvoir sur le peuple zimbabwéen.

Ce qui est arrivé au Zimbabwe est un exemple d'une population ouvertement divisée et en lutte intestine. Dans d'autres endroits, comme nous l'avons vu dans les conflits latéraux à la guerre froide et depuis, la situation en Irak étant emblématique, la force d'opposition, les insurgés, ne sont pas seulement issus de la population mais combattent en son sein pour attaquer les occupants et aussi pour obtenir une position dominante, au moins localement, pour leur propre faction ou ethnie. En menant les opérations au sein de la population, l'insurgé, terroriste, guérillero, combattant de la liberté, etc., suit un schéma quelque peu générique, toujours adapté aux circonstances particulières qu'il rencontre. Il détient une « *zone sanctuaire* » où il se sent suffisamment en sécurité pour rencontrer ceux qui partagent ses idées. Il n'ira pas jusqu'à avouer son identité et son projet, mais il voudra agir en étroite liaison, peut être même parmi ceux qui représentent le mouvement dans sa branche au grand jour. Par exemple, Al Qaïda en Afghanistan, sous les Talibans, se sentait en sécurité et pouvait se mouvoir chez ses propres sympathisants sans toutefois se déclarer en public. La guérilla détiendra une « *aire de préparation* » où elle cachera ses armes, assemblera ses bombes, planifiera et répétera ses attentats. Ici, son projet réel risque d'être découvert et il prendra de grandes précautions pour sa sécurité, adoptant des techniques comme l'organisation en cellules où seulement trois ou quatre personnes se connaissent. Les communications seront limitées et organisées de façon à éviter qu'elles soient interceptées, par exemple en utilisant les cabines téléphoniques au hasard et en payant en espèces plutôt que par cartes de crédit et chèques aisément suivis. Les aires de préparation pour Al Qaïda le 11 septembre semblent avoir été en Allemagne et en Floride. Enfin, il y a la « *zone opérationnelle* » où se trouve la cible : le but de la guérilla est de se trouver dans cette zone le moins longtemps possible puisque les guérillos sont armés, en condition d'attaquer, et que leurs intentions apparaissent alors clairement. Le respect de la chronologie, le camouflage et la tromperie sont leurs principaux atouts pour obtenir la surprise ; c'est la surprise qui sécurise leur attentat et leur permet de s'échapper.

La guérilla court les plus grands dangers lorsqu'elle se déplace en zone opérationnelle. Son comportement se modifie en effet lorsqu'elle passe à l'exécution de ses plans ; les dispositifs d'alerte peuvent le percevoir à temps et réagir efficacement. Elle cherchera à rester dans cette zone le moins de temps possible et à l'abandonner de manière à confondre ceux qui cherchent à la poursuivre concrètement ou judiciairement. Les attaques suicides, qui peuvent être assimilées à celles d'un V1 ou d'un missile de croisière, sont particulièrement efficaces en ce qu'elles peuvent être lancées d'une certaine distance de la zone opérationnelle et que leur exfiltration n'a pas lieu d'être envisagée. Les attentats du 11 septembre présentent ces caractéristiques avec le double avantage d'utiliser des avions comme armes. Cela signifie d'abord que la zone opérationnelle était l'intérieur des aéronefs. Les attaquants étaient en transit depuis la zone de préparation jusqu'à la zone opérationnelle quand ils traversèrent l'aéroport et, même si un ou deux d'entre eux étaient empêchés de monter à bord, il y avait suffisamment de conspirateurs et d'avions détournés pour réussir le coup. Les terroristes interceptés n'auraient pas constitué des preuves suffisantes de l'énormité de ce qui allait arriver.

Bien que j'aie décrit ces trois zones de façon géographique, on ne doit pas supposer que ce sera nécessairement le cas, en particulier lorsque le conflit se situe parmi la population en milieu urbain. Les trois zones peuvent être circonscrites dans le temps ; par exemple, la guérilla concernée peut exercer ses activités dans chaque zone à certains moments de la journée. Pour le guérillero, la zone de préparation est constituée par son trajet vers le lieu de travail et dans le train de banlieue ; il y rencontre ses camarades comme s'ils étaient des étrangers. Elles peuvent également être définies par des activités, c'est-à-dire qu'une zone peut être le fait d'être au club de golf ou à l'église. Même en descendant au plus bas niveau, là où le guérillero ne quitte pas son village ou sa commune, l'existence des trois zones est évidente. Il apparaîtra à un tiers comme un berger ou un garçon de course, il rencontrera des groupes séparés à des moments distincts et ses armes seront cachées. Il montrera seulement sa main lorsque la cible se présentera, peut-être une patrouille militaire ou un officiel. Les mouvements d'une zone à une autre sont des moments de vulnérabilité pour le guérillero ou le terroriste ; se transformant de l'une à l'autre, il manifeste ainsi ses intentions.

Je ne veux pas suggérer que ces schémas de comportement sont planifiés à l'avance, à l'exception peut-être des individus les plus astucieux ; il s'agit plutôt d'un processus d'essais et erreurs. Il apparaît que le guérillero n'organise une attaque que selon ses propres intuitions et que les forces de sécurité réagissent en fonction de celles-ci. Un processus darwinien intervient avec l'apprentissage du guérillero s'il survit et s'il apprend de l'engagement quelles sont les tactiques et les techniques qui réussissent. Comme cela se passe pour une population sous occupation, l'initiative opérationnelle est du côté de la guérilla. Toutefois, une fois en opération, les forces de sécurité deviennent des acteurs dans les évènements, ce qui leur donne des opportunités. Si les forces de sécurité conçoivent leurs opérations comme des moyens d'étudier leurs adversaires au lieu d'abord d'essayer de le détruire, elles obtiendront du renseignement et parviendront à une clairvoyance qui leur permettra de prendre des initiatives opérationnelles. Jusqu'à ce que cette connaissance vitale soit acquise, on ne pourra pas séparer la guérilla de la population et tant que ce ne sera pas fait, toutes les actions tactiques entreprises par les forces de sécurité portent le risque de servir la stratégie globale de la guérilla de provocation et de propagande par les actes.

Nous arrivons aujourd'hui à une nouvelle manière de combattre et d'opérer au sein de la population dans une acception plus large, à travers les médias. La télévision et Internet en particulier ont mis les conflits à portée des foyers du monde entier, ceux des électeurs et des élus. Les leaders sont influencés par ce qu'ils voient et par leur appréhension de l'état d'esprit des téléspectateurs, leur électorat. Ils réagissent sur ces perceptions souvent plutôt en fonction de leur propre avenir politique que dans l'idée de régler la question à l'origine de l'affrontement. Les confrontations peuvent dégénérer en conflits puis s'amplifier ou, au contraire, emprunter la voie inverse et diminuer de violence selon la perception transmise par les médias. Celui qui inventa l'expression « le théâtre des opérations » fut très inspiré. Nous conduisons les opérations comme si nous étions sur une scène, dans un amphithéâtre ou dans les arènes romaines. Il y a deux troupes d'acteurs, ou plus, toutes avec un producteur, le commandant, chacun d'eux ayant sa propre idée du texte. Sur le terrain, dans le théâtre réel, ils sont tous sur scène et mélangés avec les gens qui veulent occuper leur siège, les machinistes, les ouvreuses et les vendeurs de cacahuètes. En même temps, ils sont regardés par un public partial et contestataire, confortablement assis, son attention attirée vers la partie de l'auditorium la plus bruyante, observant les événements en les scrutant à travers le trou des pailles à soda qui correspond au champ de vision d'une caméra.

J'ai acquis quelques principes pour mener les opérations dans ce théâtre, fondés sur l'idée que les médias sont juste cela : un medium de masse. Dans ce cas, il s'agit d'un medium qui environne totalement votre action. Dans une large mesure, les médias sont communs à tous les acteurs du théâtre, qu'ils soient en confrontation, en conflit ou alliés. C'est un moyen de communication bien qu'on doive s'attendre à ce que le message que l'on souhaite transmettre soit ignoré au profit d'une meilleure histoire, dénaturé par des biais personnels ou éditoriaux, mal interprété faute de connaissances ou mal présenté par manque d'informations sur le contexte. Par-dessus tout, on ne doit jamais oublier que l'intérêt du journaliste ou du producteur, qui est habituellement sincère, est conduit par la nécessité de remplir un espace avec des mots et des images. J'ai recouru à cette façon de voir dans le Golfe en 1990 pour façonner la conduite des opérations contre les Irakiens. J'ai ressenti le besoin de faire quelques adaptations pour préparer ce que j'appelai une « présentation », afin de conforter le soutien de notre population et de nos alliés, pour imposer à notre ennemi une impression précise et laisser penser à mes unités qu'elles étaient bien présentées. La fonction de correspondant de guerre a un statut légal : celui qui souhaite exercer cette fonction accepte les instructions émanant des militaires et leur obéit pour se déplacer, porter éventuellement un uniforme et soumettre ses articles à la censure. En retour, le correspondant de guerre profite d'accès privilégiés, d'informations, de points de vue intéressants, de nourriture, d'un abri et de la sécurité. Je décidai qu'une fois engagés dans la bataille nous n'accepterions que des correspondants de guerre accrédités ; ils seraient répartis dans les unités de la division et mon état-major censurerait leurs copies. Puisque tous les autres articles de journalistes passeraient par la procédure du commandement central américain à Jubayl, j'offrais à mes correspondants un avantage sur les autres, car la procédure de censure britannique était bien plus rapide que celle, officielle, des Américains. Dans ces conditions mutuellement favorables, nous établissions avec ces journalistes de bonnes relations et, afin d'assurer un fonctionnement sans heurt, je créai un bureau des relations extérieures dans mon état-major. Le chef de ce bureau, chef des relations extérieures, était responsable des relations avec quiconque n'était pas dans la chaîne opérationnelle de commandement, depuis le Prince de Galles venu nous rendre visite jusqu'aux cheikh locaux et aux médias. Puisque cet officier était informé de tout développement et était réellement impliqué dans certains, les médias étaient en contact constant avec notre vécu, ce qui rendait leur vie et la nôtre plus faciles.

Sur le théâtre, les forces de tous les côtés, en particulier les dirigeants politiques et les commandants militaires, ont des relations en symbiose avec les médias : les médias ont besoin des militaires parce qu'ils sont la cause et la source de l'histoire ; les commandants ont besoin des médias pour qu'ils racontent l'histoire à l'avantage de leurs forces, mais aussi pour expliquer à leur peuple et aux gouvernants combien ils manœuvrent bien, ou, au pire, combien glorieusement ils sont en train de perdre. En outre, les chefs militaires comme les politiques ont besoin des médias pour savoir ce que perçoivent les adversaires et pour donner leur propre version des événements. Dans cette mesure, les médias sont d'une utilité majeure dans les conflits modernes pour atteindre l'objectif politique de gagner la volonté de la population. Ils sont aussi devenus le moyen de relier le gouvernement, l'armée et la population, les trois côtés du triangle de Clausewitz. Dans le cas simple de deux États en guerre, le lien dans un des triangles peut être considéré comme indépendant de celui existant dans l'autre triangle. À l'époque de la guerre industrielle, la plupart des gouvernements comprenaient un ministre de l'Information pour diriger et contrôler leurs propres médias. Mais nos conflits compliqués et les communications modernes ont changé ce système : avec des émissions pendant vingt-quatre heures et des réseaux planétaires, les médias sont dans une grande mesure communs à tous les triangles de tous les camps, il s'agit d'un medium commun. Malgré cette situation de symbiose, la relation entre le journaliste et le sujet est fragile puisque le sujet, chef militaire, dirigeant politique ou dirigeant insurgé, la sent fondée sur une promesse implicite difficile à tenir. Le dirigeant politique et le chef militaire attendent du journaliste qu'il raconte l'histoire comme eux souhaiteraient la voir racontée et comme ils l'ont racontée au journaliste. Mais le journaliste les considère comme des sources de son histoire, or les événements et les rencontres du jour sont présentés pour étayer cette histoire et non celle des dirigeants politiques ou militaires. Je n'insinue pas, bien que cela se produise, que toute copie torde ou façonne l'histoire. Les médias se proclament plutôt objectifs et tendent à ne pas l'être tandis que les dirigeants politiques et militaires, avec constance, attendent une objectivité d'une perception partagée fort improbable. En d'autres termes, ils savent que les médias ne sont pas objectifs, cependant ils leur parlent encore, les utilisent, sont désappointés et se plaignent. Ils cherchent en fait une estrade ou au mieux un porte-voix, sans comprendre que les médias sont un moyen d'information dans lequel tous les événements sont mélangés, présentés comme s'ils arrivaient concurremment et tous de la même importance, rapportés en petits morceaux digestes et ensuite mis au rancart. Les tentatives pour contrôler cette relation et l'empêcher de mal tourner s'étagent du contrôle étroit de ceux qui sont autorisés à parler à un journaliste, jusqu'au contrôle physique des journalistes. Tout ceci, bien sûr, engendre les effets opposés à ceux recherchés, puisqu'ils suggèrent aux journalistes qu'il y a des choses à cacher, qu'on les met à l'écart d'une conspiration, qu'on les empêche de trouver un squelette dans le placard ou de découvrir le « pot aux roses ». Dans cette voie, ces mesures nourrissent l'histoire journalistique plutôt que de lui donner forme, mais c'est cette histoire qui est racontée à la population, à la fois celle parmi laquelle on combat et celle du public.

Les médias ne font pas partie de l'opération mais, puisqu'ils sont partout sur le théâtre, leur présence doit être prise en compte, en particulier en choisissant la méthode pour ménager la surprise. La préoccupation de cacher sa présence et ses intentions tout en essayant de trouver celles de l'adversaire est aussi vieille que la guerre et complètement traitée par Sun Tsu qui lui consacra plusieurs chapitres de son *Art de la guerre*. Pendant les cent dernières années, les médias ont été auscultés pour obtenir des renseignements. Napoléon était un lecteur avide de la presse britannique. À présent, nous avons des médias internationaux qui ne peuvent être contrôlés, dont les outils de communication sont souvent meilleurs que ceux des militaires et qui agissent pour informer, sur le théâtre global, à la fois les acteurs et le public. Dans ces circonstances et afin de se dissimuler, je pense qu'il vaut mieux pratiquer l'illusion que la déception. Pour celle-ci, on essaie de mentir et de tromper ; pour celle-là c'est l'adversaire qui se trompe lui-même. Par exemple, en 1990 dans le Golfe, nous ne voulions pas que les Irakiens sachent que l'attaque principale s'effectuerait contre le territoire de l'Irak et non contre celui du Koweït. Nous pensions qu'ils s'intéresseraient au terrain où serait la seule division britannique ; étant le principal allié, il était probable qu'elle se trouverait sur l'axe principal de l'attaque. Il était donc important de cacher ce fait que nous nous étions déplacés de la côte du Koweït et d'Irak pour rejoindre dans le désert le deuxième corps américain chargé de l'attaque principale. Sachant que la télévision avouait rarement utiliser en fond d'écran des images d'archives, nous lui donnâmes de nombreuses possibilités de filmer avant le début du bombardement, toujours en essayant de voir la mer en arrière-plan. Lorsque le bombardement commença, nous fîmes mouvement vers le désert et arrêtâmes les facilités à la télévision. Quelques mois plus tard, regardant une bande de bulletin d'informations télévisées de la période précédant notre attaque, je fus intéressé de constater combien fréquemment on voyait des films avec la mer en toile de fond. Peut-être cela permit-il d'inscrire l'image dans l'esprit d'un des sept généraux que nous capturâmes dans l'offensive. Il indiqua à ceux qui le prirent qu'il ne savait pas que les Britanniques lui faisaient face, car il croyait que les Challenger étaient sur la côte.

Les histoires ou les images pour les médias constituent aussi une raison forte pour imaginer les conflits selon le modèle de la guerre industrielle interétatique puisqu'elles sont habituellement utilisées dans la perspective de forces militaires conventionnelles envoyées par les États-nations. À l'instar des dirigeants politiques et militaires, les médias sont encore prisonniers du concept de guerre industrielle, ne réalisant pas ou ne comprenant pas qu'il s'agit maintenant de guerre au sein de la population. En même temps, parce que les médias ont peu de place pour transmettre l'information, une à trois minutes d'écran ou d'émission, quelques centimètres dans la presse quotidienne, ils doivent travailler avec des images reconnues et avec un langage qui frappe et que comprend le public. Ces images et ce langage sont toujours issus de personnes ou de situations impliquant des armées conventionnelles dans la guerre industrielle. Ceci a engendré une nouvelle boucle, puisqu'une part du public et certaines parties des médias réalisent qu'il y a des dissonances entre ce qui est montré et vécu d'une part, et de l'autre ce qui est expliqué, le premier représentant une nouvelle forme de guerre, l'autre essayant désespérément de recourir à la structure de la guerre interétatique pour interpréter la guerre au sein de la population. Prenant un exemple dans nos bulletins d'informations télévisés ; nous y voyons souvent des soldats lourdement armés patrouillant dans des chars parmi des rues pleines de femmes et d'enfants, que ce soit en Irak, dans les territoires occupés par Israël ou ailleurs ou, à l'inverse, nous voyons des hommes et des enfants en haillons attaquant des soldats fortement armés dans des chars. Les photographies elles-mêmes heurtent notre compréhension et notre expérience, mais l'explication qui en est donnée par le reporter ou le présentateur, essayant d'expliquer les actions militaires menées par les soldats, nous déroute davantage, car ce sont des explications proposées dans la perspective militaire conventionnelle comme si deux forces équivalentes étaient engagées dans une escarmouche sur le champ de bataille. En d'autres termes, une nouvelle réalité est recomposée en fonction de l'ancien paradigme.

En somme, le second aspect du combat au sein de la population manifeste la spécificité de nos conflits présents comme leur caractéristique générale : le guérillero ou le leader adverse se déplace et combat au sein de la population, tandis que le public de ces conflits est devenu, grâce aux médias, la population du monde. Ce public mondial en vient à influencer les décisions de ses dirigeants politiques qui envoient autant (et dans certains cas plus) de forces qu'il n'y a d'événements sur le terrain. Ceux qui font la guerre au sein de la population en sont aussi venus à utiliser les médias pour peser sur les décisions et surtout sur les souhaits de ces populations qu'ils cherchent à diriger ou à coopter. Il ne s'agit pas tant du village planétaire que du théâtre planétaire de la guerre avec la participation du public.

NOS CONFLITS SEMBLENT DEVOIR ÊTRE SANS FIN

Il n'y a pas de solutions rapides dans une guerre au sein de la population. En outre, l'action au bon moment est plus importante que l'action en soi, ce qui me conduit au troisième aspect. Nos opérations se mènent de plus en plus sans égard au temps qui passe : elles continuent encore et encore. Toutes les confrontations, tous les conflits évoqués dans le précédent chapitre, le montrent bien, de la guerre inachevée en Corée à celle de Chypre, jusqu'aux trente années de la guerre d'Indochine. Les opérations en Irak continuent depuis 1990, tandis que la communauté internationale est intervenue dans les Balkans pour la première fois en 1992 et n'en voit pas la fin. Ce caractère sans fin et hors du temps apparaît pour trois raisons. La première est liée à l'objectif choisi, la deuxième à la méthode ou les deux combinées, et la troisième au glissement entre les paradigmes.

La première caractéristique de la guerre au sein de la population est que nous menons le plus souvent nos opérations pour parvenir à une situation permettant l'atteinte des objectifs stratégiques par d'autres moyens. Parfois, la situation est obtenue rapidement en une seule campagne comme pour les Malouines, mais le plus souvent elle l'est comme résultat d'une longue opération contre des adversaires utilisant des méthodes terroristes ou de guérilla. L'un des principes fondamentaux du guérillero ou du terroriste est de ne combattre que lorsque le moment lui est favorable. Il ouvre le feu lorsque les conditions du succès sont réunies et pas avant, évitant un engagement décisif qui ne soit pas à ses conditions. Même lorsqu'il combat, les « décisions » sont presque toujours tactiques plutôt qu'opérationnelles. Comme nous l'avons vu, un tel adversaire est difficile à battre rapidement. Cependant, ce qui en toute circonstance est un processus lent, le devient encore plus quand on doit prendre en considération la population au sein de laquelle ou combat. Puisque les objectifs de théâtre et stratégiques impliquent d'obtenir son soutien ou au moins qu'elle ne l'offre pas à l'adversaire, la vitesse avec laquelle est obtenue son adhésion mesure les progrès vers le but. Se précipiter pour gagner une victoire rapide contre un adversaire qui refuse de coopérer en acceptant le combat selon vos normes, notamment en combattant au sein de la population, revient probablement à s'aliéner la population plutôt que d'obtenir son adhésion. L'évidence de ce résultat indésirable peut se rencontrer dans de nombreux conflits postérieurs à 1945, l'assaut russe contre Grozny pour achever la rébellion étant un cas particulier. Je ne prétends pas qu'on ne doit pas vouloir vaincre rapidement dans le combat que l'on choisit ; c'est la voie à préférer, notamment parce que les combats coûtent moins cher lorsqu'ils sont menés rapidement et qu'un tempo rapide de coups efficaces permet d'imposer le cours de la bataille. Mais le guérillero sait cela, c'est pourquoi il choisit de petits combats à ses propres conditions. Mais ces petits combats, même s'ils se déroulent rapidement, ne s'agrègent pas par eux-mêmes en une bataille ; ils ne sont pas par eux-mêmes décisifs. C'est surtout un combat qui amènera une situation, qui, elle, aboutira à une décision décisive.

Une fois la situation acquise, elle doit être préservée dans tous les cas jusqu'à ce que les objectifs stratégiques soient atteints. En Corée, par exemple, il y a eu une imposante présence de troupes américaines depuis la signature du cessez-le-feu en juillet 1953. Même après une réduction significative due à une réorganisation générale des structures militaires américaines en 2005, il restait 25 000 hommes en Corée du Sud proprement dite et ils resteront vraisemblablement jusqu'à la signature d'un règlement final. Les très longues opérations de l'ONU illustrent aussi cet aspect. Par exemple, l'UNFICYP, la mission de l'ONU à Chypre fut instaurée en 1964 comme une mesure stabilisatrice après les violences entre les communautés grecques et turques dans l'île ; elle reste là depuis lors, par absence d'un accord mutuel. Toutefois, jusqu'à ce qu'on en trouve un, la ligne verte entre les deux communautés doit être gardée par une petite force militaire. La force a diminué avec les années, mais l'opération est entrée dans sa cinquième décennie. Là où les missions internationales sont intervenues par la force et ont plus ou moins effectué les changements exigés pour créer la situation désirée, elles doivent encore rester pour la maintenir. En 1999, l'OTAN fut à nouveau utilisée pour obtenir par des bombardements une situation souhaitée, cette fois au Kosovo. Dans ce cas, il s'agissait d'une situation grâce à laquelle Slobodan Milosevic, président de la Serbie, devait abandonner l'administration du Kosovo, une province sous souveraineté serbe, aux Nations Unies s'appuyant sur les armées de l'OTAN. L'objectif immédiat était de lever la menace d'oppression et de purification ethnique sur la majorité des habitants de la province, la minorité albanaise de Serbie. Toutefois, à aucun moment avant ou pendant la période des bombardements, il n'y eut une formulation claire d'un projet politique de long terme. Cherchait-on à susciter un Kosovo indépendant ? Ou bien était-ce pour déposer Slobodan Milosevic, pour changer le régime de Belgrade en un autre apte à gouverner le Kosovo à la satisfaction de l'ONU ? Comme indiqué plusieurs fois dans ce livre, il n'est pas possible de définir des objectifs militaires stratégiques. En conséquence, les attaques de l'OTAN et des États-Unis constituèrent une série d'événements tactiques coordonnés par l'ordre quotidien des missions aériennes qui fixait les cibles censées faire pression sur Milosevic pour évacuer le Kosovo. La condition fut remplie après soixante-huit jours de bombardement et une série d'échanges diplomatiques entre les États-Unis, la Russie et l'OSCE d'une part et Milosevic de l'autre. Après des négociations prolongées dans une tente sur la frontière macédonienne de la Serbie, l'OTAN occupa la province et l'ONU commença à l'administrer. Le déploiement et l'administration, et donc la situation, sont restés exactement les mêmes depuis : aucune solution stratégique n'a été trouvée. En somme, la caractéristique de nos opérations militaires récentes est que, plus l'opération est effectuée dans l'intention de gagner l'adhésion de la population, plus l'adversaire adopte les méthodes de la guérilla, plus complexes sont les circonstances, plus cela prendra de temps pour obtenir la situation dans laquelle une décision stratégique peut être obtenue et une solution trouvée. Une fois obtenue, cette situation doit être préservée ; comme elle est advenue en partie par la force, elle doit être préservée de la même manière en vue de la décision stratégique. Cependant, ce phénomène est lié à la troisième raison citée plus haut d'un conflit hors du temps qui passe : le changement de paradigme. En guerre industrielle, il y a besoin d'une victoire rapide puisque l'État et la société tout entière sont suspendus à cet objectif. Toute l'organisation de l'État est focalisée sur cette entreprise, tandis que la société et l'économie ont complètement arrêté leur cours normal, changé leur productivité et se trouvent dépendantes de cet enjeu. Aussi, la guerre doit être terminée le plus vite possible afin de permettre la reprise d'une vie et d'une activité normales ; dans le cas contraire, le coût pour les nations est exceptionnellement élevé comme ce fut le cas lors des deux guerres mondiales. Dans le nouveau paradigme, les opérations militaires ne sont qu'une autre activité de l'État, elles sont conçues spécifiquement pour cela comme le manifestent les exemples des guerres de Corée et du Vietnam : aussitôt qu'apparaissait le danger d'une opération militaire trop extensive ou de l'implication de la société civile au-delà de certaines limites, les projets étaient arrêtés soit par changement d'objectif, soit un retrait. En d'autres termes, les opérations militaires modernes doivent être gérées en pratique comme une activité de l'État parmi d'autres et peuvent être poursuivies presque sans fin : elles semblent ne pas relever du temps qui passe.

NOUS COMBATTONS POUR PRÉSERVER NOS FORCES

Le quatrième trait caractéristique nous ramène à l'époque pré-napoléonienne pendant laquelle les armées en guerre ne pouvaient pas s'engager complètement dans les combats décisifs car elles manquaient d'une source de main d'œuvre bon marché comme la conscription et, en raison du coût du matériel, ne pouvaient pas s'offrir de remplacer leurs forces. Ces questions sont encore aujourd'hui pertinentes pour des raisons différentes, mais avec le même effet : nous combattons de façon à préserver nos forces. Une des raisons souvent citées aujourd'hui est l'effet « cercueil » : les gouvernements démocratiques menant des opérations pour des objectifs « mous » sont mal assurés du soutien de leur population ; or, comme cela a souvent été répété, tous les États et les armées doivent garder le soutien de leur population. La fermeté des dirigeants se mesure approximativement, mais de façon aiguë, à leur degré d'aversion aux pertes. Ceci ne fait pas de doute ; je pense cependant que les causes en sont plus profondes que le besoin de conserver le soutien populaire national, si important soit-il.

D'abord, essayer de préserver son armée n'est pas l'apanage des seuls dirigeants démocratiques soucieux du soutien populaire. La guérilla et les autres forces non conventionnelles et non étatiques gèrent la guerre également de cette manière parce qu'il est difficile, consommateur de temps et coûteux de remplacer hommes et matériels. Les mêmes raisons s'appliquent aux armées conventionnelles de l'après-guerre, l'armée soviétique étant probablement la seule exception, étant donné son appel à un grand nombre de conscrits et les énormes industries de défense financées et contrôlées par l'État. Toutefois, même cette armée en vint à prendre en considération le besoin de préserver ses forces, tendance nettement renforcée avec l'armée de Russie bien appauvrie qui lui a succédé. Les armées des nations qui ont abandonné la conscription, probablement la majorité en Occident, sont en concurrence avec les autres professions, le commerce et l'industrie, pour partager la ressource nationale en main d'œuvre. En conséquence, pour offrir des soldes compétitives et pour garder de l'argent pour l'équipement et l'entraînement, elles sont en permanence portées à réduire leur nombre. Cependant, même avec ces armées bien plus petites et afin d'être compétitives sur le marché du travail national, une proportion importante du budget de la défense est habituellement consacrée aux soldes et indemnités ; dans le cas de la Grande-Bretagne, c'est de l'ordre de 50 %. Laissant de côté les opérations où les hommes ont de fortes chances d'être blessés, gaspiller les vies de ces actifs coûteux, en particulier de ceux qui ont plusieurs années d'expérience, est économiquement critiquable.

Pour les pays, notamment ceux en Europe qui ont gardé la conscription, la situation n'est pas meilleure. Souvent la loi empêche d'utiliser les appelés dans d'autres opérations que celles protégeant la terre nationale ; si les forces sont requises pour d'autres opérations, les appelés doivent être volontaires. Parfois, pour des raisons politiques internes, cela se fait même si la loi ne l'exige pas. En outre, afin d'offrir à la main d'œuvre nationale toutes ses chances d'être instruite et de trouver un emploi gratifiant, l'appelé ne sert que pour une période relativement courte et n'est formé que pour une tâche dans une seule sorte de contexte. Ainsi, lorsqu'il devient volontaire, il est souhaitable qu'il le soit pour une période plus longue pour permettre une formation supplémentaire nécessaire pour telle opération particulière. En bref, le soldat professionnel est une ressource rare qu'on ne doit pas gaspiller, particulièrement si les volontaires sont rares en raison des risques courus.

La situation n'est pas meilleure s'il s'agit de matériel : il est trop rare et cher pour être gaspillé. Si, dans la plupart des pays occidentaux, beaucoup de chaînes de formation du personnel n'existent plus maintenant que la conscription a été éliminée, les chaînes de production de matériel de guerre lourdement subventionnées n'existent plus non plus. Aussi, hormis les armes et systèmes d'armes qui sont encore fabriqués pour d'autres clients, les autres armées, il n'y a plus d'argument commercial pour conserver une chaîne réservée exclusivement à une armée, excepté peut-être sur une petite échelle pour produire des pièces détachées aux fins des réparations majeures. La détermination de l'Union soviétique à conserver ses chaînes de production du temps de guerre lorsque les forces restaient inemployées, aux dépens d'une amélioration matérielle profitant à toute la société, contribua à l'effondrement du régime. Ainsi, la réalité concrète implique que toute perte de matériel ne soit remplacée que lentement et à grands frais, ce qui n'est acceptable dans aucun État qui se propose d'autres priorités nationales, notamment pour l'amélioration des conditions de vie de la population. Il apparaît que, dans le monde occidental, seuls les États-Unis peuvent disposer de forces ou au moins de matériels en grandes quantités, bien que de fortes réserves s'expriment dans le monde politique et civil. En outre, étant donné le coût de nombreux articles, même avec un gros budget, il existe encore des limites : les forces britanniques et américaines en Irak se plaignirent en 2003-2004 de pénuries allant des gilets de protection aux moyens de communications. Finalement, la source de nombreux équipements majeurs pour la plupart des armées n'est plus nationale mais internationale et peu de nations, s'il en est, conservent un contrôle complet de la base industrielle de leur défense. Les États dotés d'une puissante économie et portés à entretenir d'importantes forces militaires comme les États-Unis, la Chine et la Russie, détiennent probablement un large contrôle sur leur industrie de défense, mais même la production pour les armées américaines est fabriquée en coopération avec des industries d'autres nations à travers le monde. Toute nation qui cherche un contrôle total sur ses approvisionnements industriels militaires devra investir des milliards et, même alors, devra accepter probablement un nombre limité de capacités.

Tout ceci nous conduit à la réalité de nos armées modernes et de nos engagements : les armées, à la fois en raison des hommes et des équipements, doivent demeurer disponibles pour de multiples éventualités. Dans le Golfe en 1990-1991, commandant la division blindée britannique, je ressentis concrètement cette idée. Je disposais de tous les chars dernier cri de l'armée britannique et parce que les moteurs n'étaient pas très sûrs, j'avais été doté de presque autant de moteurs de rechange que de chars. Le reste de l'armée avait été privé de ses équipements pour que je puisse entretenir ma division. J'étais conscient que je disposais sous mon commandement du principal des équipements modernes de l'armée, qu'il n'y avait pas de chaînes de production prêtes à remplacer les pertes et que nous avions d'autres engagements qui pouvaient avoir besoin de ces forces. J'ai pensé à ce moment que j'étais le premier général britannique depuis longtemps qui devait réfléchir à la manière de se battre pour ne pas perdre son armée. Je ne veux pas dire que mes prédécesseurs ne se préoccupaient pas de leur commandement ; ils s'en souciaient. Mais confrontés à la perspective de la bataille, ils savaient qu'il y avait des réserves d'équipements ailleurs dans les services et une industrie derrière eux capable de produire rapidement des armes de remplacement. Aucun de mes supérieurs ne m'avait dit sans ambages que j'avais l'ensemble des matériels et qu'ils souhaiteraient le voir revenir aussi complet que possible, mais j'ai été frappé, à l'occasion des visites de généraux plus anciens ou d'officiels britanniques, de voir combien ils se préoccupaient des équipements. En fait, le sentiment que je devais combattre de façon à ne pas perdre ma division configura en partie la manière dont je planifiai son emploi dans notre attaque contre l'Irak. L'ennemi se révéla assez piètre et nous rapportâmes presque tout en Angleterre.

Dans une situation ordinaire, la plupart des forces armées se trouvent dans une position analogue. Elles sont sur-engagées et ne peuvent supporter les pertes. Les contribuables paient leurs impôts pour défendre familles et foyers ; ils peuvent approuver de les voir utilisés pour d'autres entreprises, mais escomptent que leurs défenseurs soient prêts et disponibles en cas de besoin. Il faut donc estimer de combien la capacité de défense est hypothéquée en l'engageant dans ces autres entreprises. Celles-ci, comme nous l'avons vu, se situent hors du temps qui passe : une nation peut devoir engager ses forces dans une nouvelle opération, mais se trouve dans l'obligation de maintenir des forces ailleurs afin de préserver une « situation ». Si l'on considère les opérations internationales majeures depuis 1991 : l'Irak, précédant la Bosnie et la Croatie, suivies par le Kosovo, puis l'Afghanistan et l'Irak de nouveau et tandis que démarrait chacune de ces opérations, d'autres forces devaient rester derrière pour maintenir les processus engagés. En outre, il y a eu pendant cette période de nombreuses petites opérations en Afrique comme le Rwanda, le Congo, la Sierra Leone, pour ne nommer que les plus visibles pour lesquelles de nombreux pays ayant déjà des forces dans les opérations listées ci-dessus ont aussi envoyé des détachements. Ce sont des forces détournées de la défense et, dans la plupart des cas, prises sur de petites armées avec des ressources réduites. En outre, si une nouvelle crise survenait, il faudrait trouver d'autres forces pour faire face et les soutenir.

Le manque de forces et de ressources est le premier responsable des difficultés que nous rencontrons pour soutenir les forces déjà engagées. Les États-Unis, malgré l'importance comparée de leurs armées, en rencontrent également. Les armées des États européens, agrégées ensemble, apparaissent d'une taille comparable à celles des Américains mais ne parviennent pas à déployer le même volume de forces en raison du personnel employé dans les structures séparées et nécessaires à chaque pays, états-majors, quartiers généraux, ministères, etc. La raison en est que, très souvent, de telles forces sont encore organisées pour la guerre industrielle : leurs réserves en personnel sont entraînées et organisées en vue de conférer à l'armée l'aptitude à mener certaines tâches uniquement en temps de guerre. Par exemple, la plupart des armées distinguent les troupes du génie aptes au minage et contre-minage ou au franchissement et celles qui construisent les routes et les immeubles. D'habitude, les premières forment des unités de combat, les secondes des unités de réserve à rappeler en cas d'urgence et avec l'idée que les sociétés civiles auxquelles ils appartiennent ne pourront pas davantage utiliser ces hommes pendant leurs périodes militaires. Dans nos guerres modernes, nous avons davantage besoin des ingénieurs civils que des militaires requis pour de grandes manœuvres. Mais fournir ces spécialistes des routes et des immeubles équivaut à rappeler les réservistes pour de longues périodes et à réduire, par exemple, les capacités d'entretien du réseau d'autoroutes nationales. D'un point de vue politique, un tel désagrément pour la population civile serait désastreux et l'expérience est rarement tentée. En conséquence, les nombreuses forces déployées pour les guerres au sein des populations manquent des compétences nécessaires et du matériel pour accomplir les tâches souhaitables.

Au départ donc, nos armées sont encore organisées selon le paradigme industriel et nous devons constamment les réorganiser pour mener les opérations actuelles. Lorsque nous ne les réorganisons pas, nous nous apercevons que nous avons des forces importantes sur le théâtre qui contribuent peu à la réalisation des objectifs mais doivent néanmoins être protégées et approvisionnées : ces forces ne représentent aucune utilité. En outre, sans réorganisation, nous avons du mal à

soutenir l'opération. Ceci constitue une caractéristique organisationnelle de nos opérations actuelles, et j'ai indiqué dans la préface qu'il est
à présent considéré comme normal. Mais, à moins de commencer à
réorganiser nos forces à la base, nous découvrirons qu'au-delà de la
difficulté à soutenir nos forces sur le théâtre, c'est l'ensemble de notre
dispositif qui ne pourra plus être soutenu. Aussi, bien que la capacité
d'adaptation à une opération en fonction de ses conditions spécifiques
est essentielle, notre situation est différente. Il ne s'agit pas d'une
simple adaptation en réponse aux initiatives de l'ennemi, mais bien
d'une erreur conceptuelle, puisqu'il s'agit, beaucoup plus profondément, de modifier l'organisation de nos forces conçue pour la guerre
industrielle afin de l'adapter à une forme complètement différente des
conflits, la guerre au sein des populations. Si l'on veut que nos forces
soient utiles en opérations, nous devons les organiser pour prendre en
compte le changement de paradigme et la nécessité de les adapter à
chaque mission.

CHAQUE FOIS, DES USAGES NOUVEAUX SONT DÉCOUVERTS POUR LES ARMES ET LES ORGANISATIONS ANCIENNES

En conséquence de tout ce qui précède, le cinquième trait caractéristique est que nous utilisons nos systèmes d'armes d'une façon très
différente de celle pour lesquelles ils avaient été conçus. La majeure
partie de nos équipements actuels fut acquise pour faire pièce à la
menace soviétique dans le cadre de la guerre industrielle, mais les
ennemis d'aujourd'hui sont d'une nature complètement différente,
habituellement bien plus légèrement armés. À la vérité, l'arme la plus
efficace des quinze dernières années fut la machette avec laquelle près
d'un million de personnes furent massacrées en trois mois au Rwanda
en 1994. En termes purement arithmétiques, c'est un ratio plus élevé
que tout autre de la guerre industrielle. Les AK47 et les attentats
suicides ont également été efficaces, quoique moins efficients et constituent une donnée absolument centrale de la plupart des conflits actuels
dans lesquels de nombreux États et coalitions ont été engagés depuis la
fin de la guerre froide. En outre, les belligérants qui utilisent ces armes
y excellent. Je ne propose pas ici d'équiper nos armées de machettes,
mais nous devons adapter à ces conditions de combat nos armes industrielles de haute technologie.

Chaque État utilise des processus légèrement spécifiques pour
acquérir les équipements dont ses forces ont besoin, mais ils partagent
tous certaines caractéristiques. Le processus est fondé sur la logique de

la guerre industrielle : il doit y avoir une menace identifiée, un ennemi et son outil militaire, auxquels doivent répondre, de manière à le défaire, les armements et leur structure de mise en œuvre. Le point clef est de l'emporter sur la menace par le niveau technologique. Les concepts opérationnels et les organisations tendent à s'ajuster de façon à prendre l'avantage par la technologie plutôt que par la manière de combattre. Les affaires de la guerre sont étroitement liées à ce processus : il y a toujours des difficultés budgétaires, aussi est-on porté à acquérir des équipements améliorant les performances anciennes plutôt que de mettre en service des matériels d'un autre type ou d'imaginer autre chose que la menace initiale. Si on avait conçu les chasseurs bombardiers que nous utilisons maintenant sur les zones de non survol en Irak ou en Bosnie, ou pour lâcher de petites quantités de bombes sur de petites cibles tactiques, je doute que ces mêmes avions eussent été achetés. Lorsqu'un nouvel équipement est conçu, on abaisse son coût en limitant ses caractéristiques en fonction de la menace particulière. Par exemple, les chars Challenger et les quelques avions dont je disposais dans le Golfe manquaient de filtres à sable adéquats parce qu'ils avaient été conçus pour faire face à la menace soviétique dans les plaines du nord-ouest de l'Allemagne. Une fois voté, le budget n'autorise plus de dépense supplémentaire ; aussi, lorsque le besoin de chars avait finalement été reconnu, il fallut rapidement les adapter à la nouvelle menace. Les commentaires sur le général Wesley Clark (commandant suprême allié de l'OTAN en Europe (SACEUR) en 1999 au moment des bombardements sur le Kosovo) sont bien retracés dans son livre *Fighting Modern War* ; ils évoquent ses efforts pour utiliser les systèmes d'armes dont il disposait pour atteindre le but qui lui était assigné. Cette recherche d'une nouvelle voie pour utiliser des moyens acquis et structurés pour un objet et un ennemi différents et les frictions qu'elle occasionna sous-tendent une bonne partie de son ouvrage.

La raison principale vient de ce que les adversaires ont appris à se situer en dessous du seuil d'utilité de nos systèmes d'armes. Ils ont appris à ne pas présenter de cibles qui favoriseraient les armes que nous possédons et la façon dont nous les utilisons. Lorsqu'ils font une faute par excès de confiance ou par incompétence, ils souffrent mais, à moins que le coup qu'ils reçoivent soit catastrophique, ils apprennent avec l'expérience et ne recommencent pas. Considérons le cas du général Aideed, le seigneur de la guerre somalien à Mogadiscio en 1993 qui faisait face à l'armée américaine opérant en soutien des Nations Unies. Si nous comparons l'inventaire des armes et équipements des deux camps, les forces américaines étaient qualitativement et sans doute quantitativement supérieures. Mais, par accident ou par calcul, Aideed opérait de telle manière au niveau tactique qu'il n'offrait guère d'autre option aux Américains que d'accepter le combat selon ses règles ; il s'en suivit dix-huit morts et soixante-dix blessés chez les Américains qui retirèrent leurs troupes. En théorie, bien sûr, les Américains auraient pu mettre tout leur poids militaire industriel dans la balance, mais cette option fut rejetée pour des raisons de politique internationale et intérieure : la difficulté à trouver les cibles et la grande probabilité d'importantes pertes civiles emportèrent la décision à Washington. Cela aurait pu tourner différemment si Aideed avait refusé de rendre les cadavres américains, mais il comprit très bien la menace. Aideed a certainement agi comme il l'a fait parce qu'il devait trouver un moyen d'utiliser les armes en sa possession, mais en premier lieu parce que son objectif était de prendre le contrôle de la distribution de nourriture et de mettre ainsi la population sous sa coupe. Il voulait que les forces américaines s'en aillent, mais il ne voulait pas les défaire. D'un autre côté, Saddam Hussein en 1991 montra au monde qu'accepter le concept de guerre américain, notamment dans un désert ouvert et plat, n'était pas une formule de succès : ses armées furent lourdement battues. Mais il s'était mis dans une position dont il ne pouvait sortir sans y être véritablement obligé. Donc, plus les armées auxquelles il aurait à faire face seraient puissantes, plus il pouvait se présenter comme surpassé en nombre et chassé par la force, plus son dessein était accompli.

Les guérilleros et les terroristes évitent de se présenter comme des cibles convenables pour les armes et les tactiques de la guerre industrielle, au moins jusqu'à ce qu'ils soient prêts à lutter à armes égales, comme le général Giap le fit avec les Français à Diên Biên Phu. Le jeu de la guérilla est de forcer ses adversaires militaires conventionnels à combattre à ses conditions, c'est-à-dire là où elle est susceptible de prendre l'avantage, ou encore d'obliger les militaires à réagir de manière complètement industrielle contre la guérilla combattant au sein de la population et ainsi de renforcer sa stratégie de provocation et de propagande par les actes. L'IRA, qui se voit elle-même et dans une large mesure se comporte comme une armée, a opéré très prudemment en dessous du seuil d'utilité des systèmes d'armes de l'armée britannique qui, à son tour, a refusé prudemment d'introduire ces systèmes d'armes sur le théâtre irlandais. Les bataillons d'infanterie étaient réorganisés avant déploiement ; la compagnie d'appui équipée des armes d'infanterie les plus lourdes comme les mortiers était transformée en compagnie de fusiliers, tandis que le nombre d'unités affectées à la surveillance et à la reconnaissance était accru. Lorsqu'on eut besoin d'effectifs complémentaires, l'artillerie, les blindés, le génie furent à leur tour transformés en fusiliers. Toutes les unités furent soumises à un entraînement avant déploiement pour s'assurer qu'elles savaient pratiquer les tactiques mises au point pour contrer celles de l'IRA.

Les industries de défense influent également sur cet aspect d'une autre manière : les industries qui conçoivent les armes et leurs plate-formes sont portées à les fabriquer selon le modèle de la guerre industrielle. Ainsi, même lorsque ces équipements sont remplacés, parfois massivement comme dans le cas des États-Unis, cela se fait selon les hypothèses de l'ancien paradigme. Cela entraîne qu'une fois de plus il faudra réorganiser l'ensemble et l'adapter à chaque conflit ; si la réorganisation n'est pas un succès, la force sera sans utilité. Les forces américaines en Irak, par exemple, se plaignaient fin 2004 du manque de véhicules adaptés et convenablement blindés ; elles avaient apparemment besoin de récupérer du métal dans les tas de déchets pour améliorer la protection de leurs véhicules. Ce n'était pas seulement dû au manque de véhicules blindés pour leurs patrouilles en environnement hostile, mais à l'abondance de véhicules à « peau molle » qui correspondent au mode de transport normal derrière les lignes dans la guerre industrielle. Une fois encore donc, le changement de paradigme n'a pas été aperçu et ce fossé conceptuel influe sur la production des nouveaux équipements qui, souvent, ne sont pas adaptés à la forme des opérations militaires les plus courantes.

LES ADVERSAIRES SONT, LE PLUS SOUVENT, NON ÉTATIQUES

Le dernier trait caractéristique, c'est que nous tendons à mener nos confrontations ou nos conflits en regroupant plusieurs nations, en alliance ou en coalition, et contre une ou des organisations qui ne sont pas des États. Dans un grand nombre de nos conflits modernes, ce sont les militaires qui représentent des États, mais ils opèrent au sein de regroupements qui s'avèrent infra ou supra-nationaux. Dans une perspective internationale, cet aspect se présente dans une certaine mesure comme une conséquence des précédents aspects exposés : le choix des finalités et l'absence de terme dans la durée de nos opérations. Plus les objectifs sont « mous » et s'avèrent liés à la réalisation d'une condition ou à l'obtention d'une situation et plus s'allongent les délais, plus s'impose aux États intéressés la nécessité de se rassembler.

Nous nous lions dans ces accords pour plusieurs raisons : nous avons besoin de plus de forces et de plus d'espace ; nous cherchons la légitimité du nombre ; nous voulons répartir le risque… des dépenses, de l'échec, de la responsabilité. Nous voulons tous un siège à la table des négociations. Une alliance est de nature plus permanente et suppose une égalité parmi ses membres ; les coalitions sont réunies en général sur un objet et un but, mais menées par le ou les plus puissants. Une alliance se constitue en vue d'un événement à venir dans l'espoir de dissuader la poursuite d'un projet et engendre habituellement une coordination dans la planification et l'entraînement pour en augmenter l'efficacité. La principale difficulté dans une alliance est de s'entendre sur un but commun et, à partir de là, sur des objectifs stratégiques lorsqu'elle n'agit pas dans les circonstances pour lesquelles elle s'est constituée. Les coalitions surgissent en réaction à un événement particulier, les alliés se rejoignant sur un objectif partagé. Les coalitions n'exigent pas de formalisme ; ainsi l'opération américaine de 2002-2003 en Afghanistan suscita une coalition avec l'alliance du Nord et l'opération de l'OTAN au Kosovo en 1999 s'effectua en liaison avec l'Armée de Libération du Kosovo (ALK) aussi longtemps que durèrent les bombardements. Dans les opérations de nature humanitaire, on assiste aussi à des coalitions informelles avec les organisations non gouvernementales (ONG). Cependant, ces coalitions informelles exigent du doigté et un maniement prudent puisque les finalités des deux parties, armées et ONG, sont hétérogènes ; elles se sont rejointes en raison des circonstances et par nécessité plutôt que par une idéologie partagée. Qu'elle soit officielle ou informelle, on doit toujours garder à l'esprit que le ciment qui lie une coalition, c'est un ennemi commun et non un résultat politique souhaité ensemble. Il faut donc prendre des mesures pour prévoir la dissociation résultant de la victoire. L'absence de cette précaution s'est manifestée dans la profonde césure intervenue entre la Russie et les Occidentaux après la seconde guerre mondiale ou entre l'OTAN et l'ALK après la fin des bombardements en 1999.

La trinité de Clausewitz (État, armée, population) est un outil qui permet d'analyser les buts et actions des adversaires bien qu'il ne s'agisse pas d'États. Comme je l'ai déjà indiqué, le but de chaque camp, même s'il s'agit de forces internationales d'intervention, est d'emporter la détermination de la population. Ainsi un camp non étatique sera, lui aussi, dépendant de la population et lié à elle ; il sera associé à une force armée de quelque nature qu'elle soit et soutiendra une orientation politique pour sa mise en œuvre. Il est tout à fait possible, dans les premiers moments de la vie de cette ou de ces organisations, que les décisions politiques et militaires soient prises par le même petit groupe d'hommes, mais ce seront néanmoins des décisions distinctes. Un seigneur de la guerre dont le premier objectif est le profit à partir de l'exploitation de mines de diamants sur son territoire devra établir des relations politiques avec son marché, avec les autres seigneurs de la guerre et avec ses voisins pour transporter ses marchandises et ses gains. Il aura besoin de la population au moins comme source de main d'œuvre et probablement comme fournisseur de biens et services. Il aura probablement aussi besoin de forces militaires importantes pour faire appliquer ses ordres et décisions. Il les utilisera pour défendre ses intérêts et imposer à la population le soutien de sa politique. Il importe peu qu'il n'ait pas de statut apparent : il présentera une structure de pouvoir mais il agira selon sa propre logique et non la nôtre. En discutant sur son statut, on fait des hypothèses qui souvent manquent de sérieux. Je me souviens que lors de la conférence de Londres en 1995 qui, à la fin, enclencha les opérations militaires qui arrêtèrent la guerre en Bosnie, le général Joulwan, alors SACEUR, expliqua à l'auditoire que les Serbes bosniaques disposaient de trois Corps d'armée massés autour de Sarajevo. En fait, il n'y avait rien de tel. Ses officiers de renseignement avaient, semble-t-il, supposé que l'armée des Serbes de Bosnie était constituée comme une armée de l'OTAN et avaient interprété les titres des unités en conséquence, supposant que les corps étaient des formations de manœuvre plutôt que des organisations statiques de défense du territoire. Suivant cette logique, nous devons aussi être prudents pour ne pas conférer une légitimité à un adversaire et ne pas le rendre plus puissant qu'il n'est. Il ne faut pas coopérer avec ce qui n'est souvent qu'une fiction sous prétexte qu'il se présente comme un général ou le chef d'une coterie locale, ou parce qu'il accapare l'attention des médias locaux et internationaux. En faisant cela, on donnerait de la force à une telle fiction tout en lui conférant de l'importance aux yeux de la population, ce qui renforcerait d'autant sa position. Lorsqu'on commence une opération dont l'objectif est d'aboutir à une situation désirée, il faut être particulièrement attentif à éviter un faux pas. L'intervention au Kosovo constitue un exemple à méditer. L'objectif était d'éradiquer la violence de la province, violence essentiellement fondée sur des différences ethniques, en la plaçant sous administration de l'ONU. En recourant à la force militaire pour obtenir ce résultat, on fit cause commune avec l'ALK qui en fut légitimée. Malheureusement, pendant les combats et dans la période suivant immédiatement l'occupation par les forces internationales, la minorité serbe de la province fut chassée de ses maisons. En outre, en 2005, avec l'administration internationale en place, le premier ministre du Kosovo démocratiquement élu, précédemment chef de l'ALK, fut poursuivi pour crimes de guerre par le tribunal criminel international pour l'ancienne Yougoslavie en raison des crimes commis durant les combats de 1999 ; il démissionna et partit pour son procès à La Haye.

Ceci aboutit à la réalité exprimée par ce sixième trait caractéristique : les soldats de la force internationale sont les seuls véritables représentants d'États reconnus. L'entité « soldat international » n'existe pas, même s'il met un casque bleu ou se bat sous la bannière de l'OTAN ou fait partie d'une coalition internationale comme en Irak. Au moment de son recrutement, chaque soldat fait allégeance à l'État dont il relève ; il reste dans cette allégeance et dans cette structure légale tandis que l'État le prête à une alliance ou à une coalition pour un temps limité ou pour une opération. Sur le terrain donc, il sera un soldat de son pays représentant une coalition ou une organisation non nationale combattant contre un adversaire sans statut ou non étatique. Dans de telles conditions, le commandant de la force multinationale, représentant lui-même son pays, rencontre de vraies difficultés.

L'absence d'ennemi clairement défini est la principale cause de l'improbabilité de la guerre industrielle interétatique ; ceci constitue une raison majeure du nouveau paradigme pour la guerre. La boucle est ainsi fermée. La guerre industrielle entre États imposait la subordination de l'individu à l'État-nation afin d'aboutir à la victoire sur le champ de bataille. La stratégie de bombardement de la dernière guerre mondiale et l'holocauste virent l'État-nation s'en prendre à l'individu et brouiller les limites du champ de bataille. Avec le nouveau paradigme, l'individu s'est tourné contre l'État-nation avec des attentats terroristes ou l'usage de la force en dehors des structures de l'État, contre les emblèmes (y compris l'armée) de cet État-nation. S'il reste à vérifier que nous sommes sortis du monde des États-nations, on peut cependant penser que l'État-nation est en train de lutter pour conserver sa suprématie. C'est dans le contexte de cette lutte qu'il expédie ses forces en opérations, cherchant à préserver et pousser ses intérêts en tant qu'État, mais dans des engagements non interétatiques. C'est pour cette raison que les forces de l'État manquent souvent d'utilité. Nous devons à présent examiner au sein de quels mécanismes militaires et politiques de telles forces opèrent et comment elles pourraient être améliorées.

CHAPITRE 8

DIRIGER :
DÉFINIR LA FINALITÉ
DANS L'USAGE DE LA FORCE

P RIS ensemble, les six traits caractéristiques examinés dans le précédent chapitre montrent qu'il n'est plus question, désormais, de
recourir à la guerre industrielle. Nous nous engageons au contraire dans
des conflits pour des objectifs qui ne mènent pas à leur résolution par la
force des armes : à l'exception des bas niveaux tactiques, nos objectifs
tendent en effet à s'attacher plus aux souhaits de la population et de ses
dirigeants qu'à son territoire ou à ses armées. En conséquence, nous
avons souvent à batailler avec ces dirigeants pour capter les suffrages
du peuple, pour les influencer en faveur de nos intentions. Nous n'utilisons pas les armes que nous nous procurons ou que nous produisons
dans le but ou de la manière que nous attendions. Nous nous battons
avec des forces que nous ne pouvons pas nous permettre de perdre et
nous avons des difficultés à soutenir les forces que nous avons déjà
engagées. En bref, nous sommes installés dans un nouveau paradigme
de guerre, fondé sur des confrontations qui dérivent en conflits, et
cependant nous persistons à les considérer soit comme des guerres
industrielles potentielles, soit comme des avatars de ces dernières. Tant
et si bien qu'il est maintenant commun de se référer à « des opérations
militaires autres que la guerre », au « renforcement de la paix », ou
encore aux « opérations de stabilisation et de maintien de la paix »,
tandis que troupes et soldats sont devenus des « combattants de la
paix ». Il y a donc une certaine prise en compte de l'évolution de la
réalité, mais quand on l'examine précisément, on s'aperçoit que ces
expressions insérées dans les doctrines militaires officielles sont formulées dans le cadre de la vision et de l'appréhension de la guerre

industrielle. Le besoin de définir ces activités et ces acteurs comme
autre chose que la guerre est cependant reconnu, mais sans qu'il soit
perçu que c'est la vision elle-même qu'il faut changer plus que les
modes opérationnels ou la sémantique. Là, semble-t-il, on ne reconnaît
pas que c'est l'optique qu'il faudrait changer plutôt que le spectre des
opérations ou la nomenclature.

Sous cet éclairage nouveau, il devient évident que ces six aspects
reflètent réellement non seulement les caractéristiques du nouveau
paradigme mais aussi le flou constant de notre approche. Celui-ci se
manifeste dans les sphères politique et militaire et en particulier dans
leurs relations réciproques. Ce n'est pas seulement l'institution militaire
qui est encore prisonnière du paradigme de la guerre industrielle, puisque ce sont nos dirigeants politiques qui envoient nos forces chercher
une solution à un problème en supposant qu'il sera résolu par un
déploiement de forces. Ce sont eux aussi qui attribuent les budgets
militaires, qui sont responsables de maintenir la volonté politique pour
des opérations militaires et d'entretenir les troupes sous les armes. Ce
sont eux aussi qui créent les coalitions, les alliances et les missions
militaires multinationales avec leurs chaînes de commandement inévitablement complexes. C'est enfin la direction politique qui, en cherchant à utiliser les forces disponibles pour ces opérations, essaie de le
faire sans risque pour sa mise, la force elle-même, et sans s'assurer que
l'action militaire sera cohérente avec les autres actions menées à partir
d'autres leviers de pouvoir. En d'autres termes, elle cherche à utiliser
l'armée comme un outil particulier sans plan général de mise en œuvre.
Néanmoins, c'est le système militaire lui-même qui est prisonnier d'un
concept de guerre dépassé et persiste à organiser ses forces dans cette
optique. Il cherche des solutions technologiques à des menaces associées à la guerre industrielle, même si les menaces réelles ou émergen-
tes sont nettement différentes.

Fondamentalement, la relation civils-militaires qui sous-tend le
paradigme actuel pose de nombreux problèmes. Les institutions de
chaque côté se situent au cœur de la problématique, voire de l'incompréhension ou peut-être de l'ignorance réciproque des différents objectifs qui peuvent être assignés aux forces et de la manière d'utiliser
celles-ci, en particulier au sein de la population. De telles décisions se
prennent en fonction de renseignements sur l'ennemi ; les concepts de
la guerre industrielle ont laissé cependant une marque si profonde sur
les institutions traitant de ces affaires que les réalités de la guerre parmi
la population doivent être fortement affirmées. Appréhender les différents considérants d'une prise de décision et l'environnement d'un

commandant de forces qui doit, en dernier ressort, les synthétiser pour l'application de la force constitue l'objet de ce chapitre.

Comme déjà constaté, le pouvoir politique est à l'origine de la décision d'entrer dans le conflit, mais aussi du processus conduisant à formuler la fin poursuivie comme le cadre politique global. Ceci s'effectue au sein des institutions de l'État-nation qui décide de l'usage de la force militaire : ministères des Affaires étrangères, de la Défense, de la Justice et services traitant des questions militaires, qui sont eux-mêmes le résultat de l'expansion de l'État et de la guerre industrielle. Leur existence profonde et donc leur vision du monde sont induites par la guerre industrielle. Même les États dont la création est liée à l'antithèse de la guerre industrielle, telle la Chine avec la guerre révolutionnaire de Mao, adoptent les règles et les institutions de la guerre industrielle en devenant des États. Du fait de cette origine conceptuelle, le processus d'engagement des forces militaires pour réaliser des objectifs en l'absence d'une décision stratégique militaire propre à la guerre industrielle comporte des difficultés. Elles sont liées à cinq préoccupations inscrites dans toute opération militaire :

- entreprendre et entretenir l'analyse de la force adverse par l'information et le renseignement ;
- identifier et établir la finalité et les objectifs de l'opération ;
- limiter les risques de l'option choisie ;
- diriger et coordonner l'effort global ;
- susciter et entretenir la volonté d'aboutir.

Ces difficultés de compréhension qui apparaissent constamment au fil des opérations militaires, qu'elles soient nationales ou multinationales, ces dernières étant formées de forces nationales plus ou moins dirigées par leurs propres institutions, sont engendrées par des institutions prescriptrices de décisions politiques n'envisageant chaque situation que sous l'ancienne forme d'une guerre industrielle ou comme une sorte de non-guerre pour laquelle l'intervention armée est d'une utilité douteuse. Le meilleur exemple pourrait en être trouvé dans les six principes de la doctrine Weinberger et leur développement. Après la guerre du Vietnam qui a paralysé l'État dans une controverse à la fois interne et institutionnelle, de nombreuses réflexions politiques et militaires tournaient autour de la question de l'implication des États-Unis dans les conflits. La réflexion la plus notable et la plus connue fut celle du secrétaire à la Défense, Caspar W. Weinberger, qui, en 1984, établit six conditions que devait remplir un conflit avant que les États-Unis n'envisagent de s'y impliquer :

1) il devait s'avérer d'un intérêt vital et national pour les États-Unis et leurs alliés ;

2) l'intervention devait s'effectuer pleinement avec la claire intention de vaincre ;

3) les objectifs politiques et militaires devaient être clairement définis ;

4) l'adéquation entre les objectifs et les forces devait être constamment vérifiée et ajustée si nécessaire ;

5) il fallait être raisonnablement assuré que le peuple américain et le congrès soutiendraient l'intervention ;

6) l'engagement des forces américaines ne devrait être envisagé qu'en dernier ressort.

Weinberger envisageait ces conditions comme un test ; dans son esprit, il devait empêcher les États-Unis de se trouver piégés dans un nouveau cauchemar. Par la suite, le général Colin Powell, lorsqu'il se trouva président du comité des chefs d'état-major pendant la guerre du Golfe en 1990-1991, ajouta un autre principe : si les États-Unis intervenaient, les opérations devraient être brèves, n'occasionner que peu de pertes aux forces américaines, la force utilisée devait être décisive et submergeante. À première lecture, ces règles semblent tout à fait raisonnables et claires, ce qu'elles sont mais non pour nos conflits actuels ; pris un à un ou en groupes, elles se réfèrent en effet à un ensemble de conditions qui satisfont les principes politiques de la guerre industrielle. Dans l'optique d'un outil assigné à un objectif particulier, la guerre industrielle, elles sont raisonnables en tant que moyen de s'assurer que l'outil est convenablement utilisé. Mais les armées ne sont pas des outils ; ce sont les moyens qu'elles possèdent et utilisent, les armes, qui sont les outils. C'est la façon dont elles utilisent ces moyens et leurs finalités qui caractérisent les armées et leurs relations avec leurs maîtres politiques. D'un examen plus attentif, on peut percevoir que nombre des questions que les principes de Weinberger cherchent à tirer au clair avant l'événement, ne peuvent l'être que pendant ou après l'engagement et sont susceptibles de multiples interprétations. L'ajout du général Powell suppose que l'ennemi peut être vaincu rapidement et que cette défaite puisse conduire directement au but politique. Mais dans les circonstances où l'objectif est l'adhésion de la population, où l'ennemi opère par la guérilla, où les conditions d'un mode de gouvernement acceptable doivent être créées et soutenues, il est peu probable que ces conditions soient remplies. Il est clair que, dans de nombreux conflits, de Haïti à l'Irak, du Kosovo au Congo, dans lesquels les États-Unis et les autres forces internationales sont impliqués, ces conditions ne sont décidément pas satisfaites.

Pendant une période brève qui dura depuis le moment où elle fut formulée au milieu des années 1980 jusqu'à la fin de la guerre froide, les principes de Weinberger apparurent valides parce que les institutions pouvaient à bon droit arguer que l'objectif premier de la dissuasion imposait que leurs forces apparaissent de façon crédible comme capables d'engager une guerre industrielle de façon massive. À la fin de la guerre froide, cette raison s'évanouit mais nous avons continué à conduire notre analyse selon le même modèle. Toutefois, ces principes et l'éthique qu'ils traduisent sont devenus un obstacle à utiliser la force militaire efficacement puisqu'ils sont fondés sur des hypothèses floues qui ont néanmoins été inscrites dans le marbre. Prenons par exemple l'idée que « les forces doivent être engagées en dernier ressort ». Les hypothèses sur lesquelles repose une telle règle semblent être les suivantes :

- il y a un processus ordonné reconnu par les deux parties dans lequel l'usage de la force est le dernier acte ;
- la force est une alternative à d'autres options plutôt que destinée à être utilisée concurremment avec ces dernières ;
- lorsque toutes les autres options ont été épuisées, la force doit apporter une solution.

Ces hypothèses sont généralement satisfaites lorsque l'on considère la séquence « paix/crise/guerre » conduisant à la guerre industrielle en vue d'une décision stratégique militaire. Mais que se passe-t-il si l'usage de la force n'apporte pas de solution ? Doit-on simplement augmenter la force ? Et si cela devait aboutir, le prix ne sera-t-il pas trop lourd à supporter ? Quelles autres options y a-t-il alors que d'accepter la défaite ? Et sinon, comment terminer l'engagement si votre dernier moyen ne réussit pas ? Ou encore, est-ce que la défaite est une stratégie de sortie ? Comme indiqué dans les précédents chapitres, les forces américaines ont continué à être engagées dans des conflits à travers le monde en dépit des principes de Weinberger. Car, ainsi qu'un précédent secrétaire d'État, Madeleine Albright, interpella un général qui s'appuyait sur ces principes pour expliquer que les forces américaines ne devaient pas être déployées dans un conflit : « À quoi cela sert-il d'avoir toutes ces armées si nous ne les utilisons pas ? » Afin qu'on ne pense pas que je suis particulièrement critique à l'égard des États-Unis, je peux souligner que nombre de gouvernements ont envoyé des forces ici et là, dont les caractéristiques du déploiement correspondent à celles d'un conflit né dans le cadre de la guerre industrielle. J'ai entendu des raisonnements dans la ligne des principes de Weinberger dans d'autres capitales comme Londres, en particulier lorsque j'étais adjoint au chef de la division « Opérations et sécurité » au ministère de la Défense en 1993-1994. Prenons par exemple le génocide au Rwanda pendant l'été 1994. Il y eut une discussion entre le ministère proposant la politique (*Foreign and Commonwealth Office* – FCO) et le ministère de la Défense (MOD) qui se déroula pendant les semaines du massacre. Le point de départ était la reconnaissance politique des événements épouvantables qui s'y passaient, mais aussi, pour être tout à fait clair, une opinion sensée sur les faits : la nécessité de réagir humainement face à cette horreur. Le Royaume-Uni, n'ayant personne sur le terrain, avait été surpris et ne disposait que d'une description imparfaite de ce qui se passait. Le débat institutionnel fondé sur l'hypothèse que la force militaire devait être utilisée peut être déduit de ce dialogue :

FCO : Que pouvons-nous faire face aux événements du Rwanda ?

MOD : Que voulez-vous que nous fassions ?

FCO : Nous devons agir. Il faut faire quelque chose ; nous ne pouvons laisser massacrer tout ce monde. En tant que membre du Conseil de sécurité, nous ne pouvons paraître ne rien faire.

MOD : Ainsi, vous voulez utiliser la force militaire ?

FCO : Oui.

MOD : Pour quoi faire ? Pour arrêter le massacre ?

FCO : Exactement.

MOD : Contre qui voulez-vous que nous combattions ? Nous ne savons pas vraiment qui effectue cette tuerie : est-ce une tribu contre une autre ? Ou bien une force issue d'une tribu ? En plus, le Rwanda est un grand pays. D'où devons-nous partir ? De Kigali, la capitale probablement, mais nous aurions besoin d'une tête de pont aérienne.

FCO : Il doit y avoir une force internationale, bien sûr.

MOD : Mais quelle serait la finalité des Britanniques en rejoignant la force ?

FCO : De jouer notre rôle de membre permanent du Conseil de sécurité.

MOD : La Grande-Bretagne doit-elle commander la force ?

FCO : Non, celle-ci devrait être conduite par les Nations Unies, une mission normale des Nations Unies.

MOD : Cela prendra quelque temps pour se déployer ; il sera trop tard pour arrêter le massacre.

FCO : Alors la mission devra avoir pour but le retour à l'ordre après le conflit.

MOD : OK. Mais nous devons établir combien de troupes britanniques sont disponibles à présent. Étant donné les opérations en Irlande, Bosnie, et dans quelques autres endroits, ce ne sera pas beaucoup.

FCO : Qu'est-ce que vous suggérez ?

MOD : Quelles sont les priorités du gouvernement ? Contribuer à cette force a-t-il une plus grande priorité que les autres opérations que nous avons entreprises ?

FCO : Probablement non.

MOD : Dans ce cas, ces forces de l'ONU manquent toujours d'un support logistique pour l'expédition ; si nous voulons un déploiement rapide de cette force, lui offrir une unité logistique serait probablement la contribution la mieux adaptée.

FCO : Nos soldats y risqueront-ils beaucoup ?

MOD : Presque rien.

La conclusion de cette discussion fut mise en œuvre. Le résultat fut que les combats continuèrent, que le génocide se poursuivit, une nouvelle mission de l'ONU fut organisée pour restaurer l'ordre ; l'infortunée UNAMIR fut alors ramenée à moins de 400 hommes et le Royaume-Uni contribua à la logistique. Dans l'optique de ce chapitre, ce sont les attitudes sous-jacentes qui sont importantes. Nous pouvons prendre les six principes de Weinberger et observer s'ils s'appliquent ou non et voir pourquoi il n'y a pas eu d'intervention militaire. Le conflit n'était pas d'un intérêt vital ; il n'y avait absolument pas de véritable intention de vaincre ; il n'était pas possible de définir un objectif politique ou militaire ; comme les événements se déroulaient et que leur horreur grandissait, la correspondance entre les objectifs et les forces nécessaires devait en permanence être réévaluée, ce qui renforçait le choix de ne pas intervenir puisqu'il aurait fallu un trop grand nombre de soldats ; il n'y avait à ce moment qu'un faible intérêt et soutien du public pour cette intervention ; enfin l'ONU proposait une option qui signifiait que le cas « de dernier ressort » n'était pas atteint.

Ces principes sont une façon utile de comprendre ces événements, mais il est aussi important de souligner que, à la base, les deux administrations partenaires du débat évaluent si la guerre, une guerre à l'ancienne mode, industrielle, pouvait être initiée, et arrivant à la conclusion qu'elle ne le pouvait pas, celle-ci perdait tout intérêt. Or, il eut été préférable d'envoyer une mission de maintien de la paix des Nations Unies pour faire la part du désordre plutôt que pour l'arrêter, même si ceci est un exemple de situation qui aurait pu être réglée, ou au moins grandement améliorée, par une brève intervention très pointue. Ce que je veux dire par là, c'est que l'emploi de la force pouvait avoir pour objet de rendre tout à fait évident à ceux qui menaient les rebelles que la violence ethnique serait punie à la suite de la résolution des Nations Unies. Étant donné l'armement limité des rebelles, machettes et AK 47, cela n'aurait pas supposé la levée d'une force massive. Mais il n'en fut rien, car le corollaire de la formulation de Weinberger est que si la guerre n'est pas possible, il n'est pas non plus possible d'appliquer la force armée, puisque celle-ci ne peut être appliquée qu'à l'occasion d'une guerre. Ceci signifie que, dans l'esprit des décideurs, le maintien de la paix doit être et reste un avatar de la guerre industrielle et, comme tel, ne doit pas disposer de capacité de coercition.

Un caractère de la guerre moderne qui divise les niveaux politiques et militaires se perçoit dans les plaintes plutôt fréquentes au sujet des interférences politiques dans les affaires militaires. Le duc de Wellington est connu pour avoir employé son esprit aigu sur cette question dans une lettre qu'il est supposé avoir adressée au secrétaire d'État à la Guerre pendant la campagne ibérique :

> « Monseigneur,
>
> Si j'essayais de répondre à la masse de correspondances sans importance qui m'assaille, je devrais me dispenser des affaires sérieuses de la campagne… Aussi longtemps que je conserverai une position indépendante, je ne verrai pas d'officier sous mes ordres, par le soin apporté au futile non-sens de simplement faire courir la plume, empêché de s'occuper de son premier devoir qui est et a toujours été d'entraîner les soldats sous son commandement pour qu'ils puissent, sans question, battre toute force qui leur est opposée sur le terrain. »

Un autre exemple est celui de Moltke réagissant aux interférences de Bismarck. Je peux aussi me référer aux cas où, moi aussi, j'avais été irrité par ce qui m'apparaissait comme des demandes déraisonnables de politiciens. Cependant, comme cela deviendra évident dans le développement du chapitre suivant, depuis mon expérience de commandant de la FORPRONU, en 1995, lorsque j'agissais dans un vide politique, je n'ai aucun doute qu'il vaut mieux n'importe quelle forme d'implication politique que pas du tout. Une implication politique adaptée et continue constitue un élément essentiel du succès d'une opération, dans une confrontation encore plus que dans un conflit, puisque les actions politiques et militaires doivent aller dans le même sens. Ceci est particulièrement vrai à l'époque moderne, bien que ces confrontations et conflits soient souvent menés au sein d'organisations multinationales ou d'alliances de circonstances. Celles-ci rendent malheureusement une implication coordonnée exceptionnellement difficile à obtenir, puisque, alors, toutes les nuances dans les relations entre niveaux politiques et stratégiques et aussi entre entités politiques et militaires sont multipliées plusieurs fois. En théorie, il y a un mécanisme central dans chaque organisation ou coalition qui devrait permettre de rechercher et d'imposer une cohérence de pensée, de planification, de commandement et d'action. En pratique, cela n'arrive pas toujours. Dans l'OTAN, il y a un forum permanent d'ambassadeurs et de hauts représentants militaires pour négocier toute question, en particulier pendant les crises. Ces hauts responsables sont instruits par le ministère des Affaires étrangères et les plus hauts niveaux politiques de leurs capitales respectives puis ils construisent entre eux graduellement le cadre politique pour le niveau stratégique : le quartier général du commandement allié à Mons. Celui-ci à son tour est composé d'officiers de toutes les nations de l'OTAN, formant un état-major qui peut commander et diriger le déploiement sur un théâtre. Toutefois, tandis que chaque officier aide en principe et en pratique le Commandant suprême allié en Europe (SACEUR), chacun reste relié à son administration nationale. Plus un officier est élevé en grade, plus on doit s'attendre à ce qu'il ait des liens étroits avec son pays.

Alors que ces structures fonctionnent très bien en temps ordinaire, ce n'est pas toujours le cas en temps de crise. Les capitales discutent entre elles tout en donnant des instructions à leurs ambassadeurs et à leurs officiers ; de même, elles cherchent à entrer directement en contact avec leurs forces sur le terrain plutôt que de passer par la chaîne de commandement de l'OTAN. C'est une toile d'araignée extrêmement délicate et compliquée. L'ONU n'est pas une meilleure solution, puisqu'elle n'a pas de structure militaire stratégique. En conséquence, les nations gèrent directement leur contingent sur le terrain, surprenant parfois le commandant de théâtre qui essaie de les utiliser selon ses plans. Car finalement, chaque contingent reste sous le commandement de son État d'origine puisque celui-ci est la source de sa légitimité et son soutien administratif. Dans cette optique, selon les circonstances, il ne reste qu'une autorité limitée au commandant multinational. Les chefs de contingents nationaux rendent des comptes à la fois à leur commandement national et au commandant multinational. Cette dualité de commandement réclame une gestion précautionneuse, notamment en raison des facilités de transmission modernes et des médias omniprésents. En vérité, le maniement d'un commandement interallié peut être considéré comme une autre sorte de confrontation : une confrontation de collaborations maintenues unies par l'intention partagée des nations impliquées. Le commandant doit prendre grand soin de comprendre exactement jusqu'où les intentions restent communes ; plutôt que de chercher leur autorisation par un consensus, il doit s'arranger pour établir des relations avec les capitales afin d'obtenir leur consentement pour l'emploi et le déploiement des forces nationales. Ceci est difficile à réaliser, parce que la décision politique d'agir ensemble est consensuelle et que chacun veut que les autorités politiques nationales donnent leur aval aux décisions militaires qui peuvent avoir un impact politique national. Les commandants au niveau stratégique devraient faire tous les arrangements possibles pour faciliter ce passage du consensus au consentement. Mais le degré de réussite de cette entreprise dépend de la confiance que porte chaque capitale au commandant de la force multinationale, en fonction de la manière dont il comprend leur position, se soucie de leurs intérêts et sait quand et quoi demander. Ces caractéristiques du commandement existeront aussi longtemps que dureront les forces multinationales, en particulier lorsque ces forces sont issues de pays démocratiques. L'homme politique qui décide de fournir la force est responsable devant ses électeurs. Le niveau de risque qui peut être assumé pour la force est directement proportionnel à l'engagement populaire et à la confiance vis-à-vis du commandant, un homme connu peut-être seulement de réputation. À cet égard, j'ai toujours pensé qu'il vaut mieux se souvenir du vieux dicton que la renommée n'a pas de présent et que la réputation n'a pas de futur.

Lors de la guerre du Golfe de 1990-1991, commandant une opération dans ces conditions, j'ai été guidé par trois règles dont les effets étaient interdépendants.

- *Pour chaque tentative, s'assurer qu'il y a un objectif et un but en commun,* en particulier lorsque les capitales sont impliquées et souhaitent limiter les risques pris pour leurs forces, ce qui peut être difficile à réaliser. En conséquence, le commandant doit faire un effort particulier en faveur d'un ou deux contingents, mais cela entrave ses propres capacités et constitue une faiblesse que l'adversaire peut exploiter et un handicap pour l'alliance car le fardeau n'est pas normalement partagé. Une telle décision doit donc être évitée dans toute la mesure du possible.

- *S'assurer d'une certaine équité dans les risques et les récompenses.* Par cette phrase, je ne veux pas dire que chaque allié doit escompter s'exposer aux mêmes risques et obtenir les mêmes récompenses, mais doit être récompensé en fonction des risques assumés. C'est d'abord une question de présentation et doit figurer en tête des préoccupations du commandant lorsqu'il s'occupe de sa politique d'information du public, à l'occasion de laquelle la proportionnalité de la répartition de la charge est exposée de manière positive. Ceci est particulièrement important et tout à fait différent de l'habitude de se référer à ses « magnifiques alliés » au début de chaque intervention devant les caméras.

- *Fonder son commandement sur la présupposition de la bonne volonté de tous ses alliés.* Si le commandant et son équipe agissent ainsi, les autres suivront. Du jour où des attitudes délétères de méfiance, d'envie et d'inimitié se répandent dans le commandement, le moral, assez fragile, est gravement menacé. Les meilleurs avocats dans les capitales fournissant des contingents sont leurs propres chefs.

Les débats sur l'interopérabilité et la recherche de standardisation des procédures et des équipements entre les armées de nombreuses nations ont été soutenus ces dernières années. L'interopérabilité comprend les mesures nécessaires pour travailler ensemble efficacement avec les divers organisations et équipements nationaux. La standardisation indique que les mesures nécessaires pour éviter le désordre ont été prises en amont. Cependant, pour importantes que soient ces questions, elles dépendent complètement du niveau des trois facteurs humains que j'ai énumérés ci-dessus. Le commandant d'une force multinationale qui ne les intègre pas aura probablement des problèmes dans et avec son commandement.

L'organisation d'une force multinationale doit être pensée pour ce dont elle est réellement capable plutôt que pour des aspirations abstraites telles « qu'apporter la paix » et autres objets pour lesquels elle n'est ni équipée, ni particulièrement pourvue en compétences. Je nomme cette aptitude : « niveau potentiel de combat ». Comme je l'ai déjà indiqué, les composantes nationales de la force sont toutes reliées à différents organes ou à leur capitale et subissent différentes restrictions et contraintes dans leur action. Ce serait charmant s'il n'en était pas ainsi, mais la réalité doit être prise en compte par ceux qui déterminent le contexte de l'opération comme par ceux qui sont chargés de la mener. Chaque combat ou engagement tactique particulier ne peut être mené que par un groupe national homogène ; agir autrement dans l'énervement de l'instant serait demander plus à la compétence linguistique, à l'entraînement, à la culture militaire et à l'interopérabilité des équipements qu'ils ne peuvent supporter en sécurité. Cela se vérifie pour chaque arme et service. Par exemple, dans un raid aérien, les équipements autour des types d'avions et de leurs fonctions peuvent être multinationaux (bombardier, chasseur, guerre électronique, défense anti radar, commandement et contrôle), mais tous les avions attaquant une cible particulière à un moment donné doivent provenir de la même nation. Le combat à terre est plus compliqué, car même dans un groupe restreint comme un escadron blindé, il y a entre 9 et 12 véhicules engagés sur une zone déjà vaste. Sauf dans un désert plat, cela signifie que chaque chef de char possède une appréhension différente du combat, dépendant de la nature du terrain où il se trouve et de sa position par rapport à l'objectif. Ajoutons quelque soutien en artillerie ou en infanterie et, bien sûr, le feu de l'ennemi et la question devient beaucoup plus complexe. Il serait absurde d'attendre des commandants qu'ils traduisent les ordres à ce moment dans une autre langue.

L'idée du « niveau de combat » peut être utilisée dans deux circonstances. La première intervient lorsque l'on se trouve déjà en situation, ce qui m'est arrivé en Bosnie en 1995. Ma force était principalement composée de bataillons de différentes nations ; chacun était déployé sur sa propre zone, accomplissant sa mission et avec une base à garder en sécurité. En conséquence, aucun bataillon ne pouvait manœuvrer au complet, ce qui signifiait que le niveau de combat dont je pouvais disposer était au mieux une compagnie renforcée, une subdivision de bataillon.

Toutefois, l'adversaire que je dus finalement affronter, les Serbes bosniaques, opérait en compagnies ou bataillons regroupés soutenus par l'artillerie. Ainsi, en toute hypothèse, pour vaincre, j'avais besoin de disposer de bataillons issus des seules nations susceptibles de manœuvrer ensemble avec le soutien de l'artillerie. Du fait du déroulement des événements, ce dispositif fut fourni par la France, la Grande-Bretagne et les Pays-Bas. Grâce à lui, je pus planifier l'utilisation de ma force au mieux, choisissant les objectifs de la taille appropriée et échelonnant dans le temps les combats des entités nationales de sorte que chacune et, à la fin, leur ensemble, atteigne l'objectif global. Sans cette appréhension du « niveau potentiel de combat », on est susceptible d'utiliser sa force à mauvais escient et de la voir s'écrouler dans ses mains. Cela n'aurait aucune utilité.

Il vaut mieux procéder à cette analyse au début des événements, ce qui introduit la seconde circonstance étudiée, lorsque l'opération est examinée à sa naissance et au niveau stratégique. Par exemple, lorsque, en 1999, nous préparions l'entrée de l'OTAN au Kosovo, je m'aperçus que la défense serbe était organisée autour de groupements de niveau bataillon. Pour que les forces de l'OTAN pénétrant au Kosovo soient dissuasives ou coercitives, il fallait être capable de combattre au niveau de la brigade. En tant que responsable de la création de la force, je cherchai, parmi les pays de l'Alliance, des brigades qui furent trouvées en Grande-Bretagne, en France, en Italie, en Allemagne et aux États-Unis. En prenant de l'avance sur l'événement, nous fûmes capables d'affecter aux commandants subordonnés une force qu'ils pouvaient utiliser.

Ce développement sur le « niveau potentiel de combat » suppose de concevoir l'organisation d'une force multinationale en fonction de l'adversaire, afin de décider sur le terrain quelle force ennemie elle est capable de surpasser. Mais, dans tous les cas, si l'on se bat, la nature du combat, le choix des cibles, des objectifs, des armes et des manières de les employer, tout est affaire de considérations sur la légalité. Quand le Conseil de sécurité enclenche une opération de l'ONU, il le fait soit en application du chapitre VI de la charte qui n'autorise l'usage de la force qu'en légitime défense – en d'autres termes, par réaction et non afin d'atteindre un objectif – ou bien en application du chapitre VII qui autorise « tous les moyens nécessaires... pour remplir la mission », en d'autres termes, par une action déterminée. Le contrôle politique dans toutes les formes de déploiement multinational, ONU, OTAN ou coalitions, est aussi exercé par les règles d'engagement (ROE) qui trouvèrent leur formulation moderne à l'occasion de la guerre froide dans le but de définir les réactions vis-à-vis de l'adversaire dans tous les cas de figure possibles. Surtout, l'objet de ces ROE était d'empêcher tout événement contingent de dégénérer en guerre nucléaire. Ainsi les ROE proscrivaient l'action militaire et nous appliquons à présent cette interdiction, logique, à des circonstances qui ne sont en rien semblables, ce qui s'avère un facteur inhibiteur pour un usage approprié de la force dans les circonstances actuelles.

D'un point de vue plus pratique, les ROE et la définition d'une opération en application des chapitres VI ou VII de la charte peuvent apparaître cohérentes entre elles grâce à une petite incidente, par exemple, une mission se référant au chapitre VII pour laquelle les ROE n'autorisent que la défense légitime. Il doit y avoir aussi un certain degré de cohérence avec un troisième document légal commun aux déploiements internationaux actuels, l'accord sur le statut des forces (SOFA) qui définit les conditions de la présence d'une force dans un État autrement que par une intervention de vive force. Alors que la plupart des gens croient, si jamais ils y pensent, que la communauté internationale ou n'importe quel pays peut simplement implanter des troupes dans un autre pays aussi longtemps qu'il dispose de canons pour assurer son séjour, la réalité est totalement différente. Les missions des Nations Unies et toute présence militaire légale d'un État étranger doivent être agréées par l'État hôte et le statut comme les conditions selon lesquelles ces forces invitées peuvent résider sont précisés en détail. Dans les Balkans par exemple, l'ONU, au nom de toutes les troupes nationales sous son autorité, avait un agrément de type SOFA avec tous les gouvernements issus de la Yougoslavie depuis 1992. Ceux-ci indiquaient explicitement où les troupes pouvaient être cantonnées, ce qu'elles avaient le droit de faire et combien l'ONU payait pour leur séjour, etc. En revanche, au Kirghizstan, autre exemple, à la suite de l'invasion par les États-Unis de l'Afghanistan, une force composée de plusieurs nations s'installa sur le terrain d'aviation de Bichkek, la capitale. Puisqu'il n'y avait pas de force multinationale organisée sous un seul commandement, tous les pays participants signèrent des accords SOFA séparés avec le gouvernement kirghize et ce furent ces textes qui autorisèrent leurs troupes à rester sur la base aérienne et à faire usage de la force depuis ce lieu. Par opposition, le gouvernement ouzbek n'autorisa depuis son territoire que des missions humanitaires et imposa donc au SOFA un autre contenu.

Tous ces textes constituent une partie des facteurs qui dessinent et définissent la nature du théâtre. Le commandant de la force multinationale doit donc les connaître ainsi que la manière dont les contingents vont travailler ensemble afin d'être capables de planifier et de mettre en œuvre l'usage de la force. À cette fin, il doit préciser clairement le but recherché, le résultat souhaité et la façon de l'obtenir.

En 1993, travaillant au ministère de la Défense à Londres, je décidai qu'il n'y avait que quatre choses que les militaires pouvaient réussir lorsqu'ils étaient envoyés en opération dans le cadre d'une confrontation ou d'un conflit politique donné : améliorer, contenir, dissuader ou forcer à, détruire. J'en donnai ensuite une conférence devant un public concerné de l'OTAN bien que je ne sois pas très sûr que cela lui fit forte impression. Mais, plus significativement, à l'occasion de toutes mes activités en service pendant les huit années suivantes, j'ai opéré dans le cadre de ces quatre fonctions :

- *Améliorer*. Cette fonction n'implique en aucune manière le recours à la force militaire. Ici la structure militaire apporte de l'aide, dresse des camps, procure des communications, construit pour aider la population civile, instruit les soldats d'autres armées ou supervise. Les militaires sont utilisés pour des missions humanitaires parce qu'ils sont disponibles, sont autosuffisants et détiennent certaines des compétences nécessaires. En bref, ils sont des initiateurs qui peuvent créer un semblant de vie civile en n'importe quel endroit et le soutenir. S'ils utilisent la force, ce n'est qu'en légitime défense. Cependant, il faut remarquer que si l'armée peut souvent constituer le moyen le plus rapide de réagir à une situation d'urgence, au moins parce qu'elle est sous la main du gouvernement, elle est très coûteuse et manque souvent des compétences dépassant l'action d'urgence, comme l'observation, première étape avant d'autres pour maîtriser les antagonistes. Les missions militaires d'observation et d'écoute apportent aussi des améliorations par leur seule présence et leur aptitude à rendre compte aux parties au conflit comme aux autres de ce qui se passe en réalité. Toutefois, si rien n'est fait à la suite de ces rapports, les observateurs perdent leur utilité et peuvent rapidement devenir un problème en eux-mêmes. Instruire et conseiller les autres armées, même fournir des conseillers comme le firent les Américains dans les premiers stades de leur implication au Vietnam (et comme le firent les Soviétiques en des pays comme l'Égypte et la Syrie), est plus proche du cœur du travail des militaires. Mais même dans ce cas, la force n'était pas directement employée par ceux qui étaient sur place, du moment que leur intention avouée était d'améliorer la capacité de la force instruite.

- *Contenir*. Cette fonction implique un certain recours à la force des armées, car ici les militaires empêchent une situation conflictuelle ou des heurts de s'étendre ou de dépasser une certaine limite. Typiquement, de telles opérations sont celles qui empêchent de tourner des sanctions commerciales, de fournir des armes ou de survoler certaines zones pour interdire l'usage de certaines armes. Les armées disposent des systèmes de renseignement et des armements pour mener ces opérations. La force est utilisée localement et en réaction aux tentatives de passer les barrières soit pour se défendre, soit pour forcer les zones ou les limites d'exclusion. La décision de recourir à la force est prise en établissant certaines ROE qui rendent aptes à des opérations particulières, mais d'habitude rien au-delà.

- *Dissuader ou forcer*. Cette fonction exige un usage plus élargi de la force car, ici, l'armée se déploie pour faire peser une menace sur l'une ou l'autre partie ou pour la brandir contre l'une d'elle afin de figer ou de modifier ses intentions. On peut citer comme exemple la confrontation de la guerre froide ou le déploiement dans le désert du Golfe pour l'opération « Bouclier du désert » afin d'empêcher l'Irak de prendre possession des puits de pétrole saoudiens de la côte, ou bien encore les actions internationales pour le Kosovo lorsque l'OTAN en 1998 menaça la Serbie de

bombardement pour la dissuader de persécuter la minorité albanaise et les bombardements de 1999 pour la forcer à évacuer
cette province. En dissuasion, la structure militaire est déployée
dans une posture menaçante, prend des dispositions pour mettre à
exécution la menace tandis que, pour la coercition, la force est
effectivement employée. Dans le cas de la dissuasion, l'emploi
de la force est habituellement étroitement contrôlé aux niveaux
politiques les plus élevés par le recours aux ROE et dans le cas de
la coercition, par un suivi politique rapproché de la liste des
cibles aussi bien que des ROE.

- *Détruire*. Cette fonction implique l'usage de la force militaire. L'armée attaque la force adverse pour détruire son aptitude
à empêcher la réalisation de l'objectif politique recherché.
Récemment, la guerre des Malouines en 1982 et l'opération
« Tempête du désert » en 1990-1991 constituent des exemples de
cet emploi des forces comme elles étaient utilisées dans les
conflits industriels classiques du type des deux guerres mondiales. Les forces militaires sont entraînées et organisées dans ce
sens ; cela correspond à ce que nous considérons comme la
première finalité des armées. Les institutions politiques, juridiques et militaires furent créées pour construire, diriger et
employer la force en conséquence.

Ces quatre fonctions se simplifient en deux couples. Le premier,
améliorer et contenir, peut être mis en œuvre sans savoir le résultat
politique souhaité bien qu'il soit préférable de l'avoir déterminé à
l'avance. Même les motifs les plus altruistes en réaction à un désastre
comme un tremblement de terre ou à un tsunami prendront un aspect
politique lorsque les forces militaires d'un État seront déployées.
Aucune de ces fonctions ne conduira à une décision ; chacune peut
créer une situation impropre à contribuer directement à la décision,
surtout parce que les responsables politiques des parties pourront continuer à travailler malgré l'endiguement ou même en bénéficier dans leur
situation. Les opérations de l'ONU entrent presque toujours dans cette
catégorie. Pour employer les deux autres fonctions, dissuasion et destruction, il faut que les actions entreprises s'inscrivent dans une stratégie qui, à son tour, requiert la définition d'un résultat politique souhaité.
Si elles sont utilisées sans s'accompagner de la mise en œuvre d'une
stratégie, leur résultat est au mieux celui des deux fonctions précédentes. Beaucoup des situations de conflits de ces dernières années à travers le monde ont suivi malheureusement cette voie inefficace. Par
exemple, en tant que partie de l'opération « Guerre entre la terreur »,

l'invasion de l'Afghanistan à la poursuite d'Oussama Ben Laden et d'Al Quaïda, se transforma à la fin en une opération visant à contenir. L'imposition des zones de non survol en Irak en 1992 présente un exemple similaire. Son objet était d'empêcher les Irakiens de persécuter les Arabes Marsh. Elle contint les forces aériennes irakiennes et empêcha qu'elles servent contre les Arabes Marsh, mais non pas la persécution de ceux-ci.

Les quatre fonctions peuvent être employées dans le cadre de chacun des trois niveaux de l'action militaire, stratégique, de théâtre et tactique, et différentes fonctions peuvent être utilisées en même temps à différents niveaux. Par exemple, la fonction stratégique peut être de « forcer à », tandis que celle de théâtre ou tactique peut être de « détruire » pour mettre la menace à exécution. L'exemple du bombardement au Kosovo en 1999 l'illustre. La fonction stratégique était de forcer Milosevic à retirer ses forces de cette province serbe de sorte que les armées de l'OTAN puissent l'occuper et l'ONU l'administrer. Remarquons au passage que ce résultat politique n'était pas celui recherché initialement et qu'il ne le devint que six années plus tard. La menace était de bombarder ses forces et ses infrastructures ; la nature de la menace, les forces disponibles, et les règles d'utilisations, jointes à l'absence de but politique défini signifient que le niveau de la fonction de théâtre était le même que celui de la fonction stratégique, « forcer à », tandis que la menace, la fonction « détruire », était utilisée au niveau tactique. Mais, le territoire étant occupé, les Nations Unies et les autres organisations comme l'OSCE, l'Union européenne et les États membres continuèrent à chercher un résultat politique alors que l'OTAN continuait à contenir l'adversaire aux trois niveaux. Dans le cas de « Tempête du désert » en 1991, la fonction de destruction se situait aux niveaux tactique et de théâtre mais une fois encore, faute d'objectif stratégique clair pour aboutir à un résultat politique établi, la fonction stratégique revint à celle de « contenir ».

Appréhender la question de cette manière est utile à tous ceux qui sont impliqués dans la prise de décision pour recourir à la force, qu'ils soient civils ou militaires. C'est aussi de plus en plus important alors que des militaires des deux côtés de l'Atlantique sont nombreux à discuter des opérations conçues pour leurs effets, « *effects based operations* ». Chacune des quatre fonctions clarifie ce qui est escompté de l'usage particulier de la force à tous les niveaux et des interdépendances entre les effets. Cependant, afin de décider correctement, selon les circonstances, de la fonction de la force et de son objectif, les décideurs doivent disposer d'une information de qualité. Pour mettre en œuvre ses instructions, le chef doit disposer autant d'informations que possible sur l'adversaire et son environnement.

Le renseignement et l'information sont des éléments essentiels de toute décision quant à l'utilisation de la force et, ensuite, tout au long de l'opération. Considérons l'arrière-plan de l'opération « Paix en Irak » de 2003, dans laquelle le principal *casus belli* semblait être la possession par Saddam Hussein d'armes de destruction massive. Une part significative du débat était fondée sur des rapports de services de renseignement américains et anglais dont le peu de réalité fut ensuite prouvé. Néanmoins, des forces considérables furent appliquées à ce théâtre d'opérations : la confrontation avec Saddam Hussein devint un conflit et lorsqu'il fut terminé, aucune arme de destruction massive ne fut découverte. Comme déjà mentionné, l'obtention de bonnes informations est indispensable à une utilisation efficace de la force, quel que soit le niveau, à la fois pour choisir le déroulement de l'action et procéder à l'attaque. L'information peut provenir de sources diverses : services de renseignement, structures militaires, diplomatiques ou internationales comme l'OSCE, ONG, institutions de la région concernée, circuits commerciaux et médias. De façon idéale, les services de renseignement pourraient disposer d'agents en place à côté des principaux décideurs chez l'adversaire. Bien sûr, ce dernier agira pour empêcher une telle possibilité, mais dans le cas d'une longue confrontation avec un adversaire constitué et reconnaissable, il est envisageable de bénéficier d'une telle situation avantageuse, bien que jamais on ne l'avouera si c'est le cas. Ceci manifeste l'essence réelle des opérations de renseignement qui sont liées au temps, à la chance et aux événements contingents attachés à la nature humaine. La véritable nature de la guerre parmi la population, en particulier lorsqu'elle est menée contre des structures non nationales alors que la quintessence du renseignement est nationale, fait que le renseignement sera toujours insuffisant avant l'engagement des forces.

Pour ma part, en travaillant avec la masse d'informations souvent banales qui constituent le « renseignement », j'en suis venu à réaliser combien il est important d'appréhender à quelles questions vous devrez répondre. J'ai compris que vous ne pouviez le savoir que lorsque vous aviez décidé ce que vous voulez faire. Si vous ne savez pas ce que vous voulez faire ni quelles questions réclament une réponse, cela n'empêche ni l'analyse, ni l'action mais cela montre qu'il est important d'améliorer l'information. En outre, il faut faire des choix réfléchis en ce qui concerne la quête de l'information : nous disposons désormais de grandes quantités de données mais d'un temps et de moyens limités pour les traiter. Il faut donc s'efforcer de se focaliser sur les questions et données essentielles et le dire clairement à l'état-major, aux services d'information et aux sources. Chaque décideur doit travailler ainsi, sinon il sera obligé d'agir à partir de l'information disponible mais inappropriée pour résoudre la question traitée.

Pour la suite, j'ai employé le mot « information » plutôt que « renseignement » de manière délibérée. Pour moi, le mot « renseignement » a deux sens. Le premier est de décrire le résultat d'un constat ou d'une analyse, d'une vision ou d'une appréhension particulière. Ces éléments doivent être tenus secrets et cachés à votre adversaire sauf si vous souhaitez lui faire savoir ce que vous savez. Vous devez lui celer ce savoir, car il peut en déduire vos intentions et réactions tandis que, en le laissant dans l'ignorance, vous pouvez le surprendre. Le second sens du mot concerne la description des informations collectées secrètement : vous souhaitez cacher ce que vous savez et comment vous l'avez obtenu. L'information récoltée doit être confrontée avec ce que nous savons déjà pour obtenir un renseignement ou répondre à nos interrogations. Ceci s'applique aux sujets politiques et civils comme aux questions militaires parce qu'ils sont tous liés. Surtout, il faut éviter de tenir une information pour vraie pour la seule raison qu'elle est secrète.

Pour le chef militaire, l'information est recherchée sur deux vastes catégories : les éléments concrets et les intentions. L'information sur les premiers relève de deux domaines : le terrain ou l'environnement et, d'autre part, les hommes et le matériel de l'adversaire. En rassemblant l'information sur les éléments concrets, nous pouvons en inférer les intentions plausibles de l'adversaire et en découvrant ces objets nous pouvons les attaquer et décourager ses intentions. J'écris « plausible » car l'évaluation dépend essentiellement de la qualité des hypothèses de départ ; ces hypothèses doivent toujours être confrontées à l'information. La surprise d'Israël pendant le Yom Kippour en 1973 apporte un exemple de faute dans la vérification des hypothèses : malgré toutes les informations indiquant une concentration majeure de troupes aux frontières, on continua à supposer que ni l'Égypte ni la Syrie ne voulaient, ni ne pouvaient attaquer, et surtout pas ensemble. L'accroissement des activités fut attribué à une relève de troupes, explication qui satisfaisait les hypothèses plutôt que la réalité. Rassembler l'information sur les intentions adverses s'avère beaucoup plus difficile. Celles que l'on souhaite découvrir relèvent des hommes d'État et des chefs militaires qui sont peu nombreux et protégés ; elles peuvent changer très rapidement. Il est bon de se rappeler que les adversaires de

Napoléon étaient déroutés par son aptitude à changer rapidement son ordre de bataille et à déplacer en conséquence ses corps d'armée et, par-là, à tromper sur ses intentions : lorsque ses ennemis découvraient un élément, un ou plusieurs de ses corps, ils étaient incapables d'établir ses intentions. En outre, faute d'agents bien placés, ils ignoraient ses pensées qu'il tendait à ne dévoiler qu'au dernier moment, ce que rendait possible la mobilité de son organisation.

La collecte de cette information est vieille comme le monde. Des hommes étaient déployés en éclaireurs pour trouver les meilleures routes, les forages et l'eau. D'autres recherchaient les positions ennemies et les induisaient à manifester leurs réactions. D'autres encore étaient chargés d'intercepter les messagers qui rejoignaient le roi. Des espions étaient envoyés dans le camp et les villes de l'ennemi pour connaître la force de ses positions, pour s'infiltrer dans le conseil du chef, pour rendre compte de ses intentions et, idéalement, pour l'influencer. Mais chaque général dans un conflit un tant soit peu fluide s'est aperçu que son aptitude à obtenir de l'information était limitée par la nécessité de surveiller sa cible une fois qu'il l'avait découverte. Car une fois que la cible a été mise sous surveillance, l'unité ou l'élément chargé de cette tâche n'est plus utilisable à d'autres fins. Chaque camp agit de même envers l'autre et essaie d'empêcher l'adversaire d'agir et de savoir. *L'art de la guerre* de Sun Tsu est en fait un long traité sur l'usage de l'information et des espions, de préférence pour parvenir à son but sans utiliser la force ou pour employer la force le plus efficacement possible. Or, avec toute la technologie, les agences et les acronymes actuels, rien n'a changé hormis le détail des questions posées.

Dans la guerre industrielle, le renseignement porte essentiellement sur les éléments concrets. Nous supposons que l'adversaire a l'intention d'obtenir la décision stratégique en nous battant par la force des armes et que le résultat qu'il souhaite est directement le contraire du nôtre. À partir de ces hypothèses et en rassemblant l'information sur les éléments concrets, nous dressons nos plans pour contrarier ses intentions, à moins bien sûr qu'il y ait d'excellents renseignements pour indiquer le contraire. Si nous attaquons, nous attaquons l'objectif que l'information nous désigne comme entraînant la défaite de l'adversaire. En réalité, nous cherchons à diriger les actions de l'adversaire jusqu'à ce que sa seule option soit de se rendre ou d'être détruit. Nos capacités de renseignements sont développées pour répondre aux questions concernant les éléments concrets, pour les découvrir et les attaquer. Si nous voulons connaître l'heure, le lieu, la quantité et l'activité, nos systèmes nous fournissent ces données à profusion… et habituellement en plus grande quantité sur nous même que sur nos adversaires. Notre information est objective, peut être évaluée par des calculs et se prête à une présentation en tables et graphiques. La procédure d'état-major dans les quartiers généraux permet d'aboutir à des décisions et de les mettre en œuvre.

À côté des éléments concrets, il y a les intentions. Si, comme c'est le cas aujourd'hui, l'adversaire ne recherche pas une décision stratégique sur le champ de bataille, si notre objectif partagé est l'adhésion de la population, s'il combat au sein de celle-ci et sous le seuil de l'utilité de nos systèmes d'armes en essayant de renforcer sa position par nos propres actions, alors notre problème tourne plus autour des intentions que des éléments concrets. Au fond, notre objectif est d'influer sur les souhaits de la population et, par là, sur les intentions des chefs ; il faut les dissuader de choisir l'option conflictuelle en persuadant leurs subordonnés de leur vulnérabilité et de leur probable destruction. L'information requise pour répondre aux questions dans ces circonstances concerne les intentions, leur déroulement dans le temps et leurs conséquences plutôt que des éléments concrets. Ce sont les informations subjectives qui s'entrecroisent avec les probabilités et l'intuition ; elles réclament du jugement et une bonne compréhension de la logique adverse pour être évaluées. Elles ne se prêtent pas à un simple recensement.

L'information sur les éléments concrets reste nécessaire, mais à certains niveaux particuliers et sur des aspects différents. Celle sur l'environnement s'intéresse à la façon dont la société en question évolue et interagit avec les événements, comment fonctionnent ses infrastructures, qui l'administre, où et quand les enfants vont à l'école, etc. Les informations sur les éléments concrets, hommes et matériels, ne seront pas faciles à obtenir ; dans de nombreux cas, les forces adverses ne se révèlent que lorsqu'elles se sentent en sécurité pour le faire. Pour être capable d'obtenir l'information sur ces choses concrètes, il est souhaitable de bien comprendre le schéma habituel de la vie locale et de chercher la cause des anomalies qui surviennent. Il arrive que les causes ne soient pas innocentes. Dans la guerre industrielle, les équipements sont un facteur critique, servis par des hommes ; si vous savez où sont ces équipements, vous savez où sont leurs servants. En guerre au sein de la population, les personnes constituent le facteur critique et, si nécessaire, elles feront une arme avec ce qu'elles ont sous la main et, de toutes manières, elles ne transportent les armes qu'au dernier moment ; ce sont donc les adversaires qui doivent être identifiés comme distincts du peuple.

Les forces organisées pour la guerre industrielle n'ont que relativement peu d'unités de reconnaissance et de surveillance avec les équipements correspondants, mais disposent de matériel pour attaquer l'adversaire. Ces unités et leur équipement sont souvent mal adaptés pour opérer au sein de la population : les équipements sont conçus contre des choses que les adversaires ne possèdent pas, puisqu'ils n'ont pas d'armée véritablement constituée, et les unités sont formées pour opérer selon les concepts de la guerre industrielle. Le besoin de localiser les gens plutôt que les choses, ajouté à celui de développer l'information par plus de reconnaissance et de surveillance, peut dépasser le petit nombre d'unités spécialisées. Le remède consiste à reconnaître que l'équilibre viendra en obtenant de l'information, surtout des informations de bas niveau en grande quantité, et non en organisant des manœuvres, tactiques ou au niveau du théâtre, sur une grande échelle. Pour y parvenir, ces unités militaires comme les services de renseignement civils doivent pénétrer plus profondément les méthodes et réseaux de l'ennemi en guerre au sein de la population, les adversaires actifs contre lesquels l'usage de la force doit être envisagé.

Le nouvel ennemi ne dispose pas d'armée constituée ou officielle. Il peut avoir des exécutants à travers tout le pays, mais ne peut cependant pas opérer au niveau du théâtre. Parce qu'il dépend de la population, parce que celle-ci subira les conséquences de ses attaques, nous devrons envisager toutes ses opérations comme « locales » : il n'y aura pas de manœuvre de forces, ni volonté de bataille, ni connections immédiates avec une autre opération. Chaque engagement est particulier, mais tous sont reliés selon un système nerveux, par une idée politique englobante.

Le système nerveux diffère de celui d'une armée conventionnelle. Les forces conventionnelles ont développé leur système nerveux, c'est-à-dire le commandement, comme un élément de la guerre industrielle, la plupart était déjà bien organisée avant l'invention de la radio. Le commandement est hiérarchique par essence : l'information circule depuis le bas en s'agrégeant en des points précis de la chaîne de commandement, tandis que les ordres et instructions redescendent en étant détaillés et distribués à chaque niveau. De cette manière, toute la force se focalise pour réaliser son objectif stratégique militaire particulier, chaque résultat ou action individuel concourant de façon cohérente à la finalité. Mais ce système est vulnérable à la disparition d'un niveau de commandement : la chaîne s'en trouve rompue. Les communications modernes ont modifié ce modèle de base, mais celui-ci en reste le fondement. Le système nerveux de la guérilla, et en particulier des terroristes, n'est pas organisé de cette manière parce qu'il dépend de la population et fonctionne sans objectif stratégique militaire. Il tend à prendre des caractéristiques propres à l'endroit où il est censé opérer. Pour recourir à une analogie botanique, ce type de système nerveux ressemble à un ensemble de rhizomes. Les plantes à rhizomes ont tendance à se propager par leurs racines, sans réseau ; les ronces et la plupart des herbes se développent ainsi. Elles peuvent s'étendre par des semences fertiles ou par leur système de racines même lorsque la racine est séparée de sa tige. Ceci permet à la plante de survivre à une ou plusieurs mauvaises saisons ou à un bouleversement du sol.

Un système de commandement en « rhizomes » fonctionne avec un système hiérarchique apparent au-dessus du sol, visible dans les milieux politiques et opérationnels et avec un autre système central, souterrain : le vrai système. C'est un système horizontal avec de nombreux groupes isolés. Il progresse en s'adaptant à son environnement et à sa finalité selon un processus de sélection naturelle et sans structure opérationnelle prédéterminée ; ses fondements sont ceux de la structure sociale de l'endroit. Les groupes varieront en taille, mais ceux qui survivent et prospèrent sont habituellement petits et organisés en cellules distinctes dont les membres ne connaissent pas leurs relations avec les autres cellules, ni leur situation de partenaire. Les cellules agissent en faisant faire les sales travaux par d'autres autant qu'elles le peuvent, soit directement, comme une épreuve d'entrée ou d'appartenance, ou indirectement par le biais de quelque autre organisation en couverture. Dans tous les cas, la sécurité domine les autres. Une cellule aura au minimum trois fonctions : diriger ou mener l'action militaire, collecter et détenir des ressources (argent ou armes), diriger ou conduire des actions politiques qui peuvent s'étendre du financement d'écoles à une campagne électorale. Des personnes différentes sont habituellement chargées des différentes fonctions.

Ces cellules travaillent avec le centre du système selon la logique de la « franchise ». Le centre fournit l'idée et la logique de comportement ; il dirige également l'effort global en fournissant les concepts, il se débarrasse sans pitié des cellules qui ne comprennent pas la finalité de leurs tâches ou qui suivent leur propre chemin égocentrique. Le centre renforcera les cellules qui réussissent avec des fonds, des armes et des compétences ; il cherchera à créer un sanctuaire permettant le développement. Il laissera aux cellules une grande liberté dans les méthodes à adopter pour s'adapter aux conditions locales pourvu que la sécurité ne soit pas compromise, que les cellules réussissent et que, dans leurs actions, elles ne commettent pas plus de fautes qu'il ne soit pardonnable. Ce dernier point est toujours une faiblesse potentielle et en l'évaluant, on doit comprendre que l'évaluation de la faute est celle de la communauté locale. Si le guérillero peut se présenter à la population comme son défenseur, risquant sa vie pour le plus grand bien de tous, alors il sera soutenu ; si ses agressions au risque de sa propre vie font avancer une cause que la majorité soutient activement, il sera aussi soutenu. Mais plus le guérillero paraîtra à la population obtenir des avantages personnels, plus son action ressemblera à un racket sous couvert de protéger, moins la population le soutiendra de son plein gré. Le moment où le soutien cessera d'être accordé de plein gré variera d'une personne à une autre, d'une culture à une autre, et selon la cause, mais il peut être estimé. Ceux qui bénéficiaient du maintien du régime existant et d'une société stable sont moins susceptibles de souhaiter le changement : ils courent des risques plus élevés et perdraient beaucoup. De tels individus ne soutiendront les cellules ou la guérilla que s'ils jugent le changement inévitable ou bien souhaitable pour des raisons idéologiques. Les cultures où l'on s'attend à ce que chacun reçoive sa part, ou bien celles où le pouvoir est autoritaire sont plus favorables aux enrichissements personnels. Pour les forces de sécurité recherchant les points faibles, il existe une opportunité d'attaquer le système en « rhizomes » si on s'aperçoit que la guérilla est allée plus loin que la population ne le peut tolérer et qu'elle obtient le soutien populaire par la peur.

Le système de commandement en « rhizomes » est difficile à combattre comme les plantes à rhizomes sont difficiles à éliminer. Comme tout jardinier le sait, la façon d'obtenir une belle pelouse consiste, entre autres, à la couper et à la rouler tout en entretenant un sol humide et fertile. Ceci aide les racines à s'étendre. De même, les jardiniers savent que si vous voulez un lit de fleurs, il faut ôter du sol toutes les racines d'herbes pour qu'elles ne repoussent pas. Les rhizomes peuvent être éliminés par trois méthodes : les arracher en creusant, enlever les éléments nutritifs du sol ou instiller dans les racines un poison systémique. Couper leur tige visible les amène au mieux à rester en sommeil une saison. On peut dire la même chose des organisations en « rhizomes », tels que la guérilla ou les réseaux terroristes pour lesquels la population est à l'organisation ce que le sol est au rhizome. Je trouve cette analogie plus explicite que la figure de Mao : « la guérilla est dans la population comme un poisson dans l'eau ». Au contraire du combat contre les plantes à rhizomes pour lequel l'une ou l'autre méthode peut être employée, celui contre les systèmes de commandement en « rhizomes » doit être mené des trois façons à la fois, chaque opération devant être conçue comme complémentaire des autres. Il faut se souvenir que les membres extérieurs et visibles du système, en particulier ceux impliqués dans des actions de faible niveau, peuvent être utilisés à d'autres fins. Alors que leur capture ou leur mort limite leur action et dissuade les autres d'agir de la même manière, cela ne les dissuadera pas nécessairement de l'action ; en fait, cela les aiguillonnera souvent pour agir, mais différemment. En conséquence, tout usage de la force contre ces adversaires doit être pesé minutieusement.

La guerre au sein des populations représente un paradigme de confrontations et de conflits caractérisé par les six aspects commentés au chapitre 7. Elle est menée contre des ennemis étroitement mélangés à la population qui ne constituent pas une cible stratégique. Nos institutions civiles et militaires ne se sont pas encore adaptées à cette nouvelle réalité, ni elles-mêmes, ni le contexte entremêlé dans lequel se prend toute décision d'action militaire. On retrouve la même situation dans les organisations internationales qui sont nourries par les États membres. Elles sont toutes encore empêtrées dans le monde de la guerre industrielle, cherchant l'information et le renseignement pour prendre la décision d'utiliser la force, sans examiner convenablement l'ennemi contre lequel elles cherchent à agir, ni les conséquences de ces actions. Même si la force est utilisée pour arrêter la violence, elle n'apportera pas la décision stratégique cherchée par ceux qui ont décidé de l'employer. Car, au contraire de la guerre industrielle, dans la guerre au sein de la population, aucune action par la force ne sera décisive : gagner l'épreuve de force n'apportera pas l'adhésion de la population. Or, fondamentalement, il s'agit là de la véritable finalité de tout recours à la force dans nos conflits actuels.

CHAPITRE 9

BOSNIE :
UTILISER LA FORCE
AU SEIN DE LA POPULATION

L E temps est venu de parler des Balkans, d'abord pour illustrer les six traits caractéristiques examinés ci-dessus et toutes les questions connexes qui sont apparues, en particulier dans le chapitre précédent. J'étais un commandant d'une force multinationale travaillant avec des organismes conçus pour collecter l'information, prendre des décisions et utiliser la force dans le cadre de la guerre industrielle. Mais j'étais engagé dans une guerre au sein de la population. Ce commentaire est aussi utile parce que les évènements dans ces territoires du sud-est de l'Europe, tragiques en eux-mêmes, ont dessiné et transformé la façon dont nous envisageons l'usage de la force, au moins dans le cadre multinational, et, dans l'ensemble, non pas pour le meilleur. Pis encore, malgré cet emploi de la force en Bosnie en 1995 et au Kosovo en 1999, nous avons peu appris de ces expériences quant à l'utilité de la force. En outre, ce furent les évènements de Bosnie qui démontrèrent à de nombreuses nations contributrices en troupes qu'une force de l'ONU était extrêmement difficile à utiliser et sans doute une solution à déconseiller face à un conflit, tandis que les bombardements de l'OTAN au Kosovo enseignèrent aux États-Unis que diriger une force à plusieurs n'était pas viable pour la seule super puissance au monde. Ces conclusions n'ont pas changé, rendant l'utilisation d'une force multinationale encore plus compliquée, ce qui en soi paraît paradoxal puisque nous avons de plus en plus tendance à gérer des situations de façon partagée comme l'indiquent les six aspects de la guerre au sein de la population.

Je fus impliqué dans les opérations des Balkans de l'ONU et de l'OTAN pendant sept des dix dernières années de ma carrière (de 1996 à 1998, je fus commandant en chef en Irlande). En tant qu'adjoint du chef d'état-major général pour les opérations au ministère de la Défense, je fus dans le secret des discussions qui suivirent la contribution initiale de la Grande-Bretagne en unités médicales dans la force de protection des Nations Unies, la Forpronu. Formée en Croatie en 1992, cette force vit son intervention étendue à la Bosnie, lorsque ce malheureux pays sombra dans la guerre civile ; je connus aussi l'implication de l'OTAN, la constitution et le travail du groupe de contact après que les efforts de l'ambassadeur américain Cyrus Vance et du Britannique, lord Owen représentant respectivement les États-Unis et l'ONU pour négocier une solution furent désavoués par le gouvernement américain en 1994. J'ai commandé la Forpronu en Bosnie l'année 1995 et, depuis la fin 1998 jusqu'en automne 2001 comme adjoint au SACEUR, j'ai assumé mes fonctions dans la suite des opérations de l'OTAN en Bosnie comme dans celles du Kosovo, de Macédoine et d'Albanie. Je n'ai pas l'intention d'écrire l'histoire de ces opérations : elles ne sont pas encore terminées et d'autres ont écrit longuement à ce sujet, mais je voudrais les utiliser pour illustrer la complexité de notre paysage actuel de conflits et de confrontations du point de vue d'un responsable qui s'y trouve impliqué. Tandis que je réfléchis sur la situation des Balkans au sens large, je me focaliserai sur la Bosnie selon un plan qui reflète les six aspects précités de la guerre au sein de la population.

LES FINALITÉS POUR LESQUELLES NOUS NOUS BATTONS ONT CHANGÉ

Le point de départ pour comprendre toutes les opérations dans les Balkans dans les années 1990, y compris les bombardements de l'OTAN de 1995 et 1999, c'est de prendre conscience qu'elles n'étaient soutenues par aucune stratégie. Au mieux, les évènements étaient coordonnés au niveau du théâtre, mais globalement, en particulier s'agissant des interventions internationales, elles étaient à usage interne, ou « fonctionnalistes » pour utiliser un terme marqué pour caractériser les œuvres du IIIe Reich. Chaque événement était fonction de celui qui l'avait immédiatement précédé, plutôt que partie d'un plan. Bien que théoriquement attachées à une résolution du Conseil de Sécurité de l'ONU qui donnait un mandat, les forces en règle générale, furent déployées et employées, que ce soit dans le cadre de l'ONU ou de l'OTAN, en réaction à des évènements sur le terrain plutôt que pour atteindre un objectif stratégique. En fait, quels que soient les objectifs politiques au service desquels agissaient les forces déployées dans les Balkans, elles ne poursuivaient pas de buts directement liés à la résolution du conflit ou de la confrontation concernés. Ce fut visible dès le commencement.

La Forpronu fut initialement déployée en 1992 afin de s'occuper du conflit entre la majorité croate et la minorité serbe en Croatie dans l'idée d'être neutre et de sauvegarder Sarajevo en Bosnie-Herzégovine. Les circonstances apparaissaient analogues à celles d'une mission classique de maintien de la paix : une structure neutre pour mettre en œuvre un accord de cessez-le-feu entre des factions en guerre, et la même formule fut appliquée. Le mandat qui était le suivant : « un plan intérimaire pour créer les conditions de la paix et de la sécurité nécessaires pour négocier un règlement complet de la crise yougoslave dans le cadre de la conférence sur la Yougoslavie de la communauté européenne ». Le Conseil de sécurité ne perçut pas, ou alors ne mit pas dans l'analyse, que la minorité des Serbes de Croatie n'était pas un État et n'avait pas la capacité de négocier avec la Croatie qui en était un, ou que cette situation était survenue du fait de l'éclatement de la Yougoslavie et que les diverses ethnies chercheraient à éviter de devenir une partie de la grande Serbie de Slobodan Milosevic, ou encore que les Serbes en Bosnie et en Serbie pourraient soutenir leurs frères de Croatie. Néanmoins la Forpronu géra la situation, les ethnies serbes et croates restèrent chez elles dans ce que le mandat définissait comme des « zones protégées de l'ONU ».

En juin 1992, la mission fut étendue pour couvrir la Bosnie-Herzégovine lorsque la guerre y éclata et, à l'automne de cette année, ce fut cette dernière crise qui devint et resta le centre de l'intérêt international : ne fut pas par hasard. Lorsque la Bosnie-Herzégovine nouvellement indépendante s'effondra dans une guerre ethnique à trois belligérants, on vit sur les télévisions du monde entier des scènes de combat : des Serbes bosniaques bien armés et souvent en uniforme attaquaient apparemment des Croates ou des Bosniaques légèrement ou peu armés et désorganisés, des musulmans bosniaques et des flux de réfugiés se déversant dans tous les États environnants. En juin, comme première réaction, la Forpronu déploya des troupes françaises et canadiennes à Sarajevo et, tandis que celles-ci ne pouvaient pas simplement se tenir là et observer ces scènes, on ne savait pas comment elles devaient réagir et dans quel but. Après de nombreux échanges entre les capitales et le Conseil de sécurité, la Forpronu fut mandatée pour soutenir les efforts du haut commissaire pour les réfugiés des Nations Unies (HCRNU) afin de distribuer des aides humanitaires à travers toute la

Bosnie et l'Herzégovine et en particulier afin d'apporter sa protection à la demande du HCRNU là et quand ce dernier le considérerait nécessaire... et de protéger les convois de détenus civils abandonnés si le comité de la Croix Rouge Internationale (CCRI) le demandait et que le commandant des forces le jugeait praticable[1].

En d'autres mots, l'intention n'était pas de créer les conditions de la paix mais plutôt « d'améliorer » la situation. Placée sous le chapitre VI de la charte de Nations Unies et avec la ROE adaptée, les troupes ne pouvaient utiliser la force qu'en défense et non pour changer la situation.

La Grande-Bretagne déploya un groupe de combat dans cette opération. Nous savions que cette unité devrait opérer au sein d'une guerre et ce fut une unité d'infanterie blindée qui fut envoyée avec ses véhicules de combat et leur blindage protecteur. D'autres nations firent de même et la force entière était composée d'unités de la capacité d'un bataillon venues de différentes nations : une force de NCT (nations contributrices en troupes). La plupart des pays n'envoyèrent qu'un bataillon et les Scandinaves à eux tous ne mirent sur pied qu'un bataillon. Chaque bataillon avait sa propre zone et sa propre tâche qui devint le centre d'attention des capitales qui avaient fourni l'unité. Le soutien logistique de ces unités restait principalement de la responsabilité des nations d'appartenance. Pour le commandant de la force, cette structure ne pouvait être manœuvrée comme un tout puisque, en pratique, une fois qu'une unité s'était établie sur une position, elle y restait. En d'autres termes, même s'il avait été possible d'utiliser la force, il aurait fallu concevoir une série d'engagements d'un niveau inférieur au bataillon sur des zones déterminées, sans aucune mobilité pour la force entière.

Les dispositions pour la direction et le commandement de l'opération étaient celles d'une mission classique de maintien de la paix où les combattants veulent la paix et, l'acceptant vraiment, demandent la présence des Casques bleus et des véhicules blancs. Malheureusement, en Bosnie, les combattants ne voulaient pas d'une paix commune car avec leurs trois conceptions différentes de la paix, ils étaient portés à se battre pour faire prévaloir la leur. En soi, c'était une situation tout à fait incohérente, car il y avait une mission théorique d'un côté et d'autre part la réalité où elle devait se concrétiser qui étaient de nature très différentes Si nous traduisons en d'autres termes, le conseil de sécurité de l'ONU voyait la situation comme une confrontation et

---

1. Le site sur la toile du département des opérations de maintien de la paix (DOMP) arrière plan de la Forpronu : http://www.un.org/dpko/dpko/co_mission/unprof_b.htm.

envoya une mission pour la résoudre, alors qu'il s'agissait d'un vrai conflit entre des factions en guerre au niveau stratégique. Mais ce ne fut pas la seule incohérence. Les négociations pour trouver une définition de paix acceptable par tous étaient dans les mains de l'ambassadeur Vance et de lord Owen qui rapportaient directement au secrétaire général des Nations Unies et à l'Union Européenne, mais il n'y avait aucune relation entre leurs négociations et l'activité de la Forpronu. La mission de l'ONU elle-même se composait de militaires et de civils coopérants coiffés par un représentant spécial du secrétaire général (RSSG) et des fonctionnaires des bureaux (départements) des affaires politiques, du maintien de la paix et de l'administration des Nations Unies qui collaboraient avec l'état major militaire du commandant supérieur de la force, tous émanant des nations participantes puisque l'ONU ne dispose pas d'une structure de commandement multinationale permanente du genre de celle de l'OTAN. Les deux états-majors formaient le quartier général principal de l'ONU à Zagreb mais, alors qu'il ne s'agissait pas d'une structure absolument incohérente, elle réclamait de part et d'autre de gros efforts pour fonctionner. Les quartiers généraux subordonnés en Bosnie étaient situés en différents points selon les implantations des composantes nationales de la Force et se confondaient avec les états-majors nationaux auxquels une équipe civile était rattachée. Le seul quartier général multinational était celui du commandant de la force qui quitta Sarajevo pour une petite ville au-dehors, Kiseljak, pendant les deux premières années de la guerre ; en 1994, le général Michael Rose, commandant alors la force, retourna à Sarajevo, dans une précédente résidence de Tito, connue sous le nom de « commandement BH », ou « la Résidence » et ce fut ce dont j'héritai en lui succédant en 1995.

À l'intérieur de ces structures, en conséquence d'une présence aussi étendue, régnait en réalité sur le terrain la plus grande incohérence, dans laquelle l'ONU se trouvait engagée sans espoir de se libérer. Bien que ne participant pas au conflit, elle y était nettement mêlée, toutefois avec un mandat humanitaire. Ce mandat imposait, soumise à conditions, la nature des objectifs militaires en Bosnie, nature qui se manifestait aussi par le ROE et l'action des divers contingents. La rhétorique internationale au regard de l'aggravation constante des évènements et de l'extension du déploiement international restait toujours forte et déterminée mais ne se traduisait jamais que par peu de choses en dehors du renforcement des implantations des troupes internationales. Celles-ci devaient se défendre souvent elles-mêmes dans le cadre de la délivrance de l'aide humanitaire. C'était une orientation stratégique, mais il n'y avait pas de but stratégique à atteindre, il n'y avait pas de campagne militaire, il n'y avait pas d'objectifs militaires de théâtre à atteindre : toutes les actions restaient tactiques. La Forpronu ouvrait les routes, sécurisait et faisait fonctionner l'aéroport de Sarajevo et protégeait les convois d'aide. Cependant, au fil des années et toujours en réponse aux évènements sur le terrain, de plus en plus de troupes étaient déployées. Au moment où je pris le commandement en 1995, il y avait quelque 20 000 hommes contre 5 000 en 1992, tous liés à leur quartier général national et, du fait du mandat de l'ONU et de la ROE, tous interdits d'usage de la force, sauf en légitime défense.

Les évènements qui conduisirent à l'instauration de « zones de sécurité » en 1993 illustrèrent les failles de cet arrangement. En 1992, les Bosniaques dans l'est du pays avaient gardé le contrôle de zones territoriales importantes, centrées sur les villes de Srebrenica et Gorazde et sur le village de Zepa. La situation humanitaire à l'intérieur de ces zones était mauvaise, ce qui constituait une partie du jeu politique des belligérants. Ainsi que l'exposa à lord Owen un membre du HCRNU :

> « Les poches tenues par les musulmans furent instrumentalisées par le gouvernement (bosniaque) de Sarajevo en novembre (1992) pour faire pression sur la communauté internationale afin qu'elle affermisse son action. Plus longs à parvenir s'avéraient les convois d'aide, plus forte étaient la pression par référence au mandat. Lorsque les convois réussirent à arriver, les appels à la fermeté n'étaient plus de mode. Deux semaines après la délivrance de la première aide humanitaire, les musulmans (bosniaques) lancèrent une offensive vers Bratunac (une ville tenue par les Serbes juste à côté de Srebrenica assiégée). Ainsi la loyauté du HCRNU fut mise en cause, d'autres convois furent rendus impossibles et la pression pour une action plus ferme redoubla[1]. Cet historique, comme la situation le montre, manifeste combien le HCRNU et la Forpronu furent comme je le dis, pris en otage ou firent fonction de bouclier ce qui marqua l'histoire de la Forpronu : ils n'avaient pas de choix convenables. Bien que la force de l'ONU manquât de toute forme d'orientation stratégique ou de théâtre, personne n'apparut remarquer le danger dans lequel elle se trouvait. »

Les Serbes bosniaques attaquèrent la Bosnie orientale en janvier 1993 et les défenseurs furent repoussés dans des enclaves centrées sur Srebrenica, Gorazde et Zepa. Mi février, la situation dans les enclaves devint terrible : il y avait peu de nourriture et de médicaments et les gens mouraient de faim et de blessures vénielles. L'accès par des convois était interdit par les Serbes bosniaques. La pression sur la communauté internationale pour agir s'intensifiait. Pendant les semaines suivantes, les États-Unis mirent le doigt dans le pâté en parachutant

---

1. Jan Willem Honig et Norbert Both, *Srebenica : Record of a crime*, Penguin, 1996, p. 80.

des approvisionnements dans les enclaves ; la France ; l'Allemagne et la Grande-Bretagne les imitèrent. Alors, début mars, le Conseil de sécurité demanda au secrétaire général d'augmenter la présence de la Forpronu dans l'est de la Bosnie. En réaction, le général Morillon, le général français qui commandait la Forpronu, emmena personnellement un petit détachement à Srebrenica, en partie composé de troupes britanniques très éloignées de leur base en Bosnie méridionale. À partir de la mi-mars le général Morillon, parfois otage de la population amalgamée à Srebrenica, parfois otage des Serbes bosniaques, exécuta les ordres. Il amena personnellement un convoi de fournitures de première nécessité dans Srebrenica le 19 mars et, le jour suivant, les camions évacuèrent quelque 750 réfugiés vers la ville de Tuzla tenue par les Bosniaques musulmans. Il négocia avec les chefs bosniaques et avec le général Ratko Mladic, le chef des Serbes bosniaques, cherchant toujours à soutenir le HCRNU et les autres organisations humanitaires, pour la protection des réfugiés et la fourniture de l'aide sans intervenir par la force. L'idée de définir une zone dans laquelle il n'y aurait pas de combat n'était pas neuve et avait été réclamée en raison de la crise des Balkans à partir de 1992 environ, avec ses adeptes s'appuyant sur le précédent récent de lieux de sûreté au Kurdistan après la guerre du Golfe en 1991-1992. Au Kurdistan, l'idée avait fonctionné, pensait-on, parce que les Américains et les alliés n'étaient pas neutres et avaient montré leur détermination à utiliser la force ; le terrain alloué pour employer la force aérienne et les zones en question n'étaient pas isolés et pouvaient être atteints en traversant la frontière de la Turquie qui était alliée. Ces caractères ne se retrouvaient pas en Bosnie ; néanmoins, pendant les négociations, l'idée de démilitariser une zone autour de Srebrenica fut lancée par le général Morillon et la proposition vint en discussion dans les capitales et à l'ONU. En soi le dialogue à trois qui devint à quatre lorsque le quartier général de la Forpronu à Zagreb y participa, manifesta l'extraordinaire complexité d'une formulation politique dans un cadre international et ensuite la difficulté de mettre celle-ci en œuvre.

Le 26 mars, lors d'une rencontre avec Milosevic et Mladic à Belgrade, on s'accorda sur un cessez-le-feu et le 28 un autre convoi atteignit Srebrenica. Ces véhicules évacuèrent quelque 2 400 réfugiés le jour suivant avec l'évidente approbation des Serbes qui, plus tard, déclarèrent que seuls les camions vides pouvaient transiter à travers l'enclave. Le gouvernement bosniaque réagit à ces évacuations en refusant l'accès pour un sixième convoi de réfugiés. Il voulait que ses ressortissants restent, non seulement pour garder une présence bosniaque et une base pour les opérations militaires mais aussi pour faire pression sur l'ONU afin qu'elle soutienne l'enclave. L'ONU fut confrontée à un dilemme : évacuerait-elle les réfugiés pour être accusée d'épuration ethnique par les Bosniaques, parmi d'autres ; ou chercherait-elle à approvisionner l'enclave face à la résistance des Serbes bosniaques ? Elle essaya de faire les deux mais le 5 avril le cessez-le-feu fut rompu. En dépit de l'intervention personnelle du général Morillon, il ne fut pas restauré et les combats reprirent de plus belle. Le 16 avril, les forces serbes bosniaques s'approchaient de plus en plus de la ville de Srebrenica elle-même et les munitions vinrent à manquer aux défenseurs, la résolution 819 du Conseil de sécurité fut votée. Elle déclarait Srebrenica zone franche, définie comme exempte de toute attaque armée et de tout acte hostile. Malgré une telle déclaration, le vrai problème fondamental était que nul ne savait précisément ce qu'était une zone franche et, dans l'absolu comme en termes réels, elle n'était pas protégée. Peu de pays offrirent des troupes pour mettre en pratique la résolution.

À ce moment, je travaillais au ministère de la Défense à Londres où les nouvelles de ces évènements arrivaient de quatre directions. Il y avait les rapports du contingent britannique de la Forpronu qui étaient extraits des rapports du contingent britannique à Srebrenica. Ils étaient précis et factuels mais souffraient d'émaner du point de vue relativement étroit d'une petite unité prenant part à une grosse affaire. Nous avions, en tant que contributeur en troupes, les rapports du quartier général de la Forpronu mais ils étaient souvent moins à jour que ceux provenant de sources diplomatiques nationales en partie parce que leur rédaction prenait plus de temps, en partie aussi parce que le système de communication de l'ONU étaient fondé sur un réseau civil et s'avérait faible en comparaison de celui fourni à notre contingent militaire. Nous avions des rapports de nos différentes ambassades et missions, en particulier celles auprès des Nations Unies et de l'OTAN. Enfin nous avions les médias dont je vins à trouver la couverture essentielle : outre de constituer des sources d'informations, ils m'apportaient un contexte grâce auquel nous appréhendions l'interprétation que les autres donnaient de ce qui arrivait et ainsi de la valeur des autres rapports, la plupart centrés sur d'autres aspects des mêmes évènements. J'appris rapidement combien persuasifs pouvaient s'avérer ces reportages des médias sur le contexte et combien, à l'occasion, ils pouvaient aboutir à ignorer ou minimiser d'autres comptes-rendus, en particulier lorsque le témoin pouvait présenter des informations visuelles qui contredisaient une opinion précédemment formée à partir d'autres relations.

Nous devions nous arranger de trois sujets de préoccupation. Il y avait les rapports sur les évènements de Srebrenica bien que focalisés sur le petit élément du contingent britannique. Ceci met en lumière une des caractéristiques des opérations multinationales de cette nature, c'est-à-dire que les institutions de chaque État ne sont pas responsables du résultat de l'ensemble mais seulement des ressources apportées pour l'obtenir. Les rapports nationaux réunis à ceux des médias et quand nous les recevions, ceux de l'ONU, tous aidaient plus ou moins à produire une image cohérente à partir de laquelle donner un avis, ce qui était mon rôle en tant qu'adjoint pour les opérations. Et tandis que la vue d'ensemble présentait un grand intérêt, notre première préoccupation concernait le contingent britannique, étiré comme il l'était, s'étendant depuis Split sur la côte dalmate jusqu'à Srebrenica. Le second sujet concernait les zones franches et le troisième, l'utilisation de la puissance aérienne, initialement pour approvisionner les enclaves puis pour imposer des zones de non survol (NFZ). En même temps augmentait la pression pour agir sur la situation des réfugiés en conséquence directe des images impressionnantes reçues sur les écrans de télévision. Pour éclairer ces nécessités et rétrospectivement, il me semble que l'impératif le plus cohérent c'était d'être vus en train de faire quelque chose. Car la phrase couramment entendue était : « il faut faire quelque chose », reprise en permanence par les politiciens, les diplomates et les médias comme par l'ONU. Ce fut cette approche qui obscurcissait la nécessité d'un débat de fond sur le vrai dilemme auquel était confrontée l'ONU. Celle-ci était acculée à être prise en otage ou à servir de bouclier mais aussi obligée d'analyser pourquoi la Forpronu échouait régulièrement à remplir l'objectif imposé.

Ce fut dans ce contexte que les représentants nationaux à l'ONU travaillèrent dur pour rédiger une résolution qui apparaîtrait forte et décisive tout en évitant d'exposer leurs propres troupes à un risque. Il suffit de lire les « ambiguïtés constructives » des résolutions 819 du 16 avril et 836 du 4 juin pour voir la qualité du résultat. Shashi Tharoor, alors assistant spécial du sous-secrétaire d'état pour les opérations de maintien de la paix, fit une analyse pertinente en écrivant que les résolutions :

> « demandaient que les zones soient considérées comme sûres, n'imposaient aucune obligation à leurs habitants et à leurs défenseurs, déployaient les troupes de l'ONU parmi elles mais attendaient que leur seule présence "dissuade les attaques", évitaient prudemment de demander aux troupes de maintien de la paix de protéger ou de défendre ces zones, mais les autorisait à appeler la puissance aérienne pour leur propre défense, un chef

d'œuvre de rédaction diplomatique mais impossible à mettre en œuvre en tant que directive opérationnelle[1] ».

Le concept s'étendit : dans l'ordre, Zepa, Gorazde, Sarajevo, Tuzla et Bihac furent rapidement déclarées zones franches, encore que la Forpronu ne fut jamais complétée des forces que le DOMP (département des opérations de maintien de la paix de l'ONU) avait fixées comme nécessaires pour la nouvelle tâche. Pire encore, la force était maintenant dans une situation impossible : elle était responsable, aux yeux des Bosniaques de l'approvisionnement en vivres et en médicaments dans les zones franches et en cas de défaillance, ceux-ci en usaient pour se plaindre furieusement de cette faute à l'ONU, et pour réclamer une action internationale plus énergique. Mais aux yeux des Serbes bosniaques, la Forpronu était responsable de garder démilitarisées les zones franches et lorsque les Bosniaques montaient des opérations à partir d'elles, les habitants et les forces de l'ONU étaient « punis » par les Serbes qui refusaient les convois. C'était véritablement une situation où la Forpronu servait d'otage et de bouclier.

Si « quelque chose doit être fait », devenait l'approche principale à la crise des Balkans, celle-ci fut ensuite compliquée parce que le « quelque chose » pour les Américains était de recourir aux attaques aériennes. Washington était de plus en plus impliqué dans le débat de savoir quoi faire dans les Balkans mais non pas seulement à cause du puissant lobby des Bosniaques et des Croates. L'attitude américaine était claire : ils ne voulaient pas être impliqués dans les combats à terre mais ne voyaient pas la nécessité de rester neutres entre les parties. L'image télévisée d'avions serbes s'attaquant à des colonnes de réfugiés fut suffisante pour qu'en octobre 1992 une zone de non survol sur la Bosnie fût instituée par l'ONU ; aussi en avril 1993, sous la houlette des États-Unis, l'OTAN entreprit la police de la zone aérienne et monta l'opération « Deny Flight ». La raison de cette initiative se trouvait autant dans le besoin d'assurer la protection des avions américains parachutant des approvisionnements que dans le désir d'empêcher les Serbes d'attaquer les colonnes de réfugiés. Cependant, cette initiative créa un dilemme pour le commandement. Dans n'importe quelle école militaire au monde, si un étudiant proposait un plan avec des forces opérant sur la même zone mais obéissant à deux chaînes distinctes de commandement, s'il avait de la chance, on lui demanderait de recommencer mais plus probablement on marquerait sur son dossier : « a échoué ». Gérer une zone de non survol OTAN à l'intérieur d'une

---

1. Shashi Tharoor, "Should UN Peacekeeping Go "back to Basis" » ?, *Survival,* vol. 37, n° 4, p. 60.

opération des Nations Unies engendra cette situation. Les planificateurs OTAN durent donc trouver une manière de relier les deux chaînes de commandement afin que les vols autorisés de l'ONU ne soient pas attaqués et que si l'OTAN procédait à des attaques, les unités de l'ONU soient alertées sur la possibilité de riposte. La solution de l'OTAN fut appelée la procédure double clé, selon laquelle à la fois le commandement OTAN et celui de la Forpronu dans la région devaient approuver l'opération de l'OTAN. En été 1995, je devins le chef qui tournait la clé de la Forpronu. Au printemps 1993, ces évènements présentaient déjà toutes les composantes de l'implication de la Forpronu dans l'histoire malheureuse des deux années et demi suivantes. À partir de ce moment, la situation était destinée à se répéter dans une spirale descendante, montrant les 6 aspects précités des nouveaux conflits, mais en particulier le premier, le changement de but. Car, quelle que fût la rhétorique ou même l'attente honnête des décisionnaires, la plupart du temps les forces militaires n'obtenaient rien de plus qu'une amélioration : atténuer les pires effets de la guerre en Croatie et en Bosnie. Les unités de l'ONU n'étaient pas censées recourir à la force pour changer la situation mais seulement pour se protéger elles-mêmes ; et les États qui avaient envoyé leurs forces n'envisageaient pas que leurs forces se battent sauf pour se défendre. En conséquence, les commandants, l'un après l'autre, se tenaient entre les belligérants, essayant d'exécuter les ordres pour permettre la délivrance de l'aide, mais se retrouvaient avec quelques variantes dans la situation du général Morillon à Srebrenica : la position inévitable d'être otage ou bouclier. Avec des instructions nettes de ne pas combattre mais de rester neutre, chaque commandant, essayant de respecter ses ordres, établissait des accords qui lentement mais sûrement affaiblissaient la position de la Forpronu. À chaque occasion, le refus du combat s'affichait vis-à-vis des différentes factions en guerre et de plus en plus, celles-ci prenaient des positions qui aboutissaient en effet à rendre otage ou bouclier de l'une ou l'autre partie les forces de l'ONU. Je ne comprenais pas pleinement cette évolution jusqu'à ce que j'hérite de ces efforts bien intentionnés comme commandant de la Forpronu en janvier 1995 et que je me trouvai moi-même assiégé dans Sarajevo, avec les Serbes bosniaques refusant tout mouvement à mes unités, sous la pression du gouvernement bosniaque et des représentants du gouvernement américain, enfin sous le coup des réclamations et des vociférations du premier. Mais en plus, j'aurais probablement agi comme mes prédécesseurs si j'avais été confronté aux situations où ils furent plongés puisque l'objectif de la force, de protéger l'aide humanitaire, n'avait pas pesé directement sur le résultat politique souhaité qui était de créer les conditions favorables à une négociation.

Les finalités différentes guidant l'action respective de l'OTAN et de l'ONU créaient aussi un problème. En faisant respecter les zones interdites de survol, l'OTAN limitait la violence sur le théâtre car elle empêchait les forces aériennes serbes bosniaques d'être réellement utilisées. Comme les combats continuaient et que la Forpronu apparaissait de plus en plus inutile, des tentatives furent effectuées pour utiliser l'alliance de la force aérienne de façon plus persuasive. Peu après l'instauration de la zone de non survol, la Forpronu fut susceptible de demander à l'OTAN un soutien rapproché pour sa propre défense. Dans ce dessein, les organisations du commandement imaginées par l'OTAN purent être mises en œuvre, procurant aux forces de l'ONU menacées les transmissions et les hommes compétents pour guider les avions sur la cible. Si le contingent vulnérable provenait d'un pays de l'OTAN, on pouvait l'escompter puisque les parties avaient coutume de travailler ensemble mais une force de l'ONU ne se compose pas que de pays de l'OTAN et je n'étais jamais sûr que ces autres contingents pussent être protégés efficacement.

La capacité de l'OTAN fut en conséquence utilisée après une attaque particulièrement meurtrière, début 1994, sur la place du marché Markale à Sarajevo. Le but de l'opération était de réaffirmer la zone de sécurité en déclarant de nouvelles zones d'exclusion autour de celle-ci : chaque zone devait être vidée de toutes les armes lourdes des Serbes bosniaques sinon elles seraient attaquées par les airs. Du point de vue de l'OTAN et singulièrement des avocats américains de cette idée, il s'agissait d'une simple proposition qui aurait diminué l'impression de terreur répandue par la fréquence des tirs d'obus sur Sarajevo. Mais du point de vue de la Forpronu et de l'ONU, cette action n'aurait pas été neutre, elle aurait empêché les Serbes bosniaques de défendre leur population, par exemple, leur partie de Sarajevo. Ces divergences amenèrent deux semaines de discussions intenses entre l'OTAN et l'ONU ; elles furent beaucoup plus difficiles qu'il y paraît à première vue puisqu'elles furent menées sur quatre niveaux : entre les commandants nationaux et leur état-major national, dans les capitales entre les ministères travaillant avec l'OTAN et l'ONU, ensuite entre les capitales et finalement entre les deux organisations internationales. En toute occasion, il y avait souvent de très longs échanges dans lesquels les pays montraient, tous, leurs réticences et leur inaptitude à décider sur la question, autrement que sur un non dit, à savoir de protéger leurs propres troupes. Le *field marshal*, lord Vincent, précédent chef d'état-major des armées et président du comité militaire de l'OTAN à ce moment, décrivit ce genre de rencontres comme une « couveuse de pieds froids », description que j'ai ressentie comme tout à fait appropriée tout au long de mes années de service ultérieures à l'OTAN. Ces rencontres revenaient, encore et encore, mais à la fin, le résultat de l'accord était une autre variante de « otages ou bouclier » : les armes devaient être ramassées en des points de collecte et maintenues sous le « contrôle » de l'ONU, un mot qui ensuite était sujet à interprétation, mais les Serbes étaient susceptibles de les retenir pour le cas où ils devraient se défendre, auquel cas ils devraient les reprendre. La menace de la puissance aérienne de l'OTAN agit et força les Serbes bosniaques à déplacer leurs armes ou à les déposer dans les points de collecte. Les Russes qui avaient des troupes dans la Forpronu prirent le projet de l'OTAN d'utiliser l'arme aérienne tellement au sérieux qu'ils déplacèrent unilatéralement et de nuit un bataillon depuis la Croatie jusqu'à Sarajevo, un peu comme le footballeur marque le joueur qui a la balle et ils firent de même au Kosovo en 1999. Mais progressivement les Serbes bosniaques apprirent que l'OTAN, ce qui pour les Russes signifie les États-Unis, pouvait être contrôlée par l'ONU et que le piège à « otages et bouclier » pouvait également fonctionner avec l'OTAN. Car l'OTAN cherchait à forcer et dissuader tandis que l'ONU cherchait à contenir et améliorer et il n'y avait pas de stratégie unificatrice pour rendre cohérentes ces différentes finalités. Pour de nombreuses nations qui contribuaient à la Forpronu par leurs troupes et qui étaient aussi membres de l'OTAN, les considérations nationales, en particulier la sécurité de leurs troupes, régnaient toujours souverainement.

En écartant les divergences entre les finalités pour lesquelles agissaient l'OTAN et l'ONU, la puissance aérienne ne pouvait être employée effectivement que pour forcer et dissuader si c'était en harmonie avec les autres fins. Elle pouvait être appelée pour soutenir une force sur le terrain et attaquer les cibles désignées par celle-ci pour les menacer et elle pouvait réagir à toute intrusion d'avion dans la zone de non survol et l'abattre. Mais s'il s'agissait de dissuader ou de forcer, les adversaires devaient être persuadés que les cibles qui leur importaient seraient effectivement détruites même si ce n'étaient pas obligatoirement celles qu'ils risquaient dans la bataille. Ils devaient aussi croire que vous feriez l'escalade si vous ne réussissiez pas du premier coup à les faire tomber et qu'à la fin le résultat serait à leur désavantage. En effet on peut négocier en menaçant ou en utilisant la force si l'on est en confrontation et non en conflit. Techniquement, l'OTAN et l'ONU se trouvaient toutes deux en confrontation avec les Serbes bosniaques, mais l'OTAN se concentrait sur les Serbes bosniaques alors que la Forpronu gérait toutes les parties au conflit et leurs positions respectives. Mais même si les deux organisations et leurs finalités avaient été en harmonie, pour être pleinement efficaces dans la mise en œuvre de la politique, il fallait choisir les cibles qui, endommagées, pouvaient modifier les intentions de l'adversaire plutôt que celles liées spécialement à l'incident en cause : un pont dans le village *A* peut être attaqué par l'adversaire, or il pourra être plus utile de réagir en frappant une route dans le village *B* ce qui aura un plus grand poids à l'égard de cet adversaire et aura donc une plus grande valeur coercitive. Si néanmoins une attaque est intervenue, on doit d'abord reconnaître que la dissuasion a échoué. L'attaque peut aussi réclamer une réponse à l'endroit où elle se produit en raison de l'urgence mais on doit inventorier les différents effets souhaités : nommément, défendre la position et remettre en œuvre la dissuasion. Dans le contexte de la Bosnie, l'OTAN visait à menacer les armes à l'intérieur des zones d'exclusion et en dehors des points de collecte, en bref de s'en prendre à l'arme ou aux armes impliquées dans un incident. C'était le choix de défendre le pont dans le village *A* dans notre exemple sans réarmer la dissuasion. Car tout incident provoqué par les Serbes bosniaques avertis de la menace (il y eut nombre de tels incidents) signifiait, quelle qu'en soit la raison, qu'ils avaient pris en compte celle-ci[1]. Les pays au départ (et donc les organisations internationales) ne voulaient pas agir par la force par le truchement des mesures prises ni créer des structures diplomatiques et politiques englobantes qui leur aurait conféré plus de crédibilité.

NOUS COMBATTONS AU SEIN DE LA POPULATION

Lorsque je pris le commandement de la Forpronu en janvier 1995, Sarajevo était couvert de neige et présentait une relative sérénité puisqu'un accord de cessation d'hostilité entre les trois parties avait été signé le 31 décembre 1994, négocié par le précédent président des États-Unis, Jimmy Carter et le responsable civil de la Forpronu, Yasushi Akashi. Je passai mes premières semaines à m'habituer à mon commandement international et il n'y avait aucun doute que le cessez-le-feu était utile en permettant un accès relativement aisé à toutes les parties de la Bosnie non contrôlées par les Serbes, soit la Fédération Croato Musulmane, instituée à la suite d'un accord entre les deux parties en 1994. Je suis allé aussi à Zagreb voir Akashi que j'avais déjà rencontré l'année précédente alors que je m'occupais de la Bosnie au ministère de la Défense à Londres ainsi que son pendant militaire, le général de division Bernard Janvier, le commandant supérieur de la

---

1. Donc que la décision avait alors échoué (note du traducteur).

force. Selon la chaîne de commandement de l'ONU, je dépendais de lui ; je le connaissais et l'appréciais depuis que nous nous étions rencontrés en 1991 lors de la guerre du Golfe, pendant laquelle il commandait la division française. Alors que l'accord de cessez-le-feu avait été signé pour quatre mois pendant lesquels les parties étaient censées négocier plus avant, l'expérience du passé m'avait appris comme à plusieurs autour de moi, que les chances d'aboutir étaient très minces : l'hiver s'atténuant, la bataille reprendrait. Pendant cette période intérimaire, profitant d'une relative liberté de mouvements, je rendis visite à tous les quartiers généraux et à de nombreuses unités. Je pus aussi accéder à Srebrenica dans le territoire serbe bosniaque bien que les Serbes ne m'aient pas autorisé l'accès à l'autre enclave. En fait, en février les Serbes limitèrent l'accès du HCR et de la Forpronu aux zones franches, en particulier à Srebrenica, en mars, les tirs de snipers de la part des deux camps augmentèrent. Ce mois, les Bosniaques montèrent deux grandes attaques, l'une dans le nord-est, l'autre dans l'ouest. Le 8 avril, les Serbes fermèrent l'accès à l'aéroport, arrêtant par là les transports humanitaires et au milieu du mois, il devint évident que la situation dégénérerait en guerre générale.

La première semaine de mon arrivée sur le théâtre, je rencontrai le général Mladic. Je montai vers la capitale, Pale, une bourgade à quelques kilomètres de Sarajevo où se tint notre rencontre initiale qui fut suivie de ce que nous vînmes à considérer comme une configuration standard. Avec moi, j'avais mon adjoint militaire, Jim Baxter, le chef des affaires civiles de l'ONU Enrique Aguiar, mon porte-parole Gary Coward et un couple d'interprètes. En face, nous avions les trois K : Karadic, Krajsnik et Koljevik (catalogués dans ma tête comme « le fou », « le mauvais » et « le lunatique ») qui étaient les leaders politiques des Serbes bosniaques ; et bien sûr Mladic avec un de ses chefs d'état-major. La rencontre débuta et continua avec une longue harangue sur l'histoire de la région à partir de l'apparition des Turcs au Moyen Âge, soit au XIVe siècle, puis passant lentement à travers les siècles intermédiaires jusqu'aux évènements de la seconde guerre mondiale ; tout cela était raconté pour justifier et faire apparaître raisonnable la position adoptée par les Serbes bosniaques en partant en guerre en 1992 et en poursuivant les hostilités depuis. Les rencontres avec les Croates et les Bosniaques suivait un simulacre semblable, mais avec une justification de leur propre cause. À la fin de la leçon d'histoire, je me présentai et on m'expliqua ce qu'on attendait de moi et de la Forpronu, soit de contrôler que les Bosniaques et les Croates respectaient leurs engagements à la base de l'accord avec les Serbes. Si nous échouions dans cette tâche, ils seraient obligés de réagir aux provocations de leurs adversaires (avec le temps, j'appris que provocation était un terme que les Serbes affectionnaient particulièrement et répétaient souvent) et que ce serait la faute de l'ONU, la mienne personnellement et celle de la Forpronu, si l'accord de cessez-le-feu était rompu. En retour j'indiquai aux Serbes ce que j'attendais d'eux : je voulais un accès à toutes les zones franches pour les convois du HCR et ceux de la Forpronu, et expliquai qu'il y avait une procédure convenue pour gérer tout accroc dans tout accord dont ils étaient signataires et que cela n'impliquait pas ni n'autorisait une action punitive. Le refus de laisser passer l'aide était en soi une violation et de l'accord de cessez-le-feu et de la résolution du Conseil de sécurité ; en outre c'était une mesure punitive. Mes paroles déclenchèrent une nouvelle leçon d'histoire, bien qu'à propos d'évènements plus récents par lesquels il fut affirmé que leurs adversaires leur refusaient leurs droits humains et perpétraient d'autres abus. Les positions ayant été établies pendant trois heures, nous nous ajournâmes pour partager un déjeuner balkanique, un repas de mi après-midi d'un format standard comprenant une grande quantité de viande tiède et graisseuse arrosée d'eau de vie de prune.

Pendant les deux mois suivants, je rencontrai Mladic en deux autres occasions qui me conduisirent à penser qu'il était complètement responsable de son armée et qu'il était au centre du système de commandement. Il était respecté par ses subordonnés et il était évident que ses ordres étaient exécutés à la lettre. Il me semblait que c'était autant parce qu'ils étaient reconnus comme adéquats et bien réfléchis que par crainte d'une punition pour désobéissance. Il avait la confiance de son armée, signe d'un chef. J'acquis aussi l'impression que les Serbes bosniaques eux-mêmes voyaient en Mladic la personnification de leur combat, plutôt qu'en Karadic. Envers les Nations Unies et moi-même, il apparaissait comme un fonceur, sûr de lui et arrogant, qui évaluait la Forpronu plutôt comme une gêne que comme une menace. Une de ces entrevues se tint à Vlasenica le 7 mars lorsque je revenais de Srebenica. La substance de cette rencontre est bien rendue par le rapport de l'ONU ci-après :

« Lors de la rencontre, le général Mladic indiqua qu'il était contrarié par le statut des zones franches et qu'il pourrait prendre des initiatives militaires contre les enclaves orientales. Il dit aussi que si ces attaques survenaient, il ne pourrait pas garantir la sécurité des populations bosniaques de ces zones. Le commandant de la Forpronu le mit en garde contre une attaque des enclaves, constatant qu'une telle action conduirait certainement à une intervention militaire internationale contre les Serbes. Le général Mladic n'y prêta pas attention [1]. »

Ce fut pendant mon voyage à travers le territoire serbe bosniaque et ma rencontre de Vlasenica, une petite ville sur une route importante de la Bosnie orientale que ma réflexion me conduisit à ce que j'ai appelé « la thèse », puisqu'elle se construisit sur des prémisses théoriques. Si vous essayez de vérifier les intentions d'un adversaire, vous devez centrer votre recherche d'informations autour d'une hypothèse. Lorsque l'information est acquise, soit vous construisez une antithèse, soit vous confortez votre hypothèse pour en faire une thèse. En Bosnie, c'est ce qui se passa. Mon hypothèse était fondée sur la connaissance qu'aucun des belligérants, y compris les Serbes, ne pouvait former, manœuvrer et soutenir une force de quelque dimension sur le terrain pour quelque durée en raison du manque d'instruction, de structure, d'armes et d'effectifs adaptés ou d'une combinaison de ces composantes. L'armée yougoslave d'avant la guerre avait été organisée sur une base territoriale, pour défendre le territoire national une fois qu'un envahisseur y avait pénétré. Elle n'avait pas été organisée ni entraînée pour manœuvrer en grandes formations. Chaque formation avait une zone à défendre et contrôler, un état-major supérieur pouvait envoyer des éléments d'une formation pour en renforcer une autre et engendrer une concentration sur un endroit particulier si nécessaire. L'approvisionnement et la maintenance de la force étaient organisés à partir de dépôts et de ressources qui étaient répartis dans tout le pays. L'état-major le plus élevé pouvait détacher un petit commandement avec état-major pour aller de l'avant et mener une bataille particulière. La conscription était universelle et tous les hommes avaient une fonction dans la réserve au sein d'une unité de défense locale dans leur zone.

Des trois factions, c'étaient les Serbes bosniaques qui avaient le plus obtenu après l'éclatement de l'armée avec les officiers les mieux instruits et le meilleur équipement mais avec le moins d'effectifs. Ceci reflétait la position dominante que détenaient les Serbes dans l'ancienne Yougoslavie, ce qui était la principale raison pour laquelle les autres républiques souhaitaient quitter la fédération, où ils occupaient de façon disproportionnée des positions de direction dans la politique et l'armée. Ils comptaient donc de nombreux officiers qui avaient aussi accédé plus facilement aux armes lorsque la Bosnie s'était désintégrée dans la guerre. D'un autre côté, leur pauvreté en effectifs manifestait que les Serbes étaient minoritaires dans la Bosnie d'avant la guerre et donc, par

1. Rapport du secrétaire général pour la résolution 53/35 de l'Assemblée générale (1998). V. événements de janvier 1995 à juin 1995, § 180 ; disponible à http://www.un.org/peace/Srebenica.pdf

définition avaient moins d'hommes recensés à appeler. Cette combinaison d'officiers, d'armes et d'effectifs signifiait que plus les Serbes occuperaient de territoires, plus ténue serait leur répartition et que cette densité réduite devait être compensée par une plus grande puissance de feu. En outre, plus ils appelleraient d'hommes pour occuper le front, moins il y en aurait pour l'agriculture et la production économique. En commandant cette armée, Mladic, chef de corps dans l'armée nationale yougoslave, utilisait les méthodes pour lesquelles il avait été entraîné. Les unités d'un certain nombre de zones seraient regroupées et il enverrait un des hauts gradés de son état-major pour superviser une bataille particulière ou un incident. Les deux autres camps adoptaient des méthodes analogues bien qu'elles aient manqué d'armes et de personnel entraîné pour être aussi efficace que les Serbes.

Revenant à ma thèse et à mon déplacement en territoire serbe, il sautait aux yeux combien ce pays était vide : combien peu d'hommes devaient sécuriser ce qu'ils tenaient. La rupture du cessez-le- feu devenait également une évidence car tant la Fédération croato musulmane que les Serbes voulaient régler la question par le combat, ils voulaient revenir de la confrontation dans le conflit. La Fédération en recevant des armes de l'étranger malgré l'embargo de l'ONU, gagnait en puissance tandis que les Serbes bosniaques, au mieux, restaient stables. Ainsi, les deux camps chercheraient une décision rapide par la force des armes, puisque aucune position n'était tenable sur le long terme ; le siège de Sarajevo devait être levé. Pour relever ce défi, les Serbes bosniaques devaient réunir la force nécessaire et donc réduire le nombre de troupes engagées dans les enclaves de l'est. Je prévis que les Serbes affameraient les enclaves en refusant le passage aux convois d'aide de l'ONU et en se portant dans les périmètres vers des positions où les Bosniaques auraient du mal à empêcher leurs mouvements.

C'est au regard de cette thèse que je continuai à glaner l'information et à affiner mon jugement en conséquence. La plupart du temps l'essentiel de la thèse était vérifié. Cependant en aucun cas, je n'imaginai l'effondrement de la défense bosniaque dans une enclave. Les opérations bosniaques à partir de l'enclave étaient telles que je pensais leurs forces capables d'organiser une défense convenable. Elles étaient si solides que les Serbes les considéraient comme une menace et demandaient que l'ONU les contrôle. En outre, à aucun moment je n'envisageai le massacre de 7 000 hommes et garçons à Srebenica. Car l'opération de la Forpronu atteignit un sommet avec la perte et le massacre de la zone franche de Srebenica, mi juillet 1995 puis en conséquence, celle de Zepa début août. Ces pertes constituèrent un désastre qui grandit en importance lorsque nous en découvrîmes les horribles conséquences. Ce fut un désastre dont les graines ont été semées avec les décisions prises au printemps 1993 : décisions de menacer sans intention d'agir, de déployer des forces sans intention de s'en servir ; décisions prises hors d'une réflexion politique sauf la crainte d'agir par la force ; décisions qui furent de plus en plus affirmées dans leur sens négatif par la parole et les actes pendant la période où nous intervenions. Les évènements après mai 1995 l'illustrèrent.

En mai, j'essayais de redonner vie à la zone d'exclusion autour de Sarajevo qui avait été violée par la rupture du cessez-le-feu lorsque les Serbes reprirent le bombardement de la ville et s'emparèrent des armes rassemblées dans les points de collecte. À cette fin j'utilisai l'OTAN pour attaquer les dépôts de munitions serbes bosniaques. Ce que je n'avais pas perçu en ces termes à ce moment, c'est que j'étais en confrontation avec Mladic sur cette question. Cette confrontation était issue du contexte, de celle plus globale entre la communauté internationale et les Serbes qui avait donné naissance à l'idée de zones franche et de zones d'exclusion. Les précédentes menaces d'actions militaires avaient échoué à dissuader Mladic, les zones d'exclusion étaient ignorées et les zones franches bombardées par l'artillerie. Je mis la menace à exécution et je transformai la confrontation en conflit. La première attaque qui détruisit la cible montra que la menace était trop faible ; Mladic bombarda toutes les zones franches, tuant plus de soixante-dix civils à Tuzla. En réponse, j'attaquai à nouveau. De nouveau les cibles furent détruites et à nouveau Mladic contra. Il prit des otages et menaça leur vie. L'ONU ordonna d'arrêter d'utiliser la force et tous les efforts dans les capitales furent consacrés à récupérer les otages. En conséquence la décision de ne plus utiliser la puissance aérienne sinon pour sa propre défense fut prise par le secrétaire général à New York et je reçu une directive de l'ONU fin mai 1995 qui clarifiait la position de toutes les capitales : « l'exécution du mandat est secondaire par rapport à la sécurité du personnel des Nations Unies. L'intention est d'éviter à la fois les morts en défendant des positions, et une vulnérabilité, non indispensable, à la prise d'otages. » La sécurité de la force était plus importante que l'exécution du mandat. Mladic avait gagné la confrontation.

La Forpronu était considérée par tous, les trois factions en guerre, et de plus en plus par les États-Unis, l'OTAN et par tous les médias internationaux, comme inutile. La petite orientation politique qui avait existé avant ces évènements s'étaient évanouie. Ma seule source d'avis et de commentaires venait de Carl Bildt, désigné dans l'immédiat après crise pour récupérer les otages et, en tant que négociateur américain, remplaçant lord Owen. J'avais perdu une bataille (la confrontation). En y repensant, j'arrivai à la conclusion que je devais apprendre les différentes façons d'utiliser la force, que je devais m'appuyer sur ce savoir pour modifier l'attitude des décisionnaires et choisir mes cibles. Alors, en effet, trois constats s'imposaient : d'abord que Mladic avait besoin de contrôler la Forpronu et, ce faisant, il nous tenait comme des otages potentiels. Ensuite, ses canons avaient pour lui une grande importance car son feu compensait son manque d'infanterie. Enfin que la puissance aérienne, telle que nous l'utilisions, n'était pas la menace que nous imaginions ; elle ne surpassait pas l'utilité de ses canons. Me fondant sur ces constats et quelles que soient les décisions sur l'avenir de la Forpronu, je décidai qu'il me fallait apparaître à Mladic comme imprévisible et hors de son contrôle. À cette fin je planifiai de renforcer notre mandat : d'emprunter la route de Bosnie sur le Mont Igman vers Sarajevo et de réagir en force pour nous défendre si nous étions attaqués ; d'alimenter les zones franches, en particulier Srebenica, par hélicoptères et si ceux-ci étaient attaqués de les défendre avec les avions de combat. Ces plans ne furent pas mis à exécution puisqu'il n'y avait plus la volonté politique de prendre des risques pour nos troupes afin d'assurer l'aide humanitaire. Je fus incapable d'expliquer, au moins parce que je n'avais pas encore les idées claires à ce sujet, que Mladic menait une bataille au niveau des intentions et des attitudes d'esprit et non au niveau des faits. L'autre raison en était que pour de nombreuses communautés internationales et pour les médias nous constituions une partie du problème et non une solution. Néanmoins je choisis toutes les occasions, pour essayer de retrouver notre liberté de mouvement et une position sûre pour la force. J'en aurais eu besoin quelles que soient les décisions prises.

En Bosnie, tous les combats, qu'ils fussent interethniques ou contre la communauté internationale, étaient menés au sein de la population. Les Serbes bosniaques ne souhaitaient pas vivre parmi les Bosniaques et n'élisaient pas domicile parmi eux, non plus que les Croates ne souhaitaient vivre avec les autres. Les Bosniaques, même s'ils penchaient au début pour la coexistence, avaient pris le même état d'esprit. C'était vraiment un conflit entre les personnes. La majorité de ceux qui se battaient dans une zone donnée en était originaire. Dans de nombreux cas, ils connaissaient personnellement leurs adversaires. Le voisin arrachait le voisin de sa maison. Les forces locales avec des chefs locaux étaient mises au pouvoir par la population locale parce qu'ils pourraient la protéger et orienteraient les combats vers des objectifs locaux. La force était utilisée pour terroriser, pour ravager et pour laisser la dévastation d'une façon que les princes du Moyen Âge auraient comprise. On prenait des otages, les cadavres étaient vendus et achetés et les populations déplacées pour ce qu'on appelait « l'épuration ethnique ». Je crois que cette expression trouve son origine dans une mauvaise traduction au début de la guerre, en 1992. Un reporter voyant la population s'enfuir d'un village peu après que ses défenseurs eurent été battus et que les Serbes bosniaques y eurent pénétré, demanda à un Serbe ce qui se passait. « Nous procédons au nettoyage[1] », répondit le Serbe. Cela fut traduit par « *cleansing* » en anglais [et « épuration » en français].

Le conflit s'imposa aux autres peuples : la population du monde. La Bosnie était un vrai théâtre de guerre. Longtemps avant d'arriver en Bosnie, j'étais conscient de l'importance majeure des médias pour former l'opinion publique internationale et donc de la position qu'ils prenaient dans le conflit. Sur le théâtre de la guerre, ils constituaient le medium qui transportait la guerre au sein de la population vers un public planétaire. En conséquence, les médias étaient devenus indispensables aux belligérants et à la dynamique du conflit. Sur la scène du théâtre, les joueurs s'affichaient : les officiels de second rang et les criminels, la grande majorité des acteurs des trois camps tenaient le centre des tréteaux et devenaient les étoiles du spectacle tandis que les hommes d'État internationaux et les généraux avaient oublié ce qu'ils avaient à dire ou semblaient suivre un autre texte. Le fond des analyses et commentaires concernait les personnalités plutôt que les questions en cause. Chacune des parties jouait sa partition devant les caméras : les Bosniaques en se lamentant sur leur cas désespéré, en exerçant un chantage moral sur la communauté internationale pour avoir permis qu'il empire et les Croates en arguant de leur droit historique à vivre une existence séparée. Surtout, dans leur arrogance et leur confiance excessive en eux-mêmes, les Serbes de Bosnie bien qu'une grosse part de la couverture médiatique de leur actions pusse plaire à leur public domestique, semblaient inconscients qu'elle révoltait les observateurs extérieurs. Le théâtre dictait les décisions et le moment de les prendre aux forums internationaux. Chaque décision majeure résultait de la couverture télévisuelle de quelque incident important, tel qu'un nombre de tués par tirs d'obus plus fort que d'habitude à Sarajevo, le bombardement de réfugiés ou l'évidence d'un massacre. Les images télévisées ou rapportées et les questions qu'elles déclenchaient de la part des commentateurs à l'adresse des politiques fournissaient aux capitales le

---

1. Terme technique militaire après un engagement (note du traducteur).

stimulus pour s'engager encore. Ceci habituellement aboutissait à imposer aux Nations Unies de nouvelles tâches pour lesquelles des forces étaient promises mais arrivaient tardivement ou pas du tout. Toutes les structures de plus en plus compliquées de la Forpronu résultaient de ces réactions et de mesures insuffisamment pourvues en moyens. Le déploiement initial en Croatie puis en Bosnie, les zones de non survol, les zones franches et les zones d'exclusion, toutes avaient été déclenchées par un événement particulier transmis dans les capitales de la planète. Il n'y avait pas de mal à cela, mais du fait des réactions à chaque événement sans la logique d'une stratégie dans un contexte, les opérations étaient et devenaient de plus en plus incohérentes.

Au moment où j'arrivai sur le théâtre, il apparaissait que les médias tenaient la Forpronu en particulièrement piètre estime, la blâmant pour toute la faiblesse de sa mission sans prendre en compte sa propre position précaire et exposée telle qu'imaginée par les États membres qui l'avaient envoyée là pour faire quelque chose. La situation avait été aggravée par une série de relations tumultueuses entre les médias, les commandants des Nations Unies et leurs porte-parole qui cherchaient à justifier et expliquer leurs actions à la lumière de leur mandat. Dans l'ensemble, ils avaient raison sur le plan des faits, mais comme la toile de fond de ces explications présentait la souffrance de la population bosniaque, manifestée par un film sans fin d'innocents bombardés et terrassés par des explosions, l'image tendait à être celle de gens insuffisants et sans compassion cherchant à se dégager de toute responsabilité. Je savais que ce n'était pas le cas : même sans l'atout d'une vue rétrospective dont je disposais alors, je savais que les commandants avaient tous été de bons soldats qui avaient été mis dans une situation impossible, sans aucun soutien politique, essayant aussitôt d'exécuter leur mandat, d'aider les populations locales et de diriger et protéger leurs forces… et tout cela sans avoir le droit d'en user. Étant donné ce contexte, aussitôt arrivé sur place, je cherchai à concevoir une politique claire à l'égard des médias. Comme pour l'usage de la force, il me sembla que la clé se trouvait dans la possibilité d'escalade. Je décidai donc de ne paraître en public vis-à-vis des médias que rarement ou jamais, sauf nécessité d'appuyer un message. Je pris donc deux porte-parole responsables, Gary Coward, plus tard Chris Vernon et Alex Ivanko, respectivement militaire et civil qui étaient autorisés à parler en mon nom. À cette fin, je disposai qu'ils assisteraient aux briefings quotidiens avec les responsables de l'état-major et seraient tenus complètement informés de tous les développements. Ils étaient soutenus par toute une équipe multinationale de porte-parole, militaires et civils, qui pouvaient s'adresser aux médias du monde dans un certain nombre de langues. En outre, j'inaugurai un système de rencontres informelles avec la presse deux fois par semaine au dîner où chaque fois trois ou quatre journalistes étaient invités à ma table. De cette façon, je maintins un contact permanent avec cette importante corporation et j'étais en mesure d'expliquer le contexte de la situation en général et des initiatives de la Forpronu en particulier. Par ces mesures, je cherchai à établir des relations positives avec les médias, fondées sur la fiabilité de l'information et de son interprétation.

NOUS COMBATTONS DE FAÇON À PRÉSERVER NOTRE FORCE ARMÉE

Dans la période qui succéda à la prise d'otages de mai 1995, je formai un groupe de combat à partir du bataillon britannique, pour le cas où j'aurais à sauver les otages. Face à cet événement, toute action offensive m'avait été interdite mais l'idée d'une force de réaction rapide (FRR) s'imposa à Londres et à Paris et début juin, il fut admis qu'une telle force pourrait se déployer. Elle fut constituée de groupes de combat d'infanterie portée britannique et française et d'un groupe d'artillerie composée d'unités de Grande-Bretagne, de France et des Pays-bas. La FRR devait être commandée par un général de brigade français aidé d'un état-major multinational. Ensuite, la Grande-Bretagne déploya une brigade aéromobile sur la côte dalmate et celle-ci aussi pouvait être mobilisée sur ma demande. La force ne devait pas revêtir les casques bleus, ni peindre ses véhicules en blanc ; c'était une force de l'ONU sans la marque. Pour moi, c'était excellent : ils devaient se battre, mais je ne voulais pas qu'ils paraissent de l'ONU. Je voulais en particulier de l'artillerie. Par comparaison avec les avions, les canons munis de systèmes de localisation des cibles et de direction de tir, permettent des tirs plus précis, peuvent maintenir le feu plus longtemps, sont moins sensibles à la météo et resteraient sous mon commandement. Ils pourraient, en quantité adéquate et bien disposés, contrebattre l'artillerie serbe.

Si la FRR devait être utilisée avec succès, son emploi devait advenir comme une surprise, et pourtant son déploiement devait s'effectuer à la vue de tous. Il me sembla donc que je devais éviter d'en paraître le commandant ; il devrait être pensé qu'elle était sous la main d'autres : l'OTAN, les pays ou même le commandement de l'ONU à Zagreb. Si Mladic avait pensé que la force était à ma disposition, en particulier après le bombardement de mai, il se serait assuré d'avoir des otages potentiels sous la main et des canons à portée des positions vulnérables de l'ONU. Je décidai de ne partager cette idée avec personne et jouai mes cartes en conséquence. Cela prit beaucoup de temps pour déployer la force, la moindre raison n'en était pas que les Bosniaques et les Croates la considéraient avec beaucoup de méfiance, craignant qu'elle ne soit utilisée contre eux. L'artillerie ne fut pas en position avant la mi-août. Le problème suivant fut que, dans l'esprit des capitales concernées, cette force était destinée à une meilleure protection de la Forpronu. Les Français avaient leurs troupes concentrées autour de Sarajevo et, ayant subi plus de pertes que tout autre contingent, insistaient pour que la partie française de la FRR et en particulier l'artillerie reste à portée de Sarajevo. Ainsi, si la FRR devait être utilisée, ce serait mieux de le faire autour de Sarajevo. À la fin juin, les otages pris après le bombardement de mai avaient tous été récupérés, la FRR était en train de se déployer, je savais que je n'avais pas à risquer la force et le général Janvier avait négocié la délivrance d'une aide aux enclaves à partir de la Serbie. Je partis en permission. Je transférai à mon adjoint, le général Hervé Gobillard, le commandement du secteur de Sarajevo, emmenai avec moi un petit détachement avec radio et organisai une série de vacations quotidiennes. Pendant la semaine, on me rendit compte que l'enclave de Srebrenica avait subi des tirs d'artillerie et qu'il y avait eu quelques combats autour du coin sud de l'enclave. C'était un point de tension connu car les Bosniaques y tenaient une position qui dominait une route empruntée par les Serbes et il y avait eu une série d'attaques bosniaques récentes dans le voisinage. Je fus d'accord avec l'appréciation que cette dernière attaque était une réaction à ces « provocations » et pourrait aboutir à une nouvelle pression sur l'enclave. Je fus alors rappelé de permission pour rencontrer le secrétaire général des Nations Unies, Boutros Gali, Yasushi Akashi et le général Janvier à Genève le 8 juillet. Ce jour, nous discutâmes le rapport au Conseil de sécurité du secrétaire général sur la Forpronu et l'avenir de la mission. À la fin de la rencontre, nous fûmes informés que les Serbes bosniaques attaquaient à nouveau Srebrenica et qu'un soldat néerlandais avait été tué par les défenseurs bosniaques dans des conditions mal éclaircies. Il fut admis comme une évidence que la pression sur les défenseurs allait continuer à monter. Il fut décidé que je devais retourner en permission.

Tôt, le 10 juillet, je compris que les attaques contre Srebrenica avaient continué, que les défenseurs s'étaient effondrés, que les Néerlandais avaient établi un verrou avec un appui aérien prévu et quelque trente Néerlandais pris en otages par les Serbes. On m'indiqua que Akashi et le général Janvier étaient en rapport avec les Serbes de

Bosnie et avec Belgrade et qu'ils étaient d'accord pour recourir à l'appui aérien. Plus tard, ce jour, j'appris que celui-ci n'avait pas eu lieu et tôt, le 11, mon chef d'état-major me demanda de rentrer. Cela prit quelque trente-six heures pour accomplir le voyage de retour dans Sarajevo assiégée, temps pendant lequel Srebrenica tomba. Nous avions de nouveau échoué. Nous avions perdu une autre confrontation qui était à peine devenue un conflit. Si nous devions nous rétablir après cela, il était encore plus important d'exfiltrer nos hommes, d'assumer la confrontation que nous choisirions et de la soutenir selon nos conditions.

Je pris quelque temps pour faire le point de la situation. Les communications étaient faibles et les comptes-rendus confus. Autant que nous pouvions savoir en notre poste de commandement, le bataillon néerlandais était encombré de plus de 20 000 femmes et enfants dans son camp dans l'enclave ; il y avait environ 2 000 hommes qui avaient été emmenés on ne savait où et il semblait que des combattants bosniaques et des jeunes femmes s'étaient échappés vers Tuzla et Zepa. Au bout du compte, nous devions encore récupérer les trente otages néerlandais. Mais à travers tous ces constats, je ne pouvais penser qu'il y avait eu le massacre de 7 000 hommes. Nous savons maintenant comment les massacres se déroulèrent, ce qui s'était réellement passé pendant que je faisais le point de la situation. Toutefois, à aucun moment, il ne me vint à l'esprit que des tueries de masse avaient été commises. Une telle information devait cependant venir. Dans l'intervalle, je considérais que j'avais trois tâches : venir en aide au HCR pour accueillir les réfugiés de Srebrenica, réclamer un droit de visite aux Bosniaques prisonniers pour le HCR et la Croix Rouge et récupérer les otages du bataillon néerlandais.

Gérer le problème des réfugiés était une tâche énorme : les Serbes avaient accepté d'autoriser des cars à aller chercher les femmes et enfants du camp néerlandais vers Tuzla. Par leur refus de prendre soin de leur population et jusqu'à ce que nous fûmes capables de montrer qu'ils s'étaient comportés aussi mal que leurs ennemis sur le plan des principes, les Bosniaques rendirent l'opération difficile dans le désir de punir l'ONU de son échec à Srebrenica. L'organisation logistique fut saturée et il fallut au HCR et aux autres agences du temps pour gérer de façon appropriée, la masses de personnes choquées et déplacées. Je décidai que le bataillon néerlandais ne serait pas retiré tant que tous les réfugiés ne seraient pas évacués. Tard le 14, Carl Bildt me demanda de me rendre le 15 vers midi pour une importante rencontre avec Mladic et Milosevic. Nous partîmes presque aussitôt : à travers les défenses le long de la piste du mont Ingman, puis à l'aube par hélicoptère jusqu'à Split, par avion jusqu'à Zagreb où nous prîmes Akashi et le général Janvier, ensuite vers Belgrade pour la rencontre.

C'était ma première rencontre avec Mladic depuis environ trois mois et la première fois que nous parlions depuis le bombardement de mai. Nous fumes envoyés à l'écart par Carl et Milosevic pour discuter des modalités du dégagement du bataillon néerlandais de Srebrenica ce que nous fîmes après une longue discussion sur le bombardement de mai et à Srebrenica. L'officier qui prit des notes sur cette rencontre la qualifia de vigoureuse et orageuse. À partir de là, je conçus l'opinion que Mladic ne craignait pas le bombardement lui-même puisqu'il ne voyait pas comment cela pouvait l'empêcher de faire ce qu'il voulait ; il craignait plutôt de ne plus contrôler les commandants de l'ONU. Il avait assez à faire avec les Bosniaques, il n'avait pas besoin d'une autre catégorie de chefs qui altéreraient la situation, peut-être à l'avantage des Bosniaques ; la question devenait donc : comment vérifier mon opinion et comment jouer de cette peur si j'avais raison ?

Lors des négociations sur le bataillon néerlandais, Mladic promit d'autoriser le HCR et la Croix Rouge de prendre contact avec les prisonniers et d'accéder à l'ensemble de la zone. Les convois médicaux et d'approvisionnement seraient autorisés, les trente otages néerlandais seraient relâchés, le 21 juillet le bataillon serait retiré et la liberté de mouvement pour l'ONU serait garantie dans les enclaves. À la fin, il fut décidé que, Mladic et moi-même, nous nous rencontrerions à nouveau en Bosnie le 19 juillet et que Milosevic et Carl Bildt se verraient le même jour à Belgrade et que les deux réunions seraient reliées par téléphone. Au moment où ces deux rencontres se tinrent, nous n'avions toujours pas accès à Srebrenica et il semblait clair que des atrocités d'une certaine importance avaient été commises. Une fois encore Mladic et Milosevic promirent l'autorisation d'accès. À la fin de cette rencontre, mon état-major m'informa que Londres me rappelait et que je devais partir le lendemain.

Aucune des nations impliquées dans la Forpronu, ni l'OTAN en soutien de cette force dans cette affaire, n'avait la moindre intention que son contingent soit mêlé à une bataille ou même qu'il prenne des risques. La ROE était là pour n'imposer l'usage de la force que pour les seules raisons défensives. Même les mesures coercitives des zones d'exclusion pour empêcher les canons de tirer sur la zone franche avaient une motivation défensive. Aucune nation ne voulait que la force prenne des risques. La plupart des contingents était équipée de véhicules blindés pour la protection de leurs occupants plutôt que pour s'accrocher avec l'ennemi. Les difficultés qu'avait rencontrées l'ONU pour trouver un contingent pour mettre à exécution la résolution 836 du Conseil de sécurité, classant Srebrenica comme une zone franche est typique : il fallut presque un an avant que le bataillon néerlandais s'y déployât. En juin 1995, après qu'eut été abattu un F16 américain de l'OTAN par un missile serbe bosniaque, l'orbite des vols fut ramenée au-dessus de l'Adriatique. Mais s'il y avait quelque doute sur les instructions, la directive qui me fut adressée par l'ONU fin mai 1995 clarifia le sujet : la sécurité des forces passait avant l'exécution du mandat ; cela manifestait l'absence de volonté politique de toutes les nations pour prendre des risques avec leurs forces sur le terrain et ces instructions n'étaient contredites par aucune capitale. Dans le contexte de la logique internationale tordue de déployer des forces pour ne pas les employer, la directive était conforme à la logique. Mais comme le disait la dame, « vous ne pouvez pas être un petit peu enceinte » et vous ne pouvez pas être non plus un petit peu interventionniste. Si vous vous tenez au milieu d'un combat entre d'autres, attendez-vous à être bousculés ; et si vous intervenez, décidez si vous vous battez contre tous les belligérants ou contre un seul et lorsque vous maintiendrez ce choix, préparez vous à prendre des risques avec les forces affectées à la mise en œuvre de cette décision.

CHAQUE FOIS, DE NOUVELLES UTILISATIONS SONT TROUVÉES POUR D'ANCIENNES ARMES ET D'ANCIENNES STRUCTURES

La conférence de Londres de toutes les nations contributrices avait été convoquée avec la plus large communauté internationale parce qu'aucun des pays contributeurs en unités et en particulier la Grande-Bretagne qui avait des troupes dans l'enclave de Gorazde, ne voulait un autre Srebrenica. J'atterris à Northolt à la fin de l'après-midi, la veille du jour d'ouverture, et fut emmené tout droit pour rencontrer le Premier ministre John Major. Il expliqua qu'il avait été décidé que la prochaine fois que les Serbes de Bosnie attaqueraient Gorazde, l'OTAN bombarderait les Serbes jusqu'à ce qu'ils s'arrêtent ; nous serions complètement partiaux sans crainte de renverser l'équilibre entre les factions et en pratiquant l'escalade si nécessaire. Les deux clés seraient tenues par des militaires, le général Janvier pour les Nations Unies et l'amiral américain Leighton « Snuffies » Smith pour l'OTAN. Sur ce point, il n'y aurait pas de décision politique à obtenir puisqu'elle était déjà prise ; les militaires seuls devaient décider s'il fallait procéder à une attaque. Un officier très gradé devrait être envoyé à Mladic pour le prévenir sans ambiguïté de ce dont il était menacé. J'interrogeai au sujet des autres zones franches, souhaitant savoir si cette menace concernait également les attaques sur les autres zones franches. On me répondit que non ; uniquement Gorazde. Je savais que Londres était préoccupée au sujet du bataillon britannique à Gorazde mais je ne m'attendais pas à ce complet changement de politique sur ce seul point d'une seule enclave et ce qui distinguait ces soldats des autres assiégés, notamment bosniaques.

J'expliquai que cette menace devait s'appliquer à toutes les enclaves. Comment faire en tant que commandant pour l'ONU pour faire des différences entre les enclaves ? Comment ferais-je, comme commandant britannique d'une force multinationale pour expliquer à mes subordonnés qu'on menacerait différemment si les Britanniques étaient attaqués plutôt que les autres alliés ? Comment faire avec mes bataillons français, égyptien, russe, scandinave et du Bangladesh, demandai-je et j'avançai aussi des problèmes pratiques. Je doutais que nous ayons les cibles qui frapperaient les Serbes de Bosnie de telle manière qu'ils stoppent leur attaque et je doutais que nous obtenions une résolution collective de riposter à des tirs d'obus sur les camps de l'ONU ou à la prise d'otages par un bombardement. Ayant brandi la menace, nous pouvions être sûrs que Mladic prendrait des mesures pour la contrer. J'expliquai que je serais tout à fait heureux de combattre les Serbes bosniaques mais pas sous le seul prétexte de défendre les Britanniques et dans le seul endroit où ces Serbes prenaient l'initiative. J'étais incapable de me renforcer et ne disposais d'aucune arme hors celles de la puissance aérienne à portée.

Après un moment, nous fûmes rejoints par le secrétaire d'État aux Affaires étrangères, Malcolm Rifkind. Les deux hommes étaient surpris par mon manque d'enthousiasme pour le plan mais insistèrent sur le point décidé. La discussion dura environ une heure et se termina lorsque le Premier ministre me demanda de prendre le petit-déjeuner avec Michael Portillo, le secrétaire d'État à la Défense avant la conférence. Je revins à l'hôtel où je rencontrai et examinai mes notes avec le général Janvier qui fut aussi surpris par le changement de politique. Nous convînmes que pendant la conférence nous expliquerions comment se présentaient les choses sur le terrain afin que ce soit clair pour tous

Pendant le petit-déjeuner le matin suivant, j'avais rassemblé mes idées pour la conférence. Je m'arrêtai sur le fait que le plus important était que la menace devait concerner toutes les enclaves, ce qui au moins me permettait en tant que commandant la force, de la maintenir unie. Je n'attendais pas que ce fut décidé pendant la conférence puisque j'avais compris que le résultat en avait été concocté dans les couloirs et que je ne savais pas quels avaient été les autres nations qui avaient pris part à cette cuisine. Je voulais aussi, pendant la conférence, qu'il soit fait le plus possible mention de la force de réaction rapide, et autant que possible en relation avec l'OTAN.

Michael Portillo et moi-même, nous nous rencontrâmes pour le petit-déjeuner. Il était nouveau dans ses fonctions et je ne l'avais jamais rencontré auparavant. Néanmoins, il avait dû être mis au courant et il ne me fallut pas longtemps pour lui expliquer ma position comme commandant de force multinationale et que mon commandement en entier devait être couvert par la menace et non pas seulement les Britanniques et Ukrainiens de Gorazde. Il indiqua que cela pourrait sans doute s'arranger mais que je ne devais pas m'attendre à ce que cela se fasse pour la fin de la conférence. Pendant ce petit-déjeuner, il m'apparut de plus en plus que Londres avait une vision de la situation très différente de celle que je pouvais avoir sur le terrain ; ce fut comme une surprise pour Portillo que Zepa, une autre enclave orientale, n'était pas tombée (elle le sera le 25 juillet). Les renseignements et informations que nous recevions n'étaient pas de même nature, cependant les décisions étaient prises à la vue d'une image brouillée et ces décisions étaient d'utiliser la force au niveau du théâtre.

La conférence se tint un jour très chaud dans une Lancaster House bondée et c'était effrayant. Tous les contributeurs à la Forpronu étaient représentés, ainsi que les Nations Unies, l'OTAN et les États-Unis. Le sentiment général était de sympathie pour les Néerlandais (pendant la conférence, arriva la nouvelle que le bataillon néerlandais était arrivé sain et sauf à Zagreb et tout le monde applaudit), mais surtout à partir de ce sentiment je me dis « mais pour la grâce de Dieu, allons y tous ». Tous eurent la parole, y compris le général Janvier et moi-même et à la fin de cette longue journée, il y eut une conférence de presse au cours de laquelle il fut annoncé que toute menace sur Gorazde entraînerait une riposte aérienne d'une intensité encore jamais vue jusqu'ici. Trente-six heures plus tard, à mon retour à Sarajevo, j'appris que les Bosniaques et les Croates s'étaient mis d'accord pour agir de concert : ce fut la décision à l'origine des offensives fructueuses ultérieures de la Fédération contre les Serbes. Une semaine plus tard, il fut annoncé dans la presse que toutes les enclaves seraient couvertes par la menace d'attaques aériennes issue de la conférence de Londres. En dehors de planifier les suites des décisions de la conférence de Londres, j'essayai d'empêcher les gens de Zepa de suivre le même chemin que ceux de Srebrenica. Malgré la nouvelle annonce, il apparaissait clairement que personne n'avait l'intention d'entreprendre un bombardement intense pour sa défense ; ce qui était le plus praticable était d'augmenter le plus possible la présence internationale à Zepa, y compris moi-même, pour frapper les Serbes. Le dernier homme des Nations Unies se retira le 3 août : une autre retraite issue d'une confrontation perdue. La majorité des habitants s'était sauvée ou avait été conduite en sécurité.

La pression sur Zepa s'affaiblit le 29 juillet lorsque les Croates de Bosnie et ceux de Croatie attaquèrent dans le sud de la Bosnie et quelque dix mille réfugiés Serbes firent mouvement vers Banja Luka. Cette attaque annonçait l'opération « Tempête » en Croatie une offensive générale de l'armée croate qui arracha les Serbes de Croatie de leurs habitations dans la Krajina. En conséquence, 200 000 réfugiés de plus arrivèrent en territoire serbe de Bosnie ; à leur tour, les Croates et Bosniaques restés dans la région de Banja Luka, furent renvoyés de leurs maisons. Les Croates laissèrent la Krajina dévastée. La Forpronu avait échoué dans son projet initial en Croatie. Mais tout à coup les Serbes étaient sur le recul.

L'épuration ethnique des Serbes croates en Croatie fut le premier exemple de la dynamique du « théâtre de la guerre ». Alors qu'elle fut enregistrée et exposée sur le moment, cette action ne fut jamais attaquée dans les médias pour ce qu'elle était réellement : l'expulsion d'une minorité de ses habitations par un État pour le seul motif de leur appartenance ethnique et l'échec de l'ONU pour les protéger alors que ce fut le but originel du déploiement des forces de l'ONU. Pour moi, la raison de cette lacune grave était que les victimes étaient serbes. Pendant les années du conflit dans la région et dans les enclaves ou Sarajevo assiégées et en particulier après la chute de Srebrenica et l'accumulation de violences et d'atrocités qui s'ensuivit, les Serbes étaient présentés comme la cause de tous les maux des Balkans. Le fait que ce n'étaient pas les Serbes de Bosnie qui avaient commis ce crime mais qu'il s'agissait réellement de citoyens croates qui étaient en possession de leurs terres depuis que les Autrichiens les avaient implantés là au XVIe siècle pour garder leur frontière avec l'empire ottoman, fut ignoré. D'un point de vue international et en particulier de celui des médias, ils étaient serbes et il était temps que les Serbes goûtent à leurs propres remèdes.

Le cours des évènements et leur impact sur les Serbes amena le secrétaire d'État Warren Christopher à proposer une nouvelle initiative pour négocier un accord définitif. Le secrétaire d'État adjoint pour les affaires européennes et canadiennes, Richard Holbrooke, menait les négociations. En même temps, mon état-major et moi-même dressions des plans avec l'OTAN et la FRR pour nous préparer aux réactions envisagées après la conférence de Londres. Je ne savais ni où ni quand la question se poserait et nous devions nous comporter apparemment comme d'habitude jusqu'à ce qu'elle se pose. Je m'attendais à ce que les Serbes de Bosnie choisissent le moment et le lieu qui leur conviendrait. Outre de savoir que je devais réagir d'une certaine façon, je devais reconnaître qu'en conséquence je me trouverais dans un nouveau type de relations, une relation de coercition avec les Serbes. Enfin, je n'avais aucune idée des objectifs politiques autres que d'empêcher le succès des attaques serbes contre lesquelles cet effort militaire devait être dirigé. Quel résultat positif recherchions nous au-delà du statu quo ? Ces questions revenaient au centre de notre planification militaire car le choix de cibles à bombarder est difficile sans l'éclairage d'un objectif général.

Je ne voulais pas que les Serbes prennent l'initiative. Fondamentalement, je voulais être celui qui choisirait quand, où et pourquoi nous combattrions. Ainsi la préparation se prolongeait. Nous planifions des attaques sur chacune des zones franches et la FRR continuait à se déployer, toujours en se faisant paraître autant que possible comme une partie de l'OTAN. Parallèlement nous avions réduit la taille du contingent britannique à Gorazde, en juillet les Britanniques annoncèrent qu'ils ne remplaceraient pas le bataillon lorsque son séjour s'achèverait début septembre et qu'il n'y avait aucune autre nation volontaire pour cet endroit. Après la chute de Zepa et le retrait du petit contingent ukrainien qui s'y trouvait, il serait facile de retirer le détachement également faible d'Ukrainiens de Gorazde. Je pense que je devais assumer cette décision aux yeux des Bosniaques et des Serbes car il eut été dans leur intérêt de garder les Britanniques sur place, à la fois « otages et boucliers », mais je pensais aussi qu'à la lumière des décisions de la conférence de Londres et de leurs récents succès dans le sud-ouest de la Bosnie, le gouvernement bosniaque pouvait être amené à accepter ce retrait britannique. En outre, il avait un suffisant contrôle sur ses militaires à Gorazde pour que ceux-ci agissent comme convenu même s'ils n'étaient pas d'accord pour perdre leur bouclier. Mladic et les Serbes représentaient un autre aléa si, pour une autre raison que celle-ci, le bataillon devait se déplacer à travers leur territoire. À la vérité, Mladic, à ce moment, connaissait un grand nombre de problèmes. En plus des attaques de la Fédération dans le sud-ouest, les Serbes rencontraient un problème aigu de réfugiés et avaient besoin des Nations Unies et en particulier du HCR comme jamais auparavant. Je décidai de négocier le retrait du bataillon britannique comme s'il s'agissait d'un exercice de routine administrative et donc d'envelopper la discussion et les moda-

lités dans un sujet plus large, celui de notre assistance aux réfugiés serbes. Mladic admit cette approche, il ne voyait pas la Forpronu ni moi-
même comme une menace ; en une occasion pendant cette période,
mon interprète l'entendit parler de moi comme de l'« agneau bleu » que
j'étais. Il fut d'accord pour une rencontre avec tous les commandants
locaux, y compris les Britanniques. Lors de cette rencontre, j'obtins
qu'il donne des ordres à ses commandants pour permettre le retrait,
devant moi et le commandant du bataillon britannique, John Riley, dans
l'attente qu'ils seraient exécutés sauf contrordre de Mladic lui-même.
Nous ne fixâmes pas une date précise pour ce retrait ; elle serait décidée
par John Riley plus près de l'événement, fin août ou début septembre.
La FRR continua à se déployer et après que d'importantes obstructions
engendrées par les Croates et les Bosniaques eurent été surmontées,
nous plaçâmes un groupe d'artillerie sur le mont Igman dominant
Sarajevo. Les Français étaient constants dans l'idée que leur artillerie
était là pour soutenir les unités françaises. Puisque les Français étaient
tous à Sarajevo et que j'avais juste assez d'hélicoptères pour détacher
ailleurs à partir du régiment d'artillerie britannique une batterie de six
canons et les munitions pour l'approvisionner, l'endroit où je pouvais
combattre et employer la plus grande puissance de feu était la région de
Sarajevo. Ainsi, à la fin, la décision prise à la conférence de Londres se
résuma à ceci : si je devais utiliser pour le meilleur effet les forces dont
je disposais, OTAN et FRR, je devrais saisir la première occasion qui se
présenterait d'une attaque contre Sarajevo et, autant que possible,
ignorer les attaques contre les autres zones franches. Ayant dressé les
plans avec l'OTAN, je savais qu'il y avait seulement assez de cibles
adaptées à une attaque aérienne. Plus nous pourrions mêler les genres
d'attaques, par avions, par l'artillerie et par des groupes de combat, plus
nous aurions de choix et d'effets ; avec beaucoup de marge, ceci fut
réalisé autour de Sarajevo. Ma FRR se composait de deux groupes de
combat d'infanterie sur véhicules blindés de nations différentes, soutenus par un groupe d'artillerie avec un large éventail d'équipements de
trois pays ; elle était sous commandement ONU et soutenue par la
5ᵉ Tactical Air Force de l'OTAN, elle-même, un mélange de pays et
d'équipements. Cette force était susceptible de partir en offensive dans
un dessein inimaginable lorsque les équipements et les organisations
furent choisis.

LES ADVERSAIRES SONT LA PLUPART DU TEMPS NON ÉTATIQUES

Le 28 août, cinq obus de mortiers tombèrent sur la place du marché
Markale à Sarajevo, tuant 23 personnes. Nous menâmes immédiate-

ment les investigations pour savoir qui avait probablement perpétré cette attaque. Les Serbes clamaient évidemment qu'ils n'avaient rien à voir avec elle et que c'étaient les Bosniaques qui avaient tiré sur leurs compatriotes, mais rien ne venait conforter cette assertion. Néanmoins, je voulais vérifier au-delà d'un doute raisonnable que les obus avaient été tirés depuis le territoire serbe avant de lancer notre attaque. Le général Janvier était alors en permission et la clé à tourner était la mienne mais je n'avais aucun doute qu'il aurait fait de même s'il avait été en service. Je ne pouvais pas en premier annoncer mon intention parce que le bataillon anglais était encore à se retirer de Gorazde. La date pour cela avait été fixée pour le lendemain. Après avoir vérifié auprès de son commandant, je lui demandai d'évacuer le plus tôt possible. Pendant ce temps, il était important de cacher mes intentions à Mladic, ainsi les appels téléphoniques continuèrent pour trouver l'origine de l'incident. Mladic voulait une commission jointe et je répondis que je devais consulter mes supérieurs. Je gagnais du temps.

Ce soir, le bataillon britannique traversa la Serbie et gagna la Croatie et Zagreb. J'approuvai la route à travers la Serbie pour une simple raison. Malgré l'avantage politique apparent pour Mladic de faire mouvoir les Britanniques dans cette direction et non vers les positions de l'ONU en Serbie, si l'exfiltration était couronnée de succès, cette route était celle du temps le plus court en territoire des Serbes bosniaques. Je ne suis pas sûr que Mladic savait que le bataillon était parti lorsque le 29, je lui indiquai dans une conversation téléphonique que j'avais décidé que les obus de mortier avaient été tirés par ses troupes. Il menaça immédiatement en disant ce qu'il ferait au bataillon et j'arrêtai la conversation. J'aimerais savoir ce qui se passa dans son quartier général lorsqu'il apprit que le bataillon était déjà parti couvert par ses instructions ; cette pensée me réjouit sur le moment. Alors je tournai la clé de l'ONU et l'amiral « Snuffie » Smith tourna la clé de l'OTAN. Smith à Smith comme on l'a dit. La force, à la fin, allait être employée conformément à un plan. Mais la stratégie restait brouillée. Je doutais encore du résultat politique positif désiré en opposition à celui de « tirer un trait », « montrer ce que nous appelons les affaires » ou « être crédible ». J'appelai Richard Holbrooke. Ses négociations étaient bien en train et je voulais savoir ce qui se passait. Je pensais qu'il voudrait apporter quelque ajout politique car j'étais sûr que ce que nous étions sur le point de monter se répercuterait sur les négociations. À ma surprise, il ne vit dans l'action entreprise qu'une activité séparée et déconnectée et apparemment sans conséquences pour lui. Aussi je décidai que mon objectif tactique serait de faire lever le siège de

Sarajevo et ainsi d'approvisionner la population et de remplir la mission de la Forpronu ; mon objectif opérationnel était de faire tomber l'idée de Mladic que j'étais sous contrôle afin d'aider les négociations.

Pendant la période de planification qui suivit la conférence de Londres, je m'étais mis d'accord avec le général Mike Ryan, commandant des forces aériennes de l'OTAN, pour qu'il choisisse comme cibles pour ses avions en Bosnie de détruire les défenses anti aériennes serbes, connues comme cibles SEAD (suppression des défenses aériennes ennemies). Ce serait le premier ordre d'opérations si nous voulions obtenir la supériorité aérienne. Pour ma part, je devais choisir les cibles qui réaliseraient les objectifs que je me serais fixés moi-même, comme une part du plan global d'utilisation de la force. Car, outre la puissance aérienne de l'OTAN, je disposais aussi d'artillerie et des groupes de combat de la FRR à employer en coordination avec les attaques aériennes.

Les cibles et les attaques pouvaient être envisagées en trois groupes séparés mais liés les uns aux autres : le premier était évidemment celui des cibles SEAD, une capacité de défense en soi nécessaire mais qui affectait aussi la capacité globale de commandement et de direction de l'armée serbe de Bosnie. Ses communications et quelques autres équipements seraient profondément touchés comme le serait l'aptitude de Mladic à diriger. Le second groupe concernerait les positions d'artillerie et les véhicules blindés serbes autour de Sarajevo, les moyens spécifiques du siège. Ils furent attaqués successivement par l'artillerie de l'ONU et l'appui aérien rapproché de l'OTAN et les résultats furent exploités par mes groupes de combat. En même temps, mon artillerie s'en prit aux défenses aériennes serbes dans le voisinage immédiat de Sarajevo. Le résultat de ces attaques combinées fut qu'en trois jours, le siège de Sarajevo devint inopérant. Le troisième ensemble de cibles concernait celles qui étaient susceptibles de changer les intentions de Mladic en attaquant son aptitude personnelle à diriger. Bien sûr les deux premières séries de cibles influaient également sur ce résultat, tous ces bombardements le diminuaient dans son commandement, mais je souhaitais aussi m'en prendre spécialement à son aptitude à diriger : un exemple d'une telle cible intéressait les installations militaires dans le village où étaient enterrés ses parents. Je répétai l'attaque, car selon la culture de Mladic, un échec dans la protection des ossements de ses ancêtres s'apparente à un abandon honteux de ses devoirs familiaux. (En rapport avec ces attaques et pour accroître la pression, nous expliquâmes à la presse bosniaque que Mladic ne pouvait pas préserver les restes de ses parents.) Une autre cible était représentée par les liaisons militaires de Mladick, électroniques et physiques, avec chacun de ses corps de troupes disséminés sur toute la Bosnie et dont j'essayai de couper physiquement toutes les communications aussi près que possible des limites entre chaque formation. Je voulais qu'il ressente à chacun de ses briefings quotidiens une panne progressive de ses transmissions et par là, la perte du contrôle de son armée. La toile de fond de toutes ces attaques correspondait à ma compréhension de la personnalité de Mladick formée sur des mois pendant lesquels nous menâmes une bataille mentale plutôt que physique. J'utilisai, pour cette bataille entre personnalités et dans le cadre d'un plan, des armes plus lourdes que jusqu'ici et j'avais la possibilité d'exploiter les résultats.

Le siège de Sarajevo n'aurait pas été levé par les seules attaques aériennes et les tirs d'artillerie ; ce furent les groupes de combat à terre qui exploitèrent le résultat de ces tirs et rendirent confiance à la population de la ville. Pour cela, la puissance aérienne s'avérait essentielle mais sans la composante terrestre de la force de l'ONU, avec l'artillerie et les groupes de combat, le bombardement n'aurait pas pu créer la percée : ce fut la combinaison des forces qui lui conféra une utilité aussi rapide. Il ne s'écoula pas longtemps avant que Richard Holbrooke prenne un contact presque quotidien, cherchant alors à exploiter l'impact de nos actions militaires dans ses négociations. Les Serbes lui demandaient que nous arrêtions le bombardement. Nous autorisâmes une pause de trois jours pendant lesquels quelques armes serbes bosniaques furent retirées des zones d'exclusion réaffirmées ; toutefois les Serbes tentèrent de nous convaincre qu'ils agissaient en accord avec nos demandes. Nous ne fûmes pas convaincus et les bombardements reprirent. Ceux-ci furent alors étroitement liés aux négociations non pas à dessein mais par la juxtaposition des évènements

Pendant la seconde phase de l'action de l'OTAN et de l'ONU, les Croates et la Fédération lancèrent une offensive jointe en direction de Banja Luka depuis les positions gagnées dans le sud-ouest de la Bosnie et la Krajina en août. Ils faisaient de rapides progrès, aidés sans doute par les effets des bombardements. Le 14 septembre nous commencions à dépasser nos cibles pour passer à l'offensive mais Richard Holbrooke avait mené les négociations à un point tel que, le même jour, Milosevic fit pression sur les Serbes de Bosnie pour signer un cessez-le-feu. Après les quelques jours suivants, l'aéroport de Sarajevo fut ouvert, les Serbes de Bosnie retirèrent toutes les armes des zones d'exclusion et la population commença à se promener ouvertement dans les rues de l'agglomération. Je reçus aussi la preuve que nous avions réussi à cacher la véritable identité de la FRR. Lors d'une réunion avec l'un des chefs d'état-major de Mladic, le 17 septembre, pendant laquelle lui étaient données les dispositions pour le retrait des forces serbes, le général Milosevic exprima une grande surprise lorsqu'il découvrit que la FRR était sous mes ordres et que j'avais choisi bon nombre de cibles. Notre stratagème avait réussi. Le 20 septembre, les commandants de l'ONU et de l'OTAN annoncèrent que « la mission militaire avait été remplie » et que « la reprise des raids aériens n'était à présent plus nécessaire ». Le recours à la force internationale en Bosnie était alors terminé.

À propos des décisions prises dans les semaines qui suivirent la conférence de Londres, je dois insister sur le fait que je n'avais aucune idée sur leurs conséquences politiques. Je décidai de prendre les dispositions qui me donneraient la plus grande liberté d'action de sorte que, lorsque l'occasion s'en présenterait, je sois en mesure d'utiliser la force qui m'était allouée pour son plus grand effet ou sa plus grande utilité. Tactiquement nous brisâmes le siège. Malheureusement, notre effet politique direct, notre soutien aux négociations, les conséquences sur la confrontation, sont plus difficiles à évaluer, d'abord parce que l'ONU n'est que progressivement devenue partie à cette confrontation. Ce fut le premier usage réel de la force et son contexte n'avait pas de précédent. En même temps le résultat politique fut aussi influencé par d'autres évènements : les Croates et la Fédération utilisaient aussi la force à leurs propres fins, tirant avantage de l'action conjointe de l'ONU et de l'OTAN. Je pense que ce fut leur assaut réussi, par lequel le territoire serbe était réellement perdu plutôt que bombardé qui décida de la question.

Aucune des factions de la Bosnie dans le conflit, Bosniaques, Croates et Serbes n'étaient des États véritables bien que la communauté internationale ait reconnu la Bosnie Herzégovine comme État indépendant en 1992 et donc le gouvernement bosno croate de Sarajevo. D'un autre côté, il y avait les organisations internationales, l'ONU et l'OTAN, leurs objectifs divergents (l'ONU recherchant la neutralité tandis que l'OTAN dirigeait ses efforts contre les Serbes bosniaques) restèrent apparents jusqu'à la chute de Srebrenica en Juillet 1995. En outre, par leurs attitudes respectives en réponse aux évènements, les deux approches avaient pour effet de donner de la crédibilité à la position des Serbes de Bosnie, de les considérer comme un État qui devait être traité comme tel. Or les deux attitudes combinées ajoutaient à la vulnérabilité de la Forpronu et au piège de l'otage et du bouclier. Avant les évènements de septembre 1995, lorsque les précédentes crises portaient ces contradictions à un sommet, les Serbes apprirent bientôt à en jouer, à menacer les positions qu'ils tenaient en otage ou à s'assurer de gains

supplémentaires. La frustration des États-Unis et de l'OTAN, se nour-
rissait de l'attitude frileuse des pays contributeurs en troupes qui était
toujours de préserver leurs forces militaires, refusant ou, au mieux,
restreignant sévèrement le recours à la force qui aurait pu causer des
pertes à leurs troupes à terre, soit directement, soit par riposte des
Serbes bosniaques.

Ces frustrations engendraient une considérable tension trans-
atlantique. Le fond de l'affaire était qu'une force armée, l'OTAN, avait
été surajoutée à une autre force armée, l'ONU, qui n'était pas mandatée
pour employer la force, de sorte qu'elle ne pouvait pas être utilisée
efficacement. Les deux forces avaient des objectifs divergents. L'ONU
étaient confrontée à toutes les parties au conflit et avec chaque crise
parvenait à un résultat immédiat mais affaiblissait sa position sur le
long terme. L'OTAN n'était en confrontation qu'avec les seuls Serbes
de Bosnie, mais après un succès initial, sa crédibilité s'éroda rapidement : les Serbes bosniaques s'aperçurent que la puissance aérienne
de l'OTAN était limitée par la Forpronu et contrainte dans le choix des
cibles et qu'ainsi, l'aviation alliée ne pouvait effectuer d'attaques fructueuses sur les cibles qui leur importaient. Ce fut seulement lorsque
l'ONU et l'OTAN se coordonnèrent sur un plan précis que la position
internationale s'affirma de façon cohérente comme partie au conflit : le
belligérant final non étatique.

NOS CONFLITS ONT TENDANCE À SE SITUER HORS DU TEMPS QUI PASSE

Le déploiement de la force multinationale en Bosnie commença au
printemps 1992 sous pavillon de l'ONU. Treize années plus tard, au
moment où j'écris, une force multinationale s'y trouve toujours sous le
pavillon de l'Union Européenne. L'intervention militaire en Bosnie des
Nations Unies et de l'OTAN qui entraîna le cessez-le-feu en 1995,
conduisit à des semaines de négociations à Dayton dans l'Ohio et, en
décembre, à la signature des accords de paix de Dayton en résultant.
Ces accords qui ne sont en réalité que des accords très détaillés de cessez-le-feu, supposent une autre condition par laquelle une solution peut
être trouvée. Cette solution est encore recherchée et, jusqu'à ce qu'elle
soit trouvée, la communauté internationale doit préserver la situation
avec une présence militaire. Celle-ci, forte de 60 000 hommes de
l'OTAN remplaça la Forpronu de 20 000 hommes en janvier 1996 ; au
fil des années elle s'amoindrit et en novembre 2004 l'Union Européenne prit la suite avec 7 000 hommes. En fait, pour l'essentiel, il

s'agit de la même force : lorsque la force ONU devint OTAN, la plupart des troupes déjà sur le terrain y restèrent, troquant leurs bérets bleus contre les coiffures nationales et le drapeau des Nations Unies contre celui de l'OTAN. Lorsque l'UE prit la suite de l'OTAN, une fois encore, ce furent essentiellement les mêmes troupes qui restèrent, échangeant leur drapeau OTAN contre celui de l'Europe. Nous n'avons qu'un dispositif de forces (qui ont une double ou triple marque d'appartenance) pour toutes les organisations et tous les desseins pour la réalisation desquels il est employé.

En septembre 1995, les forces que je commandai agirent efficacement : elles atteignirent tous leurs objectifs. Mais ceci doit être compris en termes globaux : la force fut utilisée pour attaquer et remplir ses objectifs tactiques mais elle n'atteignit pas une finalité stratégique ni un résultat politique définitif. En Bosnie, l'action militaire jointe aux négociations politiques de Holbrooke apporta une fin au conflit, mais la confrontation subsiste encore.

QUE FAUT-IL FAIRE ?

L A guerre au sein des populations ne correspond pas à un meilleur paradigme que la guerre industrielle interétatique, elle est simplement différente. Comprendre la différence, l'accepter, est fondamental. En effet, les confrontations et les conflits ne cesseront jamais et nous continuerons à être impliqués par eux et en eux, soit en national, soit au sein d'alliances ou coalitions, probablement en mandataire de la communauté internationale. Il est donc impératif que nous commencions à assimiler les aspects et implications du nouveau paradigme et à modifier profondément notre approche. Les pays de l'OTAN se focalisent actuellement sur la « transformation » comme beaucoup d'autres en dehors de l'alliance ; c'est une démarche utile. Cependant, cette attitude n'est pas sous-tendue par l'idée que nous vivons dans un monde de confrontations et de conflits plutôt que dans un monde de guerre et de paix, ni celle que ce changement est définitif et non une simple évolution. La « transformation » s'élabore selon l'idée que les circonstances ont changé, mais non pas le paradigme de cet événement appelé guerre. Par ces mots, je veux dire qu'on admet dans de nombreux cénacles que nous menons des opérations et non plus des guerres ; mais nous attendons encore que ces actions militaires nous mènent à une victoire définitive qui, selon sa propre logique, résoudra un problème politique mais non qu'elles nous mènent à une victoire qui simplement aiderait à résoudre la question par d'autres moyens. On ne voit pas que nous vivons dans une situation permanente de confrontations et de conflits, et donc que nos opérations sont des conflits issus de ces confrontations ni, même si l'action militaire est victorieuse, que la confrontation subsistera et devra être résolue par d'autres moyens. Pour être clair, nous lisons des rapports d'officiers de grades élevés indiquant que le problème ne peut être résolu militairement ; bien sûr, ils ont raison et reconnaissent le changement de paradigme. Mais c'est une chose de reconnaître le changement et une autre tout à fait différente d'agir sur lui, ce qui ne se fait pas encore. Tant que le besoin d'un profond changement dans nos schémas institutionnels de pensée ne sera pas reconnu et ne se concrétisera pas, il n'y aura pas de profonde transformation ni dans ce que sont nos forces, ni dans la manière dont nous espérons atteindre les résultats souhaités. En bref, nos forces armées manqueront d'utilité.

Que faut-il faire ? Ce fut le titre et le sujet d'un des manifestes les plus chargés de sens de Lénine, mais bien que je ne suggère pas une démarche aussi radicale, j'insiste pour demander une révolution dans notre approche conceptuelle en se référant au cadre de la guerre parmi la population. Les confrontations et conflits que nous connaissons doivent être compris comme des affaires politiques et militaires entremêlées qui ne peuvent être résolues que par cette façon de les appréhender. Aussi n'est-il plus indiqué, pour les politiques et les diplomates, d'attendre des militaires qu'ils résolvent les problèmes par la force ; il n'est pas non plus opportun pour les militaires de planifier et de mener des campagnes purement militaires, ou de réaliser des actions tactiques sans les intégrer dans le contexte politique et sans que politiques et militaires n'harmonisent, tout au long de l'opération et à mesure que la situation évolue, le plan et le contexte. Il n'y a plus de guerre industrielle : les ennemis potentiels ne sont plus le IIIe Reich ou le Japon qui représentaient des menaces claires et absolues dans des ensembles reconnaissables et donc proposaient un contexte politique stable pour les opérations. Nous avons constaté que nos adversaires n'ont pas une forme reconnaissable ; leurs chefs et leurs exécutants se comportent en dehors des normes avec lesquelles nous avons coutume d'ordonner le monde et la société. Les menaces qu'ils représentent ne sont pas dirigées contre nos États ou nos territoires, mais contre la sécurité de notre population, des autres populations, contre nos biens et notre genre de vie, afin de modifier nos intentions. Par-dessus tout, ils ne se situent pas en un seul endroit qui pourrait être facilement déterminé pour une bataille. Ils proviennent de la population et vivent parmi elle, et c'est là que le combat se mènera. Mais il devra être gagné en atteignant l'objectif final qui est d'obtenir l'adhésion de la population. Si nous devons contrer et battre ceux qui s'opposent à nous et nous menacent par la force, lesquels opèrent manifestement parmi la population pour capter son adhésion et détourner nos intentions, nous devons nous adapter et nous préparer à nous adapter encore avant de nous confronter à cette réalité. Ces notions doivent devenir le fondement de notre approche dans l'usage de la force. Il faut aussi garder à l'esprit que si les conflits peuvent être gagnés, ce n'est pas le cas de toutes les confrontations, en particulier de celles qui sont à l'origine des conflits. Certaines confrontations peuvent être résolues grâce à la force ou par d'autres voies, mais d'autres peuvent, au mieux, être « gérées ». Une telle démarche peut aboutir au succès ; elle le doit, sinon elle dénierait toute utilité à la force. L'objet de ce chapitre est de déterminer la façon de parvenir aux changements nécessaires.

ANALYSE

Pour changer d'approche, il faut d'abord changer nos critères d'analyse, ceux qui fondent toute activité politique et militaire. Aujourd'hui, l'habitude est d'analyser les situations en termes de guerre industrielle et, lorsque les circonstances ne s'y prêtent pas, de déclarer qu'il s'agit d'une guerre asymétrique. Comme je l'ai indiqué au début de cet ouvrage, je n'ai jamais sacrifié à cette démarche, car je pense que la nature même de la guerre consiste à utiliser avec succès contre son adversaire un avantage unilatéral de quelque nature qu'il soit, pas seulement technologique. Si votre adversaire a trouvé le moyen d'annihiler votre avantage initial, industriel ou technologique, et si, pour une raison quelconque, vous ne pouvez ou ne voulez pas modifier vos paramètres afin de retrouver un nouvel avantage, vous êtes obligé de vous battre sur le terrain qu'il aura choisi et selon ses propres conditions. Ainsi, finalement, c'est ce que nous observons en Irak, dans les territoires occupés par Israël et dans de nombreux autres points chauds de la planète.

À partir de ce point, on a besoin de connaître en détail la nature du résultat de la stratégie définie (politique, militaire, économique, structurelle, régionale ou fondée sur d'autres aspects majeurs) mais aussi d'avoir une idée de ce qui peut être résolu par la force et de ce qui restera au stade de la confrontation. J'ai déjà expliqué que l'objectif stratégique ne pouvait être obtenu par le seul usage de la force militaire massive ; dans la plupart des cas, la force des armes ne peut aboutir qu'à des résultats tactiques et, pour obtenir plus, ces derniers doivent être intégrés dans un plan plus vaste. Ensuite, l'analyse du résultat souhaité doit être suffisamment détaillée pour que l'on sache quoi attaquer d'une part, et assortir ces utilisations de la force militaire à l'emploi d'autres leviers de pouvoir d'autre part.

Lorsqu'on fait face à une menace sur sa propre existence et sur son genre de vie, le résultat désiré est clair. D'autres circonstances, cependant, rendent ce dernier plus difficile à définir, en particulier lorsqu'il y a d'autres enjeux, par exemple des gains matériels en actifs ou en territoires au lieu du dividende moral engendré par un soulagement humanitaire ou par le rétablissement de la sécurité en assurant le maintien de l'ordre international. Ces questions sont complexes ; elles réclament une gestion des priorités et un ajustement du résultat souhaité lorsque les conditions pratiques de l'aboutissement deviennent évidentes. En réalité les priorités tendent à découler des urgences dans l'action : « que dois-je faire maintenant ? » plutôt que de leur importance pour le succès du plan suivi. Recourons à une analogie médicale : devant un patient qui a une méchante maladie de peau provoquée par un mauvais régime dû à un stress dans le travail et la vie domestique, le médecin doit décider où mettre la priorité. Les priorités pour agir sont probablement dans l'ordre indiqué ci-dessus, mais celles qui permettraient l'efficacité pour obtenir une bonne santé durable sont vraisemblablement dans l'ordre inverse. Dans la vie quotidienne, le médecin qui est un homme pratique, sait qu'il ne peut pas grand-chose en ce qui concerne le travail du patient ou sa vie conjugale et, en tout cas, il souhaite que son patient soit en mesure de lui payer ses honoraires ; aussi se détermine-t-il pour un changement de régime en priorité, expliquant le problème et recommandant un autre régime plus adapté, enfin il donne au patient quelque pommade pour réduire les symptômes, ce pourquoi le patient l'avait consulté. Dans les affaires internationales, nous sommes portés à mettre la plus grande priorité sur ce que nous faisons plutôt que sur ce qui permettra de réaliser notre objectif final. Car souvent, nous n'avons pas défini notre objectif de façon suffisamment détaillée et souvent aussi, pris par l'action, nous oublions quelles sont les priorités les plus fortes. Les décisions prises en 1990-1991 à propos de l'envahissement du Koweït par Saddam Hussein donnent un exemple de priorités manquées. Il paraît clair que la prise du Koweït et son occupation étaient un symptôme des pratiques de Saddam : c'était lui le problème. La priorité dans la réaction a été de libérer le Koweït mais la priorité dans le résultat souhaité était, pour le moins, un régime baassiste neutre gouvernant l'Irak. Les événements se déroulant, nous fûmes absorbés par l'action et la réalisation de notre priorité dans l'action, la libération du Koweït et la destruction d'une bonne partie de l'armée irakienne ; finalement, nous ne tirèrent pas avantage de la position que nous avions gagnée pour obtenir le résultat souhaité.

Je dois insister sur l'importance de bien faire le tour du résultat souhaité avant de décider si la force armée a, ou non, une partie à jouer. C'est seulement en sachant ce que vous attendez que vous pouvez sérier les questions que vous voulez poser aux analystes et aux services de renseignement ; c'est seulement en sachant ce que vous voulez comme résultat politique que vous pouvez décider si vous souhaitez des militaires pour l'atteindre. En termes simples, l'objectif militaire stratégique devrait décrire le résultat de l'opération militaire. Pendant la seconde guerre mondiale, il était simple d'exprimer l'objectif militaire, par exemple « la reddition sans condition de l'Allemagne » ; mais, dans les circonstances présentes, nous ne recherchons pas de tels objectifs stratégiques en recourant à la force armée, pas même à l'occasion de l'invasion de l'Irak en 2003, pour prendre l'exemple le plus actuel. Des termes divers sont à présent utilisés pour définir apparemment ce qu'on attend des militaires, tels que « opération humanitaire », « maintien de la paix », « renforcer la paix », « opérations de stabilisation », « obtenir un environnement stable et sécurisé », expressions qui, cependant, décrivent plutôt une activité qu'un résultat. Néanmoins, beaucoup de gens, y compris les plus hauts responsables et les décideurs politiques, les utilisent et les comprennent comme la description d'un bon résultat et cela peut amener une confusion sur les finalités poursuivies.

Il est donc possible de percevoir l'importance vitale de conduire une analyse fondée sur le résultat politique souhaité puisqu'il indiquera si la force armée peut et doit être utilisée et, si la réponse est positive, à quel niveau et dans quel but. Dans une démarche idéale, on commencerait par décider le résultat souhaité de façon suffisamment détaillée pour qu'il devienne possible de décrire ce qui doit être réalisé avec succès pour l'obtenir. Si la décision ne peut être prise, peut-être faute de renseignements suffisants ou parce que la décision doit être obtenue démocratiquement, alors l'objectif politique intermédiaire devient de parvenir aux conditions qui permettront de prendre la décision. Par exemple, si l'on souhaite l'établissement d'un gouvernement démocratique dans tel État, on ne peut pas définir sa forme finale, la sorte de démocratie en devenir que la population décidera, mais on peut décider à quelles conditions la population de l'État est le plus susceptible de prendre une décision que nous approuverions. Le résultat politique intermédiaire devient alors la réunion de ces conditions. Ayant obtenu une définition du résultat et des objectifs politiques jalonnant la route pour l'atteindre, on doit alors décider quelle fonction d'entre les quatre listées au chapitre 8 : « améliorer, contenir, dissuader ou forcer à, détruire », est la mieux adaptée aux circonstances pour l'obtenir. On doit alors décider le niveau de forces requis. Des quatre fonctions, « dissuader ou forcer à » constitue, si elle est mise en œuvre avec succès, celle qui peut directement peser sur les intentions de l'adversaire, rendant possible de gagner la « confrontation des volontés » plutôt que « l'épreuve de force ». Pour que la dissuasion ou la coercition fonctionne, la menace de l'action militaire doit s'appliquer sur des cibles d'une valeur suffisante aux yeux de l'ennemi pour que leur préservation soit considérée comme d'une plus grande importance que l'aboutissement de ses intentions originelles contre vous. Les actions militaires pour rendre la menace effective ne peuvent être décidées que lorsque la cible est déterminée. Pour que la menace soit efficace, il faut que la partie qui la subit soit persuadée qu'elle peut être exécutée. Cette conviction s'impose à l'esprit du parti menacé en fonction de son évaluation de votre aptitude militaire à mettre votre menace à exécution ; il doit donc être convaincu qu'il n'y a pas pour vous de conduite alternative à cette menace et que vous l'exécuterez. Il doit aussi se rendre compte que, quelles que soient ses contre-mesures, les cibles seront trouvées et détruites et que même s'il peut supporter ces pertes, vous pratiquerez l'escalade sur des cibles qui auront encore plus de valeur pour lui. Car l'escalade est définie par la valeur des cibles menacées et non par le tonnage ou la quantité de forces utilisées pour les détruire. La force militaire supposée agir avec succès sur les intentions de l'adversaire poursuit deux objectifs (à partir du déploiement et de l'emploi) qu'on oublie trop facilement. Elle peut être déployée pendant la confrontation et agir pour contribuer à former chez l'adversaire les convictions esquissées plus haut de façon à obtenir le résultat désiré : c'est l'objectif politique premier. En second, elle doit être prête à soutenir un conflit pour s'assurer de la cible menacée, de telle façon que, l'ayant atteinte, l'objectif politique premier soit obtenu.

Ce qui risque d'arriver pour différentes raisons, telles que manque de volonté politique ou de soutien intérieur, insuffisance de forces armées ou absence d'idées claires sur le résultat politique recherché ou tout à la fois, c'est que nous nous appuyons sur les militaires pour « améliorer » ou « contenir », c'est-à-dire que nous déployons des forces. Alors, lorsque les autres mesures de type civil ou les institutions, politique, diplomatique, législative, économique ont échoué à résoudre la question selon nos souhaits, nous nous reportons sur la force militaire ou sa menace pour obtenir le résultat que nous recherchons alors par la dissuasion ou la coercition : nous employons la force. Il n'y a rien de fautif dans cette gradation des mesures pourvu que l'on ait défini le résultat souhaité au moment où la dissuasion est décidée ; car si cette définition n'est pas effectuée, comme décrite ci-dessus, on n'aboutira à rien de plus que contenir l'adversaire. La raison en est que l'adversaire qui travaille au sein de la population utilise aussi la force militaire pour « dissuader » ou « forcer », mais connaît le résultat qu'il recherche. Il sait que la menace qu'il brandit ou met à exécution est dirigée pour réaliser un objectif déterminé et il agit de façon à progresser vers ce but. Si quelqu'un n'agit par la force que pour contrer ces actions, sans un but qui lui soit propre pour donner un axe à ses efforts, alors par la vertu de la stratégie du combat au sein de la population, de la provocation, de la propagande par les actes, ses actions sont susceptibles de renforcer la position de l'adversaire plutôt que de l'affaiblir. Celui-ci, avec un but différent à l'esprit, aura une idée des caractéristiques du résultat qu'il poursuit. En menant l'analyse avant l'opération, ou lorsque la situation évolue avec elle, les deux visions opposées du futur doivent être examinées avec soin pour trouver ce qu'elles ont en commun. En effet, il n'y a aucune raison de se battre sur un sujet d'accord, mais il faut rechercher ce que tout le monde veut et montrer que cela correspond à l'intérêt de la population. Comme déjà remarqué, toute population désire l'ordre et la sécurité ; ces objectifs sont les plus susceptibles d'être communs à tout résultat souhaité, quel qu'en soit le camp. Pour ne pas se tromper, même les révolutionnaires maoïstes ou les théocraties fondamentalistes comprennent le besoin d'assurer la sécurité et l'ordre. Il faudra répondre aux questions : qui apportera la sécurité et comment ? quelles lois et quelles règles prévaudront et qui seront les juges ?

DROIT ET CONFLIT

Dans tous les exemples de guerre au sein de la population examinés dans ce livre, le résultat souhaité avait été proposé d'une manière ou d'une autre comme l'établissement d'un État stable, gouverné démocratiquement, dans lequel l'autorité de la loi s'appliquerait selon des normes internationales ; la société y évoluerait dans le respect des droits de l'homme et l'économie se développerait dans le cadre de règles fiscales et monétaires fiables. La nature précise de l'État qui satisfait à cette description générale, variera selon les circonstances et il s'avère plutôt délicat de définir ses caractéristiques dans un cas particulier, surtout à l'avance, comme on vient de l'indiquer. Néanmoins, on peut en déduire qu'il suppose le règne de la loi.

Pendant des siècles, nous avons débattu des concepts de guerre juste et morale et de la manière dont celle-ci devait être menée. Après la dernière grande guerre industrielle, la seconde guerre mondiale, nous adoptâmes la charte des Nations Unies qui précise quand il est légitime de déclarer la guerre bien que, ces dernières années, nous ayons constaté que ces règles demeuraient ouvertes à l'interprétation. Nous avons aussi essayé de punir ceux de nos ennemis que nous trouvions coupables de crimes de guerre et, ce faisant, nous avons mis en cause l'obéissance aux ordres. Nous avons édifié, lors d'un travail précédent, un corpus de règles humanitaires internationales, partant des conventions de Genève pour encadrer la pratique des guerres, particulièrement au regard des non combattants et des personnes hors de combat. Ce corpus de règles n'a pas de lien en soi avec le caractère moral du recours à la force armée, ni avec la légitimité du conflit, par exemple par le vote d'une résolution du Conseil de Sécurité. Toutes ces mesures juridiques développées depuis 1945 sont pour l'essentiel envisagées et conçues à partir de la conception de la guerre industrielle interétatique. Maintenant que nous menons des guerres au sein de la population, nous confondons la légalité de nos actions avec leur moralité, que ce soit ou non en considérant le fait d'entrer en guerre ou la manière dont elle est menée. Comme nous l'avons vu dans l'expression publique de désapprobation en mars 2003 à propos de l'invasion de l'Irak par une coalition conduite par les États-Unis, le sentiment existe que le respect des règles dans le fait d'engager un combat réagit sur sa moralité et vice versa. Par-là, nous ne sommes pas au clair sur le statut du soldat face à la loi et en rapport avec quelle loi. En conséquence, nous sommes souvent incertains quant à l'utilité de la force dans une situation donnée. Il s'agit d'un débat difficile qui est rendu encore plus complexe quand il faut opérer au sein de la population, car il y a déjà un arsenal législatif dans la société correspondante ; en même temps, les soldats, intervenant dans un cadre multinational, apporteront avec eux un autre ensemble de règles : comme déjà indiqué, il n'y a pas de soldats internationaux et chacun doit répondre à une loi nationale différente. Cette réalité complexe reflète deux aspects des relations entre la loi et les conflits : l'imposition de la loi parmi la population et les rapports des militaires à la loi.

S'agissant du premier, si on opère au sein de la population et que l'objectif est d'obtenir et de maintenir une atmosphère permettant des mesures d'ordre économique et politique, alors, implicitement, on cherche à rétablir une certaine forme d'État de droit. Ceci peut être considéré comme un objectif stratégique, ce qui signifie, à l'inverse, que mener des opérations tactiques hors la loi rend plus difficile l'atteinte de ses propres objectifs stratégiques. C'est le cas des pratiques abusives des militaires américains dans la prison d'Abou Graïb à Bagdad ou avec les soldats britanniques à Bassora en 2004 ou bien sûr, avec le camp de Guantanamo administré par les Américains à Cuba. En outre, de tels agissements et faits politiques apportent à l'adversaire des preuves qui confortent sa stratégie de provocation et de propagande par les actes et qui l'aideront, en gagnant le soutien de la population, à orienter son ressentiment contre nous. Ceci nous renvoie au fait majeur : l'objectif de toute opération parmi la population est d'obtenir son adhésion. Si nous voulons un État stable et le retour de nos forces qui restaient en place pour maintenir une situation favorable, il suffit que cette population soit suffisamment satisfaite du résultat pour le conserver intact. Sans aucun doute, la défaite ou la neutralisation de ceux qui cherchent à imposer une vue opposée par les armes est nécessaire, mais elle doit être effectuée de manière à ce que la majorité de la population les rejette ou, au moins, ne les soutienne plus.

Les circonstances dans lesquelles la force armée est déployée imposeront nécessairement les lois qui seront appliquées et les autorités qui les feront appliquer. Il n'y a, en principe, aucune raison pour que des règles particulières ne soient pas édictées pendant les événements, mais elles devront être mises en œuvre loyalement et de la même manière pour tous. Le transport et l'usage des armes par des gens sans uniforme et non autorisés, la dissimulation d'armes, le refus de s'arrêter sur ordre et la résistance à la fouille sur soi ou de sa propriété sont toujours proscrits par la loi à un certain degré dans toutes les sociétés. En tout cas, ceux qui mènent une opération et les gens parmi lesquels ils se déplacent doivent bien connaître la loi qui est appliquée ; elle devrait respecter, au strict minimum, le corpus des lois humanitaires internationales.

J'ai trouvé utile, en opération au sein de la population, de garder à l'esprit que les militaires étaient là pour imposer l'ordre. Il existe un bon principe dans la « *common law* » anglaise qui est le suivant : quand vous êtes confronté à un violent désordre et que vous devez y mettre fin, vous devez choisir l'action qui offre la moindre probabilité d'entraîner des morts et des dégâts. Alors que, bien sûr, les militaires doivent combattre et défaire leurs adversaires armés dans les meilleures conditions, ils doivent le faire en étant guidés par ces principes. Dans les pires cas de combats et de désordres, l'impératif d'une réaction ferme engendrera des pertes, des destructions, des jugements sans nuances et des décisions brutales ; néanmoins, le cadre reste la loi et le militaire devra lui rendre des comptes. À cette fin, je pense qu'il y a une réelle opportunité pour développer une règle coutumière internationale. Plus tôt est rétabli l'ordre, le plus vite la police « normale » peut recommencer à travailler.

De manière à ce que l'autorité de la loi soit acceptée sans que cela heurte la population, les mesures militaires doivent se concentrer sur la recherche de ceux qui la violent. Ceci suppose une bonne information et de bons renseignements, de la précision dans les attaques ou les arrestations et des poursuites fructueuses. Chaque fois qu'un innocent, même s'il aide un violeur de la loi, est attaqué ou arrêté, tué ou emprisonné, la loi est affaiblie et l'objectif final d'obtention du soutien de la volonté populaire est rendu plus difficile à atteindre. Plus les mesures nécessaires au rétablissement de l'ordre impliquent de terroriser la population, plus la position de l'adversaire en tant que son défenseur est affermie et le moins vous êtes susceptible de réaliser l'objectif final, l'adhésion de la population. Cela complique l'utilisation de la force armée, puisque par nature, elle agit massivement, tue et tend à l'arbitraire. Ses praticiens ont été surtout instruits pour une guerre qu'ils ne feront pas.

Les militaires réussissent leur effet de dissuasion parce qu'ils représentent une force crédible : vous voyant violer la loi, ils vous tuent ou vous arrêtent. Cet effet doit être marqué dans l'esprit de la majorité afin que la dissuasion militaire puisse jouer. Mais cette situation qui doit être soutenue par la présence militaire, ne reflète pas le résultat souhaité. Pour obtenir ce résultat souhaité, la dissuasion quotidienne doit être modifiée, à partir de la nécessité de rétablir l'ordre légal par la force, vers l'autre nécessité d'instituer une justice légale, avec recherche de preuves, poursuite et sentence. Les militaires peuvent, dans ce domaine, apporter une grande aide aux autorités civiles : ils disposent de personnels et de systèmes pour collecter l'information, pour la gérer et pour la transmettre. Le plus tôt cette aptitude à manipuler de grandes quantités de données sera mise en place pour aider la police à dissuader grâce à ses enquêtes fondées sur des preuves, le plus vite la dissuasion militaire pourra être placée en arrière-plan.

J'ai posé en principe le besoin pour l'action militaire d'aider au développement du règne de la loi. Les conditions d'application de ce principe et le niveau de l'effort militaire varieront et demanderont bien sûr du temps pour que le principe s'applique effectivement malgré les mesures contraires de l'adversaire ; toutefois, aussi longtemps que le résultat désiré inclut l'avènement du règne durable de la loi, tous les efforts devraient être tendus vers cette fin. L'utilité de la force armée réside dans cet objectif.

Mais il y a l'autre aspect des relations entre la force et la légalité : la relation entre le militaire et la loi. Le statut de ceux qui emploient la force armée et leur utilisation de la loi doit être expliqué depuis le début. Plus nous instituons de tribunaux pour s'occuper des cas où la loi humanitaire internationale a été violée, tel que le TPIY pour l'ancienne Yougoslavie ou le TPI, plus nous devons nous assurer de la situation de ceux qui participent aux opérations. Initialement, il faut que nous soyons confiants dans le caractère moral de l'opération et dans sa légitimité. Il n'y a pas de jugement facile, en particulier s'agissant d'un déploiement multinational, mais considérons la position des commandants : doivent-ils envoyer des hommes dans une opération dont ils pensent qu'elle manque de légitimité ? Nos schémas de pensée dans le cadre de l'institution nous portent à répondre oui : vous faites ce qu'on vous dit, en accord avec la loyauté et la discipline, que votre pays ait raison ou tort. Mais depuis Nuremberg et plus récemment La Haye, l'obéissance aux ordres est perçue différemment. Dans mon esprit, cette question ne doit pas être trop prise au sérieux. Par exemple, début 1999, nous attendions la décision concernant le bombardement par l'OTAN de la Serbie et des forces serbes ; il s'agissait de forcer Milosevic à retirer ses troupes du Kosovo, une province de Serbie où les Serbes opprimaient les Kosovars. Cela dut être exécuté sans une résolution du Conseil de Sécurité. J'avais quelques doutes sur la légitimité de nos intentions si, en tant qu'adjoint au SACEUR, je devais prendre part à cette opération. J'examinai sérieusement cette question et finalement je décidai que cette action était légitime, simplement pour des raisons morales. En effet, si moi, sain de corps et d'esprit, je me promenais sur une route et si j'avais la preuve par l'ouïe et par la vue que dans une maison un crime violent était en train d'être perpétré, ce serait mon devoir de pénétrer et de l'empêcher, en utilisant la force nécessaire pour y parvenir.

Ensuite, nous avons les lois nationales des pays qui envoient des hommes sur un théâtre et la loi du ou des pays où se situe le théâtre. D'une manière ou d'une autre, ces ensembles de lois régiront l'usage de la force armée ; d'habitude, celle-ci est autorisée en légitime défense ou pour rétablir l'ordre lorsqu'il y a menace sur les vies et les propriétés. Dans ces deux cas, l'usage de la force sera limité par le concept de menace imminente et prouvée et par celui de proportionnalité.

En raison de la nature de la guerre au sein de la population, l'usage de la force commence d'habitude à un niveau assez bas. Ce sont les citoyens et les soldats qui sont affectés, plutôt que les hauts responsables civils et militaires. Toutes les parties ont donc besoin de savoir dans quelle situation juridique elles se trouvent. La population d'abord, car c'est elle qui souffre le plus de l'absence de lois et c'est elle dont on souhaite obtenir l'adhésion. Nos soldats ont aussi besoin de le savoir :

ce sont eux qui sont finalement tenus pour responsables devant la loi. Les RHI, règles humanitaires internationales, plus particulièrement les conventions de Genève et le droit de la guerre, sont supposés être des textes standard pour tous les soldats et officiers dans les forces armées des pays signataires ; mais il faudrait que les RHI s'étendent et soient appliquées par toutes les forces, régulières ou non, dans le monde entier. Le soldat est tenu responsable devant la loi de ses actes pendant ces campagnes ; ceux qui l'envoient ont le devoir de s'assurer qu'il possède une bonne compréhension de la loi et de sa position par rapport à elle. Il a aussi besoin de savoir que ceux qui définissent le contexte dans lequel il agira le font de telle manière qu'il puisse effectivement opérer légalement. À cette fin, la loi et sa mise en œuvre devraient, dès le début, se trouver au centre de la logique concevant les opérations au sein de la population, la loi représentée au minimum par les RHI, ajoutées aux règles précisant comment s'y prendre pour rétablir l'ordre ou en état de légitime défense. Ainsi donc, établir la légalité dans l'usage de la force constitue un impératif, tandis qu'on ne saurait trop mettre l'accent sur les contraintes morales du recours à la force. Toutefois, il reste clair que morale et légalité ne sont pas synonymes, ni l'une de l'autre, ni de l'utilité de la force. Si l'objectif est d'instaurer le règne de la loi, user de la force hors légalité et morale n'a aucune utilité, puisque le but de son usage est nié par les conditions de son emploi. Albert Camus l'exprima nettement dans sa *Chronique algérienne* :

> « Tandis qu'il est vrai que, dans l'histoire au moins, les valeurs, qu'elles soient, d'un pays ou de l'humanité, ne survivent pas si on ne se bat pas pour elles, ni le combat ni la force ne les justifient. Le combat lui-même doit être justifié et éclairé par ces valeurs. Combattre pour la vérité et prendre soin de ne pas la tuer avec les armes mêmes qu'on utilise pour sa défense : c'est le double prix à payer pour restaurer la puissance des mots[1]. »

PLANIFICATION

Ainsi nous en arrivons au plan, qui n'est pas un programme détaillé mais une description générale, une projection du schéma des événements à partir des renseignements et du résultat souhaité, accompagnées des objectifs à réaliser. Il répartit les responsabilités, l'autorité déléguée et les ressources correspondantes de façon que les effets obtenus soient cohérents, convergents et reliés entre eux. Il s'agit d'une

---

1. Albert Camus, Actuelles III, « Chroniques algériennes (1939-1958) », in *Œuvres complètes, Essais*, Paris, Gallimard, 1965, p. 898.

tâche délicate, en particulier parce que les structures institutionnelles ont été développées pour mener une guerre industrielle plutôt qu'une guerre au sein de la population. Globalement, nous utilisons une liste (*check list*) qui est tout à fait au point, pourvu que la question soit simple et n'intéresse qu'une compétence ou, aux plus hauts niveaux, une seule institution. Pour ne pas limiter ma réflexion, j'ai pris l'habitude de me poser des questions, ce qui est utile pour analyser le problème, arrêter des objectifs et organiser mon travail. En particulier, cela m'empêche de dériver et, parallèlement, gagne du temps en précisant les démarches qui réclament une information supplémentaire. Je n'ai jamais eu l'occasion d'utiliser les questions qui suivent *ab initio,* mais j'y ai recouru pour comprendre pourquoi tel point ne fonctionnait pas correctement ou pour argumenter un point délicat ou encore pour décider que faire dans une situation donnée pendant l'intervention.

Il faut se poser deux séries de questions pour dresser un plan. La première est liée au contexte global de l'opération, aux niveaux politique et stratégique ; la seconde l'est avec le contexte de son déroulement au niveau du théâtre. Je vais les exposer comme si une intervention armée était nécessaire, mais elles s'appliquent dans une large mesure à tout autre forme de pouvoir ou d'influence ; elles montrent que tous ces leviers de force doivent être conjugués au niveau approprié. Les questions de chaque série sont itératives en ce que chaque réponse doit être cohérente avec les autres et que celles d'une série doivent l'être avec celles de l'autre.

S'intéressant à une situation dont vous pensez qu'une intervention militaire peut être nécessaire dans votre propre intérêt, la première série tourne autour de la définition du résultat et des efforts à déployer pour l'obtenir, compte tenu des circonstances spécifiques du moment :

- À qui sommes-nous opposés ? Quel est le résultat souhaité ? Quel avenir l'adversaire menace-t-il ? En quoi l'avenir qu'il souhaite est-il différent de notre résultat désiré ?
- Recherchons-nous l'ordre ou la justice ? Sur une échelle les combinant, où se situe notre résultat ? Si nous recherchons la justice, au profit de qui ?
- Contre qui allons-nous lutter ? Contre les dirigeants actuels ou bien en voulons-nous d'autres ? Si oui, qui sont-ils ? Voulons-nous changer toute la direction ? Si non, qui doit rester ?
- Utiliserons-nous leur loi ou la nôtre ? Si c'est la nôtre, voulons-nous changer la leur ?
- Qui administrera l'État, eux ou nous ?

- Connaissons-nous le résultat recherché avec suffisamment de détails pour définir les objectifs à atteindre ? Si non, le plus que nous puissions obtenir c'est une situation susceptible d'aboutir à un résultat que nous pourrions approuver. Pouvons-nous définir, cette situation ou « condition » de façon à pouvoir énumérer les objectifs à atteindre ? Sinon, le plus que nous puissions faire c'est d'améliorer et de contenir, tandis que nous recherchons l'information pour répondre aux autres questions.

- À quel niveau pouvons-nous, en théorie, obtenir directement les objectifs par la force des armes ? Devrions-nous le faire ? Pouvons-nous le faire ? Le voulons-nous ? Quand le faisons-nous ?

- Sinon, qu'avons-nous préparé comme cibles à menacer, comme promesses à faire afin d'atteindre les objectifs que nous avons définis ? Quelles sont les plus grandes valeurs de l'adversaire que nous pouvons menacer ? Que veut-il le plus ? (Se rappeler toujours que les menaces sont coûteuses lorsqu'elles échouent et que la corruption est coûteuse lorsqu'elle réussit.) Quand faisons-nous cela ?

La seconde série de questions voit ses réponses liées aux circonstances du théâtre des opérations et aux réponses à la première série de questions. Cependant, avant de les lister, il est important de souligner l'étroite corrélation entre l'usage de la force et la menace de l'utiliser. À la fin de la première liste de questions, l'une d'entre elles cherche à établir à quel niveau il est possible d'escompter que sa propre force militaire aura une utilité, ou le point auquel la confrontation se mue en conflit. Faut-il attendre du commandant de théâtre qu'il utilise directement la force armée ? Dans ce cas, il n'utilisera pas simplement la menace et il peut approcher ses objectifs sur une base purement militaire, comme il le ferait dans une guerre industrielle. Cependant, si ce n'était pas le cas (et même si c'est le cas, il n'engagera alors toutes ses forces que rarement dès le début, puisque, avec le succès, la situation change), le commandant de théâtre doit prendre en compte la nature de la menace qu'il représente afin que son action militaire les renforce. Sur ces bases, nous pouvons aborder la seconde série de questions.

- Comment manifester que nos menaces sont crédibles, que nous les mettrons à exécution, que nous réussirons même si nous devons pratiquer une escalade ? Est-ce que toutes nos autres sortes d'action sont perçues comme moins attrayantes pour nous que de mettre à exécution la menace ?

- Comment montrer que notre résultat souhaité est plus dans l'intérêt de la population et de nos adversaires que l'exécution de nos menaces ?
- Comment montrer que les menaces des adversaires ne sont pas suffisantes et que nous n'accepterons pas le résultat qu'ils recherchent ?
- Comment faire que nos promesses paraissent sûres aux yeux des adversaires et de la population ?
- Comment s'assurer que l'on peut faire confiance à nos adversaires et à la population ?

En examinant le plan, il doit apparaître que les réponses à ces questions ne sont pas de nature uniquement militaire, loin de là. En supposant qu'un seul État soit concerné, les administrations impliquées sont, entre autres, le ministère des Affaires étrangères, les services de Renseignement, le ministère des Finances et ces organismes par lesquels l'aide internationale au développement, gouvernementale ou non, est dispensée. Dans une opération en coalition, ces diverses administrations de chaque État contributeur sont pertinentes comme le sont les organisations pourvues d'un mandat international, comme l'ONU et ses filiales. Selon la nature de l'intervention, il peut être utile ou même nécessaire d'impliquer ces administrations dans l'État-cible.

La véritable difficulté consiste à réunir toutes ces administrations pour faire face à tous les besoins. Néanmoins, c'est indispensable si l'on veut que l'utilisation de la force ait un résultat autre que le renforcement de la position adverse. En précisant le contexte pour essayer de répondre à ces questions, ce qui n'est pas connu apparaît aussi clairement que ce qui l'est ; les objectifs, y compris ceux de rassembler l'information pour répondre aux questions, peuvent être ainsi définis. Toute opération, mais en particulier celles menées au sein de la population, impose d'apprendre beaucoup sur son adversaire. En répondant à ces questions, la différence entre le résultat souhaité par l'adversaire et le nôtre est claire dans notre esprit dès le commencement. Entre autres, cela permet d'examiner si l'emploi de la force militaire est pertinent ou non. En gardant à l'esprit la différence entre les résultats souhaités par les deux parties, les moyens à notre disposition peuvent être focalisés sur cette différence. Car il ne faut jamais oublier qu'une telle planification est destinée à terminer fructueusement un conflit et que sa finalité est de l'achever de manière à rendre possible la résolution de la confrontation tout en augmentant notre avantage. Ainsi, alors qu'on cherche à obtenir l'adhésion de la population en conjonction avec la défaite des opposants en son sein, il est souvent très difficile de l'obtenir lorsque opposants et population appartiennent à la même nation ou ethnie. La confrontation sous-jacente se réduit trop souvent à une opposition entre « eux et nous ». Dans ces conditions, il est particulièrement important de décider tôt dans le planning qui s'occupe du problème. Par exemple, s'il existe des dirigeants, il faut reconnaître que le succès passe par la coopération avec eux de façon que ce soit eux qui écartent de nos adversaires la population concernée. L'usage de la force dans de telles circonstances est délicat, mais si vous vous y prenez mal, soit trop fort ou trop peu, trop tôt ou trop tard, les leaders locaux seront pris pour des fantoches dans les mains de la force d'intervention.

PENSÉE INSTITUTIONNELLE

La difficulté dans la conduite des opérations actuelles est d'orienter, sur le théâtre, les efforts de toutes les administrations afin de les faire converger vers un seul but. En répondant à la deuxième série de questions dans le contexte de la première, on détermine quels informations et renseignements sont nécessaires, le rôle des médias et de l'information du public, les objectifs militaires, économiques, politiques et administratifs et, encore plus important, les liens entre ces différents acteurs. Pour prendre le cas des militaires, le niveau auquel ils peuvent agir indépendamment correspond à celui auquel vous voulez, par la seule force armée, obtenir la décision. Si ce niveau d'engagement est typiquement celui d'une compagnie, tous les échelons supérieurs de commandement devront se mettre en étroite relation avec les autres organismes concernés et prendre conscience de leur interdépendance. En d'autres termes, au-dessus du faible niveau tactique de l'action d'une compagnie, on doit se persuader que l'engagement de l'institution militaire ne doit pas être le seul, ni même être celui du meneur de jeu et qu'afin d'obtenir l'effet optimal, il est important de fixer le rôle de chacun des organismes concernés et de les coordonner entre eux. Ce faisant, la principale donnée à rappeler en permanence, c'est qu'il s'agit d'une guerre au sein de la population. Un exemple clair de ce qui doit changer saute aux yeux lorsque l'on considère la structure d'un état-major militaire qui doit s'occuper de la population pendant un conflit. Lors d'une guerre industrielle, l'idée est d'évacuer la population civile du champ de bataille et de s'arranger pour que, dans la zone de l'arrière, les civils ne gênent pas les communications. Les états-majors sont donc organisés et instruits pour mener à bien ce travail. À l'OTAN, ils sont appelés CIMIC (équipe de coordination civilo-militaire) ; ils restent en réserve dans la plupart des pays et ne sont rappelés qu'en cas de mobilisation pour assumer les fonctions qui touchent la vie civile quotidienne. Dans cette perspective « industrielle », s'occuper de la population civile reste secondaire et correspond à une tâche de soutien ; en règle générale, choisir cette branche n'est pas considéré comme favorable à une carrière. Cependant, dans les conflits actuels, travailler sur la population civile concerne un des objectifs ; cela constitue une activité primordiale et non secondaire. En outre, cette activité est le point de rencontre de la coopération avec tous les autres organismes et tous les leviers de pouvoir sur le théâtre. En pratique, il existe une demande constante de telles équipes mais une offre insuffisante, mettant les réserves en difficulté et démontrant leur importance. Elles sont cependant souvent mal préparées à cette tâche, retirées au hasard à d'autres services ou spécialités et affectées trop brièvement sur le terrain alors qu'il faut souvent établir la confiance et de bonnes relations dans la durée. Une fois encore, nous rencontrons un excellent exemple du besoin de prendre conscience du changement de paradigme et de conformer nos structures militaires en conséquence.

Mais il n'y a pas que les armées qui méritent d'être réformées en fonction de la guerre au sein de la population. Nous devons y adapter tous nos schémas institutionnels de pensée. Nos institutions, par exemple les ministères, les forces armées et les alliances, travaillent selon des méthodes enracinées dans l'expérience de la guerre industrielle, ce qui structure la pensée et tend à présenter l'information selon les normes de la guerre industrielle. Le schéma institutionnel de pensée doit se transformer : le recours à la force armée doit être normalement considéré comme un soutien possible pour d'autres projets, et réciproquement, un projet militaire doit être complété sur d'autres plans. Dans ces conditions, l'usage de la force ne doit pas être le dernier recours ; la force devra être utilisée avec précision parmi un ensemble de mesures qu'elle est censée compléter. Aujourd'hui, nos institutions sont configurées comme des tuyaux étanches, du niveau tactique au niveau stratégique, et, sauf cas particuliers, il y a très peu d'interactions entre eux. Cette situation est particulièrement évidente lors du travail avec les organisations multinationales. Il faut que nous puissions les faire travailler ensemble, au niveau du théâtre mais probablement aussi à des niveaux plus modestes de telle manière que leurs actions soient coordonnées et cohérentes. Ceci s'applique à toutes les administrations des ministères et des armées. Persister, avec les schémas de pensée institutionnels, à confier au ministère de la Défense la conduite des affaires d'un pays occupé n'est pas raisonnable.

L'équipe de direction peut être réduite à un homme, ou en comprendre plusieurs mais opérant dans le même esprit, et doit avoir l'autorité nécessaire pour parvenir au résultat souhaité. Le directeur peut être un diplomate, un politique, un administrateur ou un militaire, mais il doit disposer de représentants responsables des autres organismes impliqués dans le succès, regroupés autour de lui, répondant devant lui et pouvant requérir les ressources nécessaires. Nous devons construire une structure qui développe l'aptitude des responsables à gagner les confrontations de volontés, à faire converger leurs efforts communs vers un seul but sur le théâtre : gagner la confrontation en s'assurant que chaque usage de la force aide à l'aboutissement des autres aspects du projet. Cette nécessité est particulièrement forte pour les opérations multinationales, où les différentes organisations sont reliées à leurs capitales respectives. En fait, les choses sont plus compliquées avec l'ONU et l'OTAN, car chaque contingent national est directement relié à sa capitale et au siège de ces organismes, New York et Bruxelles. En outre, l'OTAN ne s'occupe que des questions militaires, de sorte que si elle déploie des troupes, un autre organisme doit exister à côté d'elle pour gérer les questions juridiques ou de police, de gouvernance ou d'économie.

Ce qu'il faut surtout, c'est un organisme au niveau stratégique qui s'occupe de l'ensemble de l'environnement de l'opération et serve de guide et de soutien sur le théâtre. J'estime que l'UE détient un fort potentiel dans ce domaine. Ses institutions couvrent tout l'éventail des activités gouvernementales et elle est en train de mettre sur pied une politique commune pour les affaires étrangères et de sécurité, avec la capacité d'employer des unités militaires pour la soutenir. Si ses efforts sont orientés vers l'augmentation de ses capacités vis-à-vis des confrontations et des conflits avec la volonté d'agir, plutôt que vers la guerre industrielle, alors l'UE sera en position de force dans le XXIe siècle.

Mais pour que de tels changement organisationnels puissent opérer, il faut aussi que change notre manière d'envisager les interventions armées. Nous devons penser celles-ci comme un tout et non comme une suite discontinue d'événements : préparation, invasion, occupation, reconstruction d'un État, retrait. Les premières actions doivent être menées de façon à contribuer à la réussite des dernières (ou, pour le moins, à éviter leur échec). Répondre aux questions énumérées plus haut aide à envisager l'intervention comme un tout et à établir les liens avec les autres acteurs. Comme différents organismes ont une plus ou moins grande partie à jouer à mesure que se déroulent les événements, il faut qu'ils soient tous impliqués dans cet examen préparatoire, car celui-ci pèsera sur le choix des cibles et des objectifs pour gagner la confrontation de volontés.

Le théâtre des opérations doit aussi être abordé selon une conception plus large que celle, surtout spatiale, de la guerre industrielle. Bien sûr, les événements et les actions prennent place dans un espace géographique particulier, mais cet espace porte une population et du fait de la communication moderne, il résonne différemment, en des endroits distincts, selon la population de ces endroits. Considérant par exemple les opérations des États-Unis et de l'OTAN sur le théâtre de l'Afghanistan. S'agit-il d'une campagne contre-terroriste ou d'une campagne contre la culture des stupéfiants ? Comment ces campagnes sont-elles reliées aux opérations ? Tant que ces relations ne sont pas clarifiées, nous ne savons pas bien distinguer ce qui est opérationnel et ce qui est stratégique. Nous ne serons pas non plus aptes à collecter utilement et à évaluer l'information, ni à contrôler celle qui se répandra d'elle-même pour informer et influencer.

Il faut comprendre que ce qui est déterminant pour la stratégie et l'intervention, c'est d'obtenir de l'information, de mieux connaître l'ennemi et la population et de trouver ce qui distingue l'un de l'autre. Ceci permettra que nos efforts, armés ou non, soient appliqués avec précision et exploités à notre avantage. La guerre au sein de la population s'apparente plus à une opération de renseignement et de collecte d'information qu'à un combat par manœuvre et attrition à l'image des guerres industrielles. La plus grande partie de cette information est nécessaire pour appréhender le contexte de l'opération et les actions à entreprendre ; sans cette connaissance du contexte, nous serons portés à agir comme si chaque événement était isolé et, ainsi, à oublier que les succès tactiques peuvent mener à l'échec opérationnel. Une bonne partie de cette information est disponible et n'est pas, en elle-même, de nature militaire. La compétence, c'est la capacité à évaluer et à décider, le cas échéant, quelle action entreprendre. Finalement, nous avons besoin de l'information pour dissuader par l'application de la loi, par le rassemblement de preuves suffisantes pour les poursuites pénales. Tant que cet objectif global n'est pas atteint, la force armée devra se maintenir pour assurer la stabilité et l'ordre. Pour gagner la confrontation des volontés, nous devons modifier les intentions de la population ; les facteurs qui aboutissent à ce changement relèvent d'une confiance croissante dans la force de la loi autant que des démonstrations de force ou de l'usage de celle-ci.

LES MÉDIAS

Les médias et leur rôle doivent aussi faire partie intégrante de la planification ; non seulement parce qu'ils s'impliqueront dans tout événement, mais aussi parce qu'il est préférable de prendre en compte l'histoire que racontent les médias et leur rôle dès le départ. Je considère les médias comme étant dans une grande mesure à l'origine de l'environnement dans lequel l'action sera menée sur le théâtre : ils ne produisent pas les faits, mais ce sont eux qui les racontent et qui les exposent. Dans le théâtre de la guerre, ceux qui sont sur la scène et regardent vers les tribunes, jugent ce qui se passe au théâtre en fonction du contexte. Il est normal que les planificateurs, pour se garantir vis-à-vis des spectateurs à l'aide des médias, se rappellent qu'il y a toujours au moins deux compagnies et deux producteurs sur la scène et non pas une seule. C'est pourquoi, expliquer le contexte des événements et raconter l'histoire dès son tout début semblent si importants. Pour agir efficacement, on essaie d'obtenir une position où la majorité du public et de la population sur la scène suivent votre script et non celui de votre adversaire. Si vous vous battez pour obtenir l'adhésion de la population, quels que soient vos succès tactiques, ils n'équivaudront à rien si la population n'estime pas que vous allez gagner. C'est par le truchement des médias que ce résultat s'obtient.

De mon point de vue, c'est la responsabilité des niveaux politique et stratégique d'organiser le contexte dans lequel le commandant en chef opérera à son avantage. S'ils ne le peuvent ou ne le veulent, ce qui peut arriver dans une opération de coalition ou d'alliance soutenue du bout des lèvres, le commandant du théâtre doit alors faire ce qu'il peut pour établir le contexte. Mais globalement, il n'est pas bien placé pour le faire et en tout cas, il aura d'autres priorités. Il doit en effet concevoir son opération de façon qu'elle réussisse dans l'environnement, sans s'inquiéter de la façon dont elle sera présentée dans les médias. Pour relier les actions sur le théâtre au contexte et pour les exploiter au profit de l'action suivante, il faut s'emparer d'une histoire ; il faut donc un narrateur qui explique au public ce qui se passe, ce que cela veut dire et où ces événements risquent de mener. Cette personne est plus qu'un simple porte-parole : il raconte une histoire en reliant entre eux les événements lorsqu'ils se présentent, rappelant constamment qu'il y a deux équipes et deux scripts, avec l'explication la plus convaincante selon les circonstances. Tous doivent savoir qu'il parle avec l'autorité du commandant en chef et en harmonie avec lui. Dans les forces multinationales, il est opportun de trouver des narrateurs issus des groupes linguistiques principaux de sorte que, parlant leur langue maternelle, ils comprennent leur public et soient utilisés par les médias nationaux. Un premier exemple réussi de cette technique fut expérimenté lors de la gestion médiatique par l'OTAN des bombardements sur le Kosovo, juste avant que l'OTAN et les capitales intéressées ne se mettent à entretenir les médias de façon concertée et cohérente. La raison en fut géographique, technique et procédurale. Les bombardements s'effectuaient en Europe, l'heure légale y étant une heure en avance sur Londres et six heures sur Washington. La procédure britannique permettait une conférence de presse officielle, réalisée souvent par des ministres aidés par le chef d'état-major de la Défense, avant le briefing journalier de l'OTAN. Aussi les officiels de l'OTAN se trouvaient dépassés par les questions des journalistes s'appuyant sur les informations reçues à Londres. En outre, la couverture des ondes de la BBC, d'ITV et de B Sky B était telle que le discours britannique était suivi en Europe et était utilisé dans les commentaires nationaux des capitales européennes. Après cela, Washington se réveillait chaque matin en découvrant que la liste des questions à traiter, pour autant qu'elles intéressaient les médias, était fixée par l'Europe. C'était un désordre médiatique qui annonçait des disputes politiques. À la fin de la mi-avril, le Premier ministre Tony Blair envoya Alistair Campbell, son directeur de la Communication, pour recoller les morceaux, ce qui aboutit à une procédure de coordination du contenu des conférences de presse. Les choses s'améliorèrent et ce fut Jamie Shea, le porte-parole de l'OTAN, qui fut clairement désigné comme narrateur du conflit. Il réussit tellement bien dans ses fonctions que lorsque l'OTAN pénétra au Kosovo, ce fut son nom, autant que celui de n'importe quel dirigeant, qui était sur toutes les lèvres de la population locale.

L'idée de départ pour tout commandant en chef devrait être qu'il n'a à s'en prendre qu'à lui-même si les faits ne sont pas rapportés convenablement et si ces erreurs ne sont pas corrigées. Les reporters et journalistes sur le terrain veulent savoir qui détient l'autorité. Ils veulent une source stable d'information fiable, si possible avec une tasse de café et un papier dans les mains, et des certitudes concernant leur propre sécurité. On doit leur fournir ces facilités élémentaires tandis que le narrateur doit être prêt à leur consacrer son temps et à parler n'importe quand. Ne jamais mentir à la presse que ce soit pour la tromper, elle ou l'adversaire. Cela finira par être découvert, avec comme résultat que votre capacité à communiquer sera amoindrie. En revanche, vous pouvez créer des illusions : tous les véhicules blindés n'ont pas besoin de transporter leur infanterie.

Le chef ne doit pas céder à la tentation de coopérer avec les journalistes en devenant le sujet de l'histoire. Les journalistes voudraient toujours y parvenir : pour le magnifier ou pour l'abaisser, pour l'opposer en bien ou en mal à tel autre, pour simplifier et personnifier

ce qui est une entreprise collective complexe. Il doit se souvenir que
« la réputation n'a pas de présent et la popularité pas de futur ». Il ne
doit s'adresser directement aux médias que lorsqu'il a un message à
faire passer au public. D'un autre côté, il doit être étroitement impliqué
dans les coulisses. Son rôle est d'expliquer l'histoire de l'opération.
Comme le narrateur relie entre eux les événements de sorte que le
public comprenne mieux l'histoire, de même les journalistes entendant
le chef devraient comprendre les liens plus compliqués entre les événements et l'environnement. Le commandant en chef est le producteur ;
il doit faire en sorte que les journalistes s'approprient la trame de
l'histoire. Mais le producteur n'est pas l'histoire, du moins jusqu'à ce
qu'il réussisse ou échoue.

Le journaliste fait un travail difficile, en particulier à la télévision ; il
a en général très peu de temps pour mettre les images sur l'écran dans
un environnement porteur de sens. Les images voudront dire quelque
chose en elles-mêmes, mais ne seront pleinement explicatives que
lorsqu'elles seront vues dans leur vrai contexte et dans une perspective
claire. Dans le temps disponible, le journaliste doit faire appel à des
images mentales pour nourrir le contexte et nos images mentales de la
guerre se réfèrent aux guerres industrielles du passé. Après la guerre du
Golfe en 1991, j'ai eu l'occasion de voir un enregistrement de toute la
couverture pour les journaux de la BBC et de ITV, pendant la période de
mon commandement, depuis notre déploiement jusqu'au cessez-le-feu.
Je n'en avais vu aucune séquence jusque-là et je fus frappé de voir
combien semblables étaient les images avec une prédominance de chars
et d'avions et combien le texte faisait appel à la mémoire des tranchées
de la première guerre mondiale et aux bombardements de la seconde.
Dans la plupart des cas, le journaliste, en essayant peut-être de rester
impartial, s'exprimait de son point de vue personnel plutôt qu'en expliquant le point de vue de ceux qui se battaient. En conséquence, la
réalité que j'avais connue dans mon commandement était perdue et non
transmise. Ce fut après avoir vu ces enregistrements que je compris
qu'il fallait un narrateur dans les opérations actuelles et que la propriété
de l'histoire devait être revendiquée dès le départ.

En résumé, n'attendons pas la perfection dans cette relation avec les
médias. Il y aura des désastres, des différences de point de vue sincères
et des erreurs, les adversaires travaillant beaucoup à cela. On doit voir à
long terme, se méfier de l'attrait d'un avantage à court terme et de
l'effet proposé par le journaliste à des fins journalistiques. Le travail du
militaire en compagnie de tous les organismes menant l'opération est
de battre l'adversaire et de gagner l'adhésion de la majorité de la

population à l'avenir, non de vendre un journal qui sera, demain, jeté aux ordures.

LA GUERRE AU SEIN DE LA POPULATION

L'objet de ce chapitre était d'examiner la manière d'analyser et de planifier les conflits modernes. Il est clair que cette approche se fonde sur une vision d'un monde de confrontations et de conflits plutôt que de guerres et donc d'un monde où la force armée a un rôle à jouer. Mais ce rôle n'est pas isolé pas plus qu'il ne peut atteindre des objectifs stratégiques par lui-même. Surtout, je crois fortement que cette approche est à la fois possible et nécessaire si nous voulons utiliser utilement la force ; je suis également certain que la force a un rôle à jouer pour atteindre des buts politiques. Prenons comme exemple le plan américain de l'opération « Iraki Freedom » auquel nous nous référions plus haut. Avec tout l'avantage d'un examen rétrospectif et sans m'impliquer dans la planification réelle, je compare ce qui s'est passé avec l'analyse que je préconise.

Fondé sur une rhétorique politique, le résultat souhaité était de susciter un État démocratique fonctionnant selon les normes des démocraties occidentales et ouvert à la liberté du commerce avec l'Occident. Un tel État se serait débarrassé de Saddam Hussein et de son régime, ne menacerait pas militairement ses citoyens, la région ou le monde, ne risquerait pas de mettre des armes de destruction massive dans les mains de terroristes. Étant donné cet objectif global, à la fois de nature militaire et politique, on aurait édifié une stratégie en retravaillant à un niveau de détail très fin sans oublier jamais l'aphorisme élémentaire que votre ennemi est un être qui pense et réagit ; il n'est pas assis, attendant votre assaut, mais il construit activement sa propre stratégie pour vous faire échouer et probablement vous attaquer. En outre, l'adversaire se présente comme un être à la fois politique et militaire, ce qui signifie que se focaliser sur l'un sans penser à l'autre ne mènera pas au résultat stratégique désiré. Ceci en mémoire, l'analyse et la planification auraient dû démarrer en assimilant les objectifs stratégiques : l'adhésion de la population irakienne et de ses leaders et les mesures nécessaires pour l'obtenir ou au moins pour qu'elle reste neutre. Ceci implique que le processus adapté aurait dû commencer par une définition de ce qu'était un résultat fructueux de l'occupation avant que celle-ci n'ait réellement commencé. L'administration pilote pour cette planification n'aurait donc pas nécessairement été la structure militaire, mais plutôt celle responsable du résultat souhaité et de la gestion de l'occupation. Il est évident que ce ne fut pas le cas.

La conception d'une stratégie et sa mise en œuvre sur le théâtre pouvaient et devaient être réalisées en répondant aux deux séries de questions exposées ci-dessus, en particulier aux cinq groupes fondamentaux au début de la première série, en recherchant la cohérence entre les réponses obtenues :

- À qui sommes nous opposés ? Quel est le résultat souhaité ? Quel avenir cet adversaire menace-t-il ? En quoi l'avenir qu'il souhaite est-il différent de notre résultat désiré ?
- Recherchons-nous l'ordre ou la justice ? Sur une échelle combinant les deux, où se situe notre résultat ? Si nous recherchons la justice, au profit de qui ?
- Allons-nous traiter avec les dirigeants actuels ou bien en voulons-nous d'autres ? Si oui, lesquels ? Voulons-nous changer toute la direction ? Si non, qui doit rester ?
- Utiliserons-nous leur loi ou la nôtre ? Si c'est la nôtre, voulons-nous changer la leur ?
- Qui administrera l'État, eux ou nous ?

Étant donné le résultat souhaité, les réponses à ces questions pour l'opération « Iraki Freedom » suggèrent qu'on allait clairement faire face à une opposition, donc déposer les responsables, ce pourquoi la force des armes est nécessaire. Mais faillait-il détruire la capacité de l'Irak à se gouverner lui-même ? Si la réponse était affirmative, il fallait décider qui administrerait le pays. Si la réponse était négative, il fallait déterminer ce qu'il fallait éliminer et ce qu'il fallait garder, en matière d'organisation comme de personnes. Par exemple, si le parti Baass qui s'identifie au régime devait être éliminé, comment le remplacer en termes administratifs et non politiques en gardant à l'esprit que la seule structure organisée alternative en Irak est religieuse, autour des mosquées et des Imams, beaucoup d'entre eux étant radicalisés par des rivalités sectaires ? En détruisant le parti Baass, donc, cherchait-on à donner le pouvoir à la seule structure alternative ? Si c'était le cas, quelle disposition fallait-il prendre pour la contrôler ?

En menant une telle analyse, on commence à identifier les objectifs qui peuvent être atteints par les seules forces militaires et les limites de leur emploi. Il y a alors la question du niveau auquel vous souhaitez utiliser la force : est-elle destinée à atteindre des résultats tactiques, de théâtre ou stratégiques ? Il est évident que la nature du résultat souhaité peut ne pas être obtenue par la force armée, le plus qu'elle peut engen-

drer étant de créer les conditions dans lesquelles d'autres leviers pourraient aboutir au résultat souhaité. Elle ne peut donc pas avoir et n'a pas
eu un effet stratégique. De plus, au cours des deux années qui ont suivi
l'attaque initiale, il n'est pas sûr qu'elle ait réalisé les conditions sur le
théâtre pour obtenir le résultat désiré.

Les questions d'administration, de légalité et de police auraient dû
être soulevées et donc celle de savoir si les forces irakiennes, y compris
la police et les forces de sécurité intérieure, devaient être dissoutes ou
démantelées ; on aurait dû percevoir la nécessité de distinguer entre
ceux qui devaient rester comme éléments neutres de la confrontation
dans la nouvelle administration et ceux qui étaient parties au conflit et
donc devaient être éliminés. D'autre part, on aurait pu anticiper que les
petits responsables, en particulier aux niveaux inférieurs, et les échelons
de la bureaucratie et de la police qu'ils commandaient, se mélangeraient
à la population pour attendre les événements. Dans ce scénario, cette
catégorie resterait un élément utile dans la confrontation après la fin du
conflit, si elle était traitée de façon qu'elle s'aperçoive qu'elle avait
intérêt à coopérer avec la coalition. Par exemple, peut-être la promesse
de continuer à verser les salaires et les revenus, jointe à la menace
implicite résidant dans le licenciement évident et compréhensible des
responsables hiérarchiques, aurait été suffisante pour gagner la confrontation. Cela aurait pu se présenter de cette manière, si pendant
l'engagement de la force armée, les autres leviers avaient été utilisés
rapidement et efficacement. Par exemple, l'intervention rapide de la
police des nations de la coalition aurait pu entamer et soutenir le
processus de réorientation des forces de sécurité intérieure. Une telle
analyse aurait également permis de prévoir où les militaires et les forces
de police devaient concentrer leurs efforts pour soutenir l'action des
civils. De même, l'introduction d'experts en administration civile dans
les structures existantes de gouvernement aurait permis une continuité
dans l'administration et donc l'impression d'une normalité dans la vie
quotidienne pendant qu'on menait en même temps le processus de
réorientation à un niveau supérieur.

En optant clairement pour ces options, on aurait introduit en profondeur l'idée que l'organisation du commandement devait fusionner les
actions politiques, économiques et militaires en un effort concerté
depuis le niveau stratégique jusqu'aux plus bas échelons de l'administration. En outre, il aurait fallu revenir à l'idée fondamentale exposée
tout au long de la troisième partie, à savoir que la population n'est pas
l'ennemi. L'ennemi se trouve parmi la population ; le but de tout usage
de la force et des autres moyens est de distinguer entre l'ennemi et la

population et de gagner la faveur de cette dernière, ce qui conduit au point suivant. En décidant des méthodes, l'objectif premier doit être d'obtenir les informations nécessaires à l'identification des vraies cibles parmi la population, de comprendre le contexte dans lequel évolue la cible et d'être en mesure d'exploiter une attaque réussie sur la cible. Ceci implique parfois le déploiement de la force armée en fonction des informations collectées, mais il ne faut l'envisager qu'en soutien des autres leviers : ce sont eux qui peuvent exploiter une action tactique réussie. Plus l'armée est en soutien, plus on est proche du but stratégique. Si on refuse cette approche, on court le risque de voir son opération tactique se retourner contre soi du fait de l'astuce des praticiens de la propagande par les actes et de la stratégie de la provocation. Ceci nous amène au point final qui reste la question de la relation de l'opération « Iraki Freedom » avec la lutte contre l'ensemble du terrorisme : au niveau stratégique, comment cette campagne s'intègre-t-elle dans la stratégie de protection des États-Unis ? Ou bien, son objet est-il de fournir du carburant, du carburant stratégique à haut indice d'octane, à ceux qui jouent de la propagande par les actes et usent de la stratégie de la provocation ?

Ainsi, une analyse préalable de l'opération « Iraki Freedom », à partir du résultat souhaité, aurait conduit (plutôt qu'à considérer l'Irak comme un tout, ou toutes les forces irakiennes comme un tout) à déterminer quelles forces militaires devaient être détruites et où il fallait appliquer en parallèle d'autres leviers d'influence. Cette attitude aurait engendré l'idée que l'action militaire devait éliminer certains obstacles, mais que d'autres l'auraient été progressivement par une combinaison des autres leviers. Cet exemple manifeste l'importance majeure de changer notre approche des conflits et de faire en sorte que la force trouve son utilité.

L'UTILITÉ DE LA FORCE

En écrivant ces mots, je ne suggère pas que la force armée ne peut pas être utilisée avec efficacité pour aboutir à une finalité politique. On doit seulement comprendre combien quelques hommes avec des armes simples peuvent être efficaces et combien il est difficile de les défaire et de les empêcher de réaliser leurs visées politiques. La force a une utilité pour toutes sortes d'objectifs : défense, sécurité de l'État et de la population, maintien de la paix au niveau international. Par cet ouvrage, j'entends renforcer nos efforts internationaux, du maintien de la paix au renforcement de la paix et à la défense. Mais pour que la force soit efficace, l'objectif qu'on lui fixe doit être suffisamment compris pour que puissent être précisés le contexte de son utilisation et son point d'application. Car le but général de toute intervention est clair : nous cherchons à imprimer dans l'esprit de la population comme de ses dirigeants que la situation du moment doit être rejetée. Ceci s'applique autant aux États pourvus d'armements nucléaires qu'aux États voyous ou autres rebelles. Chacun impose une menace armée à la population pour créer une situation par laquelle il atteindra son but politique. Pour y parvenir, la force militaire est une option valide, un levier d'intervention et d'influence, autant que les leviers économique, politique ou diplomatique, mais pour être efficace, elle doit être utilisée comme un élément appartenant à un ensemble plus vaste concentrant toutes ses actions vers un même but.

Je continue à penser qu'il y a encore une utilité pour la force armée, pourvu qu'elle soit employée correctement. Les dimensions respectives des armées de terre, de l'air et de mer, la nature et la quantité de leurs équipements s'adapteront au nouveau paradigme, mais la nécessité de changement la plus urgente concerne l'organisation des forces. Car l'organisation stratégique des moyens doit refléter la façon dont les forces sont utilisées stratégiquement. Ainsi que je l'ai argumenté tout au long de ce livre, l'accent n'est plus mis sur une organisation en vue de défendre le territoire, mais en vue de sécuriser notre population et son genre de vie et de mener des opérations loin de nos frontières. La possibilité existe d'une attaque par missiles, à tête nucléaire ou non. Si les mesures de sécurité pour empêcher la prolifération d'armes de destruction massive échouent, les risques augmenteront. Ces attaques devront toujours être dissuadées. Pour ce faire, il faudra, dans la plupart des États, des alliances défensives avec une capacité de riposte crédible, des systèmes de renseignement et de défense anti-missiles efficaces. Mais ces mesures défensives ne doivent pas être conçues de manière isolée ; c'est très bien de construire un château, mais empêcher qu'on soit obligé d'y vivre assiégé est tout aussi important. Il reste essentiel d'assurer la sécurité de nos intérêts, quels qu'ils soient, et d'être considéré comme capable et décidé à le faire. Les opérations de sécurité auront certaines constantes : elles seront expéditionnaires, multinationales à un certain degré, elles impliqueront des organismes non militaires et elles dureront longtemps. Chaque pays en fonction de son histoire et des circonstances aboutira à une organisation légèrement différente des autres. Cependant, plus ces organisations seront voisines de celles des autres pays, mieux ce sera lorsque les forces seront appelées à se battre regroupées dans une force multinationale. Il s'agit d'un défi lancé aux nations européennes, notamment avec leurs armées équipées pour se battre contre un ennemi de type soviétique. Cette homogénéité rend les forces suffisamment disponibles ; or, soutenir cette disponibilité à l'extérieur de nos frontières représente le premier problème organisationnel au niveau stratégique.

Opérationnellement, la façon dont les forces sont utilisées et donc organisées doit refléter les constantes stratégiques et les besoins de la guerre au sein de la population. Dans cette perspective, nous devons profiter de tous les avantages que donnent les possibilités technologiques, en particulier l'espace, les capacités aériennes et maritimes pour utiliser les dernières inventions dans les communications, les transmissions et le commandement. Mais nous devons avoir conscience que nos adversaires se mêlent à la population pour neutraliser ces avantages. Dans les conditions actuelles, la suprématie technique n'est pas, en soi, suffisante, pas plus que le fait de se trouver dans son droit. Nous devons trouver nos adversaires au sein de la population. Nous devons y engager nos adversaires et, dans ces circonstances, l'avantage technologique n'existe que lorsque la technologie est en soutien direct de ceux qui sont engagés au sein de la population. Réaliser ce changement, surtout organisationnel, nous demandera de développer des rapports différents entre les élément déployés issus des trois armées de la guerre industrielle et entre leurs composantes. Malgré la nécessité d'utiliser au mieux la technologie, on doit se garder de se croire encore en guerre industrielle : il n'est plus question de camps cherchant à éliminer l'autre par une avancée technique. Par exemple, on attend aujourd'hui de gros avantages de la numérisation du champ de bataille et de la capacité à faire « la guerre en réseau ». Il faut cependant être prudent dans ce domaine et savoir quel avantage nous en attendons et pour quoi faire. Nous courons le risque d'en savoir toujours plus sur nous-même et, proportionnellement, de moins en moins sur l'ennemi. Les technologies de l'information doivent être maîtrisées pour soutenir les opérations de renseignement destinées à comprendre, trouver les adversaires et les séparer de la population puis à mettre en réseau les effets de nos actions de façon à ce qu'elles se complètent mutuellement.

À cette fin, je prévois un accroissement des moyens affectés au recueil de l'information et un déploiement élargi autour du théâtre et au sein de la population. Ce recueil servira autant à vérifier les intentions des parties qu'à trouver des objets et des gens. Ce réseau d'observation et de surveillance doit comporter au moins quelques individus qui parlent la langue et soient familiers des normes locales de comportement. Tous ces personnels ont besoin d'un entraînement et d'un état d'esprit pour se déplacer à l'aise parmi la population, au plus près de l'ennemi. Cependant, ils devront savoir éviter les pièges tendus par l'adversaire avec ses stratégies de provocation et sa propagande par les actes.

L'accroissement de la collecte d'informations sera probablement accompagné d'une diminution de l'importance des armes qui frappent sur la base de l'information, comme l'infanterie, l'artillerie, l'aviation ou les bâtiments de guerre. Leurs armes et techniques deviendront plus élaborées. Elles seront gérées de façon centralisée et mises en œuvre de façon adaptée en utilisant notre supériorité technique pour obtenir la portée et la sophistication nécessaires. Le soutien des forces devra rester minimal, de manière à présenter les cibles les plus petites possibles et à réduire les effectifs affectés à la garde des implantations. Bien sûr, il en faut quelques-unes, mais chacune de ces implantations avec ses gardes et ses convois d'approvisionnement constitue autant de cibles, ce qui donne un avantage à l'adversaire. Les implantations et les patrouilles de sécurité concrétisent la présence étrangère. Si l'on retire une des implantations, une faction crie victoire tandis qu'une autre, très probablement, demande qu'elle reste. Il faut considérer l'intervention comme un tout depuis le début et éviter une exposition non nécessaire à de tels risques ; lorsque c'est inévitable, il faut façonner le contexte de manière à ce que l'action soit ressenti positivement. De même, notre supériorité aérienne et maritime peut permettre à certaines de ces activités d'être menées sans danger. Je pense que nous devons concevoir l'emploi de la force, au contraire des opérations de renseignement, comme un raid de niveau stratégique sur le théâtre plutôt que comme une opération de soutien. Là aussi, un avantage peut être retiré de la multinationalité, bien que cela suppose un brin de volonté politique.

Le désir de protéger le soldat afin de maintenir son moral élevé, ce que j'approuve de grand cœur, se manifeste fréquemment par des mesures qui l'isolent de la population. Il apparaît casqué, cuirassé et armé parmi elle, ou avec son lourd véhicule blindé dans la rue. Lorsqu'il patrouille, son comportement est menaçant. Ses implantations sont pesamment fortifiées et souvent situées de façon à surveiller la population. Ces dispositions, bien que des plus nécessaires dans certains cas, ne recueillent pas mon approbation systématique. Elles définissent toutes le soldat comme « l'autre » ; l'adversaire au sein de la population y gagne des points jour après jour. D'autres méthodes peuvent être adoptées en s'organisant différemment, en utilisant des équipements différents, en réduisant au strict minimum le nombre de personnes exposées, en réduisant la visibilité de la force.

Les équipes qui aident les commandants en chef dans de telles opérations devront être multidisciplinaires autant que multinationales et les quartiers généraux avec leurs procédures organisés en conséquence. De même qu'il faut, au niveau stratégique, envisager, planifier et diriger l'intervention comme un tout, de même faudra-t-il opérer ainsi au niveau du théâtre. Un quartier général militaire peut fournir cette structure multidisciplinaire, simplement parce qu'il existe déjà avant le départ en opération, mais il doit faire davantage que seulement regrouper les représentants des autres disciplines, il doit les intégrer. Les équipes et systèmes doivent être en mesure de gérer les différents besoins d'information nécessités par les confrontations et les conflits. Dans le combat ou le conflit, l'information requise est objective et concerne le temps, l'espace, le quantitatif et l'effet. Dans une confrontation, on s'intéresse aux informations subjectives sur les intentions, à l'échelonnement dans le temps, aux conséquences. Au risque de simplifier excessivement, on planifie un combat comme on conçoit le projet d'un pont ; les actions se succèdent selon une logique de construction, les ressources sont établies à l'avance et fournies selon un programme et ainsi de suite. En gérant une confrontation, on cherche à rassembler un portefeuille d'options que l'on pourra choisir au fur et à mesure du déroulement des événements, chacune étant choisie dans l'idée de progresser vers le résultat souhaité. Dans une guerre au sein de la population, le contexte de chaque combat est la confrontation. Le chef et son état-major comme les commandants subordonnés doivent savoir dans quel cadre ils agissent et la partition que leurs subordonnés doivent jouer. La chaîne hiérarchique peut se révéler alors une gêne, singulièrement lorsque les engagements se situent à un faible niveau tactique ; elle multiplie les couches entre ceux qui sont réellement engagés dans le conflit et ceux qui dirigent la confrontation. Si nous voulons être efficaces, nous sommes aussi conduits à modifier l'organisation militaire.

Nous devrons conférer à ceux que nous envoyons mener ces opérations complexes une autorité adaptée aux responsabilités qui pèsent sur leurs épaules. La confiance nécessaire dans ces chefs viendra seulement avec la sélection et l'entraînement de personnels convenablement choisis ; le réaliser sur une base multinationale s'avèrera difficile et prendra du temps. Néanmoins, tant que nous n'y serons pas parvenus, nous n'obtiendrons pas le plein potentiel des forces et des ressources déployées.

Quand, à l'origine, j'ai décrit les niveaux de conduite de la guerre, j'ai expliqué que chaque niveau s'insérait dans le contexte du niveau supérieur ; c'est donc l'affaire du commandant à chaque niveau d'expliquer à son subordonné le contexte afin qu'il puisse atteindre les objectifs qui lui sont fixés. En toutes circonstances, il doit indiquer ces objectifs en termes d'adversaire, d'allocation de forces et de réserves nécessaires et définir l'espace d'action du subordonné.

Ces données sont fixées avant l'action. La valeur du commandant en chef, quand il prend en main l'intervention, se mesure à sa capacité de s'assurer que, face aux menées effectives de ses adversaires, ses évaluations restent valides. En outre, plus nous essayons d'user de la force à un niveau sous-stratégique pour atteindre des objectifs militaires et gagner la confrontation, plus nous devons prendre en compte que les autres formes de pouvoir, économique, diplomatique, politique, humanitaire et autres, font partie du contexte de telles opérations : ils définissent le champ de la confrontation. Les commandants des niveaux sous-stratégiques ont besoin que leurs actions soient nettement inscrites dans un contexte qui couvre localement les facteurs politiques, économiques et sociaux pour atteindre leurs objectifs et en tirer parti. S'ils ne s'appuient pas sur ce contexte plus large, les chefs ne seront ni capables de réaliser leurs objectifs, ni en mesure d'obtenir le résultat politique désiré, finalité englobante de leur activité. En d'autres termes, la force perdrait toute utilité.

De tels changements aideront à procurer la mobilité organisationnelle nécessaire pour le meilleur usage de nos forces déployées en quantité limitée et affectées à ces longues opérations au sein de la population et aussi de le faire en cohérence avec les autres organismes. Car il ne faut jamais l'oublier : la guerre n'existe plus. Les confrontations, conflits et combats existent indubitablement tout autour de la planète et les États ont encore des forces armées qu'ils utilisent comme symbole de pouvoir. Bien que la guerre soit perçue par la plupart des non-combattants comme une bataille sur le terrain entre des hommes et des mécaniques, comme un événement décisif massif dans une dispute sur les affaires internationales, *la guerre industrielle,* une telle guerre n'existe plus. Nous sommes aujourd'hui engagés, en permanence, sous ses nombreuses formes, dans *la guerre au sein de la population*. Nous devons adapter notre approche et organiser nos institutions en fonction de cette réalité incontournable si nous voulons l'emporter dans les confrontations et les conflits dans lesquels nous serons engagés.

INDEX

Composé par Economica, 49, rue Héricart, 75015 PARIS
Imprimé en France. - JOUVE, 11, bd de Sébastopol, 75001 PARIS
N° 422394J. - Dépôt légal : février 2007